당신은 당신 아이의 첫 번째 선생님입니다

옮긴이

강도은

전북 김제에서 태어나 서울대학교 철학과를 졸업하였습니다. 방송국 구성작가와 대안학교 교사를 하였으며, 한국슈타이너 교육예술협회 회원으로 루돌프 슈타이너의 인지학과 발도르프 교육에 깊은 관심을 갖고 공부를 하였습니다. 오래 전부터 산골에서 자급농사를 지으며 살고 있습니다. 생태주의와 아나키즘에 관심이 많고, 자신의 가치관을 아이들을 키우는 삶 속에서 조금이나마 실천해보려고 애쓰고 있습니다. 학교 안가고 시골에서 함께 일하고 공부했던 아이들과 『없는 것이 많아서 자유로운』, 『꿈꾸는 씨앗 이야기』를 책으로 펴냈고, 이 시대 청년들이 좋은 책들을 찾아 읽으며 삶의 길 찾기를 했으면 하는 바람으로 『농사짓는 철학자, 불편한 책을 권하다』를 썼습니다. 번역한 책으로는 『무지개다리 너머』, 『엄마들을 위하여』, 『그림책 읽어주는 엄마, 철학하는 아이』, 『까다로운 내 아이 육아백과』, 『우리 함께 날자』, 『여우』, 『도시에서 명상하기』, 『관습과 통념을 뒤흔든 50인의 철학 멘토』 등이 있습니다.

당신은 당신 아이의 첫 번째 선생님입니다 (개정판)

초판 발행 2002년 10월 10일
개정판 5쇄 2021년 12월 31일

지은이 라히마 볼드윈 댄시 **│ 옮긴이** 강도은 **│ 펴낸이** 정봉선 **│ 본부장** 심재진
펴낸곳 정인출판사 **│ 주소** 경기도 하남시 조정대로45 미사센텀비즈 F749
전화 031) 795 - 1335 **│ 팩스** 02) 925 - 1334 **│ 홈페이지** www.pjbook.com
이메일 junginbook@naver.com **│ 등록** 제2020-000038호

ISBN 978-89-94273-84-6 (03370)

＊책값은 뒤표지에 있습니다.

당신은 당신 아이의 첫 번째 선생님입니다

라히마 볼드윈 댄시 Rahima Baldwin Dancy 지음

강도은 옮김 · 사단법인 한국발도르프교육협회 감수

정인

"

이 책은
어린 영혼이 이 세상의 삶에 적응해 나가는 과정을
부모는 어떻게 지켜봐야 하는지,
어떠한 안내를 하면서 부모가 함께 가야 하는지를
아주 섬세하고 구체적으로 보여주고 있다.

"

1장 당신은 당신 아이의 첫 번째 선생님입니다

2장 모든 배움의 토대인 가정생활

오늘날 아이들을 어떻게 키워야 할지 조언을 구하고 있는 부모들은 서로 모순된 설명들을 무방비상태로 대책 없이 만나고 있는 실정입니다. 그런데 우리가 아이를 키우기 위해 필요로 하는 방법은 어떤 권위나 집단의 규칙이 아니라, 인간을 바라보고 이해하는 새로운 방법입니다. 만약 우리가 온전한 인간 - 몸body, 마음mind, 감정emotion, 정신 spirit*을 모두 포함해서 - 의 발달을 폭넓게 이해할 수 있다면, 상식과 직관에 기초해서 스스로 결정을 내릴 수 있게 될 것입니다.

오늘날 부모들이 겪는 곤혹스러운 일들 중 하나는, 어떻게 하면 어린 시절에 아이의 발달을 가장 잘 지원해 줄 수 있을까 하는 문제입니다. 아이의 어린 시절은 부모가 자기 아이의 첫 번째 선생님이 되는 시기입니다. 한편에서 부모들은 "더 훌륭한 아이로 키우는" 방법이나 "온실처럼 서둘러 키워주는" 유치원에 관한 이야기를 듣고 있습니다. 다른 한편에서는 아이의 발전을 서두르는 것이 위험하고 "잘못된 교육"이라는 경고를 데이비드 엘킨드David Elkind 같은 아동심리학자로부터 듣고 있습니다. 하지만 아이들을 꼬마 어른 처럼 대하는 것이 위험하다는 것을 깨달은 부모일지라도, 아이와 소꿉놀이를 하거나 모래성을 만드는 일만으로는 만족스럽지가 않다고 느낍니다. 그렇다면 나중에 부정적인 결과를 가져오는 일 없이 아이가 잘 발달할 수 있도록, 태어나서 6살까지의 아이와 함께 또 그 아이를 위해서 부모가 할 수 있는 일은 무엇일까요? 21세기를 살아가는데 필요한 능력을 개발할 수 있도록, 부모인 우리는 우리 아이들에게 어떤 도움을 줄 수 있을까요?

---

* 이 책에서 영어의 soul은 '영혼', spirit은 '정신'으로 통일하여 번역했습니다.

이런 물음들은 제가 어린 시절과 아이를 키우는 일에 보다 면밀한 탐구를 하게끔 이끌었습니다. 저는 항상 "어떻게 신체적physically, 정서적emotionally, 정신적spiritually으로 가장 좋은 방식으로 아이가 태어날 수 있을까?"라는 문제의식을 가지고 출산 관련 일을 해왔습니다. 그런데 출산교육 전문가와 조산원으로 일한 지 10년이 넘어서야 비로소 저는 인간의 탄생에 관해 조금 알았다고 느꼈습니다. 아이를 셋이나 키우고 있음에도 불구하고 제가 그때까지 발견하지 못했지만, 분명 아이에게 도움이 되는 더 위대한 지혜가 있어야만 한다는 생각을 하곤 했습니다. 아기들의 출생에 관한 이러한 문제의식은 비슷한 다음 물음들로 자연스럽게 이어졌습니다. 이토록 멋지게 태어난 아이를 어떻게 키울 것인가 하는 물음이 바로 그것이었습니다. 이러한 문제의식과 탐구는 제가 루돌프 슈타이너의 작업들을 연구하게끔 이끌었습니다. 저는 미시간주 사우스필드에 위치한 '발도르프 연구소The Waldorf Institute'에서 2년 동안 공부했고, 그 다음 앤아버에 있는 발도르프 학교의 유치원에서 4년간 아이들과 지냈습니다. 또 운이 좋게도 저는 독일에 있는 '국제발도르프유치원 협회The International Waldorf Kindergarten Asscosiation'가 주관하는 회의에도 참여할 수 있었습니다. 출생에서부터 3살까지의 아이들과 부모들에 관한 연구는 독일이 미국에서보다 연구가 더 잘 되어 있었습니다. 슈타이너 연구를 통해서 저는 인간발달에 관한 아주 중요한 통찰들을 얻을 수 있었습니다. 즉, 새로운 방식으로 아이들을 바라볼 수 있게 된 것입니다. 저는 아이들과 관계를 더 잘 맺으면서 훨씬 창조적으로 지낼 수 있었고, 제 가정생활도 더 조화로워졌습니다. 비로소 저는 어린아이들의 선생님이 될 수 있었던 것입니다. 그러자 제가 만나는 아이들도 원기 왕성해지고 생기에 넘치는 것 같았습니다!

이 책을 통해서 저는 아이들을 바라보는 새로운 방법들을 다른 사람들과 나누기를 희망합니다. 그러면 부모, 아이를 돌보는 사람, 어린아이들의 선생님이기도 한 우리가 어린 시절이라는 신비로운 시기를 보다 잘 이해할 수 있을 테고, 아이들만의 독특한 욕구들을 훨씬 잘 알 수 있을 것이기 때문입니다. 오늘날의 삶은 대단히 복잡하고 스트레스를 주는 요소가 많습니다. 이렇듯 인간과 사회가 건강하지 않고 위험에 처해 있기 때문에, 알맞은 원리들에 따라서 어린아이들을 존중해 주는 일이 더욱 중요하고 긴급한 일이 되었습니다.

이 책에서 저는 여러분이 아이와 할 수 있는 구체적인 활동을 많이 제안하고 있습니다. 그렇다고 아이를 이렇게 키워야만 한다는 공식처럼 제시되는 것이 아닙니다! 오히려 제 희망은 출생에서 6살 사이의 아이를 이해하는 새로운 방법들을 통해서, 여러분 역시 자신의 창조성을 위한 풍요로운 토대를 발견하길 바라는 마음입니다. 또한 여러분이 하고 있는 일의 중요성을 스스로 깨닫고 신뢰할 수 있게 되기를 바랍니다.

조산사로서 저는 스스로를 꼭 필요한 경우에만 출산에 개입하고, 정상적인 출산에서는 도움을 주는 사람일 뿐이라고 항상 생각해 왔습니다. 정상적으로 출산할 수 있는 여성들과 그들의 능력을 근본적으로 깊이 존중하기 때문입니다. 이제 저는 제 자신을 정상적인 아이들의 후견인이라고 생각합니다. 이 책에서 저는 아이를 키우는 새로운 지식에 관해서 이야기를 할 것입니다. 또한 우리가 부모로서 해야 할 중요한 역할을 깨닫고, 아이가 아이다울 수 있게 해주는 일에 관해서도 이야기할 것입니다. 우리가 해야 할 중요한 일은 아이의 발달을 이해하는 것이고, 이 새로운 이해를 가지고 아이와 관련된 우리의 직관을 강화하는 일입니다. 이러한 일들을 하면서 우리는 단순한 일들 속에서도 그 소중한 가치를 알 수 있을 것입니다. 또한 가장 세속적인 삶 속에서도 영적인 것the spiritual의 가치를 알 수 있을 것입니다. 우리는 발달하고 있는 아이의 작은 세계 속에서 전체 인간의 발달이 다시 반복되는 것을 볼 것입니다. 심지어 우주의 신성한 작용이 암시적으로 드러나는 것조차 볼 수 있을지도 모릅니다.

이 책을 활용해서 아이들과 함께하는 여러분의 삶이 더욱 활기차게 되기를 바랍니다. 또한 이 책이 루돌프 슈타이너의 풍요로운 업적을 발견하는 데 하나의 다리 역할을 할 수 있게 되기를 희망합니다. 슈타이너는 교육, 의학, 생명역동 농업biodynamic agriculture, 성인의 발달과 그 외의 다른 분야에서도 대단히 많은 공헌을 했습니다.

이 책은 인간에 관한 것이자 실제적인 일들에 관한 책이기 때문에, 처음부터 끝까지 많은 부분에서 여러분에게 말을 걸고 있습니다. 이 책이 아이를 키우는 여러분에게 커다란 도움이 될 안내서가 되었으면 좋겠습니다.

라히마 볼드윈 댄시
앤아버, 미시간 1989

아이의 탄생에서부터 만 6살이 될 때까지, 나중의 삶에 부정적인 영향을 끼치는 일이 없는 발달을 북돋우기 위해서, 부모는 아이와 함께 그리고 아이를 위해 무엇을 할 수 있을까요? 현기증이 날만큼 빠른 속도로 변화하고 있는 세상에서 우리 아이들이 삶에 필요한 능력들을 발달시킬 수 있도록 어떻게 도울 수 있을까요? 이러한 의문들 덕분에 저는 아이들의 어린 시절과 부모노릇에 관해 깊이 탐구하게 되었고, 결국에는 이 책을 쓰게 되었습니다.

발도르프 교육을 공부하기 시작했을 1980년대 무렵에, 저는 가정생활을 꾸려가느라 버거워하는 젊은 엄마였습니다. 그 시기에 아이의 발달에 관해 하나하나 배워가면서 저는 비로소 마음이 놓였습니다. 그리고 루돌프 슈타이너의 작업은 곧바로 제 가정생활에 적용이 되었습니다. 조산사 일을 하면서 아이의 탄생을 함께 지켜볼 때처럼, 저는 제가 발견한 것들을 다른 사람들과 나누는 일이 무척 흥분이 되었습니다. 이 책의 초판은 1989년에 썼습니다. 아이의 발달을 이해하는 일과 자기들의 가치가 서로 조화를 이루는 길을 찾고 있던 (저와 같은) 부모들과 슈타이너의 통찰들 사이에 다리를 놓아주기 위해서 였습니다.

이 책의 초판이 출간된 후에 저는 미시간에 있는 "디어본 출생 센터"를 공동 설립하면서 조산사 일로 돌아갔습니다. 그곳에서는 9년 동안 전 세계 43개 나라에서 온 부모들의 출산을 도왔습니다. 그 후 저는 노인학으로 학위를 마쳤으며, 그 사이 6년 동안은 어머니와 시어머니를 저희 집에서 돌보기도 했습니다. 그런 뒤 2008년에 콜로라도 볼더에서 '레인보우 브릿지 라이프웨이스 프로그램'을 개설하면서 저는 제 딸인 페이스와 함께 아이의 어린 시절에 다시 관심을 집중하게 되었습니다.

이렇게 해서 저는 이 책의 3판을 완성할 수 있었습니다. 다시금 저는 한 살부터 다섯 살 아이들의 세계와 그들의 부모들에 관심을 갖고 몰두했고, 그 결과 오늘날의 많은 부모들도 우리 아이들이 어렸을 당시의 저만큼이나 무지하다는 것을 알게 되었습니다. 하지만 그 사이의 세월 동안에 아이의 어린 시절에 좋지 않은 영향을 끼치는 힘들은 더욱 강력해지고 있는 상황입니다. 이런 상황에서 우리는 어떻게 다른 길을 찾을 수 있을까요? 이 힘들이란 유치원에서조차 공부를 시키려는 경향, 어린이집 등에서 아이들 스스로 하는 놀이를 없애는데 일조하고 있는 높은 상금을 내건 경시대회들, 어머니들의 고립화 경향의 증가, 어머니노릇에 대한 지원 부족, 유행병처럼 퍼지고 있는 비만 아동의 증가, 그리고 어린 아이들이 전자 스크린을 바라보는 시간의 급증 등을 말합니다. 하지만 이것들조차 아주 거대한 힘들의 일부일 뿐입니다.

그런 반면에, 이런 흐름을 거스르는데 필요한 정보, 지원, 도움 받을 곳들을 보다 쉽게 찾을 수 있는 길도 점점 증가하고 있습니다. 이것들은 아이들과 부모의 진정한 욕구들을 충족시켜줄 수 있는 가정생활을 만들어내는데 도움이 될 것들입니다. 이 책의 초판이 발간된 이래로 발도르프 학교들, 라이프웨이스LifeWays* 센터와 가정에서 이루어지는 프로그램들, 책들, 온라인 가게들이 급증하는 것을 보면서 저는 희망을 갖고 있습니다. 또한 아이의 발달과 부모노릇에 관련해 우리와 같은 이해를 갖고 많은 사람들을 격려해주고 있는 블로그들도 늘어나고 있어서 희망차답니다.

제 경우에는 다 자란 아이들 덕분에 예기치 않은 기쁨들을 얻곤 합니다. 그 중 하나가 아이들이 자기들이 어렸을 때를 기억하면서 무엇이 좋았고 무엇이 그렇지 않았던가를 저에게 피드백해주는 일입니다. 이런 유리한 관점을 갖고서, 우리 가족 모두가 어떻게 현재의 우리가 되었는지를 곰곰 생각해 보면, 제가 루돌프 슈타이너의 통찰들을 만나게 된 일에 감사하는 마음이 새롭게 가득 차오르곤 합니다. 대부분의 여러분들처럼 저도 "이 통찰들을 좀 더 일찍 만났더라면 얼마나 좋았을까요."라고 말할 수 있을 겁니다. 그리고 새로 부모가 된 이들에게는 "그 책에서 저는 많은 실수를 저질렀어요. 그래서 이 책을 새로 쓴 거랍니다!"라고 이야기하곤 합니다. 이 책에서 설명된 통찰들과 실천적인 제안들이 여러분들의 부모노릇이 깨어있고 올바른 것이 되도록 하는데 도움이 되길 희망합니다. 그리고 제가 그랬던 것처럼 여러분의 개인적 삶과 가정생활이 풍요로워지길 진심으로 바랍니다.

저는 아이들을 기르고 있는 우리한테 무슨 권위 있는 의견이나 규칙들이 꼭 필요한 것은 아니라는 사실을 점점 강하게 느끼고 있습니다. 그리고 슈타이너 자신에게는 자식이 없었다는 사실을 부모들에게 상기시켜주곤 한답니다. 그렇긴 해도, 우리가 아이와 어른의 발달에 관한 이해의 폭을 넓혀서 몸, 마음, 감정, 정신을 모두 포함하는 온전한 인간을 전체로 포괄할 수 있다면, 우리는 지적인 지식과 직관적인 앎이 잘 결합된 토대 위에서

---

* 가정생활을 모델로 해서 발도르프식 교육 원리들과 활동들을 적용하는 유아원, 유치원, 가정 프로그램들을 폭넓게 말합니다.

어떤 결정들을 보다 잘 내릴 수 있을 것입니다.

조산사로서 저는 저 스스로를 자연스런 출산의 수호자로 여겼습니다. 옆에서 산모에게 무한한 격려를 제공하지만 꼭 필요한 경우가 아니라면 거의 개입하지 않는 사람으로 말이지요. 이것은 여성에 대한 근원적인 존중과 자연스럽게 출산할 수 있는 여성들의 능력에 대한 존중에서 나온 것입니다. 이제 저는 저 스스로를 자연스러운 어린 시절의 수호자로 여기고 있습니다. 이 수호자는 아이들을 기르는 일에 관해 새롭고도 분별 있는 상식을 갖고 이야기를 하는 사람입니다. 그래서 부모이자 첫 번째 선생님인 우리가 얼마나 중요한 역할을 맡고 있는지를 깨닫게 함으로써, 아이들을 아이들답게 지내게 도와주는 사람을 말합니다. 우리의 임무는 아이의 발달을 이해하고, 이 새로운 앎을 가지고 우리 아이들과 손자들에 대한 우리의 직관을 튼튼히 하는 것입니다. 이렇게 하다보면 우리가 하고 있는 이 단순하고 소박한 일들 속에서 어떤 귀중한 가치를 알아볼 수 있을지도 모릅니다. 마치 대단히 세속적인 일을 하면서도 영적인 것을 발견할 수 있을 지도 모르는 것처럼 말입니다.

여러분과 성장하고 있는 여러분 가족 모두에게 축복을 기원합니다!

라히마 볼드윈 댄시
볼더, 콜로라도, 2012

부모이자 유아교육자로서 저는 이 책을 쓰고, 계속해서 제 일을 해나가는데 루돌프 슈타이너의 연구 작업에서 큰 영감을 받았습니다. 그는 1919년 독일 슈투트가르트에 처음으로 발도르프 학교를 세운 오스트리아인 철학자이자 교육자입니다. 슈타이너가 이해한 아동발달 과정과 삶에 대하는 그의 경건한 태도 덕분에, 저는 어린아이들이 자신의 잠재 능력을 자연스럽게 펼칠 수 있도록 아이들을 도와줄 수 있었습니다. 또 미국의 발도르프 연구소 공동이사였던, 돌아가신 베르너 글라스에게 감사하고 싶습니다. 그는 슈타이너가 제시한 지혜를 부모들이 보다 쉽게 배워서 가정에서 적용해 보기를 원했고, 제가 그 일을 할 수 있도록 격려를 아끼지 않았습니다.

그리고 메사추세츠 주 뉴튼에 있는 부모교육센터의 설립자이자 이사인 버튼 화이트 Burton White가 쓴 책들을 알게 되어서 기뻤습니다. 버튼 화이트는 '하버드대학의 미취학 아동 프로젝트the Harvard Preschool Project'와 '브루클린 유아교육 프로젝트the Brookline Early Education Project'의 이사이기도 합니다. 그는 많은 연구자들이 흔히 그러하듯 이론 적이고 실험적인 방식으로만 자신의 연구를 진행한 사람이 아니었습니다. 오히려 가정에서 엄마들이 아이를 양육하는 태도를 직접 관찰했고, 그러한 양육 방식이 "훌륭한 아이들" 형제자매를 기르는 데 어떻게 적용되는지를 깊이 있게 연구한 분입니다. 사람의 일생 중 처음 3년에 관한 그의 관찰과 결론은, 반세기도 훨씬 전에 루돌프 슈타이너가 세운 원리들을 많은 부분 강하게 뒷받침해 줍니다. 『인생의 처음 3년The First Three Years of Life』이라는 그의 책과 미국에서 성공리에 진행 중인 '새로운 부모이자 선생님New

Parents Teachers'이라는 프로젝트는 제가 이 책을 쓰는 데 자신감을 갖도록 해주었으며, 매우 중요한 이 시기의 아이들과 부모들을 탐구할 수 있는 연구 방식을 제게 제공해 주었습니다.

아동 발달과 관련된 신경심리학과 인간 뇌의 발달과 교육에 있어서 컴퓨터의 역할을 연구한 제인 힐리Jane Healy의 탐구 역시 대단히 큰 도움을 주었습니다. 발도르프 교육 운동과 전혀 관계가 없는 사람이 루돌프 슈타이너의 가르침들을 강력히 뒷받침해주는 최신 연구 성과를 제시해서 보여주는 일은 아주 멋진 일입니다. 왜냐하면 그토록 많은 세월이 흘렀음에도 슈타이너의 통찰들이 시대에 뒤떨어졌다거나 시대착오적이지 않고, 오히려 아동 발달에 실제로 아주 적합한 교육 운동의 선두가 될 수 있다는 의미이기 때문입니다. 제인 힐리의 책들은 아동 발달상 적절한 배움과 관련된 가장 최근의 정보들을 부모들에게 제공하고 있습니다(『자라고 있는 아이의 마음: 태어나서 청소년기가 될 때까지의 뇌의 발달과 배움에 관한 실천적 안내서Your Child's Growing Mind: A Practical Guide to Brain Development and Learning from Birth to Adolescence』). 그녀는 또한 디지털혁명 시대에 우리가 아이들을 어떤 식으로 안내해야 할지에 관한 정보들도 제공하고 있습니다 (『관계 맺는 일의 실패: 컴퓨터는 아이들의 마음에 어떤 영향을 미칠까—좋든 나쁘든 간에Failure to Connect: How Computers Affect Our Children's Minds—for Better and Worse』).

이제는 다 자란 우리 아이들, 레이프Leif, 세스Seth, 페이스Faith, 재스민Jasmine에게 진심으로 감사하고 싶습니다. 이 아이들을 키우면서 저는 이 책을 쓰는 길을 걸을 수 있었고, 제가 성장할 수 있는 많은 기회를 제공해 주었습니다! 남편 아가프 댄시Agaf Dancy 역시 모든 부분에 대한 계속적인 지원과 편집상의 기술을 도와준 데 대해 깊은 사랑과 키스를 전합니다. 그리고 캐서린 체프, 수잔 하워드, 와헵 볼드윈, 매리 린 챈녀, 앤 프랫, 조앤 앨먼, 바바라 스턴, 그리고 원고를 읽고 조언을 해준 모든 사람에게 감사합니다. 아울러 이 책이 부모들에게 도움이 될 수 있도록 만들어 준 셀레스첼 아트 출판사와 텐 스피드 프레스의 주디스 존스톤과 세상을 떠난 데이비드 힌즈, 리자 웨스토몰랜드, 리자 리걸에게 특별한 감사를 드립니다.

오늘날 우리는 풍요로운 후기산업사회에 살고 있습니다. 이러한 산업사회가 우리 인류에게 가져다 준 것은 한편으로는 여러 가지 물질적인 풍족함과 편리함을 제공해 준 것으로써 물론 아주 공헌이 큰 것입니다. 그러나 다른 한편으로는 무엇을 가져다주었습니까? 이에 대한 대답으로 약 100년 전에 독일에서 루돌프 슈타이너Rudolf Steiner* 박사는 다음과 같은 말을 하였습니다.[3]

> "산업화는 우리 인간에게
> '*인간성의 상실, 공동체의 와해*, 그리고 *환경 파괴*'를
> 가져다 줄 것이다."

이는 100년 전에 한 말이지만 지금도 우리에게 아주 생생한 이 시대의 인간 현실 문제입니다. 특히 여기서 공동체의 와해라는 관점에서 보게 되면, 가정을 아주 작게 만들어지게 하였고(소가족제도 또는 핵가족), 또한 오늘날에는 혼자 사는 가구의 증가가 특히 대도시에는 아주 두드러지는 현상입니다. 이러한 현실에서 수많은 젊은 부모들 내지는 아이를 홀로 키우는 양육자들은 아이를 키우는데 매우 어려운 문제를 가지고

---

* 인지학(人智學; Anthroposophy)의 창시자(1861~1925)로 발도르프교육학을 정립하여 오늘날 전세계에 2,000여 개의 유치원, 1,000여개의 학교가 발도르프교육의 실제로서 행하여지고 있다. 그 외에도 정신과학대학교, 교사 양성학교, 의과대학교, 인지학을 근거로 한 의학과 종합병원, 슈타이너 경제학을 바탕으로 한 은행들, 슈타이너 의 농법을 기초로 한 "생명역동 농법" 농장들, 슈타이너의 건축을 기초로 한 건축물들, 예술분야의 학교들, 특수치료시설, 양로원, 사회시설들이 무수히 전 세계 곳곳에 실제로서 행하여지고 있는 분야의 창시자이다.

있습니다. 그렇다고 옛날의 대가족제도 안에서 아이 키우기가 다 옳았다고 주장하는 견지는 아니지만…… 어쩌면 우리는 산업화를 통하여 많은 것의 맥을 단절하였고 잃어버렸습니다. 여하간 아이와 지내는 시간이 더 많은 사람들에게는 늘어났고, 아니면 직장생활을 하는 양육자는 아이와 지내는 시간이 비교적 적지만 그래서 더욱 아이에게 관심이 지대해 졌습니다. 그러나 예전에는 아이 양육이 자연스럽게 공동체 안에서 할머니, 할아버지, 고모, 이모 등의 그동안 쌓여있던 경험들을 통하여 함께 이루어졌지만 오늘날 현대사회는 공동체의 와해로 인하여 이러한 자연스러운 공동체 안에서의 아이 양육이 이루어지지 못하지요. 게다가 현대의 양육자들은 예전의 양육법에 대하여 불신하고 있는 점도 많습니다. 이는 현대과학에 "맹신"하는 경향이 있기 때문입니다. 또한 오늘날의 소위 정보사회에서는 더욱이나 얼마나 많은 정보들이 우리들의 주위에 있습니까. 수많은 양육에 관한 책들, 인터넷을 통한 수많은 양육정보들, 또 수없이 많은 육아법들 그리고 상업적인 육아광고물들의 홍수 속에서 오늘날의 양육자들은 그만 어떻게 해야 할지 모르는 상황이 되고 결국은 스스로 혼자의 판단에 맡겨진 상황이지요.

이 책의 저자 라히마 볼드윈 댄시는 오랫동안의 산부인과 특히 출산을 돕는 경험을 통하여 그리고 출산에 관한 진지한 연구를 지속적으로 하는 과정에서 루돌프 슈타이너의 인지학人智學,Anthroposophy을 만났고, 그 후로 자신의 커다란 변화와 발전을 통하여 얻은 결과들을 이 책에서 경험적으로 서술하였고, 아이의 양육법 내지는 교육법을 인지학

Anthroposophy적인 경험과 통찰을 통하여 잘 나타내고 있습니다. 아이에 대한 존재를 출생 전부터 시작하여 출생과정, 출생 그리고 자라나는 과정들을 아이의 관점에서 파악하고 우리(성인)가 양육자로서 그리고 교육자로서 아이의 본질을 어떻게 이해하고 파악하는지, 그리고 어떻게 우리가 양육하고 교육해야 할지를 돕는 이야기를 하고 있습니다. 이는 루돌프 슈타이너의 "인간학"을 통찰하여 얻어진 결과를 바탕으로 본인의 생애를 통하여 얻어낸 경험들을 이해하기 쉽게 표현하고 있으며, 우리의 생각을 조금 더 넓히고 풍부하게 해 줄 수 있는 인간의 이해와 삶의 파악을 할 수 있도록 돕고 있습니다. 물론 이것은 아이를 바라보는 눈을 다르게 해주며 교육의 관점을 더욱 풍부하게 해줌과 동시에 양육과 교육의 새로운 틀을 제시하고 있는 것입니다. 이것이 바로 발도르프교육의 본질적인 것입니다. 이러한 발도르프교육 또는 슈타이너교육이라고 칭하는 이 교육은 1919년 독일에서 최초의 발도르프학교가 생긴 이후 전 세계적으로 수많은 발도르프교육기관들이 생겨났고, 1994년에는 유네스코가 주관하는 세계교육부장관 회의가 열렸던 제네바에서 21세기 미래 개혁교육의 모델로서 지정되었으며, 국내에서는 1996년에 유네스코의 후원으로 한국발도르프교육협회가 독일대사관, 독일문화원과 함께 전시회와 국제심포지움을 개최하였고, 그 후부터 한국발도르프교육협회는 지속적인 활동을 통하여 발도르프교육이 국내의 교육 발전에 조금이나마 이바지하고 영향을 주고자 노력하고 있습니다. 현재 국내에서는 1999년 분당에 자유발도르프 킨더가르텐이 생겨나 40여명의 어린이와 발도르프교육을 행하고 있고, 현재에는 셀 수 없는 발도르프유아교육시설이 존재하여 너무 유행적이거나 검증이 안 된 발도르프 유사 유아교유기관이 생겨나서 오히려 그 본질을 흐리는 경향이 있어서 안타깝기는 합니다.

그래서 재판되는 이 책은 특히 현대사회의 젊은 부모들에게 아이들을 양육하고 교육하는 올바른 방향을 잡는 기회가 될 것이며, 동시에 유아교육시설을 판단하는 잣대가 되기를 바라며, 그뿐만이 아니라 학계나 교육계 그리고 의학계 등에 지평을 넓히는 기회를 주게 될 것이고, 그리고 궁극적으로는 읽는 이 각자의 삶에 대한 물음들에 대한 해답을 찾을 수 있는 기회가 될 수 있으리라 믿고 또한 기대하며 이 책을 적극적으로 추천합니다.

2016년 6월
허영록
(사단법인 한국발도르프교육협회www.waldorf.or.kr 이사장,
독일 발도르프학교 졸업생, 독일공학박사, 현 강남대학교 교수)

아이 기르기는 부모인 우리가 성장할 수 있는 멋진 기회입니다

갓 태어난 아이를 바라볼 때, 우리는 놀라움과 신비로움과 경이로움을 느끼곤 합니다. 이 조그만 존재는 어디로부터 와서 어떻게 우리의 품에 안기게 되었을까요. 아이는 불완전한 우리에게 자신의 온 존재를 내맡기면서 무한한 신뢰를 보여줍니다. 이토록 무한한 신뢰를 받는 경험은 젊은 부모에게는 뜻밖의 경이로운 경험일 것입니다. 임신 기간도 그렇지만 갓난아기나 어린 아이를 돌보면서 많은 부모들이 문득 생명의 신비로움을 느끼고, 또 왠지 설레는 마음이 드는 이유도 일상에서 잘 감지하지 못한 이런 신비를 만났기 때문이 아닐까 싶습니다.

그렇지만 또 한편으로는 서툴기만 한 우리가 이 아이를 과연 잘 키울 수 있을까 하는 불안한 마음이 들기도 합니다. 우리가 정말로 이 작은 아이를 한 사람의 훌륭한 인간이 되도록 잘 도와줄 수 있을까요? 어떻게 해야 아이가 잘 자랄 수 있을까요? 부모인 우리는 무수히 고민하고, 수많은 선택을 하고, 자기 삶을 반성하고, 변화시켜가기도 하면서 앞을 향해 나아갑니다. 그리고 아이가 자라면서 (매순간 노력했던) 우리도 자랍니다. 이렇듯 양육의 의무와 책임은 우리 삶의 숭고한 임무이자 축복 중의 하나인 것 같습니다.

이 책은 "아이를 잘 키우자!"고 외치는 수많은 육아 책들 가운데서도 아주 돋보이는 철학을 품고 있는 훌륭한 부모 안내서입니다. 인간 영혼의 성장을 믿는 루돌프 슈타이너라는 사상가가 바라본 "인간에 대한 이해"를 바탕으로 한 책이기 때문입니다. 또 저자가 자신의 양육 경험과 유치원 선생님 경험, 그리고 자신이 오래 헌신하고 있는 발도르프 교육 내용을 녹여내어서 쓴 책이기 때문입니다. 미국에서는 1989년에 초판 책이 출간되었고, 2000년에는 빠르게 변화하고 있는 테크놀로지와 관련된 많은 부분을 보완해서 재판이 출간된 후, 많은 사람들의 사랑을 받은 책입니다.

한국에서는 2002년에 '정인출판사'에서 이 책을 번역해서 출간했는데, 많은 부모들이 이 책을 찾아 읽고서 역시 좋아해주셨습니다. 당시는 우리나라에서 발도르프 교육에 대한 관심이 막 일어나던 시기였고, 그 이후로 이 교육 방법과 철학을 공부하는 사람들이 점점 많아지고 있습니다. 2001년 즈음 이 책을 처음 번역할 당시의 저는 아직 어린 아이 둘을 시골에서 키우면서 끙끙대고 있던 초보 엄마였습니다. 그때 이 책의 초판 영문을 끙끙대며 번역하자마자 바로 재판을 받아서 다시 비교하며 번역했던 기억이 납니다(결국 한국에서는 초판이 아닌 재판을 출간했습니다). 하여간 저 역시 한 사람의 부모로서 아이를 키우는 데 이 책으로부터 큰 도움을 받았습니다. 그 뒤로 어느덧 15년의 세월이 지나갔네요.

의욕이 충만한 저자는 2012년에 또다시 많은 부분들을 새로이 넣고, 빼고, 보완해서 이 책의 3판을 출간했습니다. 초판과 재판을 번역했던 제가 다시 이 책의 3판을 번역할 기회를 갖게 되어서 아주 의미가 컸고, 기쁜 순간들이 많았습니다.

그 이유를 들자면 먼저, 세월이 흐르면서 제가 나이가 들었다는 점을 들 수 있습니다. 30대 중반의 미숙한 젊은 엄마에서 50대 초반이 된 이 세월동안, 제가 여러 경험을 하면서 인생의 다양한 면들을 통찰할 수 있는 시선을 조금이나마 갖게 된 것이지요. 그래서 저자가 책에서 이야기하려는 의도들이나 개념들을 아주 쉽게 파악하고 공감할 수 있었습니다. 저자 또한 나이가 들면서 이번 책에서는 나름 유머와 여유로운 시선으로(완숙하고 지혜로운 할머니의 시선이라고나 할까요) 젊은 부모들에게 꼭 말하고 싶은 내용들을 잘 정리해 놓았다는 생각이 들었습니다.

두 번째로는 저희 아이들도 이제는 거의 다 자랐기 때문에, 아이들의 성장과정 동안 부모로서 제가 한 실수들과 잘못한 점들을 되돌아보며 깊이 반성할 기회가 되었습니다. 누구나 그러하듯이 어려운 시절들도 있었고, 성장과 성취의 순간들도 있었습니다. 돌이켜 생각해보니, 이 모든 순간들은 결국 아이들과 제가 자기 삶을 스스로 책임지고 자부심을 갖기 위해 노력하는 과정이었다는 생각이 듭니다. 그리고 모든 괜찮은 인생들이 그러하듯 이 우리 가족이 한발 한발 나아가는 이 성장 과정도 여전히 진행 중에 있습니다. 그런 점에서 긍정적이고 씩씩하게 자신의 인생을 책임질 준비를 하고 있는 아이들이 무척 고맙습니다.

그리고 이 책을 처음 번역할 당시의 저는 번역 실력 역시 부모노릇만큼이나 서투른 점이 많았습니다. 그래서 부끄럽게도 몇몇 실수들을 한 부분들을 이번에 발견했고, 그것들을 다시 고칠 수 있어서 기쁘기 그지없었습니다. 또한 당시에 우리말 구사력이 미숙했던 탓에 길고 장황하게 설명했던 문장들도 보다 간략하고 명확하게 고칠 수 있어서 기뻤습니다. 책이 훨씬 자연스럽게 잘 읽히고, 내용도 보다 분명하게 전달될 것이라고 믿고 있습니다.

모두들 인정하듯이, 현대 사회는 너무나 분주하고, 지나치게 테크놀로지 중심주의로 흐르고, 과도하게 획일화된 물질중심주의로 나아가고 있습니다. 균형을 심하게 잃어가고 있다고나 할까요. 이런 시대 풍조에서는 웬만큼 굳건한 가치관을 갖고 있지 않으면, 어떻게든 자기 아이만 똑똑하게 키우고 경쟁에서 성공시키겠다는 이기적인 부모들이 넘쳐날 것입니다. 당연히 그런 사회는 참으로 삭막한 사회겠지요. 이런 사회에 적응하느라 힘에 겨운 아이들도, 그걸 부추겨야 하는 우리 부모들도 그리 행복하지 않을 것입니다. 물론 여기에는 미디어의 발달과 양육이나 아이들 교육과 관련해서 온갖 상품들을 팔려는 마케팅 전략들이 너무 치열해서 부모들이 그 영향으로부터 자유롭지 않은 탓도 있습니다.

어쨌든 이 모든 시대풍조는, 어쩌면 어린 아이의 발달 과정을 전혀 염두에 두지 않은 것일 수 있습니다. 그래서 이 풍조에 너무 깊이 젖어든다면, 아이는 자연스런 발달 과정을 꽃피우지 못한 채 위축될 수 있습니다. 또 아이가 우리가 진정으로 원하는 아이, 즉 몸과 감정과 지성과 영혼이 조화로운 균형을 이룬 온전하고, 아름답고, 힘 있는 존재로 성장하는 게 아니라, 자칫 균형을 잃은 사람 혹은 한쪽으로만 치우친 사람으로 자랄 위험이 있습니다. 게다가 현대 문명은 인간 존재가 진정으로 필요로 하는 욕구들과 이 지상에서 성취해야할 인생의 의미나 개인의 운명에 별로 관심이 없어 보입니다.

그래서 의미 있게 부모노릇을 하고 싶은 젊은 부모들은 어찌할 바를 몰라서 우왕좌왕 헤매거나, 어떻게 해야 할지를 알고 싶어서 열심히 고민하게 됩니다. 무조건 상품을 만들고, 팔고, 쓰고, 버리는 소비만능주의 사회에서 부모는 자기 아이들에게 어떤 가치를 보여주어야 할까요? 부모들 자신은 어떤 가치를 가져야 할까요?

이처럼 아이를 잘 키우고 싶어서 여러 가지로 고민하고 있는 젊은 부모들에게, 아이들을 이미 키워본 선배인 제가 이 책을 기쁘게 번역하고 진심으로 권할 수 있어서 무척 뿌듯하답니다. 아이 기르기를 통해 기쁨과 고통과 풍요로움을 경험하면서 부모인 제가 성장했듯이, 여러분들도 조금씩 성장하면서 삶의 소중한 비밀 하나(혹은 여러 개)를 발견할 수 있을 것입니다. 때로는 힘든 부담이기도 한 부모의 길을 걸어가는 여러분들의 여정에 축복을 보냅니다.

2016년 6월
강도은

1
· · · · · · ·

당신은 당신 아이의
첫 번째 선생님입니다

독특한 기회

태어나서부터 6살[1] 사이의 시기는 그 뒤와는 비교할 수 없을 정도로 성장과 배움에 중요한 시기입니다. 이 기간 동안 아이들이 경험하는 성장의 힘에 관해서는 역사상 많은 사상가들과 교육가들이 주목해왔으며, 오늘날에는 이 힘이 더욱 분명해보입니다. 특히나 상품을 판매하려는 사람들이 이 힘을 주목하는 바람에, 자기 아이들을 더욱 똑똑하고 더 빨리 성숙시키려는 부모들이 넘칠 지경입니다. 물론 모든 부모들은 자기 아이에게 가장 좋은 것을 해주고 싶어 합니다. 하지만 어떻게 그 모든 이론들과 시장에 나온 상품들을 잘 구별해서 최선의 결정을 내릴 수 있을까요? 이 책에서는 최선의 결정을 내릴 때 정말 중요한 두 가지 요인들을 살펴볼 것입니다. 바로 아이의 발달을 이해하는 일과 가정생활을 꾸려가는 일이 그것입니다. 이때의 가정생활은 아이가 필요로 하는 것들을 제공해주면서도 엄마이고 아빠인 여러분들을 뒷받침해주고 격려해주는 삶을 말합니다.

1990년대 이래로 뇌에 관한 연구는 아이의 처음 3년 시기가 얼마나 중요한지를 다시금 크게 주목해오고 있습니다. 이 시기는 아이의 지적인 발달에 중요할 뿐만 아니라 나중에 이루어질 모든 사회적이고 정서적인 토대들을 세우는 데도 아주 중요합니다. 뇌에 자극을

---

1) 여기서는 모두 만 나이를 뜻합니다.

주어 반응을 촉진시키는 이미지들은 부모들과 심리학자들이 오래전부터 알고 있는 것입니다. 예를 들어, 뉴스위크 잡지의 어느 특별 판은 "태어나서부터 세 살까지 당신의 아이"란 표제를 달고 있는데, 이렇게 말하고 있습니다.

"뇌의 모습을 보여주는 양전자 방출 촬영법(PET) 같은 신기술은 이 시기의 중요성에 관해서 확고한 자료들을 제공해주고 있다. 아기를 꼭 껴안고 흔들어주는 것 같은 간단한 활동만으로도 성장을 자극시킬 수 있다고 한다. 그런데 적절치 못한 양육이 장기화되면 파괴적인 결과를 낳을 수도 있다. 심각하게 박탈당한 아이들, 가령 보육원에서 아무런 자극이 없이 방치된 고아들은 뇌의 중요한 영역이 발달되지 않은 채 남아있을 수 있다."

아이의 처음 3년 동안에 대해 새로이 일어나게 된 이 관심은, 1960년대와 1970년대에 그 시대적 뿌리가 있습니다. 당시에 많은 아동교육 관련 연구자들은 "헤드 스타트 프로그램the Head Start Program(미국의 저소득층 가정의 취학 전 아동을 지원하는 교육 프로그램)"이나 위험에 처한 아이들을 위한 프로그램에 주로 초점을 맞추어 연구했습니다. 반면 하버드대학의 아동발달 전문가인 버튼 화이트와 그의 동료들은 인생의 처음 6년 동안에 아이들이 어떻게 성장하는지를 13년에 걸쳐 연구했습니다. 화이트 박사는 이렇게 말하고 있습니다.

연구를 진행하면서 우리는 아이들이 인생의 처음 시기에 이루는 것들에 주목했다. 게다가 아이의 부모가 그 결과에 아주 중요한 역할을 하고 있다는 사실에 깊은 인상을 받았다. 그래서 우리는 공식적인 교육보다 오히려 부모의 개인적인 교육이 아이에게 훨씬 더 많은 영향을 미친다는 사실을 확신하게 되었다. 가족이 아이를 위한 역할을 제대로 할 수 있다면, 아동교육 전문가들은 아이들에게 훨씬 효과적인 훈련을 제공할 수 있을 것이다.

그런데 가족이 그 역할을 해낼 수 없다면, 아이를 평범함으로부터 벗어나게 해주기 위해서 전문가가 할 수 있는 일이란 별로 없을 지도 모른다. 이 냉혹한 평가는 '헤드 스타트 프로그램'이나 '팔로우 스로우Follow Through : 끝까지 따라가기 프로젝트' 같은 학력 부족을 보충하는 수천 개의 프로그램을 조사해서 이끌어낸 분명한 결론이다.

버튼 화이트는 "브루클린 유아 교육 프로젝트"를 진행하면서, 아이들이 "멋진" 사람으로 자라도록 돕게 하는 방법들이 무엇인지를 연구했습니다. 먼저 "대단히 멋진" 6살짜리 아이들을 발견했습니다. 그 아이들은 영리하고 발육상태가 좋았을 뿐만 아니라 모든 면에서 균형이 잡혀 있어서 함께 있는 사람이 절로 즐거워지는 아이들이었습니다.

버튼 화이트는 이 아이들의 어린 시절에 부모가 어떤 역할을 했고, 어떤 경험들이 이 아이들에게 영향을 미쳤는지를 살펴보았습니다. 아울러 이 아이들의 부모들 중 곧 다른 아이가 태어날 가족들도 포함시켜서 연구했습니다. 아이가 3살이 되기 전까지 부모들이 자기 아이와 어떤 상호작용을 맺고 있는지를 관찰하기 위해서였습니다. 화이트는 엄마와 아기들의 관계를 세심하게 관찰하여 그 결과를 이끌어냈습니다. 이 연구는 아이의 지적인 발달뿐만 아니라 전체적이고 균형 있는 발달을 관찰했다는 점에서 매우 흥미로운 연구입니다.

전체적인 발달이라는 면에서 보면, 아기가 태어난 뒤 여섯 달에서 여덟 달 동안에는 대부분의 부모가 아기를 상당히 잘 이해하고 있었습니다. 중대한 결함을 지니고 태어나거나 생후 1년 사이에 결함을 갖게 된 극소수의 경우가 아니라면, 생후 여덟 달 동안 대다수 아기들의 발달에는 그다지 큰 차이가 없었던 것입니다.

하지만 화이트와 다른 연구자들은 생후 8개월부터 3살까지의 시기가 인간의 발달에 얼마나 독특한 중요성이 있는지를 보여주고 있습니다. 화이트가 느끼기로는, 아마도 미국 가정의 겨우 10% 정도만이 생후 8개월에서 36개월 사이의 아기들을 제대로 교육시키고 있는 것이 아닌가 싶었습니다. 또한 "명랑하면서 응석받이가 아닌 3살짜리 아이를 키우는 일보다 똑똑한 3살짜리를 기르는 일이 훨씬 쉬운 일이다."라는 사실도 발견했습니다.

어린 시절이 인간의 발달에 중요하다는 것을 깨달은 또 다른 교육자로는 루돌프 슈타이너를 꼽을 수 있습니다. 과학자인 그는 1919년 독일 슈투트가르트에 발도로프 학교를 처음으로 세운 교육자이기도 합니다. 슈타이너의 많은 강연을 들었던 알버트 스테펜Albert Steffen은 이렇게 말했습니다.

자신의 글과 강연들에서 슈타이너 박사는, 나중의 인생을 결정하는 중대한 요인이 바로 초기 어린 시절에 달려있음을 여러 번 보여주었습니다. 아이가 어린 시절에 따뜻한 보살핌을 받았는지 그렇지 않은지는 어른이 된 뒤에 어떤 능력이나 결점으로 나타나며, 건강한지 병이 있는지 등으로 다시 나타날 것이라고 했습니다. 그렇기 때문에 삶의 모든 과정을 이해하기 위해서라도, 우리는 삶의 맨 처음 과정을 이해할 의무를 느껴야만 합니다.

오늘날 부모들의 딜레마

　모든 부모는 자기 아이들에게 가장 좋은 것을 해주고 싶어 하고, 가능한 한 아이들이 가장 좋은 출발을 할 수 있도록 도와주고 싶어 합니다. 그런데 무엇이 가장 좋은 것일까요? 많은 부모들은 생후 8개월이 된 아이와 조금 더 많은 것을 함께 해야 한다고 느낍니다. 그런데 무엇을 함께 해야 할까요? 자기 아이들과 "질적으로 좋은 시간"을 보내고 싶어 하는 부모일지라도 아이와 함께 앉아서 퍼즐을 맞추는 일이 얼마나 지루한 일인지를 곧 깨닫습니다. 이처럼 우리는 아이를 키우는 방법에 관련해서 너무 많은 의문과 의심과 죄의식으로 고통을 받고 있는 실정입니다.

　우리의 문화는 아이를 어떻게 키워야 하는지에 대해 강력하고 한결같은 메시지를 더 이상 제공해주지 못하고 있습니다. 게다가 핵가족화 현상 때문에 우리들 대다수는 대대로 아이를 키우는 지혜, 도움, 일관성을 제공했던 부모나 친척들과 멀리 떨어져 살고 있습니다. 어머니 노릇이 과학적인 양육기술로 대체되어가고 있다고나 할까요. 하지만 지금 세대의 많은 부모들이 자기 부모가 자기들에게 했던 양육방법, 즉 네 시간마다 젖을 먹이고, 아기가 "크게 울도록" 그냥 놔두는 것이 과연 아이의 성장에 가치가 있는지에 의문을 품고 있습니다. 그리고 오늘날의 많은 부모들은 자기 아이들과 좀 더 오래 집에서 지내고 싶어 합니다. 이것은 자기들이 어렸을 때 너무 이른 나이에 놀이방이나 어린이집에서 지냈던 경험에 대한 반작용일 것입니다. 하지만 그들도 무엇을 해야 할지 몰라서 당황스러워합니다. 그리고 어린아이와 집에서 지내는 일이 왜 그렇게 어려운 일인지 의아해합니다.

그러므로 가능한 한 모든 것들에 대해서 질문을 해보는 것이 바람직할 것입니다. 문제가 되는 점들을 의식으로 떠올리게 되면, 뭔가 온전하고 힘이 될 것들을 창조해낼 수 있을지도 모르니까요. 예를 들어, 현대에 이루어지고 있는 출산시의 기술적인 개입에 대해 의문을 가져볼 수 있습니다. 그러면 예전에 이루어졌던 "자연스런 출산"이 이제는 행해지지 않는다는 사실을 발견하게 될 것입니다. 모든 출산은 시대와 문화의 영향을 받기 마련입니다. 따라서 "자연스럽게" 출산한다는 일이 기술 시대인 지금은 거의 가능하지 않게 된 것입니다. 그렇기 때문에 우리는 오히려 스스로를 다시 교육시켜서, 몸과 마음과 감정을 새로이 조화롭고 통합적인 상태로 만들려고 애써야 합니다. 그렇게 해야 우리 자신이 몸과 마음과 감정이 함께 잘 어우러진 온전한 한 인간으로 출산을 할 수 있을 테니까요.

이것은 아이를 키우는 일에 있어서도 마찬가지입니다. 우리가 하고 있는 일이 과연 무엇인지 의문을 갖고서, 자신의 태도와 의도에 관해 엄마와 아빠가 서로 이야기를 해보는 것이 좋을 것입니다. 하지만 아이들 앞에서는 삼가는 것이 좋습니다. 실제로는 부모가 그다지 확신이 없을지라도, 아이들은 자기들을 키우는 일을 부모들이 잘 알고 있다고 믿는 것이 좋기 때문입니다. 아이들은 어른들의 복잡한 의식 속에 들어올 필요가 없습니다. 오히려 엄마와 아빠가 자기들을 기르는 일에 함께 협동하고 있다고 느낄 필요가 있습니다.

우리가 뭔가를 "알지 못하고", "의문을 갖고 있는" 상태는 때로 매우 유익할 수 있습니다. 하지만 우리가 모든 것을 이해할 때까지 아이들은 기다려주지 않기 때문에, 때로는 좌절감을 안겨줄지도 모릅니다! 아이들은 끊임없이 부모와의 상호작용을 원하며, 자신의 현재와 미래에 영향을 줄 부모가 무엇인가를 결정해 주길 요구합니다. 심지어 세상에 태어나기 전의 아기들조차도 이 세상과 부모의 삶이 완벽한 질서 속에 있을 때까지 기다려주지 않습니다. 즉, 아이들은 우리가 "완벽한 부모"가 될 때까지 기다려주지 않는다는 뜻입니다.

오히려 완벽한 부모노릇이라는 이상을 포기할 수만 있다면, 우리는 아이에게 훨씬 더 잘할 수 있을 것입니다. 아이를 키우는 일은 부모와 아이가 서로 성장하는 과정입니다. 이 과정 동안에 부모와 아이들은 서로 영향을 주고받고, 서로의 삶 속에 들어온 것들 덕분에 다른 차원에서 서로 성장하는 것입니다.

새로이 부모가 된 우리 대부분은, 다양한 상황에 처했을 때 무엇을 해야 할지 몰라서 정말로 곤혹스러워하는 자신을 발견할 것입니다. 때로는 우리가 아이에게 한 행동이 아이의 성장에 어떠한 영향을 미칠지 알 수 없어서 답답할 것입니다. 특히 첫 아이일 경우에는 더욱 그렇습니다!

나중에 작은 폭군이 될 지도 모르는데, 아이더러 자기감정을 남김없이 표현하라고 격려해야 할까요? 아니면 아이를 훈계한다고 소리를 질러서, 나중에 부모를 원망하게 할 위험을 무릅써야 할까요? 이것들 중 어떤 것도 우리의 마음을 끌지 못합니다. 또 생후 9개월 된 아이에게 읽기나 수영을 가르쳐야만 할까요? 2살짜리 아이가 스마트폰 앱들을 너무나 좋아한다면, 그게 아이한테 좋은 걸까요? 현대사회에서 성공하기 위해서는 3살짜리 아이를 컴퓨터에 능통하도록 할 필요가 있을까요?

우리에게는 이런 문제들을 제대로 판단할 수 있는 어떤 방법도 없는 것 같습니다. 그래서 다른 사람들의 이런저런 생각들을 뒤쫓거나 우왕좌왕하곤 합니다. 하지만 우리는 자기 스스로의 내적인 앎에 귀를 기울일 필요가 있습니다. 그리고 어린 아이들이 어떻게 발달하는지를 알아야 할 필요가 있습니다. 그렇게 되면 우리는 확신과 수용하는 자세를 지니고서 분별어린 선택을 할 수 있을 것입니다.

오늘날 새롭게 부모가 된 많은 사람들은 아이의 발달에 관해 거의 아무것도 알지 못하는 상태입니다. 심지어 어른이 된 후로는 자기 주위에 아이들이 있어 본 적이 없는 이들도 있는 실정입니다. 그리하여 많은 사람들이 아이들이란 어떤 존재인가를 잊어버린 상태입니다. 이처럼 우리는 삶 전체를 조망하게 해줄 지식도 없이 부모가 되어서 아이를 키우고 있는 실정입니다.

문화적인 딜레마

　우리는 새로운 방법으로 아이들을 바라보아야 합니다. 여기서 "새로운 방법"이란 신체적physical, 정서적emotional, 지적mental 발달은 물론이고 쉽게 파악되지는 않는 영적spiritual 차원까지를 함께 고려하는 방법을 말합니다. 한번이라도 우리가 온전한 아이를 감지하기 시작하고 아이가 어떻게 그것을 드러내는지를 깨닫게 되면, 우리의 선택은 일관성을 갖게 될 것입니다.

　아이를 키우기 위해 더 이상 요리책 같은 "실용안내서"를 원하지 않는 우리는 자신의 결정에 신뢰를 가질 수 있을 것입니다. 왜냐하면 이 새로운 방법은 우리가 아이의 발달을 제대로 이해한 것에 토대를 두고 있으며, 발달에 따라서 꽃이 피어나듯 자연스럽게 자라나는 아이를 관찰한 것에 근거를 두었기 때문입니다.

　그런데 이런 식으로 아이들을 보지 못하게 하고, 아이의 발달에 정말로 필요한 지원을 방해하는 문화적 힘들이 이 사회에 상당히 많다는 사실도 깨달아야 합니다. 무엇보다도 먼저 입법가들, 학자들, 상품 판매자들이 여러 가지 교육들과 의복 스타일을 계속해서 더 어린 아이들이 받아들이게끔 도입하고 있습니다. 그러면서 어린 시절이 그 자체로 상품성 있는 단계로 인식되면서 착취당하고 있는 실정입니다. 우리는 이 사실을 깨달을 필요가 있습니다. 우리 사회는 아이들을 꼬마 어른으로 간주하는 성향이 있습니다. 그래서 아이들을 마치 다 자란 어른처럼 대하거나, 더 큰 아이에게 맞을 법한 방법을 아직 어린 아이에게 가르치도록 자극을 받고 있는 실정입니다.

피아제[2]나 신경생리학자들이 수년 간 연구했음에도 불구하고, 교육정책 입안자들은 실제로 아이들이 생각하고 배우는 방법에 관한 진지한 고려를 하지 않은 채 교과서와 교과과정을 피상적으로 결정하고 있는 실정입니다.

또한 우리의 문화는 아이들을 그리고 인간을 일반적으로 기계로 여기는 경향이 있습니다. 인간의 뇌가 컴퓨터에 비유되는 상황인 탓에, 우리는 현대 컴퓨터의 능력이 사실은 인간 뇌의 산물이며, 아주 빠른 속도로 일어나는 지극히 간단한 "켜짐－꺼짐on-off"의 과정일 뿐이라는 사실을 알려고 하지 않습니다. 컴퓨터 문화가 우리의 가치 체계에 너무나 깊이 스며들어버린 것입니다. 이 바람에 인간의 뇌에 관한 연구를 보여주는 대중적인 기사들은, 아이들이 어떤 능력이나 성향을 가지기 위해서는 "태어날 때부터 두뇌에 하드웨어로 기본배선이 깔려 있어야한다."는 식으로 언급하고 있는 실정입니다.

의학 분야에서도 기계화된 모델을 볼 수 있습니다. 이 분야에서는 마치 자동화된 수리 센터에서처럼 못쓰게 된 인체의 각 부분들이 다른 것들로 대체되곤 합니다. 이런 시각은 '행동주의[3]'라는 유물론적인 심리학에도 널리 퍼져 있습니다. 행동주의 심리학에서는 한 사람의 영혼과 운명의 개별성은 복합적인 일련의 조건화된 반응들로 간단하게 환원될 수 있습니다.

우리 사회는 다른 무엇보다도 아이의 지적인 발달을 가장 중요하게 여깁니다. 그렇기 때문에 발달의 다른 면들을 무시하는 경향이 있음을 깨달아야 합니다. 또한 아이가 자신의 가치를 소중히 여기는 일도 소홀히 취급받고 있고, 너무 일찍 뭔가를 배우느라 어린 아이가 겪고 있는 충격 역시 소홀히 여겨지고 있습니다.

미국에서는 "어떤 아이도 뒤에 남지 않는다.The No Child Left Behind."는 지침이

---

2) 1896~1980, 스위스의 유명한 아동 심리학자.
3) 인간의 의식 내용보다는 밖으로 나타난 행동을 대상으로 하여 연구하는 심리학.

기세를 얻으면서, 학습위주 활동이 교과과정에 더욱더 이른 시기에 도입되고 있습니다. 이제는 유치원 아이들이 예전에는 초등학교 1학년 과정이었던 것들을 공부하고 있는 상황이 되었습니다. 그 결과 미국에서는 현재 많은 아이들이 유치원 과정의 공부를 잘 따라가지 못하고 있고, 글을 못 읽는 아이들도 계속 증가하고 있습니다. 이런 상황인데도 점점 길어지고 있는 학교 시스템에서는 4살짜리 아이에게 읽고 쓸 준비를 시작하라고 강요하는 분위기와 요구가 널리 퍼져 있습니다.

하지만 유치원에 다니는 아이들과 초등학교 1학년 아이들 사이에는 아주 커다란 차이가 있습니다. 다시 말해 초등학교에 들어가는 6살이나 7살 무렵에는 발달 과정상 아주 큰 변화가 있는 시기라는 뜻입니다. 그런데도 부모나 교육자들은 이 사실을 무시하면서, 서둘러 키우려고 "온실 같은" 곳에서 지내게 된 유치원생들을 또다시 공부라는 비좁은 길로 계속해서 몰아넣고 있는 것입니다.

아이들의 자연적인 발달을 무시하면, 데이비드 엘킨드David Elkind가 "잘못된 교육"이라고 지적했던 결과가 나올 것입니다. 또 취학 전 아이들에게 해를 입힐 뿐 아무런 이득도 없는 것을 교육이라는 이름으로 행하는 실수를 범할 것입니다. 엘킨드의 책『서둘러 자라는 아이들The Hurried Child』과『잘못된 교육 : 위험에 처한 취학 전 아이들Mis-education: Preschoolers at Risk』은 아이의 건강한 발달을 위험에 빠뜨리는 우리 문화의 영향력에 대해 자세히 설명하고 있습니다.

우리는 아이의 발달이 자연스럽게 이루어지는 과정들과 연결이 끊어진 상태입니다. 그렇기 때문에 아이가 자신의 내적인 발달과정을 잘 펼칠 수 있도록 도와주기보다는, 어른이 아이에게 "뭔가를 해주어야 한다."고 생각합니다. 소아과 의사들은 이 사실을 우려하면서 각각의 아이들은 일찍 걷거나 늦게 걷는 자신만의 시간표가 있다면서 부모들을 안심시키려고 애를 씁니다. 하지만 교육자들은 부모들을 안심시켜주지 못하고 있습니다. 그들은 7살이나 8살이 되도록 읽지 못하는 아이도 나름의 자부심을 가져야 한다고 말해주지 않습니다. 오히려 그런 아이는 유치원에서 "학습지체 아동"이라는 꼬리표가 붙어서 학습 부진아 반에 들어가게 됩니다. 그곳에서 지치도록 반복해서 기본학습을 익혀야하는 아이는 배움에 관한 흥미와 그 소중한 가치를 잃어버리게 될 것입니다.

　루돌프 슈타이너는 아이의 자연스러운 발달과정에 대단한 확신을 갖고 있었습니다. 그는 "잠자고 있는 것이 깨어날 것이다.That which is asleep will be awaken."라는 말로 그 과정을 설명했습니다. 그렇다고 어른인 우리가 아무것도 하지 않는다는 뜻은 절대 아닙니다. 오히려 이 말은 아이들이 스스로를 드러내며 자라날 때 우리가 그 발달 단계에 조화롭게 협력할 필요가 있다는 뜻입니다.

　다양한 단계마다 다르게 나타나는 아이의 발달단계를 서둘러 건너뛰거나 지나치는 일은 아이한테 해롭습니다. 비록 아이가 그 단계를 건너뛸 수 있을지라도, 우리가 뭔가를 할 수 있다고 해서 꼭 그것을 해야만 하는 것은 아닙니다! 그러므로 우리는 아이의 발달이 조화롭게 이루어지는데 도움을 주는 일과 해를 입히는 일이 무엇인지를 판단할 수 있어야 합니다. 그러기 위해서는 인간의 발달과정을 이해할 필요가 있습니다.

　아이들이 어떻게 발달해가는 지, 또 격려가 되고 뒷받침이 되는 가정생활을 만들어내어서 어떻게 그 발달에 대처하는지에 관한 가장 훌륭한 논의들 중의 하나는, 킴 존 페인Kim John Payne이 쓴 『단순 소박한 부모노릇Simplicity Parenting』이란 책입니다. 페인은 이 책의 부제로 "보다 평온하고, 더 행복하고, 더 안전함을 느끼는 아이를 기르기 위해서 특별한 힘을 덜 사용하기"라는 문구를 쓰고 있습니다. 그러면서 모든 것을 포괄할 수 있는 네 가지 차원에서 아이들의 삶과 부모의 삶을 단순화시킨다면, 이런 아이로 기르는 게 가능하다고 약속하고 있습니다. 이 네 가지 차원으로는 '환경', '리듬', '스케줄', '어른들의 세계를 적절히 걸러서 경험하게하기'입니다. 만일 다른 책을 읽지 않을 경우라면, 이 책은 아이의 초기 어린 시절부터 사춘기까지 여러분이 지니고 있을만한 가치가 있는 책입니다.

어머니노릇에 대한 지원 부족

오늘날 부모들이 부딪치고 있는 딜레마들이 더욱 심각해지는 이유는 가족생활의 본질이 변화하고 있기 때문입니다. 점점 많은 수의 엄마들이 혼자 아이를 기르고 있으며, 빚지지 않고 살기 위해서 때로는 한 개 이상의 직업을 가진 채 애를 쓰고 있습니다. 많은 여성들이 매우 늦게 결혼하고 늦게 엄마가 되고 있는데, 이미 대학이나 대학원을 졸업했거나 몇 년간 직업을 가진 후에 엄마가 되기도 합니다. 오늘날의 경제적 상황을 보면, 높은 융자금과 익숙해진 생활스타일을 유지하기 위해서 부모 두 사람의 수입을 필요로 하는 경우가 꽤 있습니다. 또 아이들을 위해서 자신들의 경제적인 안락함을 희생하고 싶어 하지 않는 사람들도 있습니다.

하지만 꼭 이런 경제적인 필요성이 없을지라도, 어떤 여성들은 날이면 날마다 아이와 집에 계속 있는 것보다는 상대적으로 낮은 임금을 받더라도 아이를 맡기고 밖에서 일하는 것을 더 좋아하기도 합니다. 아이들과 함께 지내는 일이 왜 그렇게 많은 여성들한테 어려운 일이 되었을까요? 이 질문에 대한 대답으로는, 우리 사회의 특성이 변하고 있기 때문이라는 답을 부분적으로 할 수 있을 것입니다. 예전 시대에 시골에 살던 여성들의 삶은 대부분 생존과 관련된 일에 집중되어 있었습니다. 당시의 여성들은 텃밭을 가꾸어

통조림을 만들고, 빨래하고 다림질하고, 빵을 굽고 요리를 하고, 바느질을 하고, 장작을 패거나 그 밖의 자질구레한 농사일을 도맡아 했습니다. 그런 엄마를 뒤따라 다니는 아이들은 무엇인가를 할 수 있는 나이가 되면 곧바로 부모를 도왔습니다. 그러한 생활의 중심은 절대 아이들이 아니었습니다.

하지만 오늘날 박사학위가 있는 37살의 여성이나 근사한 직업을 가진 여성이 2살짜리 아이와 아파트에서 하루 종일 함께 시간을 보내길 기대한다는 것은 사실 비현실적인 기대입니다. 핵가족이나 그보다 더 분열된 가족 안에서 아이는 가족 중 가장 관심을 끄는 대상이기 때문에, 지나치게 많은 에너지가 아이한테 집중되기 마련입니다(어떤 부모들은 아이를 위해서 부엌 바닥에 밀랍으로 칠을 할 정도로 힘을 쏟습니다!). 그렇기 때문에 시간이 지나면서 많은 엄마들은 고립된 공간에서 혼자 아이를 키우느라 멀미Cabin Fever4)를 느끼는 자신을 발견할 것입니다. 이런 고립된 생활을 하는 엄마는 정서적으로나 지적으로 점점 더 힘들어지기 마련입니다. 이에 대한 책임은 부분적으로 이 여성이 어머니 노릇에 대한 가치를 충분히 깨닫지 못했기 때문입니다. 하지만 또 한편으로는 관심을 받고 싶어 하는 아이의 요구가 너무 커져서, 엄마의 에너지를 모조리 소진시키기 때문인 탓도 있습니다.

저는 미시간 주 디어본에 있는 출산센터에서 조산사로 가정 분만과 출산을 돕고 있을 당시에, 오늘날의 가정생활이 아주 크게 변화하고 있음을 절실히 느꼈습니다. 그곳에서 저는 매우 다양한 직업을 갖고 있는 많은 가족들을 알게 되었습니다.

최근에 이민 온 어떤 여성들은 여전히 여성이라는 "숙명적인 생물학적인 조건"에 빠져서 곤란을 겪고 있었습니다. 이 여성들이 매년 아이를 낳느라 기진맥진해 있음에도 불구하고, 남편들은 여전히 아내가 피임하는 것을 허락하지 않았습니다. 선진교육을 받았다는 미국여성의 경우에도 일곱이나 여덟 번째 아이를 낳는 이들도 있었습니다. 그들은 아이들이 자기의 왕관을 빛내줄 보석이라고 느끼는 것 같았습니다. 그들은 아이를 많이 낳았을 뿐만 아니라, 때로 학교에 보내지 않고 집에서 교육을 시키는 홈스쿨링을

---

4) 캐빈 피버(Cabin Fever) : 제한된 공간에서 사는 생활 때문에 생기는 권태나 과민증을 말합니다.

하곤 했습니다. 그렇다고 자신들이 희생하고 있다고 생각하지 않았으며, 오히려 아내와 엄마의 역할을 성실하게 수행하고 있는 것처럼 보였습니다. 대부분 이런 여성들은 삶의 모든 부분에 큰 영향을 미치고 있는 강한 종교적인 믿음을 갖고 있습니다.

오늘날 그런 식의 종교적인 세계관이 없는 여성들은 서로 충돌하는 많은 힘들 사이에서 스스로 균형을 맞추기 위해서 애를 쓸 것입니다. 많은 현대 여성들이 결혼이나 아이들로 인해 자신의 고유한 개성이 희생되기를 원하지 않습니다. 그렇다 할지라도 가정과 집 밖의 일이 서로 충돌할 경우에, 어떻게 그 둘의 균형을 맞추어야 할지를 몰라서 무척 당황스러워할 것입니다.

여성운동 덕분에 여성들은 자신의 고유한 개성을 계발할 수 있게 되었고, 일의 영역에서도 남성과 동등한 권리를 갖기 위해 싸울 수 있게 되었습니다. 하지만 그와 동시에 이 여성운동은 가족 안에서의 여성의 지위를 얕잡아 보거나, 가정생활과 관련된 일을 무시하는 경향도 있었습니다.[5]

20대 초반의 나이일 때 저는 저 자신이 미국 여성운동의 주류세력 밖에 있는 페미니스트임을 깨달았습니다. 1972년에 임신에 관련된 책을 찾으려고 새로 문을 연 페미니스트서점을 찾아갔을 때, 그곳 사람들은 저를 보고 웃었습니다! 그럼에도 불구하고 저는 여성들이 자신의 몸, 건강, 출산에 관한 권리를 찾는 것이야말로 페미니스트 운동의 핵심 문제라는 사실을 잘 알고 있었습니다!

그 당시에 대학을 졸업하고 직업전선에 뛰어든 여성들, 저보다 조금 어린 여성들은 자신들이 "모든 것을 가질 수 있다."는 이야기를 하곤 했습니다. 그러나 많은 여성들이 직업과 관련된 경력을 꿈꾸고 있음에도 불구하고, 여전히 집안일과 아이를 키우는 일을 자기들이 하고 있다는 사실을 깨달아야 했습니다. 비록 남성운동도 일어나고 있었고, 많은 남편들과 아빠들이 집안일과 양육의 어떤 부분을 분담하고 지원하고 있는 것 같은데

---

5) 미국의 여성운동은 제3세계 등 다른 개발도상국 국가에서 이루어지는 여성운동과는 성격이 다소 다릅니다. 그런 나라들의 여성운동은 먼저 가정을 튼튼하게 꾸리게끔 도움을 주고, 가족 안에서 여성과 소녀의 지위를 높이는 것을 일차적인 목표로 삼습니다.

도 여전히 그러했습니다.

세월이 흐르면서 이제 여성들 사이에서는 "모든 것을 단번이 아니라 차례차례 얻는 것"이 조금 더 건강한 방법이 아닐까 하는 자각이 일어났습니다. 지금 시대에 새로 엄마가 된 여성들은 일터에서 "단계적으로 자신의 위상을 조정하고" 점진적으로 변화를 요구하는 일에 훨씬 더 관심이 많습니다. 그들은 자기들의 어머니가 가정과 직업을 병행하느라고 고군분투하는 모습을 어릴 때부터 지켜보았던 세대입니다. 뿐만 아니라 가정생활에만 지나치게 전념하던 가정주부를 엄마로 둔 여성들 역시 자기들의 어머니가 실망과 스트레스를 경험했다는 사실을 잘 알고 있었습니다. 이러한 변화는 페미니스트들의 사고방식에도 어느 정도 반영되고 있는 중입니다. 베티 프리단Betty Friedan[6) 같은 이가 그 대표주자 중 한 명입니다. 그녀는 젠더(사회적 성)와 관련된 주제를 넘어서서 엄마의 역할, 탁아문제, 모든 가족들의 삶의 질 같은 것을 주장한 페미니스트입니다.

엄마노릇에 대한 지원이야말로 페미니즘의 중심 주제이어야 한다는 제 확신에도 불구하고, 지금의 사회나 여성운동은 "집에서 아이를 키우는 엄마"를 전혀 지원해 주지 못하고 있는 실정입니다. 엄마노릇이란 다른 많은 "여성의 일들"과 마찬가지로, 우리 문화에서는 눈에 띄지도 않고 가치 있다고 여겨지지도 않습니다. 제2차 세계대전 때 그러했던 것처럼, 강하게 압박해오는 경제적인 이유들 때문에 엄마가 직접 아이를 키우는 일이 여전히 방해를 받고 있는 실정입니다.

제2차 세계대전 당시에는 여성의 노동력이 대량으로 필요했습니다. 그리하여 이 필요를 지원할 목적으로 모유보다 분유를 먹이는 것이 현대적이고 과학적이라는 의학계의 주장이 뒷받침되었습니다. 자기 아이와 유대관계가 덜하고, 모유를 먹이지 않아야 여성들이 보다 더 기꺼이 공장으로 일하러 가기 때문이었습니다. 오늘날에도 이와 비슷하게, 태어나자마자 젖병을 물리는 일이나 산부인과에 널리 퍼진 마취법과 처치들 때문에 엄마와 아기의 유대관계가 불리해지고 있습니다. 그래서인지 깊이 생각해 보지도 않고 많은 여성들이 아이를 낳은 뒤 6주 정도만 산후 조리를 하고서는 다시 일하러 나갈

6) 베티 프리단(Betty Friedan): 『여성의 신비』란 책으로 잘 알려진 미국의 여성학자입니다.

계획을 세우곤 합니다. 이렇게 일찍 아기를 누군가에게 혹은 탁아시설에 맡겨야 할 때가 되면, 어떤 여성들은 미처 예상하지 못한 감정에 휩싸여 충격을 받기도 합니다.

그렇지만 여성들이 일에 복귀하는 이유가 경제적인 필요 때문일 때도 있습니다. 유럽과 달리 미국에서는 출산휴가에 대해 충분한 지원이 없는 실정입니다. 예를 들어 덴마크에서는 출산휴가로 6개월을 주고, 그 다음 12개월까지 쉴 경우에는 월급의 70퍼센트를 지급합니다. 미국 여성들이 출산휴가로 6주를 받는 것에 비하면, 하늘과 땅만큼 차이가 나는 정책입니다.

다행스럽게도, 이 사회가 마침내 어떻게 가족을 지원할 것인가를 조금이나마 고려하기 시작했습니다. 일하는 엄마들을 위해 질 좋은 탁아시설을 장려하고, 도우미가 집에 와서 아이를 돌보는 것 같은 유연한 방식의 아이돌보기를 탐색하고 있는 중입니다. 물론 아직은 만족스러운 해결책이 나온 것은 아닙니다. 하지만 적어도 문제 제기는 된 셈입니다. 기초적인 수준에서 보면, 인터넷의 증가로 집에서 아이를 키우는 엄마들(그리고 아빠들)을 지원하는 단체들이 많이 생겨나고 있습니다.

엄마가 아이들과 함께 집에 있는 것을 세상에서 가장 훌륭한 일로 생각하건, 아이를 잘 키우려고 고군분투하건, 또는 아이가 아플 때 여기에 맞추어 자신의 스케줄을 조정하느라 애를 쓰건 간에, 엄마들은 자신의 엄마노릇에 충분한 지원을 받을 필요가 있습니다.

아이는 작은 어른이 아니다!

오늘날 아이를 키우면서 만나는 많은 문제들을 피할 수 있는 한 가지 열쇠는 아이의 발달을 이해하는 것입니다. 어린아이가 자라나는 그 본질적인 특성을 이해할 수 있다면, 몸과 마음과 감정의 균형 있는 발달을 하기 위해서 아이가 진정으로 필요로 하는 것들을 충족시켜줄 수 있을 것입니다.

아이는 분명히 어른과 아주 다른 존재입니다. 그럼에도 불구하고, 우리 문화는 아이를 특권을 지닌 어른의 축소판쯤으로 여기면서, 아이의 어린 시절을 서둘러 지나가게 하려는 경향이 있습니다. 3살짜리 아이가 9살 아이나 10대 아이들과 얼마나 다른지, 또 어른들과는 얼마나 다른지를 우리가 깨닫지 못하면, 많은 문제가 생길 것입니다. 이 사실이 너무나 분명한데도 불구하고, 상당수의 부모가 자기 아이들을 공평하게 대한다고 서로 다른 나이대의 아이들에게 똑같은 영화를 보여주고 있습니다. 심지어는 5살짜리 아이와 대단히 논리적인 대화를 나누기도 합니다. 이것은 마치 아이가 말을 쉽게 잘 하면, 이것만 보고 아이가 자신의 행동을 조절할 수 있을 것이라고 쉽게 해석해 버리는 것과도 같습니다.

아이를 서둘러 키우려는 증후군은 오늘날 모든 활동 영역에서 분명히 눈에 보입니다. 아기의 몸이 아직 성숙하지 않은 게 분명한데도, 아기를 보행기에 태우거나 아기체조를 시키면서 발달을 빠르게 앞당기려고 합니다. 상품 판매를 목적으로 하는 마케팅들은 "트윈스(8살에서 12살 나이의 아이들)" 아이들이 바비 인형이나 브랏츠 인형들처럼 치장하고 꾸미기를 은근히 강요하고, 유명 디자이너가 만든 청바지들을 입도록 몰아가고 있습니다. 그리하여 점점 더 어린 나이의 아이들이 화장, 옷, 다이어트 같은 10대 아이들의 관심 세계로 서둘러 들어가게 만들고 있는 것이지요.

정서적으로도 아이들은 분명히 어른과 같지 않습니다. 어린아이는 울고 있다가도 간단한 기분풀이를 해주면 금방 웃을 수 있는 존재입니다. 기본 바탕이 행복한 4살짜리 아이는, 생각이 많고 침울한 청소년기와 뚜렷하게 대비가 됩니다. 한 사람이 어떻게 그처럼 다른 사람으로 변할 수 있을까요?

인간의 감정적이고 내적인 삶이 어른에게 익숙한 복잡함과 무늬를 갖기까지, 아주 천천히 발달해 간다는 점은 분명합니다. 그런데도 많은 부모들은 아이의 감정들을 서둘러 발달시키려고 애쓰는 것 같습니다. 가령, 어떤 감정들에 이름을 붙이거나 일부러 표현하게 하면서, 아이들이 자기감정을 자각하게 하려는 일들이 그렇습니다, 심지어 아이들과 감정 훈련 같은 것도 한다고 합니다. 또 어린아이가 정서적으로 감당하기에는 너무나 강력한 상황에 아이들을 노출시키는 경향도 있습니다. 어른들이 관심 있는 영화를 보려고 영화관에서 어른 옆에 앉아 있는 불행한 꼬마들을 한번 주목해보세요!

분명히 아이는 어른처럼 생각하지 않습니다. 아이는 세상이 돌아가는 방식을 놀라워하고, 자기는 할 수 없는 일들이 어떻게 일어나는지를 경이로워합니다. 그러면서 아이는 아주 깜짝 놀랄 이야기들을 생각해낼 수도 있습니다. 논리적인 사고나 문제 해결능력은 서서히 발달하기 때문입니다.

아장아장 걸음마를 하는 아기는 "사물의 영속성object permanence"을 잘 생각하지 못합니다. 그래서 아이는 방금 여러분이 물건을 둔 장소를 분명히 보았음에도 불구하고, 예전에 자기가 찾았던 곳에서 그 물건을 다시 찾으려고 할 것입니다. 6살 이전의 아이들은 피아제가 말한 "구체적이고 조작적인 사고력"이 부족하기 때문입니다.

피아제가 관찰한 바에 따르면, 합리적인 사고력은 아이가 10살이나 11살이 되기 전까지는 발달하지 않는다고 합니다. 논리적으로 추론하고 사고하는 능력은 자라면서 서서히 드러난다는 사실은 오랫동안 입증되어온 사실입니다. 그런데도 어른인 우리는 아이가 살고 있는 세계, 연속적이지 않고, 계속 이어지지도 않는 세계가 어떤 것인지를 잊어버린 것 같습니다. 이런 까닭에 아이가 말을 시작하자마자, 이제 논리적인 설명을 해도 될 것이라고 기대하곤 합니다.

우리는 아이가 보여주는 행동과 그 결과는 물론이고, 바다가 왜 짠맛인지에 이르기까지 아이들과 모든 것들을 논리적으로 이야기할 수 있을 것이라고 기대하곤 합니다. 그리고 정말로 어떤 5살짜리 아이는 부모와 그런 대화를 할 수 있는 대단한 능력을 보여주기도 합니다. 하지만 그렇게 할 수 있는 이유는, 아이가 부모와의 상호작용 패턴을 오랫동안 따라했기 때문에 가능한 것입니다. 왜냐하면 어린아이들은 아직 어른처럼 합리적으로 생각할 수 없으며, 이성은 그들의 행동에 별다른 영향을 미치지 못하기 때문입니다.

이와 마찬가지로, 우리는 아이의 질문에 장황하고 과학적인 설명을 해주는 경향이 있습니다. 그렇지만 아이는 자기의 상상력을 생생하게 살아있게 해줄 수 있는 이미지를 제공해줄 때, 훨씬 만족스러워 할 것입니다. 합리적인 설명은 배고픈 아이에게 빵 대신 돌을 주는 것과 마찬가지입니다. 어린아이가 "해는 왜 빛나나요?" 같은 질문을 할 때, 아이는 지금 해의 물리적인 작용을 묻는 게 아니라, 그것의 목적을 물어보는 것이라고 엘킨드는 지적합니다. 그러므로 아이의 질문에 대답을 해준다고 장황하게 열역학 강의를 하는 것보다는, "우리를 따뜻하게 해주고 풀과 꽃들을 자라게 해주기 위해서 그렇단다."라고 말하는 것이 훨씬 더 바람직한 대답일 것입니다.

아이의 변화하는 의식

    종종 무시되는 사실이지만, 다양한 나이의 아이들과 어른들 간에는 육체적, 감정적, 정신적 능력에서 서로 큰 차이가 난다는 사실은 쉽게 알 수 있습니다. 마찬가지로, 자라면서 점점 더 자기 자신과 주변 환경을 자각하는 아이들을 관찰해보면, 나이에 따라 아이들의 의식consciousness에도 차이가 있다는 사실을 분명히 알 수 있습니다.

    예를 들어, 갓난아기는 "참여하는 의식"을 갖고 있는데, 이것은 자신과 다른 것을 아직 구별하지 못하기 때문에 생기는 의식을 말합니다. 그러다가 2살에서 3살 사이에 아이의 의식에 아주 중요한 변화가 일어납니다. 바로 이 시기에 아이의 기억이 발달하기 시작하고, 처음으로 "나"라는 말을 쓰기 시작합니다. 많은 사람들이 3살 이전의 일을 거의 기억하지 못하는 이유가 바로 이 때문입니다. 3살 이전의 어린 아이들 대다수는 다소간 꿈꾸는 듯이 지내며, 떠오르는 것은 무엇이든 자연스레 따라가는 물결 같은 의식 속에서 살고 있습니다. 어떤 계획이나 일의 성취에 관심을 갖는 어른들과는 너무나 다른 존재라는 뜻입니다.

    4살짜리 아이더러 혼자서 잠자리에 들 준비를 하라고 하면, 목욕탕에서 물과 치약을 가지고 놀고 있는 아이를 금세 발견할 것입니다. 이처럼 어린아이들은 어른과 완전히 다르게 시간과 공간을 경험합니다. 과거나 미래를 생각하는 어른과 달리 아이들은 현재에 살고 있습니다. 그렇게 때문에 기다리는 일이 아이들한테 그렇게나 힘이 드는 것이랍니다. 아이들은 어른들로부터 "10분"이나 '3일'을 기다려야 한다고 들어도, 그 의미를 잘 이해하지 못하기 때문입니다.

아이가 어른과 같은 의식을 갖게 되는 일은 서서히 이루어지는 점진적인 과정입니다. 갓 태어났을 때는 물론이고 8살이 되거나 심지어 15살이 되어서도, 아이는 어른과 같은 의식을 갖고 있지 않습니다. 취학 전 아이, 초등학생 아이, 청소년기의 아이, 그리고 어른은 서로 너무나 다른 의식을 갖고 있다는 뜻입니다. 그들은 각자 세계를 완전히 다르게 이해하고, 완전히 다르게 생각하고, 완전히 다르게 배우며, 완전히 다르게 느낀다고 할 수 있습니다.

이처럼 아이가 어른과 같은 의식을 갖게 되는 점진적인 과정을 "육화incarnating"[7]라고 부릅니다. 이것은 글자 그대로 정신이 "육체 안으로 들어옴coming into the body" 혹은 이 세상의 삶속으로 들어오는 것을 의미합니다. 한 개인이 어린아이와 같은 상태로만 머물지 않고 이 지상에서의 삶을 꼭 붙잡을 수 있으려면, 이 중요한 육화(肉化) 과정이 제대로 이루어져야 합니다. 또 이 과정은 각자의 자연스런 질서와 시간에 따라서 서서히 드러나므로, 서둘러서 재촉하거나 방해해서는 안 됩니다.

육체를 가진 인간이 되는 이 과정이 서서히 이루어진다는 사실을 깨닫게 되면, 우리는 나이에 따라 서로 다르게 아이들을 가르치고 상호작용을 할 수 있을 것입니다. 예를 들어, 학교 가기 전에 아이의 발달은 자신의 의지will와 손발 활동에 집중되어 있습니다. 태어나서 처음 7년 동안 아이는 엄청난 성장을 합니다. 이 기간 동안에 아이는 거의 끊임없이 움직이면서 근육과 뼈를 자라게 하고, 그것들을 점차 제대로 조절해가는 성취를 이루어냅니다. 이 시기에 아이들은 우선적으로 반복과 움직임을 통해서 배워가고, 자기 주위의 모든 것을 따라하면서 배워나갑니다. 그렇기 때문에 한 자리에 오랫동안 가만히 앉아 있는 일은 어린아이의 건강에 좋지 않을 것입니다. 이 시기의 아이는 자신의 몸을

---

7) 정신, 영혼, 신성 등이 인간의 몸을 갖고서 구체화된 것을 뜻합니다.

움직이면서 모든 것들을 경험하고 싶어 하기 때문입니다.

초등학교에 갈 나이의 아이도 신체적으로 여전히 자라고 있는 것은 분명합니다. 하지만 이제 아이의 "무게 중심"은 몸에서 감정의 영역으로 넘어갑니다. 인간의 감정은 7살에서 14살 사이에 성숙하기 때문에, 그 나이의 아이에게 고대 그리스나 아메리카 개척민들의 생활상을 나타내는 그림들을 보여준다면, 아이는 대단히 열중하면서 이 세상을 배워나갈 것입니다.

예술적이고 상상력이 풍부한 방법으로 뭔가를 제시해주면, 이 시기의 아이는 대단히 흥미로워하면서 학과 공부들을 쉽게 배우고 쉽게 기억할 것입니다. 이 시기의 아이는 어린아이 때처럼 손발을 가지고 활동하는 것에 집중하는 대신에, 숨을 들이쉬고 내쉬고, 심장이 뛰는 것과 같은 "리드미컬한 시스템"에 집중합니다.

그래서 이 나이의 아이한테는 음악이 특별히 중요한 의미를 갖습니다. 음악은 항상 리듬을 포함하고 있으며, 호흡(노래하면서 또 나무로 된 리코더를 부르면서 하는 호흡)을 포함하고 있기 때문입니다. 우리의 호흡과 심장박동은 감정과 연결되어 있습니다. 그런 까닭에 흥분하거나 두려워하면 우리의 호흡과 심장박동이 변하는 것이지요.

아이는 사춘기가 되어서야 실제로 머리에 집중할 수 있습니다. 그때가 되어야 비로소 아이는 세계를 분석하고 비판하는 새로이 발견한 능력을 훈련하는 감각을 갖게 되기 때문입니다. 물론 이 때 가장 중요한 변화는 몸의 변화입니다. 사춘기 아이의 몸은 성性기 관들이 성숙하면서 때로 청소년기의 감정이 압도적으로 나타나기도 합니다. 하지만 이 시기에 새로이 등장한 흥미로운 요소들로는 이성적이고 추상적인 사고능력을 들 수 있습니다.

이제 아이는 분석기하학이나 물리학의 법칙을 증명하는 과목에 참여할 필요가 있습니다. 마찬가지로, 어떤 사건의 원인과 결과를 볼 수 있는 능력도 처음으로 나타납니다. 그러므로 고등학교 아이들에게는 "서구문명화의 경향" 같은 과목들이 필요해질 것입니다. 아이가 독립적인 판단을 하기 시작하는 시기도 이 기간 동안입니다.

몸, 감정들, 사고가 점차적으로 성숙해가면서 이제 아이는 어른의 삶에 책임질 준비를 하는 사람으로 준비를 해나갑니다. 전통적으로 아이가 어른이 된다는 21살 나이는 루돌프 슈타이너가 인간의 발달을 이해한 시기와도 일치합니다. 슈타이너는 태어나서 7살 시기에는 의지(움직임, 모방)가 주로 발달하고, 7살에서 14살 사이에는 감정이 발달하며, 14살에서 21살 사이에는 사고가 발달한다고 보았습니다. 그러므로 21살은 몸, 감정, 사고가 어른의 발달단계를 위해서 준비가 된 시기라고 할 수 있습니다.

슈타이너는 세 겹으로 이루어진 인간 존재의 세 부분이 독립적으로 발달한다는 것을 이해하고, 처음으로 그 이해를 공유한 사람들 중의 한 사람입니다. 바로 사고하는 것 thinking, 감정을 느끼는 것feeling, 의지를 행하는 것willing, 이 세 부분입니다. 우리가 자라나는 아이를 진정으로 이해하려면, 이 세 부분이 어떻게 발달하고 전환되는지를 이해해야 합니다. 그리고 어떻게 그것들이 각기 다른 발달단계에서 아이의 의식에 영향을 미치는지도 이해해야 합니다.

아이가 지닌 개성의 역할

슈타이너는 21살이 되었을 때 삶에 책임을 지도록 준비하는 것이 누구who인지 혹은 무엇what인지와 관련해서, 육체를 가진 인간이 되는 과정, 즉 육화과정을 논의하고 있습니다(물론 21살이 되었다고 해서 모두 책임감 있게 행동하는 것은 아닙니다!). 일단 몸, 감정들, 사고가 어느 수준까지 성숙하게 되면, 그 사람은 이제 부모의 안내 없이도 자신의 인생을 살 수 있는 자아Ego가 나타난다고 슈타이너는 말했습니다.

슈타이너는 프로이트Freud[8]가 말한 의미[9]로 "자아ego"라는 용어를 쓰고 있지는 않습니다. 오히려 우리가 가진 고유한 개성individuality 혹은 "나I"의 의미로 자아를 사용하고 있습니다.

슈타이너는 인간을 개성을 지닌 존재로 보았습니다. 이 개성 덕분에 인간은 자극과 반응이라는 기계적인 한계를 깨트릴 수 있으며, 예측할 수 없는 것을 드러내 보일 수도 있습니다. 다시 말해서, 개성 덕분에 인간은 자유로운 행동을 하고, 이 지상에서 자신의 특별한 운명을 실현해나갈 수 있는 가능성을 갖는 것입니다. 이 개성은 여러 종교들과

---

8) 지그문트 프로이트(Sigmund Freud, 1856~1939) : 오스트리아의 의사로 정신분석학의 창시자입니다.
9) 프로이트가 말한 자아는 무의식과 대비되는 인격의 하나로 정의됩니다.

심리학에서는 자신self, 나I, 정신spirit, 관찰자observer, 의식consciousness 등으로 다양하게 표현되고 있습니다. 어떻게 부르든 이 개성이 존재한다는 사실은 막 태어난 갓난아기한테서도 아주 강렬하게 느낄 수 있습니다. 또한 아주 악한 영혼을 지닌 사람이 아니라면, 개성의 존재는 모든 사람에게 경외감과 놀라움의 감정을 불러일으키곤 합니다.

루돌프 슈타이너는 이 개성의 존재를 인간의 정신spirit 또는 나I로 불렀습니다. 이것은 출생과 더불어 시작되어서 육체를 가진 인간이 되는 계속적인 육화과정 안에 존재합니다. 다시 말해, 태어났을 때 아기의 정신은 아기의 몸 주위를 감돌고 있긴 하지만 아직은 아기의 몸과 느슨한 연관을 맺고 있는 상태입니다. 그러다가 점점 자라고 발달함에 따라 이 정신은 점점 더 몸을 지배할 수 있는 주인이 되어갑니다.

여러분은 아마 막 태어난 갓난아기가 잠들어 있는 방에 들어가 본 경험이 있을 것입니다. 그때 구석에서 잠들어 있는 너무나 작은 이 창조물이 어떻게 그렇게 방 안을 꽉 채울 수 있는 걸까 하고 놀란 경험이 있을 것입니다. 개성이란 아이가 태어나기 전부터 존재합니다. 임신할 즈음의 많은 부모들은 아기가 자신에게 오고 싶어 한다는 느낌을 받았다고 이야기합니다. 이것이 바로 개성의 존재를 설명해 주는 여러 이야기들 중의 하나입니다. 또한 어떤 부모들은 두 번째 아기가 첫째 아이와 분명히 다를 것이라는 느낌을 받았다고 이야기합니다. 개성이 존재함을 받아들이면, 이런 이야기는 충분히 있을 수 있는 이야기입니다. 임신한 여성 주변에서 우리가 경험하는 훈훈한 활기는 아마도 희미하게 감지되는 이 아기의 개성과 존재 자체일지도 모릅니다.

슈타이너는 아이가 자신에 대해 알고 있는 영적이고 정신적인 존재라고 믿었습니다. 아이나 자기 자신에 대해 이런 식으로 생각하건 아니건 간에, 여러분은 아이들이 제각각 특별하고, 유일한 존재이며, 형제자매를 복사한 것도 아니고, 여러분을 축소한 것도 아니라는 사실을 틀림없이 알고 있을 것입니다. 때로 부모들은 아기가 둘 이상이 되어야 비로소 아이들이 서로 얼마나 다른지를 경험하곤 합니다. 아이들은 태어날 때 자신만의 독특함을 갖고서 이 세상에 온 것처럼 보입니다. 그러므로 우리는 거기에 맞추어서 아이를 길러야만 합니다. 아마도 여러분은 "자신에게 진실할" 필요가 있을 때 혹은 중요한 결정을 내릴 때, 자신만의 독특한 개성을 감지했던 경험이 있을 것입니다.

비록 이런 논의들이 여러분의 언어체계들과 잘 맞지 않을지라도, 이 육화과정은 분명히 관찰할 수 있는 현상입니다. 이것은 어린아이들이 점차 힘을 가지면서 끊임없이 자신의 몸을 조절해 가는 과정을 말하기 때문입니다. 또한 처음 태어났을 때의 널리 확산된 의식이 점차 좁혀지고 집중되는 과정이기도 합니다. 이러한 현상들은 3장에서 조금 더 자세히 다룰 것입니다.

아이가 지닌 개성의 역할

태어나서 7세까지 아이는 어떻게 배울까?

　태어나서부터 7살이 될 때까지 아이는 자기 몸을 통해서 처음으로 세상을 경험합니다. 아기의 감각들은 태어나는 순간부터 완전히 열려있고, 별다른 완충장치 없이 본래의 기능을 수행해 나갑니다. 갓난아기는 자신의 몸 전체와 자기 존재 전체로 각각의 감각들을 경험하기 시작합니다. 우리는 갓난아기가 온 존재로 순식간에 배고픈 상태에 빠져서 고통스러워하는 모습을 쉽게 볼 수 있습니다. 그러다가 젖을 충분히 먹고 나면 아기는 금방 완전히 행복한 상태가 되어서 눈도 제자리로 돌아오고, 만족스러운 듯 발가락을 안으로 구부릴 것입니다.

　3살짜리 아이도 여전히 감각을 통해서 다가오는 세계의 인상을 받아들입니다. 그러기 위해서 아이는 자신의 감각을 활짝 열어놓습니다. 심지어 아이의 눈은 어른보다 덜 깜박거릴 뿐만 아니라 깜박거리는 사이도 길다고 합니다.

　태어나서 7살이 될 때까지 아이가 받아들이는 감각적인 인상 때문에 두 가지 일이 일어납니다. 아이는 세상에 대해서 열심히 배우고 있을 뿐만 아니라 자신이 받아들이는 인상들에 의해서 자기 모습이 형성되어지는 존재입니다. 마치 조각가가 진흙으로 작품을 빚는 일과 비슷하다고 할 수 있겠지요. 이런 현상이 어른에게는 자주 일어나지 않습니다.

어른은 아이보다 감각이 덜 열려 있고, 환경에 덜 민감하게 반응하기 때문입니다. 그러나 햇빛과 날씨 같은 것들이 어부나 농부의 얼굴에 뚜렷한 흔적을 새기는 것처럼, 때로 어른에게도 이런 비슷한 현상이 일어나는 것을 볼 수는 있습니다.

어린아이의 발달하는 신체기관에 이러한 인상이 "조각되듯이 새겨지는" 효과는 1900년 대 초, 루돌프 슈타이너가 이미 지적한 바가 있습니다. 이것은 단순히 은유적인 표현만은 아닙니다. 최근에는 계속해서 형성되어 가고 있지만 아직 그다지 커지지 않은 어린아이의 뇌를 많이 연구하고 있습니다. 이런 연구에서는 감각 인상들이 새겨지는 현상이 물리적으로 분명한 사실임을 보여주고 있습니다. 다음은 뉴스위크 잡지에 나온 기사입니다.

> 15년 전에 '가족과 일 연구소the Families and Work Institute'에서 발표한 「뇌를 다시 생각한다Rethinking the Brains」라는 보고서에서, 신경과학자들은 "아기가 태어날 때 아기의 뇌는 (이미) 유전적으로 결정되어 있다."고 추정했다. 하지만 최근의 연구자들은 그것이 틀렸음을 밝혀냈다. 아기의 뇌는 태어날 때 이미 결정되어 있는 것이 아니라, 어린 시절에 어떤 경험을 했느냐가 아이의 뇌에 극적이고 분명한 영향을 미치고, 뇌신경 회로가 형성되는 데에도 물리적인 영향력을 행사하고 있다고 한다.

감각적인 인상들을 통해서 아이가 하고 있는 두 번째 일은 세상에 대해 배운다는 사실입니다. 어린 아기는 자기 몸을 가지고서 멀고 가까운 것과 손에 닿고 닿지 않는 것이 무엇인지를 배웁니다. 아이는 자기 손으로 수저를 잡을 수 있지만 테이블 위에 놓인 꽃은 손이 닿지 않는 곳에 있다는 것을 배워갑니다. 또 사물의 이름을 배워가기 시작하면서 기억과 언어와 사고를 발달시킵니다. 그러면서 자기 자신과 서서히 드러나는 세상의 복잡한 모습을 표현할 수 있게 됩니다. 3살 무렵의 아이도 여전히 감각으로 세상을 받아들입니다. 이즈음에는 감각으로 받아들인 것들이 변형되기 시작하면서, 어린 아이에 게서 창조적인 놀이와 상상력이 나타납니다.

태어나서 처음 시기에 아이가 하는 중요한 일은 몸을 조절하는 것입니다. 이 시기에 아이는 앉고, 기고, 걷고, 금세 달리고, 뛰어내리고, 올라가는 등 여러 가지 놀라운 재주들을 보여줍니다. 이것은 마치 훌륭하고 커다란 모터motor가 점점 더 잘 조정되는 것과 같습니다. 이 시기 동안에 아기는 자신이 할 수 있는 대부분의 일들을 해낼 것입니다. 삽을 사용하고, 바늘로 뭔가를 꿰매고, 가위로 자르는 등 아이가 할 수 있는 일은 무수히 많습니다. 아이는 이런 일들을 계속해서 반복할 것입니다. 또한 아이는 움직이고 따라하는 것을 너무나 좋아합니다. 어린아이는 누군가와 함께 뭔가를 하면서 배우고, 그것을 나중에 반복하면서 세상을 배워나갑니다. 그래서 아이는 똑같은 이야기를 계속 반복해서 듣고 싶어 하며, 똑같은 놀이를 계속하고 싶어 합니다. 어른들에게는 매우 단순하고 지루해 보이는 것일지라도 말입니다.

어린아이는 또한 감정을 통해서 세상을 배웁니다. 즉, 신뢰감과 애착 같은 기본이 되는 감정들을 배워나간다는 뜻입니다. 나중에는 감정들을 서로 나누는 것과 그 결과도 알아가게 될 것입니다. 가까이 돌봐 주는 사람의 사랑을 받지 못하는 보육시설 아기들과 어린아이들은 비록 신체적인 성장은 충족되더라도 "잘 자라지 못하는 증후군"으로 고통받고 있으며, 때로 죽을 수도 있다는 사실은 오래 전부터 잘 알려진 사실입니다. 태어나서 곧바로 보육시설에 보내진 루마니아 고아들의 뇌를 단층촬영으로 찍은 사진을 보면, 감정을 조절하고 감각으로 들어오는 정보를 수용하는 대뇌엽의 어느 영역이 거의 움직이지 않고 있음을 볼 수 있다고 합니다. 이러한 아이들한테는 필요한 자극이 부족하고 사랑과 유대감이 절대적으로 부족하기 때문입니다. 그리고 정서적이며 인지적인 문제에서도 고통을 겪는다고 합니다.

아이는 사랑 그 자체입니다. 부모와 아이의 유대감은 자기 부모를 사랑하는 아기들이 보여주는 과정이라기보다는, 오히려 부모들이 경험하는 하나의 과정이라고 할 수 있습니다. 왜냐하면 아이들은 자신을 학대하는 부모조차도 사랑할 것이기 때문입니다. 이 유대감을 위해 애쓰는 부모는, 스물 네 시간 관심을 필요로 하는 어린 존재를 위해서 자신의 바쁜 삶 속에다 어떤 여유 공간을 만들어낼 것입니다! 아이들은 커다란 사랑과 신뢰를 갖고서 이 세상의 삶을 시작합니다. 그들은 아직 좋은 것과 나쁜 것을 깨닫고 있지는 않지만, 자신이 흡수하고 무의식적으로 모방할 만큼 세상의 모든 것이 훌륭하고 알맞은 것이라고 여기고서 이 세상을 받아들일 것입니다.

첫 번째 선생님인 우리가 해야 할 일

아이의 첫 번째 선생님인 우리가 제일 먼저 해야 할 일은, 아이가 받아들이고 따라하기에 적당한 세상의 인상들을 제공해주는 일입니다. 지나치게 아이의 감각에 부담을 주고 흥분시키는 도시의 자극들로부터 아이를 보호하고 지키는 일도 우리가 해야 할 일입니다. 우리는 부드러운 방식으로 세상에 대해 가르쳐야 하고, 직접 해보거나 나중에 놀이에서 다시 따라할 수 있을 알맞은 경험들을 아이에게 제공해야 합니다.

또한 우리는 아이들이 적절하게 따라할 만한 행동의 모범이 되도록 애써야 합니다. 즉, 아이와 함께 있을 때는 우리의 감정을 잘 조절하고, 타이르는 동안에 아이를 조금이라도 때려서는 안 됩니다. "절대로 때리지 말아야 합니다!" 모방할 수밖에 없는 어린아이들에게는 우리의 말보다 우리의 행동이 더 큰 작용을 하기 때문입니다. 그리고 부모인 우리를 통해서 아이는 자기가 보내는 최초의 사랑과 신뢰가 이 세상 속에 잘 뿌리내렸는지를 배우기 때문입니다.

우리가 해야 할 또 다른 중요한 일은, 아이들의 신체적, 감정적, 지적 발달을 이해하는 일입니다. 그래야 아이의 발달을 잘 보호할 수 있고, 아무런 지장 없이 잘 자랄 수 있도록 도울 수 있기 때문입니다.

우리 중 아이가 걷지 못하기를 바라는 사람은 아무도 없을 것입니다. 그렇다고 아이에게 걷기를 가르치려고 너무 지나치게 안달할 필요는 없습니다. 준비가 되면 아이 스스로 걸을 것이기 때문입니다. 걸을 수 있는 아이는 이제 자신의 몸을 지배하고 있음을 보여줄 것입니다. 다시 말해 몇 달 동안이나 누워서 지낸 아기가 이제 중력에 맞서 수직으로 일어설 수 있음을 보여주는 것입니다.

이때 우리가 해야 할 일이 분명히 있습니다. 그것은 바로 아이를 지키고, 보호하고, 이해하고, 기쁨을 나누고, 아이가 자신의 능력을 나타내는 과정을 함께 즐거워하는 일입니다. 또 아이에게 모범을 보여주고, 아이가 자신의 존재를 자유롭게 표현하도록 허락함으로써 그 능력을 키울 수 있도록 도와야 합니다. 그리고 발달 과정에서 뭔가 앞뒤가 안 맞고 불균형한 점은 없는지를 주의 깊게 살펴봐야 합니다. 아이가 균형 있게 자신의 발달과정을 전개하도록 부드럽게 이끌어주어야 합니다. 어린 아이들은 분명 우리의 직접적인 교훈이나 훈육을 통해서보다는, 어떤 모범을 보고 그것을 모방하면서 간접적으로 배우는 것이 훨씬 더 많습니다.

가족의 상황이나 생활방식이 어떻든 간에, 부모인 우리는 아이의 첫 번째 선생님입니다. 가정에서 부모와의 관계를 통해서 배우는 일의 가치는 절대로 과소평가할 수 없습니다. 아이가 어떻게 자라는가를 이해한다면, 아이가 신체적, 심리적, 정서적, 정신적으로 균형 잡히고 건강하게 자랄 수 있도록 도울 수 있을 것입니다. 이것은 아이들을 돕는 길이자, 부모인 우리도 아이를 기르면서 즐겁게 그리고 함께 성장해 가는 일이기도 합니다.

우리 자신을 신뢰하기

아이를 키우는 일의 중요성을 깊이 생각하다 보면, 때로 압도당하는 느낌을 받을 수도 있습니다. 이런저런 책이나 친구들이 해주는 조언이 어떤 때는 모순적일 때가 많아서 짜증이 날 수도 있을 테고요. 또한 아이를 키우는 일이 자신이 생각했던 이상과 전혀 맞지 않는다는 사실을 여러 번 고통스럽게 깨달으면서 완전히 낙담할 수도 있습니다!

첫아이를 키울 때의 저 역시 오늘날의 많은 엄마들처럼 함정에 빠진 적이 있었습니다. 비록 제가 분만의 고통이나 출산에 대해 많은 준비를 했고, 첫아이가 수월하게 태어나기는 했지만, 아이(사내아이)를 키우는 일은 저에게 완전히 미지의 세계였습니다. 너무나 다행스럽게도, 아이들은 잘 회복될 수 있는 탄력적인 존재여서 제 혼란과 결점에도 불구하고 아이는 훌륭하게 자랐습니다.

이런 세월을 지나오면서 제가 깨달은 원칙들이 몇 가지 있습니다. 이런 몇 가지 기본적인 원칙들을 당시에 제가 염두에 두기만 했더라도, 아마 그런 좌절과 고뇌는 피할 수도 있었을 것입니다. 이 원칙들을 정리해 보았습니다.

1. 우리는 우리가 누구인지 받아들이고, 그에 필요한 지원을 받을 필요가 있다

지금은 옛날보다 가정과 일을 균형 있게 해나갈 수 있는 가능성들이 훨씬 많아졌습니다. 아이가 어릴 때는 엄마가 밖에서 일을 하지 않을 수도 있고, 집에서 일을 꾸려 갈 수도 있으며, 융통성 있게 일할 수도 있고, 남편이 집안일을 하게 할 수도 있습니다. 공동체적으로 살 수도 있고, 할머니와 함께 살 수도 있으며, 아기가 생후 6주가 되거나 여섯 달이 되면 다시 일하러 나갈 수도 있습니다. 이것들은 모두 그 나름대로 단점과 장점을 갖고 있습니다. 무엇을 하든 여러분은 자신의 필요를 알아내어서 그에 맞는 지원을 당연히 받을 수 있어야 합니다.

정말 어려운 일은, 우리가 하고 싶지 않은 일을 해야만 할 경우에 일어납니다. 예를 들어 아이들과 집에 있고 싶은데 어쩔 수 없이 밖에 나가 일을 해야만 한다거나, 갑갑해서 미칠 것 같은데 집에만 있어야 하는 경우가 그것입니다. 이런 상황에서 아이를 키우는 부모들은 죄의식이나 원망이나 다른 감정의 영향을 받을 수밖에 없습니다. 그러므로 우리는 각각의 순간에 최선의 선택을 해야만 하겠지요. 물론 우리가 느끼는 것이 항상 이상적일 수는 없습니다. 그러나 선택과 관련해서 항상 적극적으로 최선을 다해야 합니다.

제 경우를 보면, 저는 아이들이 어렸을 때 가정과 남편으로부터 빠져나와서 '인폼드 홈버스Informed Homebirth'라는 곳으로 달려갔습니다. 그곳에서 다른 어른들과 다른 아이들과 함께 살았습니다. 그렇게 해서 저는 조산원이 될 수 있는 지원을 받았으며, 우리 아이들의 지나친 방해를 받지 않고도 『특별한 분만Special Delivery』이란 책을 쓸 수 있었습니다. 물론 이 상황은 다른 복잡한 일들을 불러오기도 했습니다만, 저는 아이를 키우면서 그곳에서 받은 도움들에 깊이 감사하고 있습니다.

2. 아빠들이 적극적으로 아이들과 관계를 맺도록 할 필요가 있다

아빠들도 적극적으로 아버지노릇fathering에 참여할 필요가 있습니다. 이때 아버지노 릇이란 엄마가 없는 몇 시간 동안 잠시 아기를 봐주는 그런 차원이 아닙니다. 부모 둘 다 아이들을 보살피는 책임이 있다는 것을 당연하게 여기게 되면, 가족 모두에게 이로울 것입니다. 특히 아이에게 매우 좋을 것입니다.

엄마와 아빠가 아이를 기르는 데 있어서 서로 다른 스타일과 그것의 중요성은 타인 테비닌Tine Thevenin의 『엄마의 역할과 아빠의 역할: 아이 기르기에서 성 차이Mothering and Fathering: The Gender Differences in Child Rearing』에 아주 훌륭하게 담겨 있습니다. 예일대학의 정신의학 교수인 저자는, "심지어 아이를 일차적으로 돌보는 사람일지라도 아빠들은 엄마들처럼 아이를 돌보지는 못한다."라고 말하고 있습니다.

아빠들은 스스로 아이를 키우는 방법을 발전시키고, 아이와 조금 더 적극적인 관계를 맺을 필요가 있습니다. 그리고 엄마들을 지원할 필요가 있습니다. 이 지원은 어떤 면에서는 경제적인 문제일 수도 있지만, 정서적인 면의 지원도 당연히 포함됩니다. 아빠들은 아이를 키우는 스타일이나 훈육과 관련된 문제에 적극적으로 참여해야 하고, 아이 키우기에서 자신이 아내와 조화를 이루고 있다고 확신할 필요가 있습니다. 필요한 경우 다음과 같은, 진부해 보이지만 진실한 말들을 아이들에게 해주어야 합니다.

"엄마 말을 잘 들었구나."
"엄마에게 말대답을 하지 마렴."

이런 말을 통해서 아빠들은 적극적으로 엄마들을 지원할 수 있습니다. 아이를 혼자 키우는 경우에는 친구나 사회단체 같은 더 넓은 곳들로부터 지원이 필요합니다. 이때 한 부모(대부분 엄마)는 아이의 생활을 위해서 자기 이외의 다른 중요한 사람을 찾아내어 야 합니다. 즉, 자신의 부모역할이나 아이와의 관계에 통찰력을 제공해 줄 수 있는 다른 어른이 필요하다는 뜻입니다. 아마도 혼자 아이를 키우는 경우, 부모가 해야 할 가장 중요한 일은 그러한 다른 어른들을 찾아서 든든한 관계를 맺는 일일 것입니다. 이 관계는 그녀(그)로 하여금 아이를 혼자 키우고 있다는 사실로부터 벗어나게 해줄 수 있습니다. 혼자서 아이를 키우는 일은 너무나 부담스럽고, 특별한 긴장과 의무를 포함하는 일이기 때문입니다.

3. 우리는 아이들과 아이의 세계를 정말로 잘 이해할 필요가 있다

아이들이 균형 있게 발달하는 데 필요한 것들이 무엇인지를 잘 이해할 수 있다면, 우리는 각각의 나이에 맞게 적절한 방법으로 아이를 대할 수 있을 것입니다.

처음으로 엄마가 된 저는 허둥대면서 "효과적인 아이 기르기 코스" 강좌를 듣기도 했습니다. 하지만 거기서 다루는 내용들은 6살 이상의 아이들에게나 맞는 방식이었습니다. 그 코스의 강사는 "자, 좋은 습관을 길러 주려면 어린아이들과 이런 일을 시작하는 게 좋습니다."라고 말하곤 했습니다. 하지만 제가 보기에 2살짜리 아이를 키우는 일은 그 강사가 말한 것과는 완전히 다른, 뭔가 중요한 게 있는 것 같았습니다. 또 다른 방식이 필요하다는 사실도 너무나 분명해 보였습니다.

발도로프 교육과 아동발달에 관해 루돌프 슈타이너가 말한 것을 공부하기 시작하면서 비로소 저에게 밝은 빛이 보이기 시작했습니다. 당시 저에게는 이미 세 명의 아이가 있었지만, 아이들이 7살 때까지 모방을 하면서 배운다는 사실을 깨닫지 못하고 있었습니다!

슈타이너의 글을 읽자마자 그렇게나 분명한 것이었는데도, 왜 저는 그런 생각을 하지 못했을까요? 슈타이너 덕분에 저는 아이들의 본성에 관해서 많은 것을 발견할 수 있었습니다. 그리고 처음 읽었을 때는 잘 이해하기 힘들었던 슈타이너의 사상들도 점차 발견할 수 있었습니다. 하지만 저는 이론적인 방법이 아니라, 마음을 열고 실생활에 응용할 수 있는 방법으로 슈타이너의 사상에 다가갔습니다. 제가 원하는 것을 발견할 수 있었을까요? 이 새로운 지식은 상황을 더 좋게 했을까요?

그렇습니다! 인간의 발달에 관한 슈타이너의 이해는, 각 단계마다 차이가 나는 아이들을 새롭게 볼 수 있는 중요한 방법들을 저에게 알려주었습니다. 제가 그런 방법으로 아이들을 보게 되자, 모든 것이 갑자기 잘 되어가기 시작했습니다. 제 가정생활도 훨씬 조화로워졌으며, 어린아이들과 함께 지내는 것을 즐길 수 있게 되었고, 저는 좀 더 확신을 갖고서 아이들과 관계를 맺을 수 있었습니다. 심지어 제가 어린아이들의 선생님이 될 수가 있었습니다. 다른 상황이었다면, 아마 상상도 할 수 없는 일이었을 겁니다.

4. 아이의 자연스러운 발달과정을 신뢰하고 방해하지 말아야 할 필요가 있다

우리가 아이의 신체적, 심리적, 감정적, 영적인 발달을 이해하게 되면, 어느 정도 발달이 진행된 단계에 있는 아이에게나 적합한 일을 그보다 어린아이에게 적용하는 일을 피할 수 있을 것입니다. 적합하지 않은 일을 적용하는 것은 어린아이에게 해를 입힐 수도 있기 때문입니다. 아이들은(신경학상의 모범이 되는 양식에 따르기 위해) 걷기 전에 기어 다닐 필요가 있습니다.

마찬가지로 우리는 아이들을 아이들답게 해주고, 자신의 내적인 시간표에 따라 아이가 능력을 펼칠 수 있도록 도와야 합니다. 이 발달 과정은 항상 어떤 패턴을 따르기는 하지만 개인마다 약간의 차이가 있습니다. 우리가 각각의 아이를 고유하고 독특한 존재로 볼 수 있다면, 각자가 지닌 재능은 강화하고 결점은 보완할 수 있도록 아이들을 도울 수 있을 것입니다. 다시 말해, 아이의 생각하는 능력, 느끼는 능력, 신체적인 능력이 균형 있게 발달할 수 있다는 관점을 갖고서 아이들을 도울 수 있을 것입니다.

5. 우리는 자신과 아이들을 신뢰하고 죄의식을 갖지 말아야 할 필요가 있다

대부분의 사람들은 부모가 되기 전에 다른 아이들이나 가족들과 떨어져 살았기 때문에 아이를 키우는 지식이 많지 않습니다. 그래서 자신이 기대했던 것과 현실이 일치하지 않으면 충격을 받곤 합니다.

첫아기를 가졌을 때 저는 절대로 아이를 놀이방 같은 곳에 보내지 않을 생각이었습니다. 어느 누구도 부모인 나만큼 잘 할 수는 없을 것이라고 생각했기 때문입니다. 그런데

현실은 달랐습니다. 2살짜리 아이와 집에서 끊임없이 충돌하는 바람에 저는 결국 의기소침해질 수밖에 없었습니다. 그래서 할 수 없이 아이를 놀이방에 보냈는데, 아이는 그곳에서 모범을 보이면서 잘 지냈습니다. 그걸 보면서 저는 그 당시에 제 스스로가 부족한 사람이라고 느꼈습니다.

엄마인 우리는 아이를 기르면서 "그건 모두 내 잘못이야"라고 느끼기 쉽습니다. 하지만 저는 엄마로서 경험이 쌓여 가고 아이에 대해 조금 더 알게 되자, 자연스럽게 셋째 아이를 첫째아이 때와는 다르게 대할 수 있었습니다. 그렇게 달라지지 않았더라면, 저는 아마도 성장하지 못한 제 자신을 많이 나무랐을 것입니다.

그러나 과거에 한 일을 가지고 죄의식을 느끼는 것은 아무 소용이 없습니다. 왜냐하면 당시로서는 제가 할 수 있는 한 최선을 다했기 때문입니다! 만약 우리가 아이를 키우는 일을 우리 자신이 내적으로 성장하고 발전할 수 있는 기회로 볼 수 있다면, 또 아이들이 자신만의 개성과 생명력을 지닌 고유하고 독특한 존재임을 깨달을 수 있다면, 우리는 죄의식이라는 감정을 훨씬 덜 느낄 것입니다. 죄의식을 갖게 되면 건강에도 좋지 않을 뿐만 아니라 현재에 충실하지 못하게 됩니다. 하지만 아이는 늘 현재라는 이 순간에 살고 있습니다. 그러므로 여러분은 이 사실을 잘 이해하고, 지금 당장 분명하게 행동할 필요가 있습니다.

6. 우리는 아이를 고유한 개인으로 신뢰할 필요가 있다

우리 부모들만이 아이들의 발달에 참여하는 유일한 존재는 아닙니다. 비록 의식적으로 알고 있는 것은 아니지만, 아이들은 분명 자신의 발달에 대해 말해 주는 누군가를 혹은 무엇인가를 자기 내면에 지니고 있습니다. 그렇지 않다면 한 가족 안에서 자라는 아이들이 어찌 그리도 서로 다르게 자랄 수 있을까요? 각각의 아이는 모두 다 독특하고 유일합니다. 아이라는 존재는 단순히 가족 안에서의 경험을 다 합한 것도 아니고, 부모의 양육기술의 결과물도 아닙니다. 때로 부모들은 두 번째 아이를 낳고서야 아이들이 서로 얼마나 다른지를 깨닫곤 합니다. 그때서야 비로소 각기 다른 아이들을 어떻게 도울 수 있는지를 깨닫는 것이지요.

아이가 보여주는 모습을 보면서, 모든 공로를 부모인 우리가 잘해서 그렇다고 할 수는 없습니다. 마찬가지로 모든 잘못과 불만을 자신에게 돌려서도 안 됩니다. 우리는 우리에게 올 아이들을 마음대로 선택할 수 없습니다. 의심할 여지가 없이 아이는 그냥 하나의 축복입니다.

우리가 할 일은 항상 최선을 다하면서, 최대한 자신과 아이를 신뢰하는 것뿐입니다. 우리는 아이들이 상처를 잘 회복하고, 스스로 치유할 수 있으며, 우리의 결실 없는 노력들과 매우 후회되는 행동에도 불구하고 멋진 사람이 될 것이라고 믿어야 합니다. 또한 아이가 변해 감에 따라 아이의 경험(그리고 우리 자신의 경험)이 긍정적이며 가치 있는 것이 될 수 있도록, 할 수 있는 한 최대한의 노력을 기울어야 합니다. 이런 노력이야말로 우리 모습을 보고 배우고 있는 아이들에게 가장 중요한 것일 수 있습니다.

7. 아이를 키우는 우리의 일을 중요하게 여길 필요가 있다

일반적인 통념으로는 부모가 아이를 직접 키우는 것보다 더 잘 키울 수 있는 사람은 없다고 생각합니다. 그러나 경험이 많으면서도 보수를 받지 않고, 애정 가득한 마음으로 아기를 돌봐 주는 사람도 있습니다. 더구나 그들은 여러분의 아기가 매일매일 자라는 모습을 보면서 여러분만큼이나 기뻐할 것입니다.

물론 부모에게는 자식에게 도움이 될 만한 것들을 제공해야만 하는 특별한 어려움이 있습니다. 3살 아래의 아이를 집밖으로 데리고 나가서 어떤 모임에 넣으면, 아이는 긴장하고 스트레스를 받습니다. 3살이 되기 전의 아이들 대다수는 그런 상황에서 각자 따로따로 놀 것입니다.

하지만 모든 사람이 아이가 3살이 될 때까지 집에만 있을 수는 없는 노릇입니다. 그래서 이 책의 다음 장들에서는 아이를 돌봐 주는 다양한 곳들에 관해 논의할 것입니다. 여기에는

"라이프웨이스" 같은 발도르프 유아교육 방식을 적용하면서 가정생활을 모델로 도입하는 곳들도 포함됩니다. 이곳에서는 가정에서 혹은 가정과 같은 환경에서 다양한 연령대의 아이들이 관계를 맺을 수 있도록 돕고 있습니다.

8. 우리는 가정을 꾸리는 일을 가치 있게 여길 필요가 있다.

부모인 우리는 우리 아이들의 첫 번째 가정입니다. 그런 다음에 부모라고 하는 이 가정이 물리적인 집이나 아파트에서 펼쳐지는 생활로 확장해나갈 것입니다. 아이들이 생기면, 좋든 싫든 간에 우리는 가정을 만들고 꾸려나갈 것입니다. 좀 더 주의를 기울이고, 의식을 갖고, 창조적으로 이 과정을 해낼 수 있다면, 우리의 가정생활은 썩 괜찮은 플랫폼의 역할을 할 수 있을 것입니다. 그러면 이곳은 우리 자신을 포함해서 모든 가족 구성원들이 효과적으로 지원을 받을 수 있는 곳이 될 것입니다. 이 주제에 관해서는 다음 장에서 아주 상세하게 탐구할 것입니다.

2

· · · · · · · ·

모든 배움의 토대인 가정생활

여러분이 여러분 아이의 첫 번째 선생님인 것과 꼭 마찬가지로, 여러분의 가정은 가장 생생한 삶과 배움이 일어나는 곳입니다. 아이가 당신과 함께 온종일 집에 있는 경우든, 아니면 아이 돌봐주는 곳이나, 놀이방, 유치원 같은 곳에서 종일 혹은 잠시 동안 지내다 오는 경우든 상관없이 이것은 사실입니다. 또한 당신이 살고 있는 생활수준이 어떻든 그에 상관없이 사실입니다. 답답한 아파트에서 살고 있건 대궐같이 너른 집에서 살고 있건 간에, 어린 아이들과 함께 지내기 위한 곳으로 한 가정을 만들고 꾸려나가는 도전은, 은행 잔고보다는 여러분의 내적인 상태나 의도와 보다 밀접한 관련이 있습니다.

　요즘 시대에 여러분에게 가정생활이란 어떤 것일까요? 그리고 어떻게 이 가정생활이 여러분과 다른 가족 구성원들을 지원해줄 수 있을까요? 오늘날에는 가정을 가족들이 사랑하는 안전한 성소가 되게 하려는 것을 방해하는 아주 많은 힘들이 있습니다. 이런 상황에 맞닥뜨린 우리는 무엇을 할 수 있을까요? 이것이 바로 이 장에서 우리가 이야기할 몇 가지 물음들입니다.

　오늘날의 삶은 가정생활을 지원해주지 않고 있습니다. 우리 시대의 경제적인 요구와 다른 필요들 때문에, 집에 있는 것이 때로는 문제가 되기도 합니다. 그리고 아이들과 집에 있겠다고 선택하는 여성들과 남성들은 종종 자신들이 얼마나 고립되어 있는지를 느끼고 놀랄 때가 있을 것입니다. 그들은 주변에서 유일하게 집에 있는 사람들일지도 모릅니다. 그리고 2살짜리 아이는 이전에 성공적인 직업 생활을 했던 사람한테는 충분한 자극을 줄 수 없을 것입니다. 어른들이 균형을 잡기 위해서 다른 어른들을 필요로 하는 것처럼, 오늘날의 많은 아이들도 함께 놀 다른 아이들을 필요로 하는 것처럼 보입니다. 그래서 과거에는 그다지 강력하지 않았던 요구들, 즉 놀이 그룹이나 놀이방에 대한 요구가 많아졌습니다. 그렇다고 해서 여러분이 아이의 필요 그리고 여러분의 필요를 충족시켜줄 수 있는 풍요로운 가정환경을 꾸릴 필요가 없다는 뜻은 결코 아닙니다. 그리고 아이가 3살이 되기 전에 유치원이나 어린이집에 등록하는 것이 아주 중요하다는 뜻도 아닙니다 (일 때문에 혹은 다른 사정으로 어떤 부모들은 아이가 3살이 되기 전에 놀이방이나 유치원에 데려가야 할 수도 있습니다. 하지만 아이를 "사회화시키려고" 혹은 아이의 발달을 "강화하기 위해서" 그렇게 할 필요는 없습니다.).

우리가 생각해보려고 하는 가정생활의 모습은, 여러분이 밖에서 일을 하는 사람이든 집에 있는 엄마 아빠이든 상관없이 모두에게 적용이 됩니다. 여러분은 결혼 서약을 한 사람일 수도 있고, 동거 커플이거나 한부모일 수도 있습니다. 또 집에서 보내는 시간이 어느 정도인지, 또 집에 있을 때 어느 정도 가정생활에 관심을 쏟는가와 상관없이, 여러분은 어떤 식으로든 가정을 만들고 꾸려나가고 있습니다. 제 경험에 따르면, 보다 많은 주의를 기울이면서 가정생활을 꾸려나가게 되면, 집에 있는 시간을 보다 알차게 쓸 수 있다는 사실입니다. 그러면 그 시간은 여러분을 고갈시키기보다는 오히려 풍요롭게 해줄 것입니다.

우리 문화에서 과소평가되고 있는 가정생활

　오늘날 거의 대부분의 사람들은 가정을 꾸리는 사람이 되고 싶어 하지 않습니다. 그리고 이것은 충분히 이해할 만합니다. 만일 여러분이 아이들과 함께 집에 있는 사람인데, 무슨 서류에 직업을 적어야 할 경우 왠지 움츠러든다면, 다음번에는 "가정주부" "살림하는 사람"이라는 단어 대신에 "집안의 여신domestic goddess"이라고 한번 써보세요. 그리고 나서 과연 기분이 더 좋아지는지 아닌지를 한번 살펴보세요.

　심지어 학교에서도 더 이상 "가사homemaking" 과목이라고 하지 않고 "소비자학 consumer science"이라고 과목 소개를 하고 있는 실정입니다(이런 이름의 변화만 봐도, 우리 문화가 가치 있게 여기는 것이 무엇인지를 알 수 있지 않나요?).

　가정을 꾸리는 일에 대한 이런 거부는, 부분적으로 1950년대와 1960년대 동안 아내와 엄마였던 많은 여성들이 그 일이 그리 만족스럽지 않다는 자각으로부터 생겨났습니다. 베티 프리단은 『여성의 신비』라는 책에서, 이 불만족을 "이름 붙일 수 없는 문제"라고 말했습니다. 이 여성들은 집 주변에서 노동을 절감해주는 많은 가전제품들을 사용하고, 아이들 학교에서 자원 활동을 하고, 저녁식사를 준비하고, 그런 다음에는 일터에서 돌아올 남편을 기쁘게 하기 위해 머리를 매만지고 립스틱을 바르면서 자신의 모든 개인적 성취를 발견해야한다고 생각한 여성들입니다. 하여간 그 후로 여성들이 자신을 단지 "가정주부" (여기서의 뜻은 남편을 위해서 모든 가정 일을 잘 꾸려가는 사람을 말합니다.)로 생각하기를 그만 두자, 많은 여성들이 그와 동시에 가정을 꾸리는 일도 포기해 버렸습니다.

사회가 변화하면서 보다 많은 여성들이 예전에는 남성들이 했던 직업들을 가질 수 있는 문들이 열리게 되었습니다. 그러자 여성들은 집 안에서도 여전히 거의 모든 일을 해내는 가운데 집 밖에서도 일을 하고 있는 자신을 발견하게 되었습니다. 청소를 하고, 설거지를 하고, 요리를 하는 일이 젠더와 관련된 능력들이 아니란 사실을 깨닫는 데는 그리 오래 걸리지 않았습니다. 그리하여 부부들은 가사 일을 분담하기 시작했고, 이 일은 여전히 진행 중에 있습니다. 심지어 오늘날에는 집안일에 쓰는 시간이 훨씬 더 공평하게 분담되고 있습니다. 그런데도 "가정을 만들고 꾸리는 일"에는 실제로 가족 중 아무도 시간이 없거나 혹은 누구도 하고 싶어 하지 않는 일이 되고 있습니다. 그 결과 오늘날의 우리는 누구도 그곳에서 많은 시간을 보내고 싶어 하지 않는 "잡"과 함께 남겨진 상태입니다.

앞 장에서 이야기 했듯이, 제 희망은 어머니노릇이라는 기술이 마침내 여성운동 안에서 가치 있는 선택으로 인정받고 받아들여지는 것입니다. 사실, 베티 프리단은 이런 의견을 제시하고 있으며, 자기의 다음 책들 중의 한 권인 『두 번째 계단』은 이 주제를 이야기하는 책입니다. 하지만 이런 주제들은 결코 주류가 되지 못했고, 소수의 페미니스트들에 의해서만 받아들여졌을 뿐입니다. 제 희망이 결국에는 헛수고란 사실이 저한테 떠올랐을 때는, 제가 그리스의 화로의 여신인 "헤스티아"에 대해 깨닫게 되었을 때였습니다. 헤스티아는 모든 그리스 신들과 여신들이 모셔져 있는 신전 판테온에서 유일하게 얼굴이 없는 여신입니다. 물론 그렇습니다! 그녀는 보이지 않는 존재입니다....... 어머니가 아이를 양육하는 일처럼 말입니다. 이 사실을 깨닫자 비로소 저는 알게 되었습니다. 그 신전에서는 어머니노릇을 경축하고 드높이는 어떤 퍼레이드도 없고, 잘했다고 등을 토닥여주는 일도 없다는 사실을 말입니다.

다른 말로 하자면, 제가 지금 이야기하고 있는 이 변화는 여러분 내면에서 우러나올 필요가 있다는 뜻입니다. 그리고 사회에 의해서 인정을 받거나 보상을 받지 않아도 이 일은 계속될 것이라는 사실입니다. 또한 남성들과 여성들이 인간의 몸, 영혼, 정신을 위해서 가정을 의식적으로 꾸려가는 일의 중요성과 가치를 깨달아야 한다는 것을 뜻합니다. 가정은 모든 가족 구성원들이 인정을 받고 자신이 가치 있다고 느끼는 곳이며, 그곳으로부터 나와 세상 속으로 나갈 수 있고, 다시 안전하게 돌아올 수도 있는 하나의 천국과 같은 곳이기도 합니다.

오늘날에는 아이들과 집에 있는 일이
왜 그리도 어려울까?

어린 아이가 있는 많은 부모들은 집에서 아이들과 함께 있기가 얼마나 어려운 일인지를 발견하고서 놀라곤 합니다. 어떤 부모들은 걸음마하는 아이와 아침 7시에 집을 나와서 공원에 가거나 커피 한 잔을 사마시곤 한다는데, 이유는 아이가 "집에 있기를 싫어하기 때문"이라고 합니다. 제가 여러 부모들과 이야기를 해보면, 많은 이들이 집에 있기가 싫다고 이야기를 합니다. 왜냐하면 2살짜리 자기 아이는 주위에 다른 어른이나 다른 아이들이 있을 때 훨씬 기분 좋게 행동하기 때문이라고 합니다. 집에서 지내고 있는 많은 부모들 역시 처음 생각과 너무 달라서 충격과 슬픔을 느꼈다고 이야기하고 있습니다. 심지어 자기들의 가장 큰 소망이 아이들과 집에서 지내는 것이라고 했던 부모들조차 "일이 잘 안 풀려요"라고 하거나, 걸음마하는 아이가 자신들과 집에 있는 것을 "지루해한다"고 이야기하는 실정입니다. 무슨 일이 일어나고 있는 걸까요?

한 가지 요인은, 예전과 달리 오늘날에는 핵가족과 그보다 더 분화된 가족이 지배적이기 때문입니다. 그렇다고는 해도 대학 교육을 받은 어른이 1살짜리, 3살짜리 아이들과 매일 집에 고립될 생각일랑 결코 없었을 것입니다. 이게 저의 믿음이고 저의 개인적 경험이기도 합니다. 우리 사회는 이런 중요한 일에 충분한 의미와 가치를 제공해주지 않고, 지원해주지도 않습니다. 그렇기 때문에 고립을 벗어나 확대된 가족에 참여하기 위해서는, 다른 가족들을 찾고 때로는 나이든 세대에게도 도움을 청해야만 합니다. 나이든 세대는 예전에 아이들을 키우면서도 우리 세대보다 훨씬 더 많은 일들을 했던 분들입니다.

이런 고립은 제 친구도 겪은 적이 있습니다. 친구는 애착어린 부모노릇을 해보고 싶어했는데, 이런 양육 방식은 진 리들로프Jean Liedloff의 『연속된다는 개념The Continuum Concept』이란 책에서 처음으로 설명된 방식입니다. 친구는 당시 멕시코의 시골 마을에서 살고 있었습니다. 그래서 대부분의 시간 동안 자기의 아기를 항상 긴 목도리나 숄로 감싸서 안거나 업고 다녔습니다. 그런데 아기가 생후 9개월이 되자 친구는 기운이 소진되었고, 아기는 내려놓기만 하면 울고불고 야단법석을 떨었습니다. 어찌할 바를 모르던 그녀는, 자기가 외국인이라서 범할 수 있는 실수를 했다는 사실을 깨닫게 되었습니다. 그렇습니다! 그 마을에서 다른 아기들도 거의 항상 누군가가 안거나 업고 다녔지만, 그 사람이 언제나 엄마는 아니었던 것입니다. 때로는 할머니가 데리고 다니고, 때로는 열 살짜리 아이가 데리고 다니고, 때로는 이모나 고모가 아기를 안고 다니곤 했던 것입니다.

어린 아이들과 집에 있는 게 힘든 두 번째 요인은, 우리의 관심이 가정을 꾸리면서 하는 "일들" 대신에 아이한테만 초점이 맞추어져 있기 때문입니다. 가정에서 할 수 있는 일들은 미리 가공된 음식들과 온갖 종류의 노동 절약형 가전제품들이 우리 삶에 들어오면서 아주 많이 사라지고 있는 실정입니다. 간단히 말해, 현대적 삶은 어린 아이들이 필요로 하는 바를 충족시켜주지 못하고 있습니다. 어린 아이들은 몸을 움직이는 것을 포함해서 일을 하고 있는 우리를 보아야만 하기 때문입니다. 실제로 몸을 움직이면서 "알"을 하지 않는 우리를 보는 일은, 아이들을 만족시켜줄 수가 없습니다. 그 결과, 아이들은 더 많은 관심을 요구하는 것처럼 보입니다. 사실, 아이들은 몸을 움직이고 물질들을 변형시키는 일들처럼 "진짜 알"을 하는 우리를 관찰하고 싶다고 요청하는 것이나 다름없습니다. 그래야 자기들도 뭔가 참여할 거리가 생길 테고, 다음에 놀이를 하면서 그걸 모방해볼 수가 있을 테니까요.

진 리들로프의 연구와 애착어린 부모노릇이 널리 확산되면서 약간은 잘못 이해된 부분도 있는 것 같습니다. 그렇기 때문에 리들로프가 실제로 의미했던 바는, 모든 시간을 아이에게만 관심을 집중하라는 것이 아니었습니다. 오히려 그 의미는 아이가 어른의 진짜 일을 관찰할 수 있게 해주라는 뜻이었다고 생각하면 좋을 것입니다. 발도르프 홈스쿨링 컨설턴트인 바바라 듀이Barbara Dewey는 자신의 관찰을 이야기하면서, 이런 오해에 관한 리들로프의 코멘트를 인용하고 있습니다.

이 부모들을 관찰하면서, 나는 이들이 아주 헌신적인 부모들이란 사실을 알 수 있었다. 그들은 부모노릇에 관한 책이라면 가능한 거의 모든 것들을 읽었고, "이 모든 것들"을 필사적으로 적용하려고 애를 쓰고 있었다. 일반적으로 그들은 집에서 아이들을 기르기 위해서 의미 있는 직업들도 포기한 엄마들이며, 아이들과 집에 있는 자신들을 정당화해줄 양육을 위해 "모든 시간"을 다 바쳐서 아이를 기를 필요가 있다고 느끼고 있었다. 그래서 자기 아이를 상당히 많은 시간 동안 데리고 다녔고, 아이가 깨어 있는 매 분마다 상호작용을 하려고 했다......

「어머니노릇」이란 잡지 1994년 겨울 호에 나온 한 기사에서, 『연속된다는 개념』의 저자 진 리들로프는 자신의 연구가 잘못 이해되고 있다고 말하고 있다. 원래 리들로프가 말하는 내용은 슈타이너가 어린 아이에 관해 말하고 있는 바와 정확히 일치한다. 책에서 리들로프는 기어 다닐 때까지는 아기를 밤낮으로 엄마나 돌보는 이의 몸에 접촉한 채 데리고 다니라고 추천하고 있다. 예콰나 문화에서 그러하듯이 말이다. 그런 문화권에서는 부모나 아기 돌보는 이가 이따금씩은 아기와 놀아줄 수는 있지만, 대부분의 시간 동안에는 아기가 아니라 자기가 해야 할 다른 일들에 관심을 쏟는다. 기사에서 리들로프는 "하루 종일 함께 놀고, 말을 걸어주고, 칭찬해주게 되면, 아기의 정당한 권리라고 할 수 있는 다른 이의 팔에 안겨서 관찰하는 단계를 아기한테서 빼앗는 셈이 된다. 그러면 자기가 필요한 것을 말하지 못하는 아기는, 불만을 행동으로 드러낼 것이다. 보통 이 불만은 관심을 끌려는 행동으로 나타나는데, 부모는 이것을 아기가 더 많은 관심을 필요로 하는 것으로 해석해버리곤 한다. 그러나 아기가 진짜 바라는 것은, 부모가 단지 자기만 바라보는 게 아니라 어른들이 살아가는 삶에 참여하길 바라는 것이다. 그래야 자기가 모방하게 될 진짜 삶의 모습을 볼 수 있으니까 말이다!

　그렇다면 아이와 함께 집에 있을 때, 현대 서구 세계의 부모들이 해야 할 일은 무엇일까요? 오늘날 집 주위에서 우리가 할 수 있는 "일"은, 리드미컬하게 몸을 움직이는 일이 아니라, 고작해야 이것저것 버튼을 누르는 일들뿐입니다. 우리는 이처럼 불리한 상황에 처해 있는 상태입니다. 설거지를 할 필요가 있을까요? 식기세척기의 버튼을 누르면 그만입니다. 바닥을 청소해야 할까요? 리드미컬하게 걸레질을 하며 마루를 닦는 대신에 진공청소기의 버튼을 누른 뒤 밀고 다니면 됩니다. 어린 아이들은 일차적으로 감각들과 몸의 움직임으로 세상과 연결되어 있습니다. 그렇기 때문에 버튼만 누르면 되는 이런 활동들을 잘 이해할 수가 없는 것입니다. 리듬감이 있는 활동들은 아이들에게 강하게 말을 걸기 때문에, 빨래를 차곡차곡 개키고, 마루에 걸레질을 하고, 창문이나 자동차나 마루를 닦는 행위를 가정생활에 의식적으로 도입하는 일이 많은 도움이 될 것입니다. 아이들은 이 모든 활동들을 관찰하고, 함께 돕거나 아니면 그냥 자기들의 놀이로 이것들을 활용할 것입니다. 바쁜 부모인 우리는 가정에서 우리가 하고 있는 일의 가치를 깨달을 필요가 있습니다. 그리고 어린 아이 주변에서 그리고 아이와 함께 이 일들을 의식을 기울여서 해야 할 필요가 있습니다. 이것은 높은 카운터 대신 작은 아기용 탁자에서 아이한테 사과를 깎아주는 일처럼 단순 소박한 일들을 뜻합니다. 또는 아기가 혼자 놀고 있을 동안 뜨개질을 해서 간단한 줄을 만드는 일일 수도 있습니다. 아기는 이 줄을 가지고 놀면서 장난감으로 잘 활용할 것입니다.

의식적으로 가정을 만들기

제가 말하고 있는 바가 무엇인지 감이 오기 시작했나요? 마치 과거로 돌아가서 여성들이 가사 일을 해야만 한다는 소리처럼 들릴 수도 있겠지만, 꼭 그렇지는 않습니다. 여기에는 두 가지 차이가 있기 때문입니다. 첫 번째 차이는, 우리가 이 일들을 의식을 가지고서, 그리고 사랑을 가지고서 하고 있다는 사실입니다. 마더 데레사의 제안이 생각나는군요. 아주 하찮은 일을 커다란 사랑을 가지고 하라는 제안 말입니다. 그러므로 식탁 위에 놓인 꽃병에 꽃을 꽂거나 부엌 바닥을 걸레질할 때, 여러분은 이런 일들의 특성을 의식하면서 그 일을 할 수 있을 것입니다. 그리고 몸을 움직이며 하는 이러한 일들이 어린 아이에게 유익한 영향을 미친다는 것을 의식하고, 배려하는 마음으로 할 수 있을 것입니다. 두 번째 차이는, 원래는 하지 않아도 되는 일을 우리가 하고 있다는 점입니다. 가령, 걸레질하기, 욕조에서 깔개 빨기, 다림질하기, 손으로 돌리는 분쇄기로 곡식을 빻기, 빵 굽기, 찬장 정리하기, 장난감 수선하기, 나무를 매끄럽게 다듬기 같은 일들은, 지금 시대에 우리가 꼭 하지 않아도 되는 일들입니다. 이런 이야기를 들으면 참으로 예스럽고 별스럽게 들릴지도 모르겠지만, 여러분에게 확실히 말할 수 있습니다. 이것은 징징대는 두 살짜리 아이를 끽소리 못하게 할 수 있고, 여러분 머리를 잡아당기는 아이를 떼어놓으려고 DVD

플레이어를 작동시키지 않아도 일이 잘 되어가게 만들 것입니다.

이것은 선불교에서 말하는 것과도 닮은 점이 있습니다. "깨달음을 얻기 전에, 장작을 쪼개고 물을 길어라. 깨달음을 얻은 후에도, 장작을 패고 물을 길어라." 우리가 하는 활동들은 과거의 일들과 모양새는 똑같을지 모릅니다. 하지만 그 일들은 우리의 의식과 관심에 의해서 변형된 일입니다. 우리가 하는 일을 의식하면서 하고, 나날의 일상을 조화롭고 리드미컬한 방식으로 꾸리고, 아이들 주위에서 우리가 하는 일을 소중히 여긴다면, 아이들이 자기 의지의 힘을 형성시키는데 큰 도움이 되고 있는 셈입니다. 그리고 아이들의 몸이 가능한 건강한 방식으로 발달하게끔 돕는 셈입니다. 그 답례로 아이들은 우리에게 천천히 살게 하는 선물을 줄 것입니다. 그러면 우리는 자신의 움직임들과 감정들을 의식하게 될 것이고, 매 순간 순간이 지닌 독특함에 감사하는 마음을 갖게 될 것입니다.

바바라 듀이는 선견지명이 있는 이런 이야기를 하고 있습니다. 이것은 요새 "천천히 부모노릇하기 운동"이라는 이름으로 알려지고 있습니다.

물질주의가 덜 극성을 부리는 문화들과 우리 조부모들이 살던 시대에는, 부모들이 삶에 기본적인 것들을 조달하는 일을 대부분의 시간 동안 해야만 했다. 그러한 문화들 속에서 자라는 아이는 자연스럽게 그 활동들을 볼 수 있었다. 그러므로 현대 부모들인 우리는 의도적으로 예전 시대의 장점들을 생각해볼 필요가 있다. 몸과 손을 움직이는 방식으로 일을 하게 되면, 우리는 우리 자신과 만날 수 있을 것이고, 음식, 옷, 집의 원재료들과 만날 수 있게 될 것이다. 그리고 어쩌면 우리에게 영감을 줄 수 있는 오래된 기술들과 수공예 형식들을 발견할 수 있을 지도 모른다. 당신이 아이와 함께 집에서 지낸다는 선물을 아이한테 준다면, 아이는 당신에게 당신 스스로가 추구하는 삶이라는 선물을 줄 것이다. 그리고 당신의 가장 엉뚱한 꿈에서조차 나오지 않는 경이로움이라는 선물을 줄 것이다! 이 선물을 받아들이고 "삶을 얻어라!"

가정생활의 네 가지 차원

　모든 가족 구성원에게 안전한 성소聖所가 될 수 있는 가정생활을 꾸리는 일이 의식적으로 부모 노릇하는 데서 가장 중요한 요인입니다. 어디서부터 시작해야 할지를 결정하기 위해서는, 우선 여러분이 지금 살고 있는 장소를 잘 조사해보는 게 좋을 것입니다. 여러분의 집에서 일들은 어떤 모습으로 진행되고 있나요? 이 일들은 앞으로 일어날 것들에 관해 무엇을 암시하고 있나요? 무엇이 잘 되어가고 있고, 그렇지 않은 것은 무엇인가요? 여러분이 이런 작업을 하다 보면, 네덜란드의 발도르프 교육자이자 『라이프웨이스 Lifeways』란 책의 공동 편집자인 본스 보어스Bons Voors가 수년 전에 어떤 대화에서 제안했던 렌즈(판단할 수 있는 눈)를 써서 가정생활의 세세한 면들을 살펴보면 도움이 될 것입니다.

　본스가 제시한 본보기를 보면서, 먼저 네 가지 차원을 지니고 있는 간단한 집 그림으로 가정생활을 상상해봅시다. 네 가지 차원이란 물리적 차원, 리드미컬한 차원, 정서적이고 관계 중심적인 차원, 영적인 차원을 말합니다. 각각의 차원은 아래로부터 차곡차곡 위로 올라가고, 위에 있는 것은 아래에 있는 차원의 든든한 지지를 받고 있습니다.

영적인 차원

정서적이고 관계 중심적인 차원

리드미컬한 차원

물리적 차원

이 연습은 배우자와 함께 해볼 만한 가치가 있는 연습들입니다. 분명히 서로 간에 불꽃 튀는 대화를 이끌어낼 것이기 때문입니다. 여러분의 배우자는 이런 것을 DVD로 함께 보는 것을 기쁘게 여길 수도 있습니다. 하지만 지금은 종이 한 장을 들고 이 연습을 해보면서, 무슨 패턴들이 나타나는 지를 눈여겨보고 간단한 메모를 하는 것이 가장 좋을 것입니다. 지금 바로 해볼 수도 있고, 아이들이 자라는 것을 보면서 몇 년 마다 한 번씩 다시 해볼 수도 있습니다. 또는 새 집으로 이사 갈 때마다 해볼 수도 있을 것입니다.

물리적인 차원

여러분 가정의 물리적 환경은 여러분과 아이들 모두에게 깊은 영향을 미칩니다. 킴 존 페인은 『단순 소박한 부모노릇』이란 책에서, "너무나 많은 잡동사니"들은 아이들한테 스트레스를 일으키고, 정서적으로 울적하게 하고, 문제행동을 일으킬 수 있다는 강력한 주장을 하고 있습니다. 페인은 재정 상태가 다양한 여러 가족들을 연구하면서 이런 사실을 발견했다고 합니다. 즉, "잡동사니들"의 품질과 가격은 천차만별이지만, 그 양은 모든 가정에서 아주 비슷하게 대단히 많았다고 합니다.

객관적이지만 애정 어린 눈으로 여러분의 물리적인 환경을 잘 살펴보세요. 집으로 들어가는 입구는 어떤 모습인가요? 사람들은 보통 앞문을 통해서 들어오나요? 아니면

뒷문으로 들어오나요? 입구에 환영하는 표시가 있나요? 다른 행성에서 온 방문자에게 여러분 집의 입구는 여러분 가족에 관해 무엇을 말해줄까요? 혹은 여러분에게 중요한 것이 무엇이라고 말해줄까요? 안으로 들어가면 어떤 종류의 공간이 여러분을 맞이하나요?

여러분의 집은 여러분의 심리 상태와 관련해서 무엇을 반영하고 있나요? 그 환경이 편안한가요? 과도하게 통제되어 있나요? 아니면 제멋대로 인가요? 여러분의 집이 끊임없이 건축 중인가요? 집을 리모델링하는 일이 늘 계속되어서 끝나지를 않고 있나요? 여러분은 모든 걸 최소화해서 사는 상태인가요? 아니면 너무 많은 물건들이 있나요?

여러분 집의 중심이나 중앙은 어떤 모습인가요? 모든 사람이 모이는 곳이 부엌이나 식당인가요? 아니면 아이들이 주로 놀이를 하는 곳 주변에 거실이나 가족용 방이 따로 있나요? 혹은 중심 공간이란 게 아예 없는 상태인가요?

아이들이 가장 많은 시간을 보내는 곳은 어디인가요? 아이들이 자는 방과 아이들과의 관계는 어떤가요? 어린 아이들한테 "네 방에 가서 놀아라."란 말은 종종 아무 소용이 없을 것입니다. 왜냐하면 아이들은 여러분이 있는 곳에서 놀고 싶어 하기 때문입니다! 아이들 침실이 실제로 잠만 자는데 활용된다면, 그 환경은 편안하게 휴식할 수 있는 곳인가요? 아이들 침대로 가려면 어질러진 물건들 사이를 뚫고서 길을 찾아야 하나요? 만일 아들 녀석의 침대 위에 커다란 공룡 그림이 있다면, 이게 여러분이 정말로 매일 밤 아이가 잠들면서 보기를 원하는 이미지인가요?

여러분만을 위한 공간을 갖고 있나요? 이 얼마나 대단한 생각인지! 만일 온전히 여러분만을 위한 방이 없다면, 구석진 곳이나 작은 제단-어떤 곳이든 명상을 하고 추억을 기념할 수 있는 공간- 같은 곳은 있나요? 혹은 여러분이 예술적인 활동이나 몸을 움직이거나 작업을 할 수 있는 공간이 있나요?

집 안과 집 밖의 관계는 어떠한가요? 어린 아이들이 있다면, 울타리를 친 공간이나 칸막이로 된 문이 있으면 좋을 것입니다. 그러면 아이들은 혼자서도 들어갔다 나왔다 할 수 있을 테고, 이것은 여러분의 정신 건강에도 대단히 좋을 것입니다. 바깥 공간이나 마당은 울타리가 쳐져 있거나 아기가 놀기에 안전한가요? 그곳에 모래 상자, 흙, 진흙

같은 아이들이 파내고 놀 수 있는 것들이 있나요? 여러분이 작은 언덕이나 덤불 뒤에 "숨기 좋은 장소"를 만들 수 있나요? 혹은 작은 "요정들의 숲"으로 가는 통로를 깔끔하게 정리할 수 있나요?

다음과 같은 것들은 깊이 생각해 봐야 할 것들입니다.

가정생활을 물리적인 측면에서 고려해보면서 여러분은 무엇을 배울 수 있었나요? 외부 관찰자는 여러분 가정을 보면서 여러분에게 가장 중요한 것이 무엇이라고 생각할까요? 여러분이 먼저 꼭 바꾸고 싶은 하나의 장소는 무엇인가요? 고려해 봐야할 단계들은 무엇인가요? 만일 여러분이 단순하게 정리하고 싶고 어질러놓고 싶지 않다면, 『단순 소박한 부모노릇』이란 책을 가장 좋은 친구와 동료로 삼길 바랍니다.

리드미컬한 차원

이것은 가정생활의 일과 활동들이 이루어지는 곳에 존재하는 차원입니다. 그리고 생활에 견고한 기반을 제공해주고, 모든 일들이 보다 부드럽게 흘러갈 수 있도록 도와주는 차원입니다. 저도 어린 아이들을 기르면서 정신없고 혼란스러웠던 때가 있었습니다. 그런 상황에서 처음으로 이런 자각들을 적용하기 시작했을 때, 두 가지가 대단히 도움이 되었습니다. 하나는, 아이의 발달을 이해하게 되어서 아이들을 꼬마 어른처럼 대하는 것을 그만 둘 수 있었던 점입니다. 그리고 비현실적인 기대를 하거나 제각각 도전일 수 있는 아이들의 행동을 개인적인 모욕이라 여기는 일도 그만 둘 수 있었습니다. 다른 도움으로는, 가정생활에 리듬을 적용하는 법을 배우게 된 점입니다. 우리 가족의 삶에 리듬을 만들어내는 일은 혼란스럽던 상황들에 질서를 도입하는 일이었습니다.

리듬은 참으로 중요한 삶의 요소입니다. 여러분의 가정생활에 리듬을 도입하는 일은 그러므로 너무나 중요합니다. 이에 대해서는 6장에서 상세하게 논의할 것입니다. 여기서는 간단하게 설명할 생각인데, 여러분이 가족의 리드미컬한 삶이 어떠한지를 개략적으로 살펴보고 점검할 수 있을 것입니다.

먼저 여러분이 매일하는 일상적인 활동들을 살펴보도록 합시다. 그런 다음에는 매주 하는 일과 매년 하는 일들을 살펴볼 것입니다. 먼저 식사부터 시작하도록 하겠습니다. 왜냐하면 식사는 가정생활에서 너무나 중요한 부분을 차지하기 때문입니다. 여러분 집에서는 일반적인 식사 시간에 밥을 먹나요? 식사하는 시간의 특징은 어떠한가요? 질서가 잡혀있나요? 아니면 혼란스러운가요? 모든 사람이 함께 앉아서 먹나요? 아니면 우연히 되는 대로 제각각 먹나요?

아이들은 식사 준비, 식탁 차리기, 나중에 치우기를 돕나요? 식사 시작 전에 어떤 종류의 작은 의례나 축복을 하면서 식사를 시작하나요? 어떻게 식사를 끝내나요? 노래를 부르거나 촛불을 불어 끄나요? 아니면 식사 시간이 그냥 끝나버리나요?

이제 잠자는 시간과 잠에 관심을 돌려서, 여러분 집의 밤 시간이 어떤 모습인지를 스스로 물어보세요. 저녁 식사 시간이 잠자는 시간으로 부드럽게 전환되도록 어떤 의례나 늘 하는 것들이 있나요? 아침에 여러분과 아이는 어떻게 깨어나나요? 특정한 요일에 잘 되어가는 일과 잘 안되어 가는 게 무엇인지를 지금 한 번 적어보세요

이제 한 주의 리듬에 대해 살펴보도록 합시다. 매주 특정한 요일에 여러분이 하는 일이 있나요? 여러분 집에서 주말의 모습은 주중과 어떻게 다른가요? 여러분은 특정한 종교 활동들을 하고 있나요? 아니면 자연 속으로 하이킹을 가서 기운을 북돋우나요? 아니면 하루 종일 휴식을 취하나요?

계절마다 하는 축제들을 통해서 한 해의 사이클을 기리는 일은, 여러분이 정신spirit과 자연에 연결될 수 있게 도울 것입니다. 여러분이 아이들과 기념하는 전통적인 축일은 무엇인가요? 여러분이 아이였을 때 행했던 축제들 중에서 가장 인상 깊은 기억으로 남아 있는 것은 무엇인가요? 여러분이 가장 좋아하는 축일은 무엇인가요? 가장 싫어하는 축일은 무엇인가요? 생일은 어떠한가요?

지금까지 한 이야기를 한 마디로 요약해본다면 이렇습니다. 여러분 가정의 리드미컬한 삶에 관한 이런 일차적 조사에 근거해서, 여러분이 기꺼이 변화시킬 수 있는 한 가지 부분이 있나요? 여기 힌트 하나가 있답니다. 이것은 어쩌면 여러분이 지금 당장 잘 해내고

있지 못하는 부분일 수 있습니다.

정서적이고 관계 중심적인 차원

만일 나중에 여러분 아이들이 자라서 지금의 삶을 되돌아본다면, 어린 시절의 가정생활을 어떻게 묘사할지를 스스로 질문해 보세요. 혹시 이런 식으로 말할까요? "다른 가족들한테 말을 건네는 사람일랑 전혀 없었어." 혹은 "엄마는 항상 화가 나 있었어." 혹은 "그들은 언제나 컴퓨터를 켜고 앉아 있었지." 가정생활의 정서적인 분위기를 점검하기 위해서, 여러분 자신에게 존중, 사랑, 애정 같은 기본적인 가치들이 얼마나 중요한지를 물어보세요. 그리고 갈등은 어떻게 다루나요?

가정생활에서 이루어지는 관계의 특성을 하나에서부터 열까지 생각해보도록 합시다. 먼저 여러분 자신부터 시작해서, 가족이 외부 세계와 맺는 관계로 확장해봅니다. 관계는 여러분이 스스로에 대해 편안한지 그리고 자신의 내적인 작업을 편안히 여기는지에서부터 시작됩니다. 여성들은 스스로에 대해서 그리고 자신의 어머니노릇에 대해서 지나치게 비판적인 성향을 가질 수 있습니다. 만약 아이들이 이 지상에 오기 전에 완벽한 부모를 가져야만 했다면, 이 세상에 인구 문제 같은 것은 없었을 것입니다! 어떤 부모도 그렇게 완벽할 수 없다는 뜻입니다. 이 사실을 받아들인다면, 아이들과 소통하느라 애를 쓰는 여러분의 노력이 그 자체로 괜찮은 일이 될 것입니다. 우리는 아이들과 아이들의 행동에 대해서 인내심을 가져야 하지만, 우리 역시 스스로에 대해서 그리고 자신의 단점들에 대해서 인내심을 가질 필요가 있습니다. 매일 약간의 시간을 내어서 – 심지어 5분 정도라도 – 규칙적으로 기도 혹은 명상을 하고, 스스로를 배려하는 시간을 가지면 좋을 것입니다. 이 일은 또한 아이들을 잘 기를 수 있는 중요한 요소이기도 합니다.

만일 배우자가 있다면, 여러분과 배우자와의 관계는 어떠한가요? 두 사람만을 위한 시간이 있나요? 어머니인 여러분은 다른 여성들과 우정을 맺고 가꾸어나가고 있나요? 특히 아이들이 있는 여성들과 우정을 맺을 수 있나요? 아니면 여러분이 필요로 하는 모든 감정적인 지원을 남편이 제공해주길 바라는 부당한 기대를 갖고 있지는 않나요? 여러분이 한 부모라면, 여러분과 아이를 위해서 적극 지원해주는 사람들은 누구인가요?

아이와 여러분과의 관계는 어떠한가요? 자유방임주의 방식의 부모노릇에서부터 권위주의적인 방식의 부모노릇 사이에서, 여러분의 부모노릇은 어떤 유형인가요? 여러분과 여러분의 배우자는 부모노릇에 관련된 문제들을 서로 토론하고 동의를 이끌어내요? 어떤 환경이든 상관없이, 가족은 때로 역동적인 문제들에 휘말릴 수 있으며, 특정한 도전거리들을 만날 수 있습니다. 가령, 이혼, 공동 양육, 복합적인 가족 구성 같은 일들이 생길 수도 있고, 새엄마 새아빠 되기, 특별한 돌봄이 필요한 아이, 혹은 형제자매간의 라이벌 의식 같은 것들도 일어날 수 있습니다.

우리가 고려해야 할 마지막 부분은, 여러분 가족과 외부 세상과의 관계입니다. 집 밖에서 일하게 되면, 가정과 일에 균형을 맞춰야 할 것입니다. 그리고 일하는 날마다 가정과 집을 오가면서 리듬을 전환해야 하는 도전을 받을 것입니다. 비록 집에서 일을 하더라도 그것대로 특별한 도전 거리들이 있습니다. 집에서 일할 경우, 외부 일을 얼마나 많이 가정생활에 가져올 생각인가요? 그런 식의 일 나누기에 여러분은 행복한가요? 아니면 휴대전화, 문자메시지, 이메일을 확인하는 일 때문에 가정생활과 일의 경계가 흐릿해져 버리는 것은 아닌가요? 아이들은 여러분과 배우자가 하는 일이 무엇인지를 알고 있나요? 여러분이 일하는 곳을 아이들이 방문한 적이 있나요? 혹은 앞으로 방문할 가능성이 있나요?

여러분 가정과 아이의 학교 혹은 유치원과의 관계는 어떠한가요? 서로 가치들을 공유하나요? 아이는 둘 사이가 연결되어 있다고 느끼나요? 만일 홈스쿨링을 하고 있다면, 여러분은 가정생활과 교육이 함께 적절히 이루어진다고 생각하고 만족하나요? 그리고 지원을 받고 있나요? 마지막으로, 여러분은 친척들이나 다른 가족들과 사회적인 관계를 맺고 있나요? 가장 최근에 여러분이 친구들과 저녁식사를 함께 먹었던 때는 언제인가요? 여러분은 사회적 관계들로부터 지원을 받고 있다고 느끼나요? 아니면 사회관계가 좀 더 있었으면 하고 바라나요?

영적인 차원 혹은 가치들의 차원

여러분과 여러분의 배우자는 자신이 소중히 여기는 가치들을 어떤 식으로든 드러내 보일 것입니다. 비록 그것들을 분명히 말하겠다는 생각을 한 번도 해본 적이 없을지라도 말입니다. 그래도 대다수 사람들처럼 그럴 기회들이 있습니다. 아이들과 함께 하는 삶이 바로 그 기회입니다. 이 일은 아마도 여러분에게 "방금 막 일어났던" 일이라서, 생각지도 않은 그 복잡함에 놀랐을 것이기 때문입니다. 먼저 가정을 갖는 일과 관련해서 여러분의 희망과 꿈이 무엇이었는지를 기억해내는 일에서부터 시작해보면 좋을 것입니다. 이 일은 어떻게 "예정되어진 일"일까요?

아이들은 여러분이 품고 있는 가치들에 깊이 잠겨 있을 것이고, 무의식적으로 그것들을 빨아들이고 있을 것입니다. 아이들과 가장 강력하게 소통하는 일은, 여러분 스스로 무엇을 만들어내는지와 무엇을 행하는 지입니다. 소통은 여러분이 말로만 그래야 한다고 주장한다거나 거드름을 피우는 말들과는 거의 상관이 없다는 뜻입니다. 여러분이 귀하게 여기는 가치들은 무엇인가요? 여러분이 어디서 그리고 어떻게 살아야 할지를 선택할 때 무엇이 안내를 해주나요? 아이들 교육과 관련해서 어떤 선택을 해야 할 때 무엇이 안내를 해주나요? 여러분의 아이들은 여러분이 하는 일을 어떻게 볼까요? 저는 크리스마스 때마다 구세군이 벨을 울리는 곳을 매번 지나치곤 합니다. 그럴 때마다 저는 그들에게 기부를 하게 됩니다. 그 이유는 어렸을 때 어머니와 중심가에서 크리스마스 쇼핑을 할 때마다, 구세군 냄비에 넣으라고 어머니가 항상 일 달러씩 주었던 일이 생각나기 때문입니다.

아이들은 여러분이 여러분의 어린 시절을 다시 방문해볼 수 있는 기회를 줄 것입니다. 그리하여 어떤 일을 과거와 같은 방식으로 아니면 과거와 다르게 할 수 있는 기회를 제공할 것입니다. 만약 아이였을 때 여러분이 신체적으로나 감정적으로 학대를 당했다면, 여러분은 그 상처들을 치료할 기회를 가지면서, 아주 다르게 아이들을 대할 수 있습니다. 그렇지만 혹시 상처가 치유되지 상황이라면, 필요할 경우 부디 전문적인 도움을 받을 수 있는 기회를 가져보도록 하세요. 만일 어머니 역할을 하느라 너무나 힘든 시간을 보내고 있다면, 여러분은 어쩌면 "어머니와 관련된 문제"를 가지고 있을 수도 있습니다. 가령, 어머니를 상실했던 경험 혹은 어머니를 필요로 할 때 신체적으로나 감정적으로 결핍되었던 경험들이 있을 수 있습니다. 이런 문제들을 탐색하고 치료할 수 있는 훌륭한 방법들이 캐스린 블랙Kathryn Black의 『지도 없이 어머니노릇하기Mothering without a Map』란 책에 잘 나와 있습니다.

아이들은 또한 여러분에게 종교와 관련된 여러분의 태도를 새로운 시선으로 바라볼 수 있는 기회를 제공해줄 것입니다. 여러분(혹은 배우자)은 아이 때 종교적인 전통에서 자랐나요? 여전히 그 믿음과 연관을 맺고 있나요? 여러분과 배우자는 서로 다른 종교를 믿고 있나요? 아니면 여러분은 모든 믿음으로부터 멀어져버렸나요? 아이들을 위해서 여러분이 원하는 것은 무엇인가요? 그리고 왜 그런가요? 여러분이 확실히 믿고 있는 것은 무엇인가요? 여러분의 가정생활에서 근본이 되는 가치들은 무엇인가요? 아이가 자라면서 변화해가는 듯이 보이는 가치들은 무엇인가요? 그리고 아이가 스스로 결정할 수 있게 해주는 가치들은 어떤 것들인가요?

어린 아이를 위한 커리큘럼으로서의 가정생활

이 네 가지 렌즈들을 통해 가정생활을 살펴보게 되면, 여러분의 기질에 따라 다르긴 하겠지만, 모든 것을 단번에 바꾸고 싶지 않다거나 혹은 좌절감에 빠져서 포기하고 싶을 수도 있습니다. 어떤 경우든 저는 이렇게 격려하고 싶습니다. 어느 곳에서 시작하든 상관이 없으니까, 먼저 작은 한 가지 일부터 변화를 시작해보라고 말입니다. 집을 하루 만에 지을 수 없는 것과 마찬가지로, 여러분의 가정생활도 꾸준히 만들어가는 과정입니다. 가정생활은 "당장 이것을 한다."는 문제도 아니거니와, 모든 것을 단번에 바꾸겠다는 문제도 아닙니다. 저는 여러분이 "개척할 여지가 있는 영역"이 무엇인지를 먼저 생각해보라고 조언하고 싶습니다. 이 영역은 앞에서 논의했듯이, 여러분이 가장 강하게 이끌리는 영역일 것입니다. 어쩌면 아침에 늘 같은 시간에 집밖으로 나가는 것일지도 모르고, 또 여러분의 두 사내 녀석들이 노상 싸워대는 문제를 어떻게 해결할지 같은 문제일 수도 있습니다. 뜨거운 석탄 같은 그 문제를 붙잡으세요. 그리고 이 책을 계속 읽어가면서, 그 문제가 불이 붙어서 활활 타오르게 하고, 이 책에 소개된 몇 가지 방법들을 탐구하면서 해결책을 찾아보면 좋을 것입니다. 만일 그 문제를 꽉 붙잡았다면, 좋은 영감이 여러분한테 떠오를 것입니다. 뒤따라서 실제적인 아이디어들과 계획들도 틀림없이 생각날 것입니다.

배우자가 있다면 함께 이 일을 의논하세요. 그러면 두 사람이 같은 문제를 공유하기 때문에 같은 차원에 있게 될 것입니다. 그리고 아이들을 위해서 두 사람이 할 수 있는 새로운 방법을 도입할 수 있을 것입니다.

여기에 나온 연습을 다 마쳤다면, 여러분은 아이들을 양육하고, 가정을 꾸리고, 유지하는 데 필요한 많은 활동들에 관심을 기울이게 될 것입니다. 이것들은 "북미 라이프웨이스"의 창시자인 신시아 앨딩어Cynthia Aldinger가 말한 "삶을 살아가는 기술들"입니다. 『가정으로부터 멀리 떨어진 가정Home Away from Home』이란 책에서 신시아는 삶을 살아가는 기술에는 네 가지 유형이 있다고 말하고 있습니다. 즉, 가사 일, 양육하고 돌보는 일, 창조적인 발견을 위한 일, 사회적인 능력이 그것입니다.

그렇다면 우리가 위에서 살펴본 일상의 간단한 활동들이 아이가 건강하게 자라고 발달하는데 필요한 것들과 정확히 일치할 수 있는 걸까요? 가령, 설거지를 하고, 이부자리를 정돈하고, 고양이를 먹이고, 빨래를 정돈하는 일이 아이가 잘 자라는데 정말로 필요한 일일까요? 네, 필요한 일이랍니다. 이게 정말로 필요하다는 사실을 몇 가지 방식으로 말할 수 있습니다. 첫째, 여러분은 "진짜 일"에 대한 모범이 되고 있기 때문에, 아이가 도울 수도 있고, 자기 놀이에서 모방할 수도 있습니다. 두 번째, 여러분은 자기도취적이거나 주위를 빙빙 도는 식으로 아이에게만 관심을 두지 않으면서, "질적으로 좋은 시간"을 보내고 있기 때문입니다. 세 번째로는, 아이는 지금 몸을 움직이고, 여러 기술들을 배우고, 자기 역량을 발달시키고 있는 중이기 때문에 일상의 활동들이 필요합니다. 가령, 빨래를 개키는 일은, 색깔에 따라 서로 옷을 구분하고 맞추는 법을 아이에게 가르칠 수 있는 일입니다. 그리고 관심을 공유하면서 어떻게 일을 마치는지를 가르칠 수 있습니다. 마찬가지로, 케이크를 구울 때 아이가 돕는 일에는, 주의 깊게 양을 재고, 재료들을 붓고, 휘젓는 일이 포함될 것입니다. 그리고 가족을 위해서 자기가 뭔가를 한다는 뿌듯함, 기다리는 동안에 그릇을 핥아 먹으려는 충동을 조절하는 일도 포함됩니다.

"라이프웨이스" 이외에도, 아이를 돌보는 환경을 어떻게 꾸릴지에 모범이 될 만한 가정생활과 가정 꾸리기를 강조하는 수많은 블로그들과 웹사이트들이 생겨나고 있습니다. 이것들을 운영하는 부모들은 가족과 스스로를 위해서 가정생활을 잘 꾸리려고 의식적으로 노력하고 있습니다. 이 부모들 중 어떤 이들은 아이들을 홈스쿨링으로 키우고 있지만, 다른 사람들은 그렇지가 않고, 홈스쿨링이 꼭 필요한 것도 아닙니다.

여러분 가정의 삶이 "어쩌다 보니 그냥 일어나고 흘러가고" 있고, 여러분이 희망했던 것보다 불만족스러울 수도 있습니다. 비록 그렇다할지라도, 그 이유가 여러분이 나쁜 부모라서가 아닙니다! 그 이유는 여러분이 열망했던 그런 삶을 꾸려내는 데 도움이 될 만한 실제적인 일들에 대해서 아무도 여러분에게 말해주지 않기 때문입니다. 양육에 도움이 될 수 있는 가정생활을 의식적으로 만드는 일은, 무엇보다도 어린 아이의 진정한 욕구와 발달 단계를 이해하는데 달려있습니다.

그래서 우리는 다음 3개의 장들에서 이에 관해 훨씬 깊이 있게 이야기를 할 것입니다. 그런 다음에는 6장 전부를 "가정생활에 필요한 리듬"에 할애할 것입니다. 여러분이 아이의 행복감을 지원해줄 수 있는 리드미컬한 환경을 만드는 방법을 이해하고, 아이 스스로 놀이를 할 수 있는 기회를 제공하게 되면, 아이는 훨씬 더 행복해질 것이고 함께 지내기도 훨씬 쉬워질 것입니다. 그러므로 인내심을 갖고 꾸준히 노력하길 바랍니다. 왜냐하면 이 일은 그만큼의 커다란 보상이 따르는 일이니까요!

3

. . . .

출생에서부터 세 살까지
: 아래로 자라기와 위로 깨어나기

우리는 흔히 아이들이 위로 자란다고 생각하지만, 어떤 의미에서는 "아래로 자란다grow down"고도 말할 수 있습니다. 아이들이 처음에 윗부분의 무거운 머리에서부터 시작해서 점차 아래쪽의 몸을 조절해가는 것처럼 보인다는 점에서 그렇습니다. 맨 처음 아기는 눈과 목을 조절하고, 그 다음에 몸통을 굴릴 줄 알게 됩니다. 그리고는 손과 발을 사용해서 기어 다니다가, 드디어 걸어 다닙니다.

마찬가지로 잠을 많이 자던 갓난아기는 이제 부모 주위를 아장아장 걸어 다니는 활기찬 아이로 변합니다. 아이가 갓 태어나서 3살이 될 때까지 겪는 의식의 변화는, 잠자고 있던 것이 깨어난다는 사실을 뜻합니다. 이것은 갓난아기 때의 참여의식이 점차 강한 자아인식으로 대체된다는 점에서 그렇습니다(2살짜리 아이의 의지를 한 번 반대해 보세요!). 그런데 이처럼 '나'라는 강한 감정을 드러내기 전에, 아이는 우선 언어와 사고와 기억을 발달시켜야 합니다.

몸을 이해하고 파악해서 드디어 걷는 일은 태어나서 처음 1년 동안 아이가 하는 가장 기본적인 일입니다. 그 다음 2살 시기에 아이가 하는 가장 중요한 일은 말하는 일입니다. 생각하는 일과 기억 능력은 3살이 될 즈음에 크게 발달할 것입니다.

처음 3년 동안에 일어나는, 이처럼 기본적이고 획기적인 일들은 자신만의 시간표에 따라서 아이 혼자의 힘으로 해냅니다. 이 시기에 부모인 우리가 해줄 수 있는 일은, 아이에게 충분한 사랑과 보살핌을 주되, 아이 스스로 펼쳐 보이는 기본 패턴을 방해하지 않는 일입니다.

이 장에서는 태어나서 처음 3년 동안에 아이한테 일어나는 엄청난 발달과 변화의 모습을 소개할 것입니다. 그 다음 2개의 장에서는 아이의 건강하고 균형 잡힌 발달을 조화롭게 이끌기 위해서, 아이의 첫 번째 선생님인 여러분이 실제로 할 수 있는 방법들을 소개할 것입니다.

몸 안으로 자라남

머리 가누기

갓난아이의 머리는 몸과 비교해서 대단히 크지만, 손과 발은 상대적으로 덜 발달된 상태입니다. 그래서 갓 태어난 아이는 다른 포유동물처럼 걷거나 먹는 일에 능숙하지 못합니다. "아래로 자라남"의 이미지 혹은 정신spirit이 몸에 스며들어가는 이미지는 뇌의 영역들이 성숙해져 가는 방식에서도 역시 적용할 수 있습니다.

발달신경심리학자인 제인 힐리에 따르면, 뇌와 척수에서 미엘린10)의 발달이 맨 위에서부터 밑으로 진행하기 때문에, 아기는 다리나 발보다는 입, 눈, 팔, 손을 먼저 조절한다고 합니다. 그리고 갓 태어난 아기는 본능적으로 젖을 빠는 조절능력을 가지고 있습니다. 젖을 빠는 능력 다음에 처음으로 이루어지는 의식적인 조절은 두 눈에서 시작됩니다. 아기한테 눈의 조절은 필수적입니다. 왜냐하면 안정된 시각 영역이 없으면, 기어 다니고 걸어 다니는 데 필수적인 "손-눈의 움직임"을 조정하거나 균형을 잡을 수 없기 때문입니다. 태어난 아기는 자연스럽게 25센티미터 정도 떨어진 대상에 초점을 맞추기 시작합니다.

---

10) 미엘린(Myelin) : 신경 섬유의 축삭을 싸고 있는 백색의 지방성 물질입니다. 뉴런을 통해 전달되는 전기신호가 흩어지지 않게 보호합니다.

이 거리는 젖을 먹는 아기와 엄마 얼굴 사이의 거리입니다. 그 다음에 아기는 자기 시야에 들어오는 대상을 눈으로 따라가는 것을 배웁니다.

생후 2달이 된 아기는 30센티미터 정도까지 시야가 넓어집니다. 또한 큰 소리가 들리면 소리 나는 쪽으로 머리를 돌릴 수 있습니다. 엎드려 있을 때는 이불 위로 고개를 조금씩 들어 올릴 수 있으며, 누워 있을 때는 중앙을 똑바로 바라볼 수 있습니다. 하지만 아기가 혼자 힘으로 앉을 수 있을 만큼 머리를 충분히 가눌 수 있으려면, 몇 달이 더 있어야 합니다.

생후 3개월 즈음에 아기는 자신의 팔뚝으로 몸을 버티고서 머리와 목을 완전히 조절할 수 있을 것입니다. "아래로 자라남"의 이미지에 맞게, 아기는 팔의 아랫부분 조절에 앞서서 윗부분의 팔을 먼저 조절합니다. 또 손가락의 조절에 앞서서 손목을 조절하고, 발의 조절에 앞서서 다리를 먼저 조절합니다.

생후 6주에서 14주까지 다리의 근육들은, 아기의 발길질과 구부렸다 폈다 하는 움직임을 통해서 강해지고 있을 것입니다. 하지만 아직은 다리를 마음대로 조절하지는 못합니다.

머리를 조절할 수 있다는 것은 아기의 보는 능력이 발달하고 있음을 말합니다. 아기의 보는 능력은 아주 빠르게 발달하여, 생후 3개월 반 정도에는 거의 완전해질 것입니다. 가까이 있는 대상에 초점을 맞추어서 볼 수 있게 되면, 아기는 자기의 손을 발견하고 그것을 살펴 볼 것입니다.

때로 아기는 한 번에 5분이나 10분 정도씩 자기 손을 바라볼 수도 있습니다. 생후 6주에서 14주 사이에 아기의 손은 갓난아기 때처럼 주먹을 꽉 쥐고 있는 상태가 더 이상 아닙니다. 이제는 두 손을 함께 모으거나 손뼉을 치기 시작할 것입니다. 이처럼 눈을 자신의 손에 집중하는 현상은 영장류 동물과 인간에게만 있는 특징입니다. 이것은 지능의 발달을 위한 기초 단계라는 점에서 중요합니다. 생후 2개월이나 3개월이 된 아기는 손을 뻗어서 물건을 잡을 수 있으며, 자기 입으로 가져가기도 합니다. 이렇게 눈과 손을 조화롭게 조정하는 일을 끊임없이 연습하고 또 자라면서 점점 무르익기 때문에, 생후 6개월이 된 아기는 보통 자기 마음대로 손을 움직일 수 있을 것입니다.

어딘가에 닿으려는 노력은 아기한테는 아주 중요한 능력입니다. 이것은 세상을 탐험하고, 지능의 기초를 세우게 되는 중요한 방법 중 하나이기 때문입니다. 아기는 항상 무엇인가에 닿으려 하고, 물건을 입으로 가져가거나 바라볼 것입니다. 때로는 그것을 움직여보기도 하고, 손을 바꿔가며 쥐어 보기도 할 것입니다.

몸통의 조절

개월 수가 지남에 따라 아기는 머리로부터 시작해서 자기 몸을 점점 잘 조절해갈 것입니다. 가끔 생후 2개월과 6개월 사이에, 배를 바닥에 대고 엎드리는데 성공하는 아기도 있습니다. 그러다가 몇 주가 더 지나면, 그 반대로 뒤집을 수도 있을 것입니다. 처음으로 이런 일이 일어나면 부모는 깜짝 놀랄 것입니다. 심지어 아기 자신도 놀랄 것입니다. 그러므로 기저귀를 갈아 주거나 침대에 눕혀놓았을 때, 아기의 행동에 방심하지 말아야 합니다. 그곳에서 아기가 아주 갑작스레 뒤집기를 할 수도 있으니까요! 심지어 훨씬 더 어린 아기도 이따금씩 누워 있다가 예기치 않게 뒤집기에 성공하는 경우도 있습니다. 특히 화가 났을 때, 강하게 발을 밀어젖히면서 갑자기 뒤집는 경우가 있습니다.

몸의 근육을 조금 더 조절할 수 있게 되면, 아기는 혼자 힘으로 앉을 수 있습니다. 보통은 생후 6개월에서 8개월 사이에 앉을 수 있습니다. 똑바로 앉아 있다는 것은 몸의 중요한 근육들이 성숙하고 있음을 뜻합니다.

일단 자기 마음대로 몸을 뒤집고 앉을 수 있게 된 아기는, 이제 누워 있기보다는 앉아 있고자 애를 쓸 것입니다. 이 새로운 능력은 보통 생후 8개월 즈음에 나타납니다.

다리의 조절

움직이고 발로 차는 아기의 행동은 다리의 힘을 길러줍니다. 생후 4개월 즈음의 아기는 자기한테 다리가 있다는 것을 비로소 발견합니다. 이전까지 아기의 눈은 자기 다리를 알아볼 수가 없었기 때문입니다. 그렇지만 아기는 아직 마음대로 이 다리를 조절하거나 사용할 수 없는 상태입니다. 변화는 기어 다니는 것을 배울 시기인 생후 8개월 즈음에야 일어납니다.

어떤 아기들은 간절히 움직이고 싶은데 마음과 달리 원하는 것을 얻지 못하는 자신의 무능력에 실망할 수도 있을 것입니다. 또 어떤 아기는 그냥 앉아서 주변 세상을 바라보는 것만으로도 행복해 하는 아기도 있습니다. 이런 아기들은 발달이 "빠른" 아기들보다 4개월이나 5개월 정도 늦게 기어 다니기 시작할 것입니다. 정상이라고 여겨지는 범위는 아주 클 수 있습니다. 그러므로 여러분의 아기를 이웃의 아기와 비교하지 마세요!

나중에 분명하게 드러날 성격적인 특징들을 꿰뚫어 볼 수 있기 위해서는, 지금 아기가 어떻게 기어 다니고 어떻게 걷는가를 잘 관찰해야 합니다. 여러분은 아기를 잘 살펴보고 격려하면서, 아기가 자신의 시간표에 따라 잘 발달하고 있음을 믿어야 합니다. 만일 아기가 어떻게 발달하고 있는지 정말로 궁금하다면, 발달에 대해 공연히 걱정하기보다는 궁금한 사항들에 적절한 답을 찾아보는 것이 더 좋을 것입니다!

오늘날 물리치료사들은 기어 다니는 일이 나중의 발달을 위해서 얼마나 중요한가를 자주 이야기하고 있습니다. 반대되는 팔과 다리를 앞으로 밀고 서로 교차시켜서 기어 다니는 일은, 올바른 신체의 조정과 발달에 아주 중요한 움직임이기 때문입니다. 뿐만 아니라 기어 다니기는 뇌의 발달과 학습능력의 발달에도 큰 영향을 미칩니다. 연구자들은 학습능력이나 감정과 관련해서 일어나는 몇몇 문제점은, 어릴 때 충분히 기어 다니지 못한 것과 관련이 있다고 말합니다. 아기가 충분히 기어 다니지 않을 때는, 조금 큰 다른 아이가 손과 발을 써서 기어 다니게 함으로써 아기가 모방하고 따라하게 하는 것이 좋을 것입니다. 그리고 이 결정적으로 중요한 시기에 충분한 시간 동안 아기를 기어 다니지 못하게 하는 것들, 보행기나 다리에 대는 버팀대 같은 것들은 가능한 피해야 합니다.

기어 다니기 다음으로 나타나는 능력은 아기가 테이블이나 소파를 붙잡고 몸을 세우는 능력입니다. 그 다음에 붙잡고 걸음마하는 능력이 나타나면서 이제 균형을 잡고 조정하는 능력이 발달하게 될 것입니다. 이로써 아기는 혼자서 첫 발걸음을 떼는 놀라운 일을 해낼 것입니다.

아기가 기어 다닐 수 있게 되면, 모든 것이 변할 것입니다! 아기가 기어 다니는 일은 부모에게 대단히 중대한 변화이지만, 걸어 다니게 된 일은 아기 자신에게 너무나 중대한 성취의 순간입니다. 그렇기 때문에 저는 아기의 걷기를 이야기하기 전에, 생후 8개월 된 아이를 키우는 일에 관해서 먼저 이야기를 하고 싶습니다.

생후 6주에서 8개월 사이의 아기는 어떤 모습일까?

　몸이 자라고 발달하는 동안 아기들은 "아래로 자라나고 위로 깨어난다."고 앞에서 이야기했습니다. 또한 아기들이 좀 더 깨어있게 되면서 주위세계에 보다 예민하게 관심을 가지게 된다고도 말했습니다. 그리고 아기의 몸이 어떻게 발달하는지도 보았습니다. 그러면 아기들이 점점 더 "현재에 있게" 됨에 따라서, 어떻게 행동하는지를 탐험해보도록 하겠습니다.

　시간이 지남에 따라서 아기는 잠을 덜 잘 것이고, 자기 주위에서 일어나는 일에 예민하게 주의를 기울일 것입니다. 자기 손을 발견한 아기는 이 손을 사용해서 항상 무엇인가를 쥐려고 하고, 눈과 입으로 그 물건을 탐구하려고 할 것입니다. 혀와 입술은 무엇인가를 탐구하는 데 가장 민감한 기관이기 때문입니다. 이 시기에 아기한테 젖니가 나기 시작하므로, 젖니에 자극을 주기 위해 때로 신맛이 나는 껌을 주는 게 도움이 되기도 합니다. 유아용품 가게에는 젖니가 날 무렵 아기가 씹을 수 있는 고리와 같은 보조기구들을 많이 판매하고 있습니다. 어떤 것은 차갑게 하기 위해 냉장고에 넣어두는 것도 있습니다. 특히 '동종요법을 사용해서 만든 깨물어 먹는 알약'을 추천하고 싶습니다. 놀랍게도 그것들은 지나친 복용으로 인한 부작용의 위험이 없습니다. 이것은 젖니가 날 때 까다롭게 구는 아이에게도 괜찮고, 때로 열이 나거나 코를 흘리는 아이한테도 괜찮습니다.

생후 3개월쯤 되면 아기는 관심 가는 누구한테나 자주 미소를 지을 것입니다. 3개월 즈음의 아기는 함께 지내기에 아주 즐거운 존재입니다. 텔레비전이나 광고에서 보이는 수많은 아기의 이미지들은 실제로 태어난 지 얼마 안 된 아기보다는 이 시기의 아기들인 경우가 많습니다. 이 시기가 되면 우리에게 반응하는 한 인간의 존재를 훨씬 분명하게 깨달을 수 있습니다. 실제로 이 시기의 아기는 매우 특별한 행동들을 보여주기 시작합니다. 생후 4개월이 지나면서 아기는 부모나 돌봐 주는 사람에게 자주 미소를 짓는 행동을 보여줍니다. 아기는 여전히 모든 사람에게 마음을 열고 있는 상태이며, 모두에게 친근감을 느끼기 때문입니다.

자신self과 다른 사람other이라는 구분은 천천히 나타납니다. 갓난아기 때의 의식은 매우 산만하기 때문에 그 시기에는 내적인 것과 외적인 것이 잘 구별되지 않습니다. 그러다가 부모와 다른 사람을 구별하게 되면서, 아기는 자기 몸에도 더욱 가까이 다가갈 것입니다.

생후 14주 이전에는 간지럼을 태워도 아기는 반응하지 않습니다. 이것은 참 재미있는 사실인데, 자기가 자기한테 간지럼을 타게 만들 수는 없기 때문입니다. 버튼 화이트는 간지럼이란 "간지럼을 타는 사람"이 다른 사람을 자극을 주는 사람으로 인식할 수 있어야 가능하다고 말합니다. "생후 14주가 되지 않은 아이는 사회적으로 충분히 발달되지 않은 것 같다. 다시 말해 아이는 간지럼을 타는 데 필요한 타인에 대한 의식을 아직 갖지 못하고 있다."라고 화이트 박사는 말하고 있습니다.

이것은 "나!"가, 몸을 가진 존재가 되는 육화 과정을 거치면서 자기self에 관한 의식이 서서히 발달해가고 있다고 본 슈타이너의 생각과도 일치합니다. 슈타이너는 아기의 의식은 "잠을 자고 있고", 감정은 "꿈을 꾸고 있으며", 가장 활발히 "깨어 있는 것"은 의지라고 설명했습니다. 이러한 상태는 아기의 몸을 통해서 분명히 드러납니다. 우리는 아기의 몸이 짧은 기간 동안 엄청나게 성장하고 움직이고 있다는 사실을 관찰할 수 있습니다. 그러면서 이 깨어 있는 의지의 힘을 알아볼 수 있습니다. 또 신체적인 욕구가 충족되기를 집요하게 주장하는 아기를 관찰하면서도, 이 의지의 힘을 볼 수 있습니다. 정말로 배가 고파서 우는 아기한테 무슨 이야기든 한번 건네 보세요. 말을 해준다고 아기가 울지 않고 기다릴 수 있을까요? 불가능합니다. 아기의 신체적인 작용 뒤에 존재하는 의지의 힘은 이성이나 우리의 위로에 반응하지 않기 때문입니다. 이 힘은 오로지 먹고 마시고 알맞게 흔들리는 일 같은 몸의 활동에만 반응합니다.

'다른 사람들'을 구별하는 그 다음 단계는 낯가림이라는 일반적 현상으로 나타납니다. 대체로 생후 1년 즈음에 있는 아기들 5명 중 4명이 친근한 가족이 아닌 사람들을 두려워하고 가까이 가기를 망설입니다. 이런 반응은 빠를 때는 생후 6개월 정도에 시작하기도 하는데, 전혀 잘못된 반응이 아닙니다.

친근하지 않은 사람을 경계하는 것을 제외하고, 대부분의 아기들은 태어나서 처음 1년 동안 혼자서 많은 시간을 즐겁게 보낼 수 있습니다. 이 시기의 아기들은 기본적으로 행복하고, 호기심이 많으며, 끊임없이 자라고 있는 중입니다.

걷기를 배우기

생후 8개월에서 16개월 사이에 대부분의 아이들은 자기 몸을 다루는 데 익숙해지면서 걷기를 배웁니다. 빨리 걷고 늦게 걷는 아기들 사이에 8개월이 넘는 차이가 있음을 주목하세요.

아이는 연습하고 모방을 하면서 걷기를 배웁니다. 드문 경우긴 하지만, 인도의 정글에서 동물들이 키운 인간의 아기가 있었다고 합니다. 그런데 그 아이는 나중에 사람들이 사는 세상에 나와 살면서도 사람처럼 똑바로 서 있는 자세를 잘 취하지 못했다고 합니다.

아이 내면에는 서서 걸으려는 힘이 있고, 주위 사람들과 같이 걸어 다니고자 하는 강한 내적인 추진력이 있습니다. 이것은 인간이 태어날 때부터 지니고 있는 선천적인 능력입니다. 그러므로 아기의 발달을 도와준다고 선전하는 아기 운동기구나 보조 장치들이 아기들한테 꼭 필요한 것은 아니고, 보행기가 아기를 빨리 걷게 해주는 것도 아닙니다.

사실 현대의 많은 소아과 의사들은 유아용 보행기가 오히려 아기 근육의 발달과 조절에 방해가 될 뿐 아니라 걷기를 지연시키는 역할을 한다고 믿고 있습니다. 보행기 같은 것들로 인해 많은 사고가 발생하기도 합니다. 이런 이유로 '캐나다의학협회'는 보행기의 판매를 금지해 달라고 정부에 공식적으로 요청하기도 했습니다. 보행기에서 보내는 시간은 아기가 충분히 배밀이를 하거나 기어 다닐 수 있는 기회를 빼앗고, 몸의 조절과 균형능력에 영향을 미칠 수도 있습니다.

보행기를 권하는 사람들의 말과는 달리, 보행기가 아기의 사회적인 행동이나 탐구적인 행동을 더 키우게 하는 것은 아닙니다. 최근의 연구는 보행기를 타는 아이나 타지 않는 아이나 사회적인 행동에서 어떤 차이도 없음을 보여주고 있습니다. 물론 아기에게 보행기를 태워 놓으면, 부모는 약간의 자유 시간을 누릴 수 있을 것입니다. 그렇긴 해도 아기의 신체적인 발달에 위험이 있을 수 있습니다. 베이비 바운서Baby Bouncer[11])도 마찬가지입니다. 딱딱한 마룻바닥에서 이것을 사용하면 아기의 뼈와 관절에 잠재적인 위험이 있을 수 있다고 많은 소아과 의사들은 말합니다. 그러므로 아직 아기가 스스로 어떤 자세나 움직임을 할 수 없을 때는, 일반적으로 그런 보조 기구들을 사용하지 않는 것이 가장 좋습니다.

아기가 자기 힘으로 걷기를 배우는 것을 살펴보면, 때로 아이의 성격적 특징에 관해 통찰들을 얻을 수도 있습니다. 왜냐하면 걷는 일이란 아이가 스스로의 노력을 통해서 성취하는 어떤 것이기 때문입니다. 아이한테 움직이고자 하는 어떤 힘찬 의지가 있나요? 아니면 대단히 안정되어 있어서 그냥 앉아 있는 것에 만족하나요? 넘어졌을 경우 아이는 그 상황을 손쉽게 헤쳐 나가나요? 아니면 의기소침해 하면서 쉽게 낙담하나요? 이런 식으로 꾸준히 지켜보면서 아이가 행동으로 "말하는 것"을 잘 살펴보세요. 이때 여러분이 해야 할 일은 아이를 격려하고, 첫 발걸음을 떼는 아이의 자부심을 함께 나누어 갖는 것입니다.

아이가 걷기를 배우는 과정을 지켜보는 일은 부모에게 참으로 소중한 경험입니다. 걷기를 배우는 과정은 아이의 본성에 관해서 그리고 "나"가 인간이 되는 육화 과정에 관해 말해 주기 때문입니다. 슈타이너는 "걷는다는 것은 단지 인간이 기어 다니는 것을 끝내고 직립을 하게 되었다는 것만을 의미하지 않는다. 그것은 조화로운 우주 안에서

---

11) 베이비 바운서(Baby Bouncer) : 문지방에 스프링을 이용해서 매달아 놓은 천 의자로 아기의 손발 운동 용구를 말합니다.

아이의 유기체가 어떤 균형을 얻었음을 뜻한다. 즉, 아이가 몸의 움직임을 조절할 수 있게 되어서 이제는 어느 방향이든 갈 수 있는 자유를 얻었음을 의미한다."라고 말했습니다. 그는 계속해서 이렇게 말하고 있습니다.

올바른 방법으로 사물을 관찰할 수 있는 사람은 아이가 걷기를 배우는 과정에 주목할 것이다. 실제로 걷기라는 이 활동과 과정을 지켜보면서 그는 불가사의한 삶의 문제 중 가장 주목할 만하고 중요한 어떤 표시를 찾아낼 것이다. 아이가 배밀이를 하고 기어다니다가 직립 자세를 취하고 발걸음을 떼는 과정을 통해서 전체 우주가 그 모습을 드러내기 때문이다. 또한 아이가 머리를 곧추세우고 팔과 다리를 사용하는 것에서도 우주가 그 모습을 드러내기 때문이다.

슈타이너는 아기가 똑바로 서서 균형을 취하는 과정을 자세히 설명하고 있습니다. 그러면서 아이의 손과 팔이 자유로워지면서 내적인 삶을 충족시킬 수 있게 된 사실에 주목했습니다. 또한 두 발이 몸의 움직임을 돕고 있다는 사실도 관찰했습니다.

아이의 손과 팔이 자유롭게 되면 영혼soul이 균형을 찾을 수 있는 가능성이 생긴다. 발을 디디며 걷고, 올렸다 내리고, 구부렸다 펴는 다리의 기능과, 왼발과 오른발의 균형을 잡는 기능은 아래에 있는 지상의 요소와 관계를 맺을 수 있게 해준다. 이것은 몸과 영혼의 삶이 리듬과 박자의 요소를 갖도록 해주며, 운율의 중간 휴지기 같은 역할도 부여해 준다. 즉, 손과 팔 안에서 살아가고 있던 영혼의 요소들이 자유로워지는 것이다. 또한 멜로디와 음악적인 요소가 아이의 삶에 스며들어가는 것을 말한다.

잠깐 눈을 맞추는 것 이상으로 주의 깊게 아이를 지켜볼 수 있다면, 아이와 함께 있을 때 좀 더 열린 마음이 될 수 있을 것입니다. 제가 어떤 대단한 통찰을 얻었는지는 분명히 말할 수는 없습니다. 그럼에도 불구하고 그 당시 제가 마음을 열고 아이들을 바라보았던 순간들은, 저의 부모노릇과 아이들한테 참으로 소중한 순간들이었습니다.

생후 2년 째 : 언어를 배우기

아기가 맞는 첫돌은 엄마에게나 아기에게 대단히 축하할 만한 기념일입니다. 여러분은 정확히 1년 전에 진통을 겪으며 힘들게 아이를 낳아, 처음으로 이 아기를 껴안아 본 경험을 생생히 기억하고 있을 것입니다. 생후 1년 동안 아기에게 일어난 변화가 아주 극적인 만큼이나 생후 두 번째 해의 변화도 극적입니다. 2살이 되면서 아기는 꿈꾸는 듯하고 의존적인 유아상태에서 많이 벗어나게 됩니다. 그러면서 자신을 고유의 권리를 지닌 한 사람의 인간으로 훨씬 더 인식하게 됩니다.

몸을 잘 움직이고 걷기를 배우는 일은 생후 1년 동안 지배적으로 일어나는 활동이었습니다. 마찬가지로 언어를 이해하고 말하기를 배우는 일은 1살부터 2살까지의 아이한테 일어나는 가장 중요한 활동입니다.

언어 발달은 두 가지로 구성됩니다. 먼저 다른 사람의 말을 이해하는 능력이 발달해야 하고, 다음에는 스스로 말하는 능력이 발달해야 합니다. 걷기를 배우는 일처럼 말하기를 배우는 일도 선천적인 능력이 있어야 하고, 주위 환경에서 좋은 모범들을 만날 필요가 있습니다. 언어를 이해하고 말하는 능력은 그 뒤에 일어나는 모든 배움과 훌륭한 사회적 발달을 위해서 아주 기초가 되는 중요한 일입니다. 그러므로 이에 관해 조금 더 자세히 살펴보는 것이 좋을 것 같습니다.

말을 이해하기

아기가 태어났을 때부터 말을 많이 걸어 주고, 존중 받을 가치가 있는 사람으로 대해주길 바랍니다. 이렇게 주의를 기울이면서 존중해 주는 일은 아기의 자부심을 높여 줄 것이고, 여러분을 향한 아기의 사랑 역시 키워 줄 것입니다. 뿐만 아니라 아기에게 모방할 만한 가치가 있는 훌륭한 언어의 본보기를 제공하는 일이기도 합니다. 아기에게 말을 걸어줄 때, 아기한테 흔히 쓰는 말 대신에 모방할 만한 좋은 언어를 쓰면 좋습니다.

이 지구상에는 대략 6,000여개의 언어가 있는데, 갓 태어난 아기는 이 모든 언어를 유창하게 말할 수 있는 잠재 능력을 갖고 있습니다! 그렇지만 아기는 자기 주변에서 들리는 음소Phonemes[12]들을 구별하는 법을 재빨리 배웁니다. 그래서 생후 6개월에서 10개월 사이에 아기는 자기 주변에서 들리는 음소들을 구별할 수 있게 되고, 어느 정도는 따라할 수 있습니다. 반면에 사용되지 않는 낯선 음소는 쉽게 잊는다고 합니다. 생후 12개월 무렵에는 "들을 수 있는 뇌의 지도"가 아기한테 형성됩니다. 그러면 이제는 자기가 수천 번 듣지 않은 음소들은 잘 구별하지 못할 수도 있습니다. 왜냐하면 신경세포인 뉴런 다발들이 그 음소들에 반응하도록 지정해 주지 않을 것이기 때문입니다.

음소를 인식한 다음에 말을 이해하는 단계는, 낯선 언어를 들었을 때 들리기 마련인 죽 이어져 들리는 소리의 흐름으로부터 각각의 단어들을 구별하는 단계입니다. 아주 일찍부터 아기들은 모국어에서 어떤 소리들이 나고, 음절들은 어떤 소리가 나는지를 알아차리고 그것들에 익숙해질 것입니다.

일단 음절들을 인식하고 그것을 갖고 놀 수 있게 되면, 아이들은 자기 나름대로 운율을 넣어서 소리를 내어볼 것입니다. 존스홉킨스대학의 인지과학자인 피터 쥬칙Peter Jusczyk 은 생후 6개월에서 10개월이 된 미국 아기들의 언어발달을 연구한 학자입니다. 그의

---

12) 음소(Phonemes) : 한 언어의 음성 체계에서 단어의 의미를 구별 짓는 가장 작은 소리 단위입니다. 예를 들어 한국어의 ㄱ, ㄴ, ㄷ 같은 것을 이릅니다.

연구를 보면, 이 시기의 미국 아기들은 첫 번째 음절에 악센트가 있는 단어들을 분명히 알아듣고 발음하는 경향이 있습니다. (대다수의 영어 단어들은 첫 번째 음절에 악센트가 있으며, 실제로 우리가 아기들에게 말하는 귀여운 단어들은 모두 첫 번째 음절에 악센트가 있습니다. 이와 달리 프랑스어는 마지막 음절에 악센트가 있는 것이 많습니다.) 쥬칙의 연구는, 1살 미만의 아이들은 분명치 않은 소리보다는, 별 의미가 없을지라도 뚜렷이 구별할 수 있는 소리들을 더 잘 듣는다는 사실을 보여줍니다.

아기가 여러분의 말을 틀림없이 이해했음을 보여주는 표시는 보통 생후 8개월 즈음에 나타납니다. 아빠가 "엄마 어디 있지?"라고 아기에게 물으면, 아기는 방 안에 여러 사람이 있는데도 아마 엄마를 바라볼 것입니다. 이것은 아기가 단어를 알고 있다는 표시입니다. 물론 이것은 엄마를 "마미Mommy", "마마Mama" 등 어떻게 부르는가에 따라 달려 있습니다. 만약 아빠가 엄마를 부르는 호칭인 '제나'란 단어만을 아기가 내내 들었다면, 아기 역시 엄마를 '제나'라고 이해하고 그렇게 부를 것입니다.

여러분의 아기가 엄마와 아빠를 "마미 앤 대디Mommy and Daddy", "마마 앤 파파Mama and Papa" 같은 식으로 부르는 것은 나름의 의미가 있습니다. 왜냐하면 이 단어들이 내는 소리는 서로 잘 어울리는데다가, 아기가 배우기도 쉽기 때문입니다. 또한 이 말이 부모와 아이, 가족과 같은 관계를 표현해 주기 때문입니다.

여러분이 해줄 수 있는 가장 좋은 일은, 기저귀를 갈거나 목욕을 시킬 때 아기한테 말을 걸어 주는 일입니다. 아기는 여러분이 하는 말에 주의를 기울일 것이며, 때로는 그 말을 이해하고 있는 것처럼 보일 수도 있습니다. 아기는 뭔가를 알고 있는 존재이기 때문에, 자신이 하나의 대상object이 아니라 한 사람의 인간으로 대해지고 있음을 이해할 것입니다. 이렇게 말을 걸어 주면, 아이의 언어 발달뿐만 아니라 두뇌 발달도 도와주는 셈이 됩니다.

그리고 아기에게 노래를 불러주세요! 임신했을 때부터 시작해서 아이의 어린 시절 내내 노래를 불러 주는 일은 아주 좋은 일입니다. 언어가 가진 음악적인 특성과 정서는 동요나 놀이에 잘 나타나 있습니다. 음악은 아기의 발달에 아주 가치가 있고 소중합니다.

어른들의 문화 때문에 지능이 지나치게 강조되고 있기는 해도, 지능으로 이해하는 능력만이 언어를 구성하는 유일한 부분은 아닙니다. 언뜻 의미 없어 보이지만 익살스런 동작과 함께 부르는 동요는 걸음마를 하는 아기가 아주 좋아합니다. 이런 것들은 아이에게 언어가 지닌 음악적인 특성을 가르쳐 줍니다.

이런 종류의 상호작용은 아이의 발달에도 가치가 있을 뿐만 아니라 부모가 하는 일도 좀 더 부드럽게 해줍니다. 예를 들어, 아기의 머리를 감기거나 잠을 재울 때 노래를 불러 주는 습관을 들이면, 2살짜리 아이의 고집 센 반항을 줄일 수도 있습니다. 다른 많은 실례들은 쉐아 다리안Shea Darian의 책『일곱 번의 햇님Seven Times the Sun』에 잘 담겨 있습니다.

여러분의 아이가 행여 무질서하고 혼란스러운 소리를 듣고 있지는 않은지를 잘 살펴보는 것도 중요합니다. 듣는 능력은 언어발달에 많은 영향을 미치기 때문입니다. 아기가 자주 귀에 염증을 앓았다면, 그 원인이 알레르기인지 다른 것 때문인지를 잘 알아봐야 할 것입니다. 이 중요한 어린 시절에 듣는 능력이 손상되면, 다른 많은 부분의 발달이 방해를 받기 때문입니다. 그러므로 아기 귀에 염증이 자주 생기면, 가능한 자세한 진료와 치료를 받는 게 좋을 것입니다.

특정한 단어를 이해하게 된 아기는 이제 간단한 지시사항들을 따르기 시작할 것입니다. 아기는 "빠이빠이" 하면서 손을 흔들거나, 앉으라고 말하면 앉는 일 같은 간단한 일을 할 수 있습니다. 또 걷기 시작한 아기는 여러분에게 자주 무엇인가를 보여주고 도움을 청할 것입니다. 이처럼 아기의 주의력이 여러분에게 분명하게 향해 있는 이 시간들이야말로 아기 손에 들어 있는 것이 무엇인지, 그걸로 뭘 하는지를 이야기해 줄 수 있는 아주 좋은 기회입니다.

많은 부모들은 이 시기의 아이가 갖고 있는 이해 능력을 과소평가합니다. 그렇다고 여러분이 1살짜리에게 모든 것을 다 설명해주어야 한다는 뜻은 절대 아닙니다! 오히려 지금 일어나고 있는 일을 가능한 알기 쉽게 말해주라는 의미입니다. 즉, 여러분은 지금 아기가 보고 있는 것과 하고 있는 일을 쉽게 이야기해 주어야 한다는 뜻입니다. 첫 번째 생일과 세 번째 생일 사이에 대부분의 아기는, 일생 동안 일상생활에서 사용하는 대부분의 말을 이해할 수 있는 수준까지 발전합니다!

말하는 능력

말할 수 있는 능력은 이해하는 능력보다 훨씬 천천히 나타납니다. 첫 돌을 맞이하기 전에 여러 단어들을 많이 이해하고 있을지라도, 이해한 만큼 말을 잘 할 수 있는 아이는 아주 드뭅니다. 슈타이너에 따르면, 언어능력이 몸을 움직이고 걷는 능력에서부터 시작해서 발달해가기 때문이라고 합니다.

현대 신경언어학은 아이가 걷고 무엇인가를 붙잡는 능력과 말하는 능력 사이에 어떤 관계가 있는지를 연구하고 있습니다. 이런 사실들을 염두에 둔다면, 아이가 어떻게 걷게 되고 어떻게 몸을 움직이는지를 잘 지켜볼 수 있을 것입니다. 뿐만 아니라 아이가 점점 자라면서 발달해가는 언어능력에 어떤 특징이 있는지, 그리고 걷는 것과 말하는 것 사이에 어떤 관계가 있는지도 살펴볼 수 있을 것입니다.

전통적인 방법으로 치료하건, "치료교육"과 관련해서 슈타이너의 지침을 따르건 간에 상관없이, 물리치료사나 언어치료사들은 이 관계를 보다 잘 볼 수 있을 것입니다. 어떤 치료사들은 치료과정에서 몸을 움직이는 것과 언어를 분리시켜서 따로따로 치료하기도 합니다. 그렇지만 그 둘이 잘 결합될 수 있다면, 발달상의 어려움을 극복하는 데 분명히 도움이 될 것입니다.

처음에 아이가 말하는 단어의 수는 천천히 증가하는 것처럼 보입니다. 생후 12개월 때 아기는 평균 세 개의 단어를 말하고, 생후 18개월이 되었을 때는 22개 정도의 단어를 말합니다. 하지만 생후 1년 반이 지나면 아이의 말하는 능력은 폭발적으로 발달합니다. 그리하여 대부분의 아이들은 평균 2시간마다 새로운 단어를 터득해 갈 것입니다. 두 번째 생일 즈음에 많은 아이들은 1,000개에서 2,000개의 단어를 터득하게 되며, 두 개의 단어를 서로 연결시키기 시작합니다.

많은 연구들은 아이가 자라는 환경에서 얼마나 많은 언어가 사용되는지가 아이가 얼마나 많은 단어들을 터득할 수 있는지에 큰 영향을 미친다는 사실을 보여주고 있습니다.

연구들이 보여주는 바에 따르면, 걸음마를 하는 아기가 말하는 단어의 수는 엄마가 아기에게 얼마나 많은 말을 걸어 주는가에 관련이 있다고 한다. 하지만 텔레비전에서 나오는 말이 아니라 오직 '살아 있는 사람에게서' 나오는 언어만이 단어와 문장력을 증가시키는 역할을 한다. 그렇다면 TV에서 나오는 그 모든 잡담들이 왜 언어 발달을 자극하지 못하는 걸까? 연구자들은 "언어는 현재 진행 중인 사건과 관련을 맺은 채 사용되어야 하며, 그렇지 않으면 단지 소음일 뿐이다."라고 이야기하고 있다.

다시 말해 언어는 살아 있는 존재에게서 나와야 하고, 아이의 삶에 의미가 있는 사건이나 감정적인 내용 그리고 원인과 결과를 보여주는 것이어야 한다는 뜻입니다. 아이가 말을 기억하기 위해서는 뇌의 시냅스가 의미 있는 방식으로 등록되어야 하기 때문입니다. 그런데도 우리 사회에는 너무나 많은 교육용 TV프로그램이나 어린이 언어 발달 프로그램이 난무하고 있는 실정입니다!

1살 혹은 그보다 개월 수가 많은 아이들 사이에서 언어 발달상 나타날 수 있는 차이는 아주 다양합니다. 특히 말이 늦는 아이들 중에는 남자아이들이 훨씬 더 많습니다. 하지만 늦게 말을 시작하는 아이가 일찍 말하는 아이보다 나중에 말을 더 잘하지 못한다는 증거는 어디에도 없습니다. 5살이 될 때까지는 아이가 스스로 말하기를 기다려야 한다는 주장도 있고, 어른이 더 일찍 아이의 말하기에 개입해야 한다는 주장도 있습니다. 이 주장들은 찬반양론을 일으키면서 뜨거운 논쟁을 벌이고 있는 상황입니다. 하지만 더 일찍 개입해야 한다는 쪽으로 기울고 있는 것 같습니다.

하지만 아이가 여러분이 말하는 것을 잘 듣지 못한다거나, 이해하는 능력이 너무 느리게 발달하는 것 같다면, 이것은 진지하게 고려해야 할 것입니다. 전문가들은 다음과 같은 경우에 '적신호'라고 충고하고 있습니다.

- **생후 0~3개월** : 여러분이 말을 해도 돌아보지 않고, 아기들이 흔히 하는 옹알이를 하지 않는다.
- **생후 4개월** : "안 돼"라고 하거나 목소리의 톤에 변화를 주는데도 반응을 하지 않는다. 초인종 같은 소리에도 주위를 둘러보지 않고, p, b, m 같은 소리를 내며 재잘 재잘 지껄이지 않는다.
- **생후 7~12개월** : 평범한 일상어를 알아듣지 못하고, 자기 이름을 불러도 돌아보지 않는다. 또 말소리를 잘 따라하지 못하고, 어른의 주의를 끌고 싶을 때 우는 것 말고 다른 소리를 내지 못한다.
- **생후 1~2년** : 의미의 차이 - "위로"와 "아래로" 같은 말의 차이를 이해하지 못하고, 두 가지 요구 - "병을 집어서 엄마에게 가져오렴."과 같은 말을 따르지 못한다. 두 개나 세 개의 단어를 연결시키지 못하고, 흔히 보는 대상의 이름을 부르지 못한다.
- **생후 3~4년** : "누구?", "무엇?", "어디에?" 같은 간단한 질문에 대답하지 못한다. 가족 외의 사람들은 아이가 하는 말을 잘 이해하지 못하며, 네 개의 단어로 이루어 진 문장을 사용하지 못하고, 많은 음소들을 정확히 발음하지 못한다. 만약 유치원 에 들어가서도 언어발달이 계속 늦어지면, 대부분의 소아과 의사들은 언어 치료를 받으라고 권할 것이다.

장애를 가진 아이와 어른을 연구한 칼 쾨니그 박사는 언어발달을 세 가지 단계로 구분했는데, "말하기 - 이름 붙이기 - 이야기하기"가 그것입니다. 말하기는 한 단어로 된 문장으로 자기의 욕망과 감정을 표현하는 것을 뜻합니다. "여기!" 또는 "과자!" 같은 말들이 그렇습니다. 이름 붙이기는 사물의 이름을 배우고, 그 개념들과 자기가 인식한 것을 연결하는 사고과정을 의미합니다. 또한 일반적인 것(개)과 특별한 것(피도란 이름을 가진 개) 사이의 관계를 생각할 수 있는 능력을 뜻합니다. 이야기하기는 우리가 일상적으로 흔히 하는 대화를 뜻합니다. 아이는 세상을 경험하고 또 자신이 선천적으로 부여받은 논리와 문법을 가지고서 세상이 언어로 표현되는 방식을 경험합니다. 그렇기 때문에 2살에서 3살 사이에 완전한 문장으로 말하기 시작할 것입니다.

원형적 이미지들

걸음마를 하는 아기가 사물의 의미를 배우는 동안에도 많은 다른 일들이 아이에게 일어나고 있습니다. 아이는 넋을 잃고 모든 대상을 주의 깊게 바라보기 시작할 것입니다. 이것은 언어 이전의 단계에서 일어나고 있는 수많은 일들 중의 하나입니다. 예를 들어, 공을 가지고 놀 때 어른이나 학교 다니는 아이는 지금 자기가 하고 있는 놀이에 주로 관심을 기울입니다. 하지만 공놀이를 할 때 걸음마하는 아이가 가장 관심을 갖는 것은 놀이가 아니라 공 자체입니다. 걸음마를 하는 아이는 공의 모양이나 감촉이나 색깔에 관심을 기울이고, 공이 손에서 빠져나오면 굴러간다는 사실에 깊은 관심을 갖습니다.

우리 어른의 의식은 아이의 영혼 깊은 곳에서 이루어지는 꿈꾸는 것 같은 상태와의 연결을 잃어버렸습니다. 아이의 꿈, 경이로움, 기쁨에 반짝이는 눈동자 뒤에서 일어나는 일들을 잘 알아보지 못하게 된 것이지요. 다니엘 우도 데 헤스Daniel Udo de Haes는 『어린아이The Young Child』란 책에서, 말로 드러나지 않는 '영혼의 언어soul language'를 매혹적인 그림을 통해서 보여주고 있습니다. 그는 아이들이 보여주는 영적인 세계의 특성과 이 지상을 여행하는 영혼의 본성을 소박하고 단순한 대상들로 보여주고 있습니다. 어린 아이들이(그리고 어린들이) 물에 매혹당하는 이유를 설명하는 글을 보면, 그의 생각을 조금은 알 수 있을 것입니다.

모든 인간의 영혼은 의식적이건 무의식적이건 간에 물과의 어떤 연관을 감지하고 있다. 우리는 모두 순수한 물이 나타내는 청명함을 갈망하고 있지 않은가? 모든 영혼은 어느 방향으로든 흘러갈 수 있는 자기의 능력을 느끼고 있는 것을 아닐까? 때로 구불구불 물결쳐 흐르다가 거칠게 흐르고, 때로 소용돌이치고 세차게 굽이치다가 조용히 흘러가는 이 능력 말이다. 궁극적으로 천상에 오르는 능력이자 다시 지상에 내려오는 이 영혼의 능력은 이처럼 물로 표현된다. 어린아이는 덜 의식적이기는 해도 우리보다 더 직접적이고 강력하게 이 모든 것들을 경험한다. 바로 이런 이유 때문에 아이는 물에서 놀 때 그렇게나 몰두하고 빠져드는 것이다.

우도 데 헤스는 아이들이 집을 그리거나 베개나 쿠션을 이용해 집을 만드는 일을 그토록 즐거워하는 것도 같은 이유라고 설명합니다. 즉, 아이가 지상에서 '집들'과 만났을 때 아이의 영혼 안에서 뭔가가 다시 일깨워지기 때문이라는 거지요. "영혼은 이 지상으로 내려오면서 '집'을 짓는 일을 도울 임무를 품고서 내려온다. 아이가 막 짓기 시작한 이 집은 일생 동안 자신이 살아야 할 집인 것이다. 다시 말해, 영혼이 부여받은 임무는 자신의 몸을 만드는 것을 돕는 일이다. 그러므로 장난감으로 작은 집을 지으면서 아이들이 그토록 기뻐하는 것에 우리는 놀라지 말아야 한다. 집을 짓는 일은 자신의 몸을 만드는 일을 완성한다는 상징적인 의미가 있기 때문이다."라고 그는 말했습니다.

『어린아이』란 책에는 우도 데 헤스가 직접 그린 그림이 있는데, 이것은 어린아이의 내적인 삶을 아주 생기 넘치게 보여주는 그림입니다. 걸음마하는 아기가 어떤 대상을 골똘히 응시하는 모습을 지켜볼 때, 이 그림을 떠올려보면 좋을 것입니다. 예수는 "어린아이와 같이 되지 않으면 결코 천국으로 들어가지 못하리라."(마태복음 18:3)라고 말했습니다.

어린아이에게 이 세상은 어떤 모습일까요? 이것은 어린아이를 돌보는 사람이라면 누구나 물어볼 만한 귀중한 질문입니다. 아이가 주위 세계에 대해 놀라워하는 만큼, 아이를 돌보는 우리 역시 세상을 놀랍게 바라볼 수 있습니다. 그렇게 되면 우리 내면에서 잃어버린 것들을 다시 발견할 수 있을 것입니다. 미처 깨닫지 못할지라도, 우리의 이런 재발견은 자신이 경험하는 세계를 탐험하고 있는 아이를 도와줄 수 있을 것입니다.

어린 아이들은 단순한 물건들에 매혹되고, 이 물건들이 일깨우는 아이 영혼 안의 울림 때문에, 우도 데 헤스는 원형적原型的인 장난감을 추천합니다. 가령, 공이나 그릇, 컵, 작은 나무 집, 열었다 닫을 수 있게 경첩 달린 뚜껑이 있는 상자, 작은 자동차 등을 말합니다.

자연물로 만들어진 것들과 인간의 삶에 쓰이는 단순하고 소박한 물건들은 영적인 세계의 진실을 일깨우면서, 아이의 내적인 삶에 말을 걸 것입니다. 이 사실은 17세기 영국의 시인인 토마스 트라헤르네Thomas Traherne의 시 "놀라움WONDER"에 잘 반영되어 있습니다.

놀라움

어떻게 천사처럼 내가 내려왔을까!
이곳의 모든 것들이 얼마나 밝고 눈부신지!
그분이 해놓은 일들 사이로 내가 처음 등장했을 때
오, 얼마나 찬란한 영광이 내게 왕관을 씌워 주었는지.
세상은 그분의 영원함을 닮아 있었고
내 영혼은 그 속으로 걸어들어 갔다네.
그리고 내가 보았던 모든 것들이
나에게 말을 걸어 주었다네.

생각하는 능력의 출현

걷기와 말하기가 태어나서 첫해와 이듬해에 나타나는 주요한 일인 것처럼, 생각하는 능력은 2살에서 3살 사이에 이루어지는 중요한 성취입니다. 그러나 이 세 가지 능력 중에서 가장 미완성의 형태인 생각하는 능력은 때로는 좀 빠른 시기에 나타나서 생후 첫 해가 될 수도 있습니다. 실제로 1살 된 아기도 어떤 것을 잡으려고 할 때 방해가 되는 것이 있으면, 한쪽으로 밀쳐 내는 행동을 합니다. 피아제는 '의도'라는 요소를 가진 이 문제 해결 행동을 지능이 나타나는 맨 처음의 표시라고 설명했습니다.

이른 시기에 나타나고, 실용적이거나 감각과 운동의 기능을 갖고 있는 이 지능은, 아이가 2살이 되면 곰곰 생각해 보는 능력으로 바뀝니다. 그 전까지는 문제를 해결하기 위해서 계속 시행착오를 반복했을 것입니다. 그러다가 2살이 되면 잠깐 멈춰서 다양한 대안을 생각하거나, 직접 해보기 전에 앞으로 할 행동에 대해 생각하는 모습을 자주 보여줄 것입니다.

생각하는 능력은 2살에서 3살 사이에 주로 나타나는데, 말을 배우고 난 다음에 나타납니다. 많은 사람들은 말하기 위해서는 생각을 해야 한다고 추측을 내릴 것입니다. 하지만 언어는 모방과 감정들의 결과로 발달한다는 사실을 기억해야 합니다.

아기가 맨 처음 말하는 단어는 감탄사입니다. 슈타이너는 "아이가 '엄마'나 '아빠'란 단어를 말할 때, 그것은 엄마나 아빠에 대한 감정의 표현일 뿐 어떤 종류의 개념이나 사고의 표현이 아니다. 생각하는 능력은 이런 식의 말하기에서부터 처음으로 발달한다." 라고 이야기했습니다.

슈타이너에 따르면, 논리적 사고는 구어(입말) 문법에 본래부터 있는 논리를 아이가 경험함으로써 발달한다고 합니다(문법은 '누가 누구를 때렸는지', '그 일이 과거에 일어났는지 아니면 현재 진행 중인지' 등을 이야기해 줍니다.). 2살에서 3살 사이에 문장을 구사하는 아이의 능력은 기하급수적으로 늘어나며, 시제(과거/현재)와 수(단수/복수)를 사용합니다.

어린아이는 어떻게 언어를 배우는 걸까요? 슈타이너는 이것을 태어나기 전에 높은 단계의 존재(가령 천사 같은 존재들)로부터 부여받은 선천적인 선물이라고 말했습니다. 제가 처음 이런 글을 읽었을 때는, 어떻게 이 선물이 주어지는지를 몰라서 당황스러웠습니다. 하지만 이제 많은 연구자들은 이런 능력이 선천적이라는 슈타이너의 말에 동의하고 있습니다. 언어와 그에 따르는 논리적 사고를 위한 문법적 규칙을 얻으려고(심지어 필요할 경우에는 만들어내려고) 갓난아기의 두뇌에는 '하드웨어처럼 기본적으로 배선이 깔려 있다'고 연구자들은 이야기하고 있습니다. 그렇다면 이 말은 슈타이너의 생각을 물질적인 방식으로 표현한 것은 아닐까요? 여기 「로스앤젤레스 타임」지에서 나온 기사가 하나 있습니다.

옹알이를 다듬어진 말로 변화시키려고 애쓰고 있는 아기들은, 언어라는 벽돌을 쌓는 규칙을 배우기 위해서 이전에는 발견되지 않았던 본능적인 규칙들을 사용하고 있다고 뉴욕 대학의 과학자들이 발표했다.

공식적이고 규칙에 맞게 생각하는 능력은 오로지 학교 교육을 통해서 배우는 것만은 아니고, 어떤 학자들이 주장하듯이, 이 능력은 모든 인간 정신이 지니고 있는 가장 근본적인 특성이기도 하다는 설득력 있는 증거는 이 새로운 인식을 보여준다.

「사이언스」지에 실린 연구를 보면, 인간이 쓰는 언어의 복잡함을 배우기 위해서는 모든 인간이 태어날 때부터 형태와 숫자에 대한 기본적인 지식에서부터 잘 저장된 지적인 도구 세트까지가 갖추어져 있어야 한다고 한다.

　만약 아이가 '특정한 언어적 손상'이라는 유전적인 조건을 타고나지 않았다면, 대부분의 아이들은 이 문법 규칙에 준비가 잘 되어 있을 것입니다. 그래서 점차 자기들이 발견한 규칙들을 잘 다듬고 확장시켜갈 것이고, 필요하다면 새로 만들기도 할 것입니다. 예를 들어, 듣지 못하는 아이들과 수화로 대화를 하는 어른들은 온갖 문법적 실수를 하는 경향이 있습니다. 하지만 그들의 아이들은 수화를 아주 유창하게 사용한다고 합니다. 그렇더라도 듣지 못하는 아이들이 어떤 언어도 없이 성장한다면, 문법과 차단된 채 자랄 것이고, 그러면 나중에도 언어를 잘 배우지 못할 것입니다. 나중에 어른이 되어 듣는 능력이 회복되었을 때 간혹 이런 경우가 나타날 수 있습니다.

　언어를 높은 존재들로부터 받은 선물이라고 생각하든 아니면 뇌에 배선을 깔아주는 기계적인 능력이라고 생각하든 간에, 언어가 발달해가려면 여전히 마땅한 모델이 있어야 합니다. 그래서 아이에게 말을 많이 걸어주고, 함께 이야기를 많이 해야 하는 것입니다!

　대부분의 사람들은 인간이 생각할 수 있기 때문에 언어를 가지고 있다고 여길 것입니다. 하지만 언어를 가지고 있기 때문에 생각할 수 있는 것이라고 말하는 것이 보다 정확할 것입니다. 루돌프 슈타이너에 따르면, 인간이 합리적으로 생각하고 문제를 해결하는 능력은 언어로부터 나와서 커져간다고 합니다. 다시 말해서, 순서상 언어가 먼저고, 그것을 이해해서 나중에 생각의 기본이 되는 뇌의 능력은 그 다음에 형성되는 것입니다.

　어쨌든 아이가 생각하고 있다는 표시를 보여주기 시작하면, 여러분은 아마 흥분이 될 것입니다. 그렇다고 여러분이 아기에게 사물이나 그 의미에 대해 길게 설명해야 한다는 의미는 아닙니다. 어린아이의 발달은 여전히 몸과 의지에 집중되어 있고, 생각이나 반성의 지배는 아직 많이 받지 않기 때문입니다. 7살 나이까지 아이에게 핵심적으로 작용하고 있는 것은 여전히 모방과 본보기입니다. 이어진 다음 장들에서 이것을 살펴볼 것입니다.

기억의 발달

생각하는 능력의 발달은, 언어가 형성되는 과정과 기억이 성숙해지는 과정에 따라 달라집니다. 슈타이너는 기억의 발달이 인류의 역사적인 발달을 어떻게 반영하고 있는지를 설명했습니다.

첫 번째 기억의 유형은, 특정한 장소에 관련된 기억localized or place memory입니다. 이것은 아기가 똑같은 환경에서 혹은 비슷한 감각들을 받아들이면서 비로소 뭔가를 기억하는 것을 말합니다. 예를 들어, 할머니 집을 겨우 두어 달에 한 번씩 방문하는 아이가 있습니다. 그런데도 아이는 할머니 집 문 안으로 걸어 들어가면서, 어디에 장난감 찬장이 있고 어디에 과자가 담긴 병이 있는지를 즉시 기억합니다. 역사적으로 이런 종류의 초기 기억은 기념비, 특별한 의미로 쌓아올린 돌무더기, 기둥, 어떤 '표시들'로 나타납니다. 이것들은 그 장소에서 일어났던 어떤 사건들을 사람들한테 상기시켜 주는 역할을 합니다.

이런 유형의 기억은 어린아이들한테서 매우 강하게 볼 수 있습니다. 아이들은 6살쯤 되어야 비로소 기억들을 마음대로 끄집어 낼 수 있기 때문입니다. 예를 들어 유치원 아이들에게 "오늘 유치원에서 무엇을 했니?"라고 물으면, 많은 아이들이 "아무것도 하지 않았어요."라고 대답합니다. 그런데 특별한 단서가 주어지면, 가령 아이가 유치원에서 불렀음직한 노래를 여러분이 부른다거나, 아이가 뭔가 비슷한 것을 보거나 냄새를 맡았을 경우에는, 오전에 유치원에서 한 활동을 아주 놀랍도록 생생히 묘사할 것입니다.

두 번째 기억의 유형은 리드미컬한 기억rhythmical memory이라 불리는데, 이것은 주로 역사와 관련해서 발달한 기억 유형입니다. 이 기억 속에서 역사는 운율의 형태로 전해졌으며, 서사적인 이야기들을 읊어 주는 음유시인들은 대대로 내려오는 역사와 신화들을 사람들이 기억하게 해 주었습니다. 리드미컬한 요소는 보다 쉽게 기억할 수 있도록 만들어 줍니다. 바로 어린아이들이 부르는 'ABC 노래'나 '하나 둘 셋, 신발의 버클을 채우자' 같은 노래가 이런 유형입니다. 이런 노래를 부르는 아이는 한꺼번에 노래 전체를 경험하기 때문에, 중간부터 노래를 부르라고 하면 잘 하지 못합니다. 다시 말해, 아이는 노래 전체를 처음부터 부르지 않고서는, 노래에 나온 개별적 요소들을 잘 기억하지 못한다는 뜻입니다.

세 번째 기억의 유형은 심상 기억picture memory입니다. 이 기억은 3살 정도에 발달하기 시작하는데, 이제 아이가 이미지와 표상들을 활용할 수 있다는 뜻입니다. 『발도르프 학교의 부모교육 지침서The Waldorf Parenting Handbook』란 책에서 루이스 쿠직Louis Cusick은 이 진행 과정을 다음과 같은 도표로 표현했습니다. 여기에 나온 세 가지 유형의 기억들은 또한 인간 발달에 관해 슈타이너가 설명한 세 가지 주요한 시스템과 관련이 있습니다. 손발-신진대사 시스템은 우리가 이곳저곳으로 움직여가도록 도와주므로, 특정 장소와 관련된 기억과 연결되어 있습니다. 심장-폐의 리드미컬한 시스템은 어린 아이가 쉽게 노래와 자장가를 "암기해서by heart" 배울 수 있게 해줍니다. 그리고 머리-신경 시스템은 가장 마지막에 나타나는 것으로, 이제 아이는 이미지들을 만들어낼 수 있고 나중에는 보다 추상적인 아이디어들도 기억할 수 있을 것입니다.

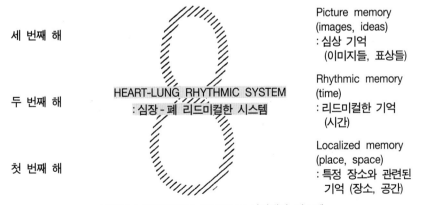

HEAD-NERVE SYSTEM : 머리-신경 시스템

Picture memory
(images, ideas)
: 심상 기억
 (이미지들, 표상들)

세 번째 해

HEART-LUNG RHYTHMIC SYSTEM
: 심장-폐 리드미컬한 시스템

Rhythmic memory
(time)
: 리드미컬한 기억
 (시간)

두 번째 해

첫 번째 해

Localized memory
(place, space)
: 특정 장소와 관련된
 기억 (장소, 공간)

LIMBS-METABOLIC SYSTEM : 신진대사 시스템

어린 아이의 감각들

태어나서 처음 3년 동안 아이의 신체적이고 심리적인 엄청난 변화를 생각해보면, 건강한 발달로 이끌기 위해 아이의 감각들을 보호하는 일이 특별히 중요해집니다. 왜냐하면 어린 아이들은 아직 생각과 반성을 하면서 자기가 받은 인상들과 자기를 구별할 줄 모르기 때문입니다. 이것은 마치 아이들 자체가 온전한 감각 기관인 것과 마찬가지입니다. 여러 학문적 연구들은, 태아와 갓난아기가 수십 년 전에 의사들이 믿었던 것보다 훨씬 더 민감하다는 사실을 보여주고 있습니다. 슈타이너에 따르면, 이런 예민한 감수성은 조정이 되어가겠지만, 그래도 어린 시절 내내 계속 남아 있을 것이라고 했습니다.

인생의 처음 시기에…… 아이는 이를테면 온전한 하나의 감각 기관이다. 우리는 이 말을 단어 그대로 받아들여야 한다. 그렇다면 감각 기관의 특징적인 역할이란 무엇인가? 그것은 바로 환경으로부터 인상들을 직접 받아들이는 역할이다. 아이 가까이에서 뭔가 깜짝 놀랄 일이 발생하면, 가령 분노의 폭발 같은 것이 발생하면, 그 반향은 즉시 아이 속으로 스며들 것이다. 심지어 아이의 혈액 순환과 소화계에도 영향을 미칠 것이다.

라이너 패츠래프Rainer Patzlaff도 이렇게 설명하고 있습니다. "인상들은 무의식적인 신체 과정들에 깊숙이 영향을 미친다. 그리고 유기체의 조직과 기능에 각인되고, 성장과 모습에도 뚜렷한 인상을 남긴다. 이 말이 뜻하는 바는, 어린 아이들의 교육에서 사회적이고 인간적인 환경만큼이나 물리적인 환경도 지극히 중요하다는 것을 의미한다."

그러므로 가정에서나 놀이방 같은 곳에서 어린 아이가 지내는 환경에 특별한 주의를 기울이는 일이 무척 중요해집니다. 어린이 파티에 참석하거나 영화를 본 아이가, 그 모든 시각적인 것들, 소리들, 맛들에 지나치게 자극을 받았을 때, 얼마나 쉽게 압도당하고 당혹스러워하는 지를 거의 모든 부모들은 경험해보았을 것입니다. 그런데도 모든 나이의 아이들을 위한 단순 소박한 환경과 리드미컬한 스케줄이 가져다주는 건강한 효과들은 별로 알려져 있지 않습니다. 왜냐하면 우리 삶의 풍속이 병적일 정도로 열광적인 데다가, 이런 경험을 하는 부모들의 염려를 전혀 고려하지 않기 때문입니다. 하지만 킴 존 페인은 20여 년간의 가족 상담 경험을 바탕으로, 환경과 건강과의 관계가 얼마나 정당한지를 확인해주고 있습니다. 『단순 소박한 부모노릇』이란 책에 제시된 의견들은, 아이의 어린 시절부터 사춘기가 될 때까지 가족의 삶을 풍요롭게 해줄 실용적이고 성취 가능한 방법들을 잘 보여주고 있습니다.

자아에 대한 감각의 출현

걸음마를 하는 아이는 갓난아기 때와는 아주 다릅니다. 걷고 말하는 능력에서뿐만 아니라 자아의식에 있어서도 그렇습니다. 아이가 생후 18개월 정도가 되면, 여러분은 나름의 힘을 지닌 다른 인간과 관계를 맺고 있음을 의심할 여지없이 받아들이게 될 것입니다.

갓난아기는 참여의식을 갖고 있었습니다. 이것은 자기와 다른 사람 사이에 아무런 구분이 없는 의식 상태였습니다. 물론 갓난아기 시절에도 개성은 분명히 존재하고 감지할 수도 있었지만, 육화 과정이 일어나는 도중에는 아기를 둘러싸고 있는 것처럼 보입니다. 갓난아기는 어떤 거리도 없이 모든 감각적 인상에 참여하고 있다가, 차츰 다양한 감각과 다양한 어른과 창조된 세상의 모든 것들을 구분하기 시작합니다.

앞에서 생후 9개월 즈음에 대부분의 아기들이 낯가림을 경험한다고 이야기했습니다. 아기는 낯선 사람한테 보통은 두려움이나 부끄러움을 느낍니다. 그러다가 2살 시기에는 '나I'와 '나 아닌 것not-I'이 나타나는 신호들을 볼 수 있을 것입니다. 이 시기의 아이는 자신을 분리된 존재로 느끼기 시작하면서, 자기 이름을 사용하고, 장난감을 소유하며, 부모의 간단한 지시를 거부하기 시작합니다. 심리학자들이 '반항적 태도'라고 부르는 이 신호는 생후 2살 반이 지난 아이들이 보여주는 정상적인 상태입니다. '아니야No'라는 개념이 자기한테 의미를 갖기 시작했기 때문에, 아이는 자기의 의지를 써서 부모에게 대항을 할 것입니다.

『인생의 처음 삼 년』에서 화이트는, "생후 6개월이나 7개월도 채 되지 않은 시기에 왜 아기가 고집을 부리고 떼를 쓰는지는 해결되지 않은 불가사의 중 하나이다. 그것은 인간의 초기 발달 연구를 대단히 풍부하고 매력적으로 만드는 문제이기도 하다. 이와 비교할 만한 다음 단계로는, 사춘기의 반항과 청소년기의 불복종이 있다. 하여간 이 매혹적인 문제를 깊이 연구하는 일은 다른 연구자들의 몫이다."라고 쓰고 있습니다.

반항적 행동에 대한 슈타이너의 설명에 따르면, 아이가 '나'를 더욱 강하게 경험하면 할수록 아이의 의식은 더욱 깨어 있게 됩니다. 그러면 자기 개성이 가진 힘에 더욱 집중할 수 있기 때문에, 이런 반항이 나오는 것이라고 합니다. 이런 일이 일어나는 때는 2살에서 3살 시기, 9살 즈음, 그리고 13살 즈음이라고 합니다. 마침내 21살 시기에 이르면, 아이의 개성은 이 지상의 삶에 완전히 육화된다고 합니다.

걸음마하는 아기에게 나타나는 자아 인식은 기억이 발달하면서 더욱 강해집니다. 그 결과 아이는 처음으로 '나'라는 말을 의식적으로 사용하게 됩니다. 실제로 우리에게 기억이 없다면 자신에 대한 인식이 일어날 수가 없을 것입니다. 아이의 기억은 '나 아닌 것'의 경험을 쌓아나간 결과로 나타납니다. 자기를 상처 나게 한 칼이나 꽝 넘어질 때 아프게 한 딱딱한 시멘트 계단처럼, 아프게 하는 경험들은 갓난아기가 갖고 있던 참여의식을 방해합니다. 그러면서 차츰 자기와 세계를 분리시키게 되는 겁니다. 기억이란 아이가 이런저런 경험을 하고, 관찰자나 경험자로서 다양한 감각들과 경험되는 것들이 많아지면서 생겨나게 됩니다.

이 거리감과 분리 의식은, 초점 없이 분산되어 있던 갓난아기 때의 의식과 뚜렷이 대비됩니다. 갓난아기 때의 의식은 나와 타인을 구분하지 않았고, 가까이에서 감각되는 것이면 무엇이든 완전하게 참여하는 의식이었습니다.

기억, 생각하는 힘, 자아는 서로 협력하면서 나타납니다. 때로 3살쯤 된 아기가 이름으로 자기를 부르는 대신에 처음으로 '나'라는 말을 쓰는 것을 볼 수 있습니다. 이 시기가 되기 전에는 다른 사람이 자기를 부르는 소리를 따라하면서 "수지가 이걸 해" 또는 "수지 책"이라고 말합니다. 이와 달리 '나'라는 단어는 오직 자기 자신에게만 사용되므로, '나'를 사용하기 시작하게 되면, 이름을 부르며 말하던 방식은 사라질 것입니다.

　2살과 3살 사이는 아주 흥미진진한 시기입니다. 왜냐하면 아기가 온 마음으로 세상을 향해서 "나 여기 있어요!"라고 말하는 시기이기 때문입니다. 발달상의 이 놀랍고 멋진 단계는 '자아 - 의지self-will'에 의해 이루어질 것입니다. 이 시기에 아기는 자신이 새로 발견한 개성의 힘을 주장할 것입니다. 이처럼 아기의 의식이 변화하는 것을 이해하게 되면, 우리는 아이의 행동 뒤에 숨어 있는 힘을 이해할 수 있을 것입니다. 그러면 아이가 물이 든 컵을 엎지르거나 주변을 진흙투성이로 만들 때 우리가 감정적 반응을 하지 않을 수 있습니다. 그리고 아이를 잘 타일러서 그 행동을 고쳐 줄 수 있을 것입니다. 부정적 행동에 잘 대처하는 창조적인 방법들은, 7장 "훈육과 부모노릇과 관련된 다른 문제들"에서 이야기할 것입니다.

　태어나서부터 3살이 될 때까지 아이가 어떤 신체적 발달을 보이고, 어떻게 의식이 변하는지를 잘 통찰할 수 있다면, 아이를 보다 잘 이해하면서 창조적으로 반응할 수 있을 것입니다. 다음 두 장에서는 이 중대하고 결정적인 처음 3년 동안 아이의 발달을 도와 줄 수 있는 여러 가지 방법들을 살펴보겠습니다.

4

·······

아기의 발달을 도와주기

생후 처음 1년 동안 아기의 자연스런 발달을 격려해줄 수 있는 방법들을 살펴보기 전에, 아기가 고유한 한 사람임을 기억하는 것이 중요합니다. 또한 아기는 엄마와 아빠 두 사람의 유전자를 조합한 것을 넘어서는 존재임을 기억해야 합니다. 각각의 인간은 삶의 과정동안 펼쳐질 자기만의 독특한 개성을 갖고서 삶 속으로 들어옵니다. 뿐만 아니라 자기만의 고유하고 독특한 개성과 운명을 지니고 있습니다. 이런 사실은 수많은 문화권과 여러 종교들의 지혜에 반영되어 있습니다. 또 아메리카 인디언인 체로키족에서 하는 축복의 인사말에도 잘 표현되어 있습니다.

  "당신이 왜 태어났는지를 알 수 있을 정도로 충분히 오래 살기를 바랍니다!"

  아홉 달의 임신 기간 동안 어머니는 아기를 친밀하게 "하나에서부터 열까지 모조리" 알게 됩니다. 그렇더라도 갓 태어난 아기의 눈을 바라보게 되면, 여러분은 이 아기가 고유한 한 사람이라는 사실을 깨달을 것입니다. 어쩌면 여러분에게 친밀하기도 하고 낯설기도 한 이 존재를 아주 옛날부터 알고 있었다는 생각이 들지도 모릅니다. 이 아이는 누구일까요? 이 아이의 삶은 어떤 모습으로 펼쳐질까요? 어떤 모험을 찾아가게 될까요?

  우리에게 온 이 독특하고 영적인 존재를 경험하는 일은 때로 출생 이전에 느낄 수도 있습니다. 심지어 임신이 되기 전에도 태몽을 꾸면서 느끼기도 합니다. 이런 꿈에서 어떤 부모들은 나중에 이 아이라고 깨닫게 되는 꿈을 꾸거나, 아이의 이름에 관해 넌지시 "알려주는 갓" 같은 어떤 존재에 대한 꿈을 꾸기도 합니다. 부모들한테 임신 전에 자기에게 올 아이에 대해서 알고 있었는지를 물어보면, 어떤 그룹에서든 항상 한두 명 정도는 임신의 순간을 알고 있었을 뿐만 아니라 임신 전에도 자기들에게 오고 싶어 하는 한 "존재"를 감지했었다고 이야기합니다. 우리는 눈에 보이지 않는 이 과정을 아마도 희미하게만 감지할 수 있을 것이라고 쾨니그König는 설명하고 있습니다.

> 제일 먼저 아이의 존재는 어머니에게 다가가고, 이것을 통해서 어머니는 아이의 아버지를 찾아낸다. 그렇지만 나중에 아이의 수호천사는 어머니 안에 있는 더 높은 존재와 직접 만나서 그녀에게 아이를 맡길 것이다...... 대부분의 어머니들한테는 이 영적인 만남이 잠재의식 속에 어렴풋하게 남아 있을 것이다. 하지만 이 만남으로부터 어머니한테 사랑의 샘이 솟아오르기 때문에, 이 만남의 의미와 중요성은 계속해서 남아있을 것이다. 어머니가 자기 아이에게 느끼는 아주 특별한 사랑, 모든 생물학적인 힘들을 초월하는 대단히 특별한 이 사랑은, 그녀가 자기 아이의 수호천사를 만나는 순간에 부여받는 것이다.

이런 관점에서 보면, 어떤 차원에서는 아이가 (온갖 불완전함을 지니고 있는) 여러분을 부모로 선택했고, 온갖 기쁨과 고통들이 함께하는 이 삶을 선택했다고 볼 수 있습니다. 이런 관점은 갓난아기를 스물 네 시간 돌보면서 압도당하고 당혹스러울 때나 십대 아이들 때문에 잠 못 이루는 밤들을 보낼 때, 여러분들에게 도움이 될 수 있을 것입니다. 갓난아기를 돌보는 실제적인 일들로 넘어가기 전에, 잠시 동안 시간을 내어서 아기가 태어나기 전에 여러분이 그 존재에 대해 알고 있었던 것들을 떠올려 보면 좋을 것입니다. 여러분은 어떤 꿈을 꾸었나요? 아기의 이름을 떠오르게 한 뭔가 특별한 계기가 있었나요? 자궁 안에서 자라던 아기의 움직임을 느끼면서 무엇을 감지했나요? 임신 기간과 출생 후 처음 1년 동안 여러분이 관찰한 것들과 느낌들을 일기로 써보는 일도 큰 도움이 될 것입니다. 이런 일기는 전형적인 육아 책에 부록으로 달려있는 멋진 글이기도 합니다.

갓난아기의 감각을 자극하고 보호하기

태어남은 아기한테는 엄청난 변화입니다. 심리학자들이 오랫동안 이 사실을 이야기해 왔음에도 불구하고, 많은 병원에서 관행적인 출산을 바꾸는 일은 이제야 조금씩 이루어지고 있습니다. 태어날 때 갓난아기의 예민한 감수성에 관해서는, 지금은 돌아가신 프랑스 산과의사 프레데릭 르부아예Frederick Leboyer의 책이 나오기 전까지는 거의 알려지지 않았습니다. 르부아예는 태어날 때 아기가 얼마나 예민한 감수성을 갖고 있는지를 아주 극적으로 서술하고 있습니다. 그때까지 의학은 자궁 안에 있건 출산 중이건 간에 갓난아이는 많은 것을 보거나 느끼거나 경험하지 못한다는 믿음을 갖고 있었습니다. 르부아예 자신은 3,000번의 분만과정에 참여하고 나서야 비로소 갓난아이의 울음이 실제로 고통에서 비롯된 것임을 깨달았다고 합니다. 오늘날 생각하고 느끼는 사람이라면 누구나, 갓난아기가 세상의 빛, 소리, 온도, 그 밖의 온갖 경험들에 얼마나 상처받기 쉬운 연약한 존재인가를 쉽게 알 수 있을 것입니다.

요즘에는 아기의 감각을 자극하는 일의 중요성에 관해서 수많은 책들이 쏟아져 나오고 있습니다. 1940년대에 엄마가 없는 아기들을 연구한 한 조사는, 돌봐주는 사람으로부터 적절한 자극을 받지 못한 보육시설 아이들이 잘 자라지 못하고 발달에서도 뒤떨어져서 나중에도 회복하기가 어렵다는 사실을 보여주었습니다. 훗날 루마니아에서 나온 연구들은 이런 사실을 확인해 주고 있습니다. 감각으로부터 정보를 받아들이고 감정을 조절하는 뇌의 대뇌엽을 관찰해 보면, 일찍 고아원 같은 시설에 수용된 아이들, 즉 일반 아이들에 비교하여 유아기 때 거의 아무런 긍정적 자극을 받지 못한 고아들 뇌의 대뇌엽은 거의 활동하고 있지 않았다고 합니다.

하지만 미국의 대중적인 심리학자들과 사업 관계자들은 자극을 필요로 하는 아기의 욕구를, 화려한 색의 플라스틱 잡동사니나 플래시카드13)등으로 끊임없이 자극하는 것으로 잘못 해석하고 있습니다. 아기가 정상적으로 발달하는 데에는 이런 식의 인위적인 방법이 꼭 필요하지는 않습니다. 오히려 엄마나 돌봐주는 사람이 아기를 껴안아 주고, 흔들어 주고, 말을 걸어 주고, 관심과 사랑을 보여주는 게 훨씬 좋을 것입니다. 그러므로 보다 양식 있고 현명한 유아교육 전문가라면, 아기에게 필요한 자극은 자연스레 돌보는 일과 동떨어진 게 아니라고 부모들한테 조언할 것입니다.

다음과 같은 일을 하고 있다면, 여러분은 아이의 건강한 발달에 필요한 대부분의 일들을 해주고 있는 것입니다.

1. 아기를 자주 만져 주고 껴안아 준다.
2. 아기에게 자주 말을 걸어 준다.
3. 아기 얼굴을 쳐다보고 눈을 바라보며 함께 시간을 보낸다.
4. 아기의 신경질이나 울음에 보통은 재빨리 반응한다.

아기의 감각을 자극하는 일은 아기의 발달에 중요합니다. 하지만 너무 지나친 자극은 오히려 해로울 수 있습니다. 아기는 어른들이 하는 것처럼 원치 않는 인상들을 걸러낼 능력이 없기 때문입니다. 가령, 아기들은 텔레비전이 켜져 있을 동안 다른 것을 할 수가 없습니다. 즉, 어른들처럼 책을 읽거나 할 수가 없다는 뜻입니다. 아기는 자기 환경의

---

13) 유아 교육 자료의 하나로, 아이들에게 순간적으로 보여주어서 단어나 산수를 기억시키는 카드를 말합니다.

모든 것을 고스란히 받아들일 수밖에 없습니다. 그리고 끊임없이 밀어닥치는 감각들을 소화하기 위해서 아기가 할 수 있는 유일한 일은 잠으로 도망가는 일밖에 없습니다. 슈타이너는 이렇게 설명합니다.

> 아이는 완전한 감각기관이기 때문에 잠을 많이 자야 한다. 그렇지 않으면 갓난아기는 외부세계의 윙윙거림과 그 소음을 참을 수 없을 것이다. 눈부신 햇살 아래서 우리의 눈이 저절로 감기는 것처럼 완전한 감각기관인 아이도 세상에 대해서 스스로 눈을 감는 것이다. 그런 까닭에 아기는 대단히 많은 잠을 자야 한다. 왜냐하면 아기가 세상과 만날 때마다 온갖 인상들을 다 받아들여야 하기 때문이다.

갓난아기의 예민한 감수성과 필요를 잘 이해하고 기억한다면, 삶을 시작하는 아기에게 가능한 최선의 것을 제공해 주고 있다는 확신을 얻을 수 있을 것입니다.

촉각

아마도 아기는 촉각에 매우 민감할 것입니다. 피부는 우리의 가장 큰 감각기관이기 때문입니다. 탄생의 모든 과정은 아기에게는 하나의 마사지를 받는 것과 흡사합니다. 아기는 이렇게 피부를 자극받으면서 호흡을 할 준비를 합니다. 탄생의 순간에 경험하는 차가운 공기는 아기에게 외적이고 내적인 몸의 경계를 처음으로 알려줄 것입니다. 자궁 속에서 따뜻한 물속에 잠겨 있던 때와는 너무나 대비되는 조건이니까요.

지금까지 오직 물의 감촉만을 알고 있었던 아기의 민감한 피부는, 이제 평범한 삶을 구성하는 모든 요소들에 노출될 것입니다. 그렇기 때문에 아기들에게 그렇게나 자주 뾰루지가 나는 일은 별로 놀랄 일이 아닙니다. 그냥 하나의 적응 과정이랍니다!

촉각은 아기가 자라는 내내 아주 중요한 역할을 할 것입니다. 그렇기 때문에 현대적으로 아이를 키우는 데 당연하다고 여겨지는 많은 것들, 가령 아기용 의자나 보행기 같은 것들이 부모와 아기 사이를 떨어지게 한다는 사실은 참으로 유감스럽습니다. 그런 것들은 생생한 감촉을 줄 수 있는 부모의 어루만짐으로부터 아기를 분리시키는 역할을 하기 때문입니다. 물론 자동차 안에서는 아기들이 안전하게 유아용 시트에 앉아 있어야 하겠지만, 다른 경우에는 안아서 데리고 다니는 것이 아기나 여러분 모두에게 가장 좋을 것입니다. 하지만 어떻게 이렇게 할 수 있을까요? 멜빵이 달리고 앞을 부드럽게 만든 다양한 종류의 멜빵 캐리어들이 있습니다. 이것은 아기를 안고 있는 엄마나 아빠의 손을 자유롭게 해서, 다른 일을 할 수 있게 해줍니다. 그런데 조심할 것이 있습니다. 아기가 머리를 가눌 수 있기 전에 수직으로 된 멜빵 캐리어를 사용하게 되면, 중심 신경계에 과도한 무리를 줄 수가 있습니다. 또 너무 꽉 옥죄거나 신선한 공기를 차단할 수 있는 멜빵 포대기를 사용하게 되면, 아기가 자유롭게 숨 쉬는 일을 방해할 수도 있습니다.

촉각으로 다시 돌아가서, 여러분은 아기의 피부에 어떤 종류의 물질들을 접촉하게 하고 싶은지를 생각해야 합니다. 당연히 부드럽고, 따뜻하며, 만져서 기분 좋은 옷감을 선택하는 것이 좋습니다. 천연섬유는 숨을 쉬고 있기 때문에 특별히 더 좋습니다. 만약 어떤 화학섬유가 여러분의 피부를 근질거리게 하고, 입고 있으면 마치 공기가 통하지 않는 컨테이너 박스에 들어가 있는 느낌이라면, 이런 옷은 아기에게 훨씬 안 좋은 영향을 끼칠 것입니다. 면, 실크, 양모는 섬유조직 사이로 공기가 통하는 것들입니다. 양모는 습기를 빨아들이는 성질이 있어서 다른 섬유보다 아기 피부를 더 보송보송하게 합니다. 병원에서는 미숙아로 태어난 아기들 중 양모 시트에 눕혀진 아기들의 체중이 다른 아기들에 비해 더 빨리 증가하는 것을 발견했다고 합니다. 하지만 왜 그런지는 아무도 몰랐습니다. 슈타이너는 천연섬유가 몸에 꼭 필요한 에너지를 얻게 하는데 실제로 중요한 역할을 하지만, 몇몇 화학섬유는 그 에너지를 빼앗는다고 말했습니다.

시각

아기의 시각은 갓 태어났을 때는 엄마의 젖가슴과 눈에 초점을 맞출 수 있다가 개월 수가 지나면서 점차 확장되어 갑니다. 아기가 지내는 공간이 아기의 시야만큼 작은 공간이라면, 아기가 느끼는 안전함도 커질 것입니다. 이것은 왜 아기가 커다란 아기 침대에서보다는 덮개 달린 바구니 모양의 작은 요람에서 더 잘 자는지를 설명해 줍니다. 그리고 왜 전 세계의 많은 문화권에서 엄마가 일할 때 아기가 곁에서 안전하게 잠들 수 있도록 다양한 요람들과 바구니 요람들이 발달했는지의 이유입니다.

전 세계의 엄마들은 아기가 어리고 아직 젖을 먹고 있을 시기에는 한 침대에서 아기를 감싸고 잠을 잡니다. '미국 소아과학회The American Academy of Pediatrics'는 어느 해에 소수의 아기들이 죽었다는 이유를 들면서, 부모가 아기와 "함께 자는 일"을 반대한다고 발표했습니다. 하지만 그런 일이 벌어졌을 때 아기와 함께 잔 부모는, 술을 먹었거나 졸음을 유발하는 약물중독 상태였다는 사실은 보고하지 않았습니다. 하여간 아이와 함께 잘 때 물침대는 분명 안전한 침대는 아닙니다.

그러나 함께 잘 때 좋은 점들로는, 여러분과 아기 사이에 유대감과 애착이 커지고, 아기가 밤 시간을 안전하게 느낄 거라는 점들입니다. 그리고 밤에 아기가 울 때 다른 방으로 건너가, 의자에 앉아서 젖을 준 다음, 다시 눕히고, 돌아오는 것보다는 한 침대에서 자다가 젖을 주는 것이 엄마에게도 훨씬 쉽습니다. 어떤 연구자들은 아기와 아주 가까이서 잠을 자는 것이 아기의 호흡을 잘 조절하게 도와주고, 갓난아기의 갑작스런 죽음(유아돌연사SIDS) 같은 일을 줄여 준다고 이야기합니다. 또 아기를 엎드려 재우는 것보다는 똑바로 재울 때 유아돌연사 등이 줄어든다고 합니다. 이것은 여러분이 선택해야 할 중요한 문제입니다.

갓난아기를 위한 덮개가 달린 요람이나 아기 바구니가 갖고 있는 장점 중의 하나는, 낮잠을 자는 아기에게 안전하게 보호받을 수 있는 작은 공간을 제공해준다는 점입니다. 그리고 밤에는 아기를 깨우지 않고도 여러분이 침대에서 몸을 쭉 뻗을 수 있고, 원할 때 부부가 함께 있을 수 있는 공간을 제공해주는 역할도 할 것입니다.

아기와 부모 모두가 만족할 수 있는 혁신적인 절충안은, 여러분이 팔을 뻗을 수 있을 만큼의 거리에서 아기와 함께 자는 것입니다. 즉, 여러분의 침대 옆에다 삼면으로 된 덮개 달린 요람을 두는 것이지요. 여러분 곁에서 아기는 안전하게 돌봄을 받을 수 있을 테고, 여러분의 숨소리를 들으면서 여러분의 존재를 느낄 수 있을 것입니다. 여러분 침대와 아기 침대 사이에 벽이 없으면, 아기를 안심시킬 때나 젖을 먹일 때 쉽게 다가갈 수 있습니다.

태어나서 처음 몇 주 동안은, 아기에게 오는 빛을 걸러 낼 수 있도록 덮개 달린 요람에다 예쁜 색의 실크 천을 덮어놓을 수도 있습니다. 파란색, 분홍색, 장미색을 적절하게 배합한 색은 특별히 부드러운 빛을 제공해 줍니다. 면이나 실크 같은 천연섬유로 된 특별한 이불은 아기가 잠을 편히 자게 해주고, 조금 큰 아이도 밤이나 낮잠시간에 피곤해할 때 잠을 잘 자게 해주는 역할을 합니다. 아기 잠옷, 아기 이불, 아기 피부, 이 세 가지는 외부세상과 접촉할 때 아기를 보호해 주는 세 가지 "덮개들"이라고 할 수 있습니다.

그런데 갓난아기를 이런 식으로 돌보는 것이 꼭 필요할까요? 물론 생존과 관련된 의미에서 보면 이런 돌봄이 꼭 필요한 것은 아닙니다. 아기들은 강하게 창조된 존재들이어서 눈부신 형광등 불빛이나 보육원에서 틀어대는 뮤잭Muzak[14]에서도 살 수 있습니다. 그러나 아기가 외부의 자극에 얼마나 활짝 열려 있는지를 깨닫는다면, 아이를 기르는데 많은 도움을 얻을 수 있을 것입니다. 버튼 화이트는『인생의 처음 3년The First Three Years of Life』에서 생후 6주가 된 아기에 대해 이렇게 말하고 있습니다.

보통 이 시기의 아기는 특별히 감각이 예민하다……. 어린아이가 생애 첫 몇 주 동안에 갑작스러운 자극이나 변화에 깜짝 놀라거나 우는 일은 아주 정상적이다. 그러한 일반적인 반응으로는, 가까운 데서 날카로운 소리를 들을 때, 요람이나 아기바구니에 가해지는 급격한 충격, 갑작스러운 위치변동이 일어날 때이다. 특히 아기가 가만히 있을 때 그런 일이 생기면 더욱 놀랄 것이다. 이 시기 아기의 예민한 감수성을 보여주는 두 번째 표시로는, 갓난아기가 밝은 빛을 피한다는 사실이다. 생후 첫 단계(태어나서 6주까지)의 아기는 밝게 빛나는 방 안이나 햇빛이 눈부신 밖에서는 눈을 꼭 감을 것이다. 실제로 잘 살펴보면 아기는 일상적인 수준의 빛보다 조금 어두운 곳에서 훨씬 더 많이 눈을 뜬다.

---

14) 사무실, 음식점, 백화점 같은 공공장소나 탁아시설 등에서 틀어주는 음악들을 말합니다.

청각

눈부신 빛이 아기의 눈을 감기는 것과 마찬가지로, 커다란 소음들도 아기를 깜짝 놀라게 합니다. 깜짝 놀란 아기는 팔과 다리를 자지러지듯 들어 올리거나 울음을 터트립니다. 그러므로 갓난아기가 있을 때는 문을 꽝하고 여닫거나 아기 가까이에서 물건을 큰소리로 떨어트리지 않는 것이 좋습니다. 그렇다고 집안에서 항상 발끝을 세우고 돌아다녀야 한다는 의미는 아닙니다. 아기는 집 안에서 일어나는 자연스러운 소리들에 익숙해져야 하고, 그런 소리들 가운데서 잠들 수 있는 것도 배워야 할 것입니다.

여러분이 관심을 가져야 할 것은 아기의 귀에 들리는 소리의 성질입니다. 소리의 성질 중 하나는 시끄러운 소음이고, 다른 하나는 조화와 리듬이 있는 소리입니다. 아기에게 가장 즐거운 소리는 여러분의 목소리입니다. 아기는 엄마나 아빠의 목소리를 금세 알아차립니다. 뿐만 아니라 여러분이 흥얼거리거나 노래를 불러 주면, 아기의 마음은 특별히 더 부드러워지고 위안을 받습니다.

많은 부모들은 자기 아기를 위해서 간단한 노래를 생각해내길 좋아하고, 임신했을 때부터 그 노래를 부르곤 합니다. 그런 부모들은 태아가 그 노래에 주의를 기울이고 부드러워지는 것 같다고 말합니다. 심지어 갓 태어났는데도 그 노래를 알고 있는 것 같다고 말합니다. 아기에게 노래를 불러 주기 위해서 여러분이 재능 있는 음악가가 될 필요는 없습니다. 심지어 음치인 사람도 흥얼흥얼 노래를 불러줄 수 있습니다! 여러분이 노래를 불러 주는 습관을 들이면, 아기의 언어발달뿐만 아니라 음악적 감각과 리듬감의 발달에도 많은 도움이 될 것입니다. 아기와 함께 이런 것을 나누는 일은 기쁘고 즐거운 일입니다.

아기에게 노래를 불러 줄 때는, 사람의 목소리로 불러주는 생명이 가득 찬 소리가 좋습니다. 생생히 살아 있는 목소리는 녹음된 소리와 그 성질이 아주 다르기 때문입니다. 아기를 진정시켜준다는 음악들이나 심지어 부모의 목소리를 녹음한 것이라 해도 그렇습니다. 생생히 살아 있는 소리들에는 아이를 키워 주는 어떤 특성이 있기 때문입니다.

아이들은 특히나 활기차게 살고 자라기 위해서 이 삶 속으로 들어온 존재입니다. 그렇기 때문에 살아 있는 존재들에서 직접 나오는 소리들이 그들과 이 세상의 삶을 연결해 줄 수 있습니다. 이와 달리 기계들에서 나오는 소리들은 그런 삶으로부터 멀어지게 합니다. 시장에 가면 시속 80킬로미터로 달리는 자동차 소리를 흉내 낸 기계장치 장난감들이 넘쳐나고, 이 때문에 아기는 할 수 없이 잠들 수밖에 없을 지도 모릅니다. 이런 환경은 갓난아기의 감각에 얼마나 무례한 일인지 모릅니다!

여러분이나 남편이 (음이 맞지 않아도) 노래를 불러 주면, 아기는 CD 플레이어에서 나오는 노래를 들을 때와는 완전히 다른 경험을 할 것입니다. 이것은 너무나 분명한 사실입니다. 녹음된 음악, 라디오, 텔레비전은 사람들이 옆에서 노래하거나 소리 낼 때 경험할 수 있는 것들이 빠져 있습니다. 뿐만 아니라 그 사운드 시스템이 얼마나 대단하든 상관없이, 녹음된 소리의 질은 살아 있는 소리와 완전히 다릅니다. 슈타이너는 기계에서 나오는 소리의 성질이 발달하고 있는 아이의 예민한 청각과 전체 유기체에 해롭다고 말하고 있습니다. 왜냐하면 각각의 감각으로 경험하는 모든 것들이 아이의 몸 전체에 영향을 미치기 때문입니다. 이런 설명이 7살이 넘은 아이에게까지 꼭 들어맞는 이야기는 아닐지 모릅니다. 하지만 아기가 듣고 있는 소리의 성질에 주의를 기울인다면, 충분히 이로울 것입니다.

따스함이라는 감각

따스함이라는 감각은 아기에게 특별히 중요합니다. 왜냐하면 아기는 체온을 조절하는 능력이 아직 충분히 성숙하지 못했기 때문입니다. 또한 갓난아기의 머리는 나머지 몸에 비해 상당히 커서 열 손실의 잠재적 가능성이 아주 큽니다. 야외활동을 많이 하는 사람은, "만일 발이 차가워지면 모자를 써라."고 권할 것입니다. 대부분의 열이 머리를 통해서 손실되기 때문입니다. 많은 병원들이 신생아실에 있는 갓난아기들에게 모자를 씌워 주기 시작했습니다. 이렇게 생후 1년간은 아기에게 모자를 자주 씌워 주는 게 좋을 것입니다.

그 시기 동안 아기의 뇌는 나머지 일생 내내 자라는 것만큼이나 많이 자랍니다. 이 때문에 아기의 머리를 따뜻하게 해주고 보호해 주는 일이 좋습니다.

아기 모자는 열 손실을 막아 줄 뿐만 아니라 아기의 두개골에 있는 숫구멍(천문 泉門)을 보호하는 역할을 합니다. 숫구멍은 아기 두개골 중에서 매우 "부드러운 지점"입니다. 뒷부분에 있는 것은 조금 더 단단하지만, 앞부분은 생후 18개월이 되어야 닫힙니다. 이 기간 동안 아기의 뇌와 그 안의 중요한 신경계는 어른처럼 단단한 골격 아래가 아니라 숫구멍을 감싸고 있는 얇은 피부 아래에 있는 셈입니다. 아기가 편히 쉬고 있을 때는 숫구멍이 올록볼록하지 않아야 합니다(울 때는 볼록거릴지라도 말입니다).

바깥으로 나갈 때 아기에게 모자를 씌워 주면, 아기가 차분히 진정된다는 것을 알게 될 것입니다. 모자가 외부세계의 영향으로부터 아기를 조금 더 차단시켜 주는 것처럼 보입니다. 개인적으로 저는 늘어나기 쉬운 기계로 짠 모자 종류보다는 아기 머리에 꼭 맞는 모자를 권하고 싶습니다. 기계로 짠 모자는 맞지 않을 때가 많고 치켜 올려주거나 내려줘야 할 때가 많은데. 이런 일은 갓난아기로서는 짜증스런 일일지도 모르기 때문입니다. 어쩌면 이런 일은 아기가 방금 빠져나온 탄생과정과 너무나도 비슷한 경험일지도 모릅니다!

따스함이라는 감각은 어린 시절 내내 매우 중요합니다. 그런 까닭에 어린 아기들과 걸음마하는 아이들을 따뜻하게 해주고 찬바람으로부터 보호해주어 합니다. 그래야 아이의 에너지가 몸의 체온을 유지하는데 쓰이기보다는, 발달하는데 쓰이기 때문입니다. 여러분 자신의 느낌 혹은 아이가 말하는 것들만 들어서는 아이가 충분히 따뜻한지 아닌지를 판단할 수 없습니다. 이걸 판단할 수 있는 가장 좋은 방법은 아이의 손과 발이 따뜻한지를 만져 보는 것입니다.

너무 지나치게 덥게 해서는 안 되겠지만, 중요한 것은 아기의 모든 기관을 따뜻하게 유지시켜주는 일입니다. 특히 소화기관은 더욱 따뜻하게 해주어야 합니다. 이런 이유 때문에 많은 의학적 처방들이 몸을 따뜻하게 해주라고 권하는 것입니다. 그리고 갓난아기의 산통(疝痛 colic 배앓이)에도 전통적으로 아기의 배를 따뜻하게 감싸는 처방이 들어 있는 이유이기도 합니다. 또한 왜 아기들에게 항상 내의나 다른 옷을 더 입혀야하는지도 이 때문입니다.

옛날부터 더운 기후에 사는 엄마들은 태양열과 햇빛과 바람으로부터 보호하려고 아기를 언제나 천 같은 것으로 덮어서 가리고 다녔습니다. 우리 문화에서는 에어컨이 있는 방에 아기를 데리고 갈 때 특별히 주의할 필요가 있습니다. 이럴 때는 아기 몸의 열이 빠져나가지 못하도록 담요나 옷으로 아기의 피부를 감싸 주어야 합니다.

환경의 중요성

생후 처음 6주 동안 아기는 이 지상의 삶에 점차 적응할 필요가 있으며, 소화계의 기능도 부드럽게 활동해야 합니다. 잠자는 시간이 아주 많을 것이고 지각 능력에도 한계가 있습니다. 그렇기 때문에 어떤 종류의 "풍요롭게 해주는 환경"일지라도 아기에게는 별 소용이 없을 것입니다. 그러므로 갓난아기에게 이러저러한 것이 필요하다고 과대 선전하는 광고나 미디어들을 약간은 회의적인 눈으로 바라볼 필요가 있습니다.

"풍요롭게 해주는 환경"이 아기에게 소용이 없긴 하지만, 아름다운 환경은 그렇지 않습니다. 이 아름다움이 방 안에(그리고 어머니의 내면에) 평온한 느낌을 만들어낸다면, 이것이 아기에게 전달되어 잠자고 소화시키는데 도움이 될 테고 평화롭겠지요. 상업적으로 판매되는 대부분의 아기용품들은 비싸기도 하고 그리 필요하지도 않은 것들입니다. 만일 아기 방을 값비싼 것들로 장식할 생각이라면, 지나치게 화려한 벽지와 만화 캐릭터들은 되도록 피하도록 하세요. 녹색, 갈색, 회색 계열도 갓난아기나 어린 아이에게 지나치게 "지상적인earthy" 색깔입니다. 왜냐하면 아기는 여전히 천상의 세계와 연결되어 있고, 아직은 땅에 굳건히 서서 걸을 수가 없기 때문입니다. 요람이나 아기 침대 위에 장미색-분홍색-파랑색의 비단 천들을 드리워서 만들어낸 환경은 어린 아기들을 달래는데 특히 좋을 것입니다. 그리고 슈타이너가 "복숭아 꽃잎 색"이라고 부른 색은 특별히 어린 아이들에게 알맞은 색입니다. 아기가 잠자는 공간을 주의 깊게 살펴보고 존중한다는 것은 아기가 지내는 환경에 이러한 특성들을 더하는 것입니다.

여기에다가 싱싱한 꽃들, 몇 가지 사진과 멋진 그림들, 예쁜 돌이나 조개껍데기 같은 자연물을 더하면 더욱 좋을 겁니다. 그러면 여러분 자신도 새로운 아기 돌보기라는 그 모든 일들 한가운데서 자신의 고요한 중심을 발견할 수 있을 것입니다.

슈타이너는 더 높은 진실을 표현하고 있는 라파엘15)의 많은 그림들을 추천했습니다. 특히 임신한 여성들이 라파엘의 "시스틴 성당의 성모Sistine Madonna" 그림을 보면서 명상을 해보라고 권했는데, 이 그림은 어린 아기의 방에 걸어도 좋은 훌륭한 그림입니다. 여러분이 이 그림을 가만히 보면서 명상을 하다 보면, 영원한 여성성과 아이의 육화과정에 대해 많은 것을 느낄 수 있을 것입니다. 이 특별한 그림에 대해 슈타이너는 이렇게 말했습니다.

"아기를 안고 있는 이 성모는 사람들 속에 있는 영원한 영성eternal spirituality의 상징이다. 이것은 분명히 저 너머에서 이 세상으로 건너온 것이다. 게다가 이 그림에는 서로 갈라진 구름들이 있는데, 이를 통해서 지상으로부터 떠오르거나 생겨나는 모든 것들을 표현하고 있다."

---

15) 라파엘(Raphael, 1483~1520) : 르네상스시기 이탈리아의 화가입니다.

갓난아기와 함께 지낸다는 것은 어떤 일일까?

갓난아기와 함께 지내는 일은 한편으로는 숭고한 일이지만 때로는 충격을 주는 일이기도 합니다. 더구나 첫아기를 낳았을 경우에는 더 그럴 것입니다. 숭고한 면을 보자면, 갓 태어난 아기가 잠자고 있는 방으로 들어갈 때마다, 그렇게나 작은 존재가 온 방을 가득 채우고 있다는 사실에 경탄하지 않을 수 없다는 사실을 말합니다. 시인 윌리엄 워즈워스는 이 현상을 이렇게 표현하고 있습니다.

우리의 탄생은 한갓 잠이고 망각이라네.
우리와 함께 떠오른 영혼Soul, 우리 삶을 이끌어줄 별Star은,
다른 곳에서 시작되었다네,
우리는 아득히 멀리에서 왔으나,
완전한 망각상태는 아니라네,
오히려 찬란하게 아름다운 구름들을 쫓아가노라면
우리가 하느님God, 우리의 고향집인 그분으로부터 왔음을 알 수 있다네,
천국은 어린 시절 우리 가까이에 있다네!

다른 면에서 보면, 제가 처음으로 엄마가 되었던 첫 주가 얼마나 힘들었는지를 지금도 기억하고 있습니다. 갓 아기를 출산한 엄마는 감정적으로나 육체적으로 활짝 열려 있는 상태입니다. 호르몬이 변화하고, 처음으로 젖을 먹이고, 잠을 못자고, 감정도 변덕스럽게 왔다 갔다 할 것입니다. 이런 상태는 여성들이 삶의 아름다움에 전보다 훨씬 더 가까이 접촉할 수 있게 해주지만, 상처받기 쉬운 상태가 되어서 삶의 어떤 면들에 압도되는 경험을 하기도 합니다.

처음으로 엄마가 되고 아빠가 되는 일은 우리 존재가 변한다는 것을 뜻합니다. 우리는 (적어도 한동안은) 우리에게 완전히 의존해 있는 다른 인간 존재를 스물 네 시간 돌봐야 하는 책임을 받아들이고, 그 존재를 향해 온 마음을 기울이게 됩니다.

많은 부모들이 출산 후 첫 주가 가장 힘들다고 합니다. 심지어 출산으로부터 몸이 회복된 상태일지라도, 어쩌면 새로운 생활 리듬을 전혀 찾지 못해서 쩔쩔 맬 수도 있습니다. 첫 6주가 지나면 그 다음부터는 생활이 좀 더 쉬워질 것입니다. 그러므로 이 변화 기간 동안에 배우자와 대화를 많이 나누고, 여러분이 힘들 때 그들이 힘껏 돕고 있다는 느낌을 갖는다면, 이 어려움을 잘 헤쳐 나갈 수 있을 것입니다.

다음에 둘째 아기를 낳았을 때는 모든 것들에 훨씬 익숙해져 있을 터이므로 더 쉬워질 것입니다. 하지만 둘째나 셋째 아이를 낳은 경우에는, 이미 많은 일들에 치여 있는데다가 갓난아기가 덧붙인 일까지 해서, 부모가 해야 할 일들이 엄청난 것에 놀랄 수도 있습니다.

이때 적절한 도움을 받을 수 있는 중요한 마음가짐이 있습니다. 바로 지금 일어나고 있는 일들에 대해서 여러분이 마음을 편히 가지는 것입니다. 그리고 혼자서 집을 대청소하는 일과 같은 당장 꼭 필요하지 않은 일들은 과감히 포기하는 것이 좋습니다. 특히나 혼자 아기를 키우는 엄마라면, 아이를 낳기 전에 미리 적절한 도움과 지원을 준비해두어야 할 것입니다.

아기와 함께 지내는 일은 아주 많은 반복적인 일들(기저귀를 갈고, 젖을 먹이고, 빨래하는 일)을 끊임없이 해야 한다는 것을 의미합니다. 그 일들은 창조적인 발전보다는 현상유지처럼 보일 것이기 때문에, 여러분은 그 일들을 하찮은 일들이라고 여길 수도 있습니다.

그래서 배우자가 일터에서 돌아와서 "여보, 오늘은 무엇을 했소?"라고 물으면, 여러분은 자기가 하루 종일 뭘 했나 생각해 보고는 울음을 터트릴지도 모릅니다. 저는 운이 좋게도 아기를 낳은 후 처음 두 달 동안, 아기를 돌보는 일 말고도 외부 세상과 관계된 일을 하루에 한 가지 정도는 할 수 있었습니다. 평소에 아주 활동적이고 능력이 많았던 사람에게는 이런 상황이 실제로 충격적일 수 있습니다.

어떻게 하면 출산 후 이런 변화의 기간을 조금 더 쉽게 보낼 수 있을까요? 여러분이 해야 할 가장 중요한 일은 적절한 도움을 구하는 것입니다. 여러분은 친척과 함께 지낼 수도 있고, 누군가를 고용해서 집안일을 도와달라고 할 수도 있습니다(너무나 고맙게도, 산후조리를 지원하는 서비스들이 훨씬 보편화되고 있습니다). 또는 온라인 동호회 등을 통해서 여러분을 도와주는 친구 모임을 만들 수도 있습니다. 그래서 그들이 출산 후 처음 몇 주 동안 요리가 다 된 냄비를 가지고 여러분 집에 들러서 30분 정도라도 필요한 일을 해주는 거지요.

마음을 편안하게 하고 그저 아기와 함께 있음을 느끼면, 여러분은 훨씬 평화로워질 것입니다. 그러기 위해서는 다른 책임들을 잘 마무리 지은 상태이어야 하며, 만기일이 되기 전에 긴급한 일들을 다 끝냈어야 합니다. 또 잠깐 동안은 집을 깨끗이 정돈하는 일일랑은 포기하는 것을 뜻하기도 합니다. 첫 아이가 태어난 뒤 5일 정도가 지난 뒤 마침내 정신을 차려보니, 집에 있는 모든 식물이 말라죽어있어서 슬플 수도 있을 것입니다!

출산 후 처음 6주간은 가족이 함께 있고, 새로 태어난 아기와 온전히 함께 있는 아주 특별한 시간입니다. 그러므로 생활이 변한 것에 적응하고, 힘과 인내력을 기르도록 애써야 합니다. 이 일이 얼마나 중요한 일인지에 경의를 표하고, 도움을 받을 수 있는 길을 마련하고, 되도록 다른 일거리나 계획을 만들지 않으면, 적응이 더 쉬울 것이며 덜 불안할 것입니다. 갓난아기를 둘러싸고 있는 놀라운 에너지가 여러분에게도 힘과 영양분을 주도록 허락하세요.

아기의 탄생에 함께 하는 창조에너지는 매우 강력하고 성스러운 힘입니다. 이 에너지는 모든 탄생의 순간에 함께 존재합니다. 그렇지만 우리가 조금 더 잘 알고 보호할 수 있다면

이 힘에 접근하기가 더 쉬울 것입니다. 아기들은 영적이며 정신적인 세계와 가까이 있는 존재이기 때문에 모든 사람들한테서 사랑을 불러일으키는 것입니다. 심지어 수년 동안 연락해 본 적이 없는 사람한테서도 사랑과 축복을 받습니다. 그러므로 타인의 관심을 받아들이는 것을 배우고, 사람들이 여러분을 위해서 뭔가를 해주도록 허락하고 감사를 전하세요. 하찮아 보이는 일들을 하면서도, 그 일에 온 마음을 기울이고 호흡에 집중하면서 그 시간을 활용하세요. 이미 다른 아이들이 있다면 여러분은 출산 후에 훨씬 더 바쁠 것입니다. 그럴 때는 잠깐이나마 가만히 앉아서 잠자는 아기를 바라볼 수 있는 순간들을 찾아낼 수 있도록 해보세요. 그런 순간들이 바로 엄마노릇이라는 끊임없는 임무를 수행할 수 있도록 해줄 것입니다. 여러분의 아기가 여전히 갖고 있는 정신과의 연결성이 지니고 있는 좋은 점을 취하도록 노력해보세요. 산후조리 기간 동안에는 여러분들의 마음도 여전히 열려 있는 상태입니다. 그리고 삶은 아주 금방 새롭게 "정상 상태"로 돌아올 것입니다.

생후 2개월부터 12개월까지 어떠할까?

　일단 산후 조리 기간의 안개 속에서 깨어나고, 또 여러분이 그간 알아온 것들을 막 생각해보려고 하는 참인데, 아기는 벌써 새로운 단계로 접어들고 있을 것입니다! 아기들은 처음 1년 동안 어찌나 빨리 변화하는지 모릅니다. 그래서 그걸 따라가는 일은 마치 항상 애써서 어딘가를 기어오르는 일처럼 느껴질 수도 있을 것입니다. 아기의 신체적 필요를 충족시키기 위해 음식을 먹이고, 씻기고, 잠을 재우고, 어루만져주는 이 모든 일들은 여러분이 전에 상상했던 것보다 훨씬 힘이 드는 세속의 일처럼 보일 수도 있습니다. 하지만 부모로서 여러분이 제공하는 이 돌봄을 얕보거나 과소평가하지 마세요. 왜냐하면 어린 아기는 여러분과 환경과의 관계맺음을 통해서 그 모습이 형성되어가고 있는 존재이기 때문입니다. 부모가 느끼는 감정과 아기와의 상호작용은, 아무리 좋은 탁아 시설일지라도 그곳에서 아기가 받는 영향과는 아주 다른 영향을 미칠 것입니다.

　오늘날에는 점점 더 많은 여성들이 생후 6주가 된 아기를 탁아 시설 등에 맡기고 일하러 나가는 실정입니다. 그럼에도 우리는 엄마들과 아빠들에게 최소한 처음 1년 동안만이라도 아이와 함께 있어 달라고 호소하고 싶습니다! 집에서 할머니와 함께 있는 예외적인 경우 말고는, 엄마와 아빠가 제공할 수 있는 평온한 환경과 사랑이 가득한 관심을 누구도 아기에게 똑같이 제공할 수 없기 때문입니다. "짧더라도 질적으로 좋은 시간"이란 개념은 갓난아기에게는 적용되지 않습니다. 아기는 끊임없이 친밀한 관계를 필요로 하고, 젖을 먹여주고, 함께 데리고 다니는 것을 필요로 합니다. 또 여러분이 뭔가를 하는 동안에는 멜빵 포대기 안에 있거나, 마룻바닥에 누워 있더라도 여러분 가까이에 있어야 합니다.

어떤 포유동물도 인간처럼 그렇게 무력한 존재로 태어나지 않습니다. 그리고 발달할 수 있는 잠재성을 그토록 많이 지니고서 태어나지도 않습니다. 인간의 아기는 다른 포유동물들과 비교해 볼 때, 많은 점에서 "준비"가 되지 않은 상태로 태어납니다. 아기는 9달 동안 엄마 뱃속에서 자라다가 머리가 너무 커져서 엄마의 골반에 더 이상 맞지 않으면 이 세상에 태어나야 합니다. 하지만 세상에 태어났다고 해서 엄마의 몸과 가까이 있고 싶은 아기의 욕구가 사라지는 것은 아닙니다. 이 욕구는 1년 내내 또는 그 이상 계속됩니다. 산업화가 안 된 많은 사회에서는, 어미 캥거루처럼 육아 주머니 같은 곳에 어린 아기를 넣고 생후 9달이 넘을 때까지 계속 아기 몸과 접촉한 채 데리고 다니는 경우가 많습니다. 이것은 엄마가 거의 두 번째의 임신 기간을 보내는 것과 마찬가지입니다. 이 시기 동안 아기에게는 주목할 만한 변화들이 많이 일어납니다. 아기는 점차 주위 세계에 더 많은 관심을 갖게 되고, 식탁 위에 놓인 음식에 다가가고, 기어 다니다가, 마침내 혼자 힘으로 걷게 되는 것입니다.

이런 식으로 아이를 "껴안고 키우는 일"과는 완전히 다른 양육 방식에 관해서는 엠미 피클러Emmi Pikler 박사의 연구 결과에 분명히 설명되어 있습니다. 그녀는 어린 아기들을 연구하고 함께 작업하는 유럽의 의사들을 대표하는 사람으로, 헝가리에 있는 보육원에서 일했으며, 맥다 거버Magda Gerber가 운영하는 '북미지역의 유아 교육가를 위한 센터'에 서도 일했습니다. 덴마크에서 '발도르프 교육에 기초한 유아 센터'를 운영하는 헬레 헥크만Helle Heckmann은 피클러 박사에 대해 이렇게 말하고 있습니다.

어린아이들을 관찰하면서 그녀는, 아이가 자신감 있는 어른으로 발달하는데 아주 근본적인 것으로 "그럴 수 있다"는 믿음이 중요하다는 사실을 알아내었다. 뿐만 아니라 자신감과 자부심이 얼마나 중요한가를 보여주었다. 신체적인 능력에 대한 아이의 확신을 강화시켜주고, 각각의 개성적인 발달의 과정들을 존중할 수 있다면, 아이를 돌보는 사람이자 교육시키는 사람인 우리는 어린아이의 필요들을 충족시켜줄 수 있을 것이다. 엠미 피클러 박사는 내가 아이들을 존중하는 방식으로 함께 지내도록 용기를 북돋워 주었다.

헥크만은 어린 아이에 관한 엠미 피클러 박사의 접근 방식을 다음과 같이 설명하고 있습니다.

어린 아기는 사랑을 통해 무럭무럭 자란다는 사실은 의심할 여지가 없다. 아기의 발달에 관한 무수한 연구들은 사랑과 보살핌이 중요하다는 사실을 분명하게 보여준다. 하지만 이 보살핌이 끊임없는 반응과 감독으로 잘못 이해되어서는 안 된다.

아기를 먹이고 젖을 주는 것 같은 자연스런 일을 할 때 관심과 애정을 보여주어라. 즉, 상황을 자연스럽게 만들어서, 젖을 먹이고, 노래를 부르고, 이야기를 해주고, 서로를 알아갈 때, 관심과 애정을 보여주라는 뜻이다. 아기가 평화롭게 지내고 조용히 잠들 수 있도록 하는 휴식 시간 역시 중요하다. 또한 아기가 깨어 있을 때에도 아기가 자신에 대해서 알아갈 수 있도록, 아기 주변에서 끊임없이 간섭하는 일을 삼가야 한다. 어린 아기에게 이런 존중을 보여주면서 혼자 놔두는 일은 때로 아주 어려운 일일 수 있다. 하지만 우리가 다시 기운을 차리기 위해서는 스스로의 필요들도 계속 충족시켜줄 수 있어야 한다. 이런 식으로 어여쁜 아기를 돌보게 되면, 아기가 스스로에 대해 만족스러워할 수 있는 능력에도 영향을 미칠 것이다. 이와 달리 너무 지나치게 간섭하면, 아기는 끊임없이 주변의 관심을 요구하면서 그에 의존하게 될 것이다. 이렇게 되면 때로 나쁜 습관들의 악순환이 만들어질 수도 있다. 생후 1달 동안 아기에게 평화롭고 고요한 환경을 제공해 주면, 아기는 몸을 지닌 자신의 삶에 익숙해질 것이다.

애착어린 부모노릇을 지지하는 사람들과 피클러의 방식처럼 약간은 불간섭주의로 부모노릇을 하는 방식을 지지하는 사람들 사이에는 서로 논쟁할 거리가 많을 것입니다.

그렇지만 양쪽 그룹에 있는 부모들과 아기 돌보는 사람들이, 아기를 잘 보살피고 염려하고 일관성을 가진다면, 둘 다 좋은 결과를 얻을 것입니다. 또 아이를 한 사람의 존재로 대하고 진정한 욕구들을 충족시켜 준다면, 화이트가 말한 것처럼 "훌륭한 아이"라는 좋은 결과를 모두 얻을 것입니다. 하지만 조화로운 균형을 잃는다면, 잘 안될 수도 있습니다. 가령, 애착어린 부모노릇 지지자들은 "아이를 숨 막히게 하는 사랑"을 주거나, 아기가 완전히 자기 맘대로 뛰어다니게 하는 실수를 범할 수가 있습니다. 반면 후자의 입장을 가진 사람은 딱딱하거나 거리감 있게 아이를 대하는 실수를 할 우려가 있습니다.

슈타이너는 항상 사람들에게 격려하길, 어떤 일을 받아들일 때 기계적으로 또는 무조건적인 신념에 따르지 말고, 자신의 생각에 비추어서 판단하라고 했습니다. 제가 보기에도 가장 중요한 일은, 아이에게 해를 입힐 수도 있는 "시스템"이나 "전문가"를 따르지 않는 일입니다. 여러분이 여러 가지 정보를 얻은 뒤에는, "이 상황에서 아이가 가장 잘 발달하는 데 꼭 필요한 것은 무엇일까?"를 스스로 물어 보아야 합니다. 여러분은 자신의 머리를 사용하고, 자신의 가슴에 귀를 기울이면서, 지금 아이에게 가장 필요한 것이 무엇인지 그리고 각각의 상황에서 무엇을 제공해야 할지를 생각하고 최선의 판단을 내려야 합니다. 그런 다음에는 가능하면, 그렇게 한 결과 어떤 일이 생겼는지, 여러분이 무엇을 배우고 성장했는지를 평가해 보도록 하세요.

비록 어머니노릇에 관련된 다양한 접근 방식에 대해 많은 논의를 했습니다만, 아빠가 있다는 사실을 잊지 말도록 합시다! 아빠가 아기와 계속해서 확장된 관계를 맺는 일일 역시 아이의 성장과 발달에 커다란 공헌을 할 것이기 때문입니다. 이 관계는 임신했을 때부터 시작될 수 있는데, 이 시기에는 아빠가 점점 커가는 아기의 몸을 엄마의 배를 통해 만져 보면서 아기의 존재를 느껴보면 좋을 것입니다. 아내와 함께 출산을 같이 경험한 남편은, 아이에 대한 사랑과 유대감이 극적으로 강렬해진다는 사실을 알아차릴 것입니다. 아기를 함께 돌보고 성장을 함께 지켜보게 되면, 아빠와 아기의 관계는 더 깊어집니다. 그러면 아빠는 아기와 함께 할 수 있는 시간과 방법을 스스로 찾을 것입니다. 아기가 점점 자라면서 미소나 놀이로 응답하게 되면, 아빠와 아기의 관계는 더욱 깊어질 것입니다. 이처럼 아기와 아내를 위해 특별한 사랑과 보호를 제공하는 일 이외에도, 생후 1년 간 아빠가 아기와 상호작용할 수 있는 방법들은 많이 있을 것입니다.

아버지노릇은 아기에게도 유익하지만 아빠 자신에게도 이로운 일입니다. 아버지노릇을 하면서 스스로의 개성도 함께 발달하고 성숙할 수 있는 기회를 얻을 것이기 때문입니다. 엄마들로서는 남편이 아기와 상호작용하는 모습을 보는 게 무척 즐거운 일입니다. 실제로 많은 연구들이 보여주는 바에 따르면, 아이를 가진 여성이 결혼 생활에서 느끼는 만족은 남편이 아이와 노는 것을 지켜보는 일과도 관련이 있다고 합니다.

그렇다고 지금 우리가 "슈퍼베이비"를 키우기 위한 지침서를 보여주려는 것은 전혀 아닙니다. 실제로 부모가 된 사람에게 가장 필요한 것은 자기 확신입니다. 자기가 아이에게 가장 좋은 보살핌을 제공해 줄 수 있는 정말로 중요한 사람이라는 확신 말입니다. 어쨌든 아이의 발달과 자연스러운 육화 과정을 더 많이 알게 된 토대 위에서, 몇 가지 원칙들과 활동들을 적용할 수 있다면, 여러분과 아이에게 특별히 도움이 될 수 있을 것입니다.

신체적인 발달

이미 살펴보았듯이 모든 아기들은 일련의 정상적인 발달 단계들을 겪어나갑니다. 여기에는 몸을 조절하는 능력도 포함됩니다. 아기들마다 발달에 차이가 나는 것은 능력이 발달하는 순서의 문제라기보다는, 각각의 아기들이 지니고 있는 자기들만의 시간표와 관계가 있습니다. 팔과 다리를 자유롭게 움직일 수 있다는 것은 아기 몸의 근육들이 강해지고 있다는 뜻입니다. 곧이어서 언어 발달과 인지적인 발달이 적절하게 드러날 터인데, 이것들이 몸의 발달과 연결되어 있기 때문입니다. 만일 여러분이 아기의 발달에 심각한 의문이 든다면, 주치의나 전문가에게 확인해 보는 것이 좋을 것입니다. 아기가 정상적으로 발달하고 있다는 사실을 여러분이 확신하기 위해서 그렇습니다. 특히 아기의 듣는 능력이 의심되거나 귀에 자주 염증이 생긴다면, 꼭 확인해 보아야 합니다. 배움과 관련된 많은 것들이 잘 듣는 일에 달려 있기 때문입니다!

아기가 잘 발달하기 위해 아기 체조반이나 터무니없이 비싼 자극은 필요하지 않습니다. 아주 비싼 유아용 기구나 가정에서 하는 연습 도구들은 돈을 낭비하는 일일 뿐입니다. 그러한 것들은 아기가 움직이려면 어떤 근육들이 필요한가를, 아기보다 어른이 더 잘 알고 있다는 잘못된 가정에서 나왔기 때문입니다. 굳이 많은 돈을 쓰지 않아도 아기랑 함께 있는 순간을 즐기고, 함께 마룻바닥을 구르는 것 같은 단순한 일들을 해나간다면, 긍정적인 상호작용의 온갖 이로움을 얻을 수 있을 것입니다. 여러분이 그 순간 좋다고 느껴서 뭔가를 하고 있다면(가령, 마사지를 해 주거나 아기가 뭔가 쥐는 것을 지켜보는 일), 긍정적으로 아기와 상호작용을 하고 있는 것입니다. 그러나 어떤 결과를 바란다면(가령, 나중에 자라서 차분해질 거라거나 더 빨리 걸을 것이라고 기대한다면), 여러분은 지금 현재의 순간에서 벗어나서 미디어의 과대 선전에 사로잡힌 희생양이 될 것입니다. 미디어의 과대광고는 아이들이 더 빨리 진보할 수 있도록 우리가 도와야 한다고 말하고 있습니다. 그렇지만 생후 첫 1년 동안 아기에게 해줄 수 있는 가장 중요한 일은, 아기에게 평온하고 사랑이 가득한 환경을 만들어 주는 것입니다. 그러면 아기는 자신의 내적인 과정에 따라 잘 자라고 발달할 것입니다.

아기는 태어나서 처음 몇 달 동안은 함께 놀아 주는 일이 그다지 필요하지 않습니다. 이 시기의 아기가 하는 중요한 일은, 자연스럽게 움직이면서 자기 몸에 익숙해지고 근육과 뇌를 발달시키는 일이기 때문입니다. 이 시기의 아기는 여전히 누워 있는 수평적인 존재이지만, 움직이는 모빌로 아기를 기쁘게 해줄 수는 있습니다. 모빌에 달린 물체들은 수평으로 걸려 있어야 아기가 잘 볼 수 있습니다(여러분의 눈에는 잘 보일지라도 요람에 누워 있는 아기는 아주 좁은 범위밖에 볼 수 없다는 사실을 늘 기억하세요).

누워 있는 아기를 위한 장난감들은 큰 소리를 내거나 번쩍거리는 불빛이 달린 것들이 아니어야 합니다. 또 아기가 몸을 끌어당겨서 앉는 자세가 될 때 침대에 매달린 장난감들은 함부로 움직여도 안전한 것이어야 합니다.

일어설 수 있기 전에, 마루에 담요를 깔고 여러분 가까이에 아기를 데려다 놓는 것이 좋습니다. 눕혀 놓건 엎드려 놓건 아기는 싫어하지 않을 것입니다. 우리 문화는 눈에 보이는 것에만 관심을 갖기 때문에, 아기가 깨어 있을 때는 아기용 의자에 앉아 있어야 한다고 생각하기가 쉽습니다. 하지만 학습 장애를 연구하는 어떤 연구자들은 어린 아기를 유아용 의자에 너무 오래 앉혀 놓아서는 안 된다고 주장합니다. 오히려 그런 도움이 전혀 없이 혼자서 앉는 자세를 습득할 기회를 많이 제공해야 한다고 합니다. 아기의 정상적인 발달 과정을 미리 앞질러서 건너뛰지 말아야 한다는 이야기입니다.

일단 앉을 수 있게 된 아기는 작은 물건들을 갖고 노는 일을 아주 좋아한다는 사실을 발견할 것입니다. 이런 놀이는 몸의 조절과 지능의 발달에 중요합니다. 이럴 때는 특별히 거칠게 다루어도 되고, 던지거나 떨어뜨려도 괜찮은 장난감이나 작은 물건들이 좋습니다. 여러분한테 이미 있는 물건들 중에서 아기가 호기심을 가질 만한 게 있는지 잘 생각해 보세요. (모든 것들이 결국 아기 입 속으로 들어가기 때문에 깨질 수 있는 작은 조각은 위험하다는 사실을 기억하세요.) 2.5센티미터나 1.2센티미터보다 작은 것들은 모두 아기 목에 걸릴 수 있습니다. 나무로 만든 수저, 아름다운 조개껍데기, 천으로 만든 공, 작은 조롱박 열매 등이 이 시기에 좋은 장난감들입니다. 여러분의 부엌은 아주 멋진 '장난감들'로 가득 차 있습니다. 계량 수저들, 주전자와 뚜껑들, 깨지지 않으면서 포갤 수 있는 그릇들이 그런 멋진 장난감들입니다. 갓 태어난 아기는 딸랑이 장난감을 알아차리지 못하지만, 생후 3개월쯤 되면 딸랑이를 쥐었다가 떨어뜨리곤 합니다. 그러다 아기는 점점 그것의 감촉과 소리에 관심을 갖습니다. 화학염료로 염색하거나 플라스틱으로 만든 장난감들이 완전히 나쁜 것은 아니지만, 살아 있는 세계와 어린 아이들이 맺고 있는 자연스러운 연결을 존중하기에는 자연재료로 만든 장난감이 알맞아 보입니다.

유아용 놀이틀은 아기의 올바른 발달을 전혀 고려하지 않은 발명품입니다. 기어 다니기 전까지 이 놀이틀은 쓸모가 없습니다. 오히려 마루 위에 깔아 놓은 담요가 여러분이 의도한 효과를 더 많이 제공할 것입니다. 또 아기가 낮잠을 잘 때에는 장난감 바구니가 훨씬 편리합니다. 게다가 아기가 기기 시작하면 이 놀이틀은 아기의 발달에 오히려 장애가 될 것입니다.

아기가 기기 시작할 때

부모 입장에서 보면, 아기의 발달은 각각의 단계에 따라서 진행되는 것처럼 보입니다. 각 단계마다 처음에는 모든 것들이 괜찮다가, 다음에는 약간 어려운 듯하다가, 다시 모든 것이 잘 되어갈 것입니다. 죠셉 칠톤 피어스Joseph Chilton Pearce는 『마법과 같은 아이Magical Child』에서, 각각의 발달 단계는 모체(기본토대, 안정감, 엄마)로 돌아왔다가 다시 새로운 경험을 찾고 새로운 능력을 연습하려고 세상으로 나가는 여정들을 거치면서 진행해 나간다고 이야기합니다. 이러한 뻗어나감과 되돌아옴은 숨을 들이쉬고 내쉬는 일과도 비슷합니다. 그리고 이런 되돌아옴(내성적으로 굴거나 달라붙는 행동)이 퇴보가 아니라, 독립을 향해가는 다음 번 발걸음을 위한 준비로서 발달상에 중요하다는 사실을 이해해야 합니다.

이런 "후퇴"는 기어 다니기 바로 직전에 자주 일어납니다. 여러분은 이 시기 동안 무거워진 아기를 힘들게 안고 다니면서, "도대체 언제 이 상황이 변할까?"란 의구심을 가질지도 모릅니다. 그런데 변화는 갑작스럽게 찾아옵니다. 아기는 어른의 품을 벗어나서, 혼자 힘으로 주위를 돌아다닐 수 있는 첫 번째 방법을 배울 것이기 때문입니다. 그렇게 되면 이제 부모 역할도 변해야 합니다. 아기가 갑자기 모든 것들로 다가갈 것이기 때문입니다. 이 상황에 대비해 미리 준비를 해두면, 여러 언짢은 일들을 줄일 수 있으며, 여러분의 삶에서도 흥미진진한 시기가 될 수 있습니다.

아기가 기어 다니기 전에라도, 아기도 안전하고 아기로부터도 안전하게끔 집을 적절히 정리할 필요가 있습니다. 아마도 아기가 가장 많은 시간을 보내게 될 부엌부터 시작하는 것이 좋습니다. 아기의 손에 닿는 곳에 독성이 있거나 위험한 것은 없는지를 확인하고, 아기가 들어가기를 원하지 않는 찬장 등은 자물쇠로 잠가 놓아야 합니다. 또 다리미판이나 화분처럼 안전하지 못한 것은 없는지를 살피고, 깨질 수 있는 것은 높은 선반에 올려놓거나 한동안은 치워놓아야 합니다.

계단은 특히 떨어질 위험이 있는 곳이지만, 아기들은 계단을 너무나 좋아합니다. 화이트 박사가 제안하는 유용한 방법으로는, 계단 맨 아래가 아닌 세 계단쯤 위에다가 보호 문을 설치하는 것입니다. 그러면 아기는 다칠 위험 없이 맘껏 계단을 올라가는 연습을 할 수 있을 것입니다.

집을 안전하게 하는 일은 아기의 발달을 도와 줄 수 있는 훌륭한 방법 중 하나입니다.

집에 있는 물건들이 아주 멋진 자극들을 제공할 것이며, 여러분도 아기에게 항상 "안돼!"라고 말할 필요가 없을 테니까요. 또한 아기를 유아용 놀이틀에 가두기보다는 아기 마음대로 돌아다니게 하는 것이 훨씬 좋습니다. 아기들은 기어 다닐 필요가 있고, 변화하는 자극이 필요하며, 여러분 가까이에 있을 필요가 있기 때문입니다. 멋지게 자라는 아이들을 둔 가족을 관찰한 화이트 박사는 이런 사실을 발견했습니다. 즉, 이 부모들은 아기들을 놀이틀 같은 곳에 가두기보다는, 집을 안전하게 만들고 아이로 하여금 마음껏 돌아다니게 한다는 것입니다. 아기는 놀이틀 같은 곳에서는 너무나 빨리 지루해합니다. 화이트 박사는 "장기간 아기를 매일 규칙적으로 놀이틀 같은 곳에서 놀게 하는 것은 형편없는 양육 방식이라고 생각한다. 똑같은 원칙이 아기 침대, 접는 보조 의자, 아기용 높은 의자, 그리고 아기의 활동을 제한하는 장치를 사용하는 일에도 적용될 것이다."라고 말합니다. 이런 것들을 매일 장기간에 걸쳐 사용한다면, 당연히 아기의 움직이는 일을 제한할 것이기 때문입니다.

지능의 발달

처음 1년 동안 아기의 뇌 무게는 실제로 2배로 증가합니다. 메시지를 이해하고 전달하면서 자극을 받는 뇌신경 세포들은 이 시기에 새로운 수상돌기를 발달시킵니다. 그리고 이 신경 통로들은 조금 더 정확하고 빠르게 작동하기 위해서 서로 연결되거나 절연되기도 합니다. 아기는 몸을 움직이면서 끊임없이 무엇인가를 배우고 있는 중입니다. 움직이는 일이 좀 더 잘 조정되고 매일 수백 번씩 반복하면서, 아기는 눈과 손을 조화롭게 조절하는 일을 배울 것입니다. 그리고 자기가 보는 것들을 붙잡는 방법을 배워갈 것입니다. 피아제와 슈타이너에 따르면, 신체 발달의 근본 토대처럼 보이는 이런 일들이 나중에 올 지능 발달의 중요한 기초가 된다고 합니다.

생후 6개월에서 8개월 사이에 아기의 관심은 일반적으로 자기 몸을 움직여보는 기술에서부터 시작해서 주변 세계에 대한 관심으로 변화해나갑니다. 그리고 기억이 발달하기 시작합니다. 아기는 작은 물건들을 떨어뜨리고, 쾅 소리 나게 부딪쳐 보고, 던지는 일에 관심을 갖게 되는데, 이런 관심은 아기에게 인과관계와 시간적인 전후관계 등을 가르쳐줄 것입니다. 이것들은 나중에 올 생각하는 능력에 아주 근본이 되는 중요한 기초입니다. 예를 들어 생후 7개월이 된 아기는 높은 의자에서 수저와 장난감을 반복해서 떨어뜨리고는 그것이 어디로 가는지를 열심히 지켜볼 것입니다. 그러므로 한 부분을 건드리면 다른 부분이 움직이는 장난감들은 이 시기의 아이들이 아주 좋아하는 장난감입니다.

기억이 점차 발달해가는 것을 이해하는 일 역시 지능의 발달을 생각해 볼 때 아주 중요합니다. 신경발달심리학에 관련된 연구에서 제인 힐리는 이런 결론을 내리고 있습니다.

생후 처음 한 달 동안에 아기는 주의를 기울이고, 모든 감각들에 많은 정보를 받아들이고, 몸을 움직이는 연습을 할 수 있는 기본 토대를 마련한다. 이 "감각과 운동의 기능을 갖고 있는" 기간 동안에는, 아기의 뇌가 아직은 직접적이고 물리적인 경험을 넘어선 일들을 다룰 준비를 갖추지 못한 상태이다. 생후 8개월에서 9개월 즈음이 되면 대뇌 피질이 더 길어지고 성숙해지는데, 이때서야 비로소 아기는 과거의 경험과 현재를 연결시키는 기억을 발달시키기 시작한다. 그래서 "앗! 여기 날 돌보러 베이비시터가 왔네. 이제 울어야 할 시간이군!" 같은 관계가 가능해진다.

높은 의자에 앉은 아기가 10번이나 수저를 떨어뜨리는 것은 여러분을 귀찮게 하려는 것이 아닙니다. 오히려 아기는 지금 중력이라는 놀라운 현상을 관찰하는 중이며, 무엇인가가 나타났다가 사라지는 현상을 놀이로 즐기고 있는 중입니다(까꿍 놀이는 이 시기의 아기가 대단히 좋아하는 놀이입니다.). 이런 놀이를 보면서 우리는 어떤 존재가 나타났다가 사라져 가는 현상에 관한 은유를 볼 수 있고, 지금 아기가 탐색하고 있는 '뭔가가 출현하는 일'에 대한 은유도 볼 수 있습니다. 아기한테는 대상이 변치 않는다는 사실을 말해 줄 기억이 아직 없습니다. 그렇기 때문에 까꿍 놀이를 하는 아기는, 자신이 이 물질적 세상에 나타난 것만큼이나 갑작스럽게 엄마가 사라졌다가 다시 나타나는 현상을 지금 경험하는 중이라고 할 수 있습니다.

생후 6개월에서 8개월 즈음의 아기들은 물건을 부딪치는 일을 대단히 좋아합니다. 부엌에 작은 찬장이 하나 있어서 아기가 놀 수 있는 물건들을 넣어놓을 수 있다면(다른 것들에는 자물쇠를 채워놓고요) 정말로 축복일 수 있습니다. 여러분이 바쁘게 일하는 동안, 아기도 찬장 문을 이리저리 흔들거나, 나무 수저로 주전자를 때리거나, 깨지지 않는 그릇을 쌓아 올리거나, 안에 쌀이 들어 있는 용기들을 덜컹덜컹 흔들면서 역시 바쁘게 놀 것이기 때문입니다.

태어나서 8개월이 될 때까지는, 아기가 잘 배운다는 것만 믿고 추상적인 방식으로 말하는 것은 아무 소용이 없습니다. 왜냐하면 모든 아기들은 학대당하거나 장애가 있지 않는 한, 발달의 정상적인 패턴에 따를 것이기 때문입니다. 제인 힐리는 신경심리학과 관련된 자신의 연구에서 이런 결론을 내리고 있습니다. "여러분의 최종 목표가 아기를 '가르치는 일'이 되어서는 안 된다. 오히려 아기가 자신의 경험을 조직해 가는 방식을 발견할 수 있도록 도와주어야 한다…… 아기들은 '알고 싶은 욕구'를 선천적으로 가지고 태어난 존재이다. 우리가 할 일은 아기를 사랑하고 인정해 주면서, 각각의 발달 단계에 알맞은 자극을 줄 수 있는 재료들을 그대로 제공하는 일이다. 지금 시대의 지식을 잘 알고 있는 여러분 자신의 상식이 가장 좋은 안내서이다."

하지만 아이에게 일찍 공부를 시키려는 우리 시대의 압력과 "더 빠른 것이 더 좋다."라는 미국식 격언은, 부모들의 상식에 먹구름을 드리우고 있는 실정입니다. 이 때문에 많은 부모들이 너무나 어린 아기들에게 읽기를 가르치고 있습니다. 제인 힐리에 따르면, 비록 충분한 조건-반응 훈련을 통해서 아기에게 읽기를 가르칠 수는 있겠지만, 그렇다고 아기가 그 단어의 의미를 제대로 알고서 읽는 것은 아니라고 합니다. 아기는 단지 자기의 두뇌 중에서 낮은 단계의 일부분만 사용하고 있는 상태입니다. 왜냐하면 읽기를 하면서 사용되어야 하는 두뇌의 부분들은 아직 발달하지 않았기 때문입니다. 그러한 활동들은 아기의 건강한 발달에 위험이 될 수도 있고, 나중에 이 습관을 고치기가 아주 어려울지도 모릅니다(아주 어린아이한테 공부를 시키려는 압력을 넣지 말아야 하는 많은 이유에 대해서는 11장을 참고하세요). 여러분의 아기가 그냥 아기일 수 있도록 해주세요! 아기와 함께 놀고, 말하고, 활동하는 모든 일들을 그냥 즐기도록 하세요!

이 단계에서는 아기의 신체적 발달과 지능의 발달을 분리할 수 없습니다. 하나가 다른 것보다 앞서는 것도 아닙니다. 다른 말로 하자면, 생후 6개월에 기어 다니고 8개월에 걷기 시작한 아기가, 생후 10개월에 기어 다니고 14개월에 걷는 아기보다 지능이 더 높거나 더 발달한 것은 아니라는 뜻입니다. 지능의 발달에서 중요한 것은 각각의 단계마다 경험하는 아기 몸의 움직임입니다. 아기의 발달이 늦고 빠름은 자기의 내적인 시간표에 따라 나타나는 개인차일 뿐입니다. 표준적이고 정상적인 것의 범위는 대단히 넓습니다. 생후 1년 동안 발달이 약간 저조한 아이라고 해서 나중에도 그러할 것이라는 확실한 증거는 없습니다. 이 시기의 아이들은 사실 그런 것들을 따질 만큼 충분히 발달한 상태가 아닙니다. 이는 생후 첫 1년간은 대부분의 부모들이 아기의 발달에 필요한 것들을 거의 전부 제공해 주고 있다는 사실을 뜻합니다. 그러므로 안심하고 부모 노릇을 즐기세요. 그리고 생후 첫 8개월 동안 부모가 해줄 수 있는 것들에 마음을 열고 주의를 기울이면 될 것입니다.

정서적인 발달

아기가 행복한지 아닌지는 사랑과 따스함과 먹을 것에 대한 아기의 욕구가 얼마나 충족되었는지에 따라 달렸습니다. 정서적인 발달은 가족 내의 관계에서 아기가 처음 발견하는 사랑, 신뢰, 부드러운 어루만짐에 기초해서 이루어집니다. 여러분이 아기의 울음에 재빨리 반응한다면, 아기는 세상이 친절한 곳이고 자기 주위에 사랑과 보호가 있다는 것을 배울 것입니다. 자기의 본능을 따르는 엄마들은 이 사실을 너무나 잘 알고 있습니다. 또한 아기를 귀여워한다고 해서 버릇이 나빠지는 것은 아니라고 주장하는 심리학자들의 글을 찾아보는 것도 좋을 것입니다. 하지만 불행히도, 엄마들은 너무 귀여워 하면 아기가 못쓰게 된다는 할머니들이나 남편의 말을 곧이곧대로 듣고 있습니다. 심지어 어떤 사람은 우는 것이 아기에게 좋다고까지 말합니다. 하지만 아기의 주위를 사랑,

따스함, 부드러운 어루만짐이 있는 곳으로 둘러싸게 되면, 나중의 삶을 위해 안정된 토대를 제공해줄 것입니다. 이러한 것들이 부족하게 되면, 나중의 삶에서 안전한 느낌을 갖기가 매우 어려워집니다.

연구자들이 관찰한 바로는 생후 4개월에서 5개월 즈음까지의 아기들은 어떤 식으로든 불편할 경우에만 운다고 합니다. 그 후에야 처음으로 안아달라고 울어대는 것 같은 새로운 종류의 의도적인 행동을 한다고 합니다. 다른 말로 하면, 아기는 먼저 자신의 신체적 욕구들이 성공적으로 충족되는 경험을 한 다음에야, 의도적으로 울 수 있다는 뜻입니다. 아기는 자기가 울 때 어른이 다가올 것이고, 곧이어 행복한 경험을 할 거라는 확신을 갖는 것이 중요합니다. 이와 달리 울어봤자 응답을 받지 못한다는 사실을 배워 가는 보육시설의 아기들은, 어른의 주의를 끌려는 새로운 행동을 별로 보여주지 않습니다. 여러 전문가들의 관찰에 따르면, 생후 3개월에서 6개월 사이의 아기는 그 이전 시기에 비해서 관심을 끌기 위해 굉장히 많이 운다고 합니다. 그 이전 시기는 너무 적게 울어서 충분한 관심을 받지 못하는 경우도 있었는데 말입니다. 두 가지 유형의 울음 사이에 이처럼 커다란 차이가 생겨난다는 사실은, 발달상 소중한 능력이라고 할 수 있습니다. 이 시기의 아기들은 합리적 이성이나 시간관념을 갖고 있지 않기 때문에, 여러분이 아기에게 기다리라고 말하거나 그만 울라고 말해봤자 소용이 없습니다. 많은 엄마 아빠들은 이 시기가 어렵다고들 이야기합니다. 그런데 우리 주위에 어른들이 많이 있다면, 부모노릇이 조금 더 쉬워질지도 모르겠습니다!

기어 다니는 것을 배우기 전에(아마도 6개월과 8개월 사이), 아기는 요구가 많은 존재가 될 수도 있습니다. 모든 것을 보고 싶어 하고 경험하고 싶어 할 테니까요. 하지만 아직 아기는 원하는 것들에 다가갈 수가 없습니다. 자기가 원하는 것에 다가가고자 하는 이 욕망은 기어 다니고 걷는 일을 북돋우는 적절한 추진력입니다. 그렇지만 아기는 상황이 빨리 변하기를 요구할 수도 있고, 어른들이 뭔가 해줘야 하거나, 불평을 피하려고 데리고 다녀야 할 수도 있습니다. 화이트 박사는 영리하고 유쾌한 3살짜리 아이로 자란 이유가 무엇인지를 탐구한 연구자입니다. 그는 아이를 "응석받이로 버릇없게" 만드는 원인을 추적하면서 부모들도 연구 대상에 포함시켰습니다. 응석받이가 된 아이들의 부모는 생후 6개월이나 7개월짜리 아기가 관심을 끌려고 하는 울음에 항상 지나치게 반응했던 부모들이었습니다. "만약 하루 6시간이나 7시간 동안, 1시간에 7번이나 8번씩 아기를 안아 올려서 놀아 준다면, 앞으로 틀림없이 슬퍼할 일이 생길 것이다."라고 화이트 박사는 이야기했습니다. 그는 양식 있고 분별 있는 관찰자이고, 부모자식간의 상호 관계를 주목했던 사람이 틀림없기 때문에, 저는 그의 이 주장이 꽤 흥미로웠습니다. 그리고 저 역시 여러 해 동안 이 관찰을 숙고해본 결과, 화이트 박사의 말이 관심을 끌려는 아기의 울음을 완전히 무시하라는 의미는 결코 아니었다고 생각하게 되었습니다. 오히려 돌봐 주는 사람이 1시간에 7번이나 8번씩 아기를 지나치게 안아 준다면, 아기의 발달에 잠재적인 문제가 있을 수도 있다는 이야기를 하고 있는 것입니다. 이런 양상을 피할 수 있는 한 가지 방법은, 아기를 여러분의 삶에 포함시키는 것입니다. 예를 들어, 한 명이나 두 명의 다른 아이가 있는 엄마들은 이런 문제를 자주 겪지는 않습니다. 도대체 그럴 시간이 없기 때문입니다! 또한 다른 형제자매들도 아기에게 상호작용을 해주기 때문에, 관심이 항상 부모로부터만 올 필요가 없어서 이런 문제가 덜합니다.

화이트의 관찰은, 아기가 가정생활에서 한 사람의 관찰자나 참여자가 아니라 모든 관심의 중심이 되었을 때 일어날 수 있는 문제를 지적한 것입니다. 아기를 무시하면서 울어대도록 내버려두라고 말하고 있는 것이 아닙니다! 오히려 아기는 자신이 태어난 가족 안에서 자기 자리를 찾을 필요가 있습니다. 여러분은 중간에서 균형을 찾아내야 합니다. 즉, 아기를 온 세상의 중심이 되게 하고, 그리하여 조금만 칭얼거려도 뛰어 들어가서 법석을 떨어대는 일과 버릇없게 만든다는 잘못된 생각으로 아기를 무시하는 일 사이에서 중도를 찾아야 한다는 뜻입니다.

제가 보기에는 두 가지의 문제점들이 떠오릅니다. 하나는 방금 논의했던 문제로, "어떻게 나는 이 순간 아기와 공감하면서 아기의 필요를 알 수 있을까?"라는 질문입니다. 또 하나의 문제는 이전 장에서 논의했던 것으로, 현대의 삶은 어린아이가 필요로 하는 것들을 지원해 주지 못하고 있고, 그 결과 아기들은 집 주위에서 엄마가 하는 "실제일"을 관찰하기가 힘들게 되었다는 점입니다.

산업혁명과 함께 많은 사람들이 도시로 이주했고, 가사 노동을 덜어 주는 기계들이 많이 나타났습니다. 이것은 가정생활의 본질을 변화시켰을 뿐만 아니라 여성들이 다른 가족과 떨어져 사는 상황을 만들었습니다. 즉, 다른 어른들로부터 떨어진 채 살게 된 겁니다. 그런데 엄마의 관심을 끌려고 더 크게 칭얼대는 아기를 만들지 않는 방법은, 바로 다른 어른이 가까이에 있는 것입니다. 이런 대가족의 경험이 부족한 우리 문화는 엄마들을 더욱 긴장시키고 힘들게 합니다. 멕시코에서 자기가 겪은 경험으로 이 사실을 깨닫게 된 제 친구 이야기를 앞에서 했었습니다. 아기를 얼마나 자주 안고 다니는지가 아기에게 영향을 미칠 수도 있을 테지만, 또한 여러분 자신의 욕구와 정서적인 행복과도 균형을 맞출 필요가 있습니다.

부모들이 만나는 수많은 어려움들과 관련해서 보다 커다란 질문은 다음과 같은 것입니다. "어떻게 우리는 우리의 고립된 상태를 극복하고서 지역사회 공동체를 발견하거나 다시 만들 수 있을까?" 고립된 상태로 어린아이를 키우는 일은 엄마들에게 미칠 것 같은 기분을 안겨줄 수가 있습니다. 과거에는 이런 일이 절대 없었으리라고 확신합니다. 모든 사람들이 "아이 하나를 키우는 데는 마을 전체가 필요하다"는 속담에 고개를 끄덕이며 동의할 것입니다. 그런데 어떻게 우리가 결국 지금의 이런 사회로 오게 된 것일까요?

두 가지 역사적인 힘들이 현대 여성들과 아이를 키우는 엄마들을 고립시키고 있습니다. 첫 번째 힘은 미개척지를 발견하고자 하는 개척자의 충동이고, 다른 하나는 다른 도시로 자주 이사하게 하는 어떤 힘입니다. 비록 개척자 여성들이 처음에는 과거 자기의 여성 공동체에서 분리된 일이 엄청난 어려움이었을지라도, 그들의 삶이 너무나 힘겨웠기 때문에 아이들도 가족의 생존을 돕는 일에 참여해야만 했습니다. 그리고 적어도 당시 시골에서의 삶은 주택이 밀집한 도시나 공장 지역보다는 더 건강했습니다. 하지만 도시 생활이 우세해지면서 많은 엄마들이 점점 더 고립되는 상황이 되었고, 자주 이사를 다니면서 가족이나 친척들과 멀리 떨어져서 살게 되었습니다.

여러분이 집에서 아기와 단둘이 있고, 자기 생활을 위한 시간을 전혀 낼 수가 없다면,

자신을 지원해 줄 네트워크를 찾아보아야 합니다. 여러분은 아이와 어머니노릇에도 책임이 있지만, 또한 스스로에게도 책임이 있기 때문입니다. 엄마-아이그룹, 놀이그룹, 종교 그룹 같은 것들을 찾아봐서 참여해 볼 수 있을 것입니다. 혹은 자연 식품 관련 협동조합에 가입하거나 공원에서 다른 엄마들에게 말을 걸어 보는 것도 좋겠지요. 어쩌면 그들도 고립되어 있을 수 있고, 함께 나눌 수 있는 기회들을 찾고 있을지도 모릅니다.

언어 발달

앞 장에서 이야기했듯이, 생후 1년은 아기들이 언어가 가진 소리들을 배우고 다른 사람과 소통하는 일에 흥미를 갖게 되는 중요한 시기입니다. 아기는 수태된 지 5개월 때부터 자궁 안에서 소리를 들을 수 있습니다. 하지만 이때 아기가 듣는 대부분의 소리는 엄마의 몸 안에서 나는 소리이거나 엄마가 말할 때 들리는 진동들입니다. 임신 후반기가 가까워져야 자궁이 크게 확장되기 때문에, 비로소 아기는 밖의 소리를 조금 분명히 구분할 수 있습니다.

태교를 주장하면서 "출생 전의 세계"를 옹호하는 사람들은, 엄마 배에 부착할 수 있는 특수 이어폰이 달린 음악이나 메시지 등을 부모들에게 팔려고 애를 쓰고 있습니다. 이렇게 하면 태어날 아기의 언어발달과 수학적 발달에 도움이 된다고 하면서 말입니다. 하지만 슈타이너가 말했듯이, 여러분은 자궁 속에 있는 태아의 눈을 발달시킨다고 자극을 주는 일을 원하지는 않을 것입니다. 마찬가지로 제인 힐리도 "우리가 이 주제에 관해 조금 더 알게 될 때까지는, 태아에게 지나친 자극과 압력을 가하지 않으면서, 편안하고 안정된 상태에 있게 해주는 것이 더 현명할 것이다. 여러분이 편안한 상태에서 뱃속의 태아에게 말을 걸어 주고, 노래를 불러 주고, 부드럽게 흔들어 주는 일은 모두 좋을 것이다. 하지만 태아에게 뭔가를 배우라고 "압력"을 가하고 있지나 않은지를 주의 깊게 성찰해보아야 한다."라고 충고하고 있습니다. 이 주제에 관련해서 과대 선전들의 유혹을 받고 있다면, 제인 힐리의 다음 글을 읽어보면 좋을 것입니다.

하여간 부모의 과도한 자극이란 문제에 관련해서 다음의 실험 결과에 대해 심각하게 생각해 보아야 한다. 이 실험에서 엄마 오리의 뱃속에 있는 아기 오리들은 보통과 달리 아주 강한 소리의 자극(소음)을 들으면서 자랐다. 그 뒤 태어난 아기 오리들은 엄마 오리가 부르는 소리를 잘 구별하지 못했고, 이상한 것들에 주의를 기울인다는 사실을 보여주었다. 혹시 아기에게 녹음기를 틀어주고 싶은 유혹을 받는다면, '큰 소리를 듣는 감각적인 경험'이 어쩌면 인간 아기한테도 그리 좋지 않을 것이라는 사실을 기억하자.

아기는 엄마의 목소리를 제일 좋아합니다. 태어난 직후부터 엄마의 소리를 이해하고 기억하려고 할 것입니다. 여러분이 아기에게 줄 수 있는 사랑과 관심을 대체할 만한 것은 이 세상에 아무 것도 없습니다. 가령, 기저귀를 갈면서 아기에게 말을 걸어 준다면, 여러분은 아기에게 사랑에 찬 자극과 언어 발달의 본보기를 제공하고 있는 셈입니다.

생후 4개월 즈음의 아기는 이름을 부르면 고개를 돌리고 미소를 지을 것입니다. 이 단계가 언어 이전의 이해하는 단계prelanguage comprehension입니다. 이 단계에서는 어떤 이름이든 아기는 똑같이 기분 좋게 반응을 할 것입니다. 단, 즐거운 시간일 경우에 말입니다. 생후 8개월이 되면 아기는 아마도 몇 가지 특별한 단어들에 반응할 것입니다. 엄마, 아빠, 아기, 빠이빠이 같은 몇 가지 단어가 거기에 포함됩니다.

높은 목소리로 이야기하면 아기는 더 좋아하고, 그 목소리가 리드미컬하고 음악적이면 특히 더 기분 좋은 반응을 합니다. 그러므로 모든 문화권에서 아기에게 늘 자장가나 동요를 들려주고 있는 것입니다. 여러분이 흥얼거리거나 노래를 불러 주는 시간은 아기에게 가장 좋은 봉사를 해주는 시간입니다. 어떤 부모들은 자기에게는 "음악적 소질이 없다."고 걱정하지만, 모든 사람은 흥얼거릴 수 있는 능력 정도는 다 갖고 있습니다. 몇 마디 단어나 한두 개 정도의 음조로 아주 간단한 노래 정도는 누구나 부를 수 있다는 뜻입니다. 어린이용 하프 같은 간단한 악기는 잠을 재울 때 아기를 진정시키는 효과를 냅니다. 그리고 어린 아이들에게 음악적인 요소를 도입할 수 있게 도와줄 것입니다.

이 하프는 오음계로 조율되어 있어서 천상의 음을 낼 수가 있고, 잘못된 음이라는 게 없습니다.

생후 첫 해를 위한 장난감들

미국의 회사들은 1998년에 아이들 용품을 선전하는 광고비용으로 20억 달러를 썼습니다. 이 비용은 1988년 때보다 무려 20배가 늘어난 비용입니다. 그러나 이처럼 광고업계가 아무리 여러분을 믿게 만들려고 애써도, 생후 첫 1년 동안 여러분의 아이는 굳이 장난감을 사주지 않아도 건강하게 발달할 것입니다. 덴마크 뇌켄에 있는 차일드케어 센터의 주임인 헬레 헥크만은 "어린 아기는 놀 거리로 자기 자신을 가지고 있으며, 관찰을 통해 자기의 손발을 발견하고 발달해 간다."라고 말합니다. 하지만 지금 미국의 모든 아기들은 온갖 장난감들을 가지고 있는 실정입니다. 이런 상황에서 우리의 선택을 도와 줄 수 있는 원칙들은 무엇일까요?

아기에게 필요한 것은 균형입니다. 즉, 물건들을 가지고 놀고, 신체적인 능력을 발달시키기 위해 움직이고, 사람들과 상호작용하는 일에 균형을 맞춰야 한다는 뜻입니다. 또한 상호작용은 매일의 일상생활에서 여러분이 해주는 보살핌으로부터 나오는 것이어야 합니다. 즉, 젖을 먹이고, 나중에는 수저로 음식을 먹이고, 옷을 갈아입히고, 목욕을 시키는 일 같은 일상에서 나오는 상호작용을 뜻합니다. 이 시기에 여러분은 아기를 한 사람의 인간으로 주의 깊게 다루어야 하고, 아기를 어떤 대상으로 취급해서는 안 됩니다. 또한 아기 때문에 해야 하는 일을, 어쩔 수 없이 해야 하는 부담스런 가사 일로 여기지 않는 것도 중요합니다. 아기가 아주 어렸을 때부터 말을 걸어 주고 노래를 불러 주면, 커서도 아기와 자연스럽게 놀이를 할 수 있을 것입니다. 생후 6개월이 지나면 아기는 자신과 세상이 나타났다가 갑자기 사라지는 까꿍 놀이를 아주 좋아합니다. 간단한 노래와 율동을 곁들인 놀이들 또한 1살짜리 아기를 즐겁게 할 것입니다.

아래에 나오는 장난감들과 여러 물품들은 생후 첫 해의 아기들에게 추천할 만한 것들입니다.

- 흔들의자
- 어린이용 하프
- **아기용 자동차 의자**(태어나서 9개월까지) 그리고 **어린이용 자동차 의자**(9개월 이후부터)
- 어린아이를 데리고 다닐 수 있도록 천으로 만든 **멜빵 달린 포대기들** : 조금 큰 아기를 위한 멜빵 캐리어나 등에 매는 배낭 형 캐리어, 밖을 산책할 때 필요한 **아기용 유모차**, 아기가 약간 자랐을 때 쓸 수 있는 **의자형 유모차**
- 아기용 간단한 **운동 놀이 기구** - 생후 6개월부터 앉을 때까지
- 아기가 안전하게 오르기를 연습할 수 있도록 **세 번째 계단에 보호 문이 달린 계단**(여러분이 직접 세 개의 계단을 만들 수도 있음)
- 식탁에서 아기에게 음식을 만들어주기 위한 **아기용 믹서**(생후 6개월 전에는 고형 음식을 줄 필요가 없음. 그리고 직접 만드는 음식은 가공해서 판매되는 대부분의 아기 음식들보다 신선하고 소금이나 설탕이 덜 들어 있음)
- 장난감들을 담을 수 있는 **커다란 박스나 바구니**
- 천이나 펠트로 만든 것을 포함한 **다양한 크기의 공들**(기포로 만든 공은 쉽게 떼어지거나 아기가 먹을 수도 있으므로 피해야 함)
- **주전자와 프라이팬들** - 생후 6개월에서 12개월 아기들
- **뚜껑이 달린 용기들, 경첩이 달린 상자들** - 생후 7개월에서 15개월까지
- **나무로 만든 커다란 실패, 큰 조개껍데기, 나무 조각들, 예쁜 돌** 등 한 다스 정도의 안전한 물건들
- 위의 물건들을 담을 수 있는 **상자나 바구니**
- **튼튼하게 엮은 책들**
- 아기가 두 발로 버티고 설 수 있게 해주는 **네 바퀴 달린 높지 않은 장난감들** - 생후 7개월에서 15개월까지
- **물에서 가지고 놀 장난감들**

그렇지만 다음에 나오는 것들은 그 가치를 의심해 보아야 할 것들입니다.

- **유아용 고무젖꼭지** - 젖을 먹는 시기가 끝난 후에도, 어떤 아기들은 음식을 먹는 것보다 더 많은 시간 동안 여전히 뭔가를 입으로 빨아야 할 필요가 있을 수 있습니다. 그리고 고무젖꼭지가 생후 첫 1년 동안 아기를 진정시킬 수는 있습니다. 하지만 고무젖꼭지가 사람이 해주는 상호작용을 대신하면 위험합니다. 심지어 걸음마하는 아이나 더 큰 아이들 중에는 옷에다 고무젖꼭지를 매달고 있는 아이들도 있습니다. 단지 조용히 시키려고 아이의 입에다 고무젖꼭지를 시시때때로 물려놓으려고요.
- **젖병과 그와 관련된 것들** - 젖병을 지나치게 옹호하는 일은 모유를 먹으면서 아기가 받을 사랑과 관심을 잃게 된다는 것을 의미합니다. 젖병을 물린 채 아기를 재우면 나중에 충치가 생길 위험도 있습니다. 주스나 우유가 입안에 남아 있으면, 그 당분이 박테리아를 자라게 함으로써 "젖병증후군"이 생길 수 있기 때문입니다.
- **베이비 바운서** - 아기가 설 수 있기 전에 아기를 지면과 수직이 되게 합니다. 그리고 갑자기 뛰어오르게 하는 힘은 다리뼈에 부정적인 영향을 미칠 수 있습니다.
- **보행기** - 아기가 움직이는 것을 아주 좋아할지라도, 보행기는 제대로 설 수 있기 전에 아기를 지면과 수직이 되게 만들고, 정작 아기가 기어 다녀야 할 시간을 빼앗습니다. 또한 집에서 일어날 수 있는 많은 사고와도 관련이 있습니다.
- **유아용 놀이틀** - 아기가 갇혀 있어야만 하는 아주 드문 경우를 위해서 그렇게 비싼 돈을 지불할 가치가 전혀 없습니다. 차라리 아기를 위해 집을 안전하게 점검하는 것이 훨씬 낫습니다!
- **아기 수영반** - 옛날에는 유행했지만, 많은 엄마들이 이런 수업에서 부정적인 경험을 했다고 이야기합니다. 그리고 실제로 얻는 것도 별로 없었다고 합니다.
- **아기 체조반** - 아기는 어떻게 움직이고 발달해야 할지를 스스로가 잘 알고 있습니다! 물론 아기 체조반에 등록하는 일은 다른 엄마들을 만날 수 있는 좋은 구실이 될 수는 있습니다. 하지만 자칫 아기에게 지나친 자극을 많이 주어서 별로 좋지 않을 수도 있습니다.

그리고 마지막으로는, 아기의 자연스런 발달을 도울 수 있는 몇 가지 즐거운 활동들이 있습니다.

- 아기를 소중하게 어루만지기, 데리고 다니기, 피부끼리의 접촉에 중점을 두기.
- 아기에게 말 걸어 주기 : 아기를 보살필 때 아기를 한 사람의 인간으로 보아야 합니다.
- 아기에게 흥얼거리고 노래 불러주기.
- 자연과의 만남을 아주 가치 있는 일로 소중히 여기기 : 아기는 나무 아래에서 빛과 어둠의 교차를 보는 것을 좋아할 것입니다. 걸음마를 하는 아기는 집 안이나 밖에서 하는 모래장난과 물놀이를 매우 좋아합니다. 하지만 너무 강렬한 빛에 지나치게 노출되는 것은 피하는 것이 좋습니다.
- 자장가를 불러주고 간단한 동작을 곁들인 놀이를 함께 하기.

5

· · · · · · ·

걸음마하는 아이의
발달을 도와주기

균형 잡힌 발달을 격려해주기

1살에서 2살 사이의 걸음마를 하는 아이는 자신의 몸을 점점 더 잘 통제하며 언어 능력 또한 발달하는 중입니다. 언어가 발달하면서 아이는 문제를 해결하기 위해 신체적인 활동보다는 마음속에 어떤 표상이나 개념을 사용하기 시작합니다. 생각하고 기억하는 이 힘은 몸으로 하는 행동과 상호작용을 하면서 커집니다. 이 때문에 2살짜리 아이는 대단히 복합적인 사회적 존재입니다. 아이의 발달에서 이러한 면은 개성과 개인적 힘, 즉 '나'라는 인식이 강해지는 모습으로 나타납니다.

첫 번째 선생님인 부모가 생후 12개월부터 24개월까지 해야 할 중요한 일은, 아이의 균형 있는 발달을 격려하는 것입니다. 신체적인 발달에서 아이는 움직이는 새로운 기술을 계속해서 연습할 것입니다. 정서적인 발달은 엄마나 아빠나 다른 돌봐 주는 사람과의 관계를 중심점으로 삼고서 발달합니다. 지능의 발달은 자기 주위의 세계를 계속해서 탐구함으로써 발달해 갑니다.

걸음마를 하는 아기는 본능적으로 강한 호기심을 갖고 있습니다. 그러므로 안전하게 정리한 집안에서 아기의 호기심이 아무런 방해 없이 자연스럽게 펼쳐질 수 있도록 해주어야 그 호기심이 충족될 수 있습니다. 아기는 물건들을 탐구하고 여러 가지 기술들, 가령 물건들을 분리하고, 쌓고 부수는 일 등을 하나씩 터득하면서 대부분의 시간을 보냅니다. 경첩이 달린 문을 여닫기, 계단에 오르기, 의자에 올라가 창밖을 보는 일 등은 걸음마하는 아기들이 좋아하는 활동입니다. 화장실의 변기는 아기가 놀기에 좋아하는 곳이지만 위험할 수 있으므로 화장실 문을 닫아 두어야 합니다. 아기는 밖에서 노는 일도 좋아합니다. 밖에는 아기가 탐구할 만한 것이 아주 많기 때문입니다. 이 시기의 아이는 그네 타기와 모래더미에서 노는 일도 좋아합니다.

아기가 탐구하는 모든 것은 여전히 입에 들어가고 삼킬 수 있습니다. 걸음마하는 아이는 기어오르는 것도 아주 좋아하기 때문에, 독성이 있는 것은 반드시 손에 닿지 않는 찬장에 넣고 열쇠로 채워 놓아야 합니다. 어떻게 아이가 휘발유나 세척액 등을 삼킬 수 있는지 우리로서는 의아할 뿐이지만, 아기의 호기심은 나쁜 냄새나 맛을 상관하지 않고 어떤 것이든 삼킬 수 있을 정도로 강합니다. 그러므로 아기가 1살에서 2살이 되면 여러분은 집 안이 안전한지 다시 살펴보아야 합니다!

사회적 발달이라는 면에서 보면 2살배기 아이는 자기 부모에게 우선적으로 초점이 맞추어져 있습니다. 부모의 지시, 충고, 도움이 없거나 부모가 곁에 있다는 확신이 없으면 아기는 멀리가지 않을 것입니다. 그러므로 여러분이 가까이에 없을지라도 아기가 무엇인가를 탐험할 수 있게 해주는 일은 독립심과 자신감을 가르치는 일이 될 수 있습니다. 또 아기가 무엇인가를 들고 왔을 때는, 적극 격려해 주면서 아기가 호기심을 보이는 그 물건에 여러분도 관심을 보여야 합니다. 이런 격려와 상호작용은 아기의 강렬한 호기심과 배우고자 하는 행동을 여러분이 소중하게 생각한다는 것을 보여줄 것입니다.

2살배기 아이와 긍정적으로 상호작용을 하는 일은 쉽지 않습니다. 이 시기 아이들의 모방하고자 하는 무의식적 욕구는, 다른 사람이 관심 갖는 것은 자기도 뭐든 원한다는 뜻이기 때문입니다. 그리고 일반적으로 아직은 함께 놀 수 있는 사회적 능력이 부족하기 때문입니다. 놀이는 상호작용보다는 좀 더 서로 협력을 해야 이루어집니다. 이 나이의 아이들이 부드러운 손놀림으로 다른 아이와 접촉하고, 다른 아이가 장난감을 갖고 놀 때 기다릴 수 있게 하기 위해서는 주의 깊은 감독이 필요할 것입니다. 장난감을 서로 나눈다는 개념이 아직은 자연스럽게 생겨나지 않았기 때문입니다. 그렇지만 다른 아이가 그 장난감으로 놀이를 끝낼 때까지 기다리는 법을 배우는 일이 첫 번째 단계로 알맞을 것입니다. 이런 상황에서 걸음마하는 아이들은 큰 아이들을 따라하면서 사회적인 능력들과 상상 놀이들을 배워갈 것입니다. 그래서 다른 또래 동무들이 주위에 있으면 훨씬 빨리 배웁니다.

움직이는 능력들을 살펴보면, 생후 14개월 후부터 아기는 걸을 수 있을 뿐만 아니라 기어오를 수도 있습니다. 달리는 능력도 이때부터 발달하기 시작합니다. 생후 18개월이 된 아기 역시 붙잡고 따라 걸을 수 있는 바퀴 달린 장난감을 좋아할 것입니다. 세발자전거를 타는 능력은 보통 2살이 되어서야 나타납니다. 그러므로 아기가 조금 더 자랄 때까지 그런 장난감은 뒤로 미루는 것이 좋습니다.

탐구하고, 몸을 움직이고, 사회적 상호작용을 하는 영역들이 골고루 균형을 이루도록 하는 가장 좋은 방법은, 아기가 스스로 탐구할 수 있는 환경을 제공해 주는 것입니다(어른은 아기가 안전한지를 잘 살펴봐야하지만, 그렇다고 늘 상호작용을 할 필요는 없습니다). 이것은 보통 여러분의 집에서 할 수 있는 일들입니다. 집을 안전하게 정리하고, 간단한 몇 개의 장난감과 일상적인 가정용품을 덧붙이는 것으로 충분합니다.

발달을 돕는다고 하는 것들

모든 부모들은 자기 아이에게 가장 좋은 기회를 제공해 주고 싶은 자연스러운 충동을 가지고 있습니다. 그렇기 때문에 많은 부모들은 생후 18개월짜리 아이에게 수영, 읽기, 체조를 가르쳐 주는 레슨들에 관심을 돌립니다. 몇 년 전에 유아들에게 수영을 가르치는 프로그램이 크게 유행했습니다. 하지만 아기를 위한 수영 강습 프로그램에 대한 비판도 크게 일었습니다. 비판의 주된 내용은 많은 어머니들이 그 프로그램을 통해 얻은 것이 별로 없었으며, 어린 아이들은 마음의 충격을 경험했으리라는 것이었습니다. 그러므로 무엇보다도 여러분 자신을 신뢰하고, 여러분 생각에 좋지 않을 것 같은 일은 하지 말아야 합니다. 아기를 놀라게 할 만한 상황에 데려가는 일은 아무런 가치가 없습니다. 아기의 적절한 발달을 위해서나 발달을 강화하기 위해서, 아기한테는 어떤 수업도 필요하지 않습니다. 만약 어떤 그룹에 아이를 데리고 간다면, 여러분이 아이와 함께 있을 수 있는지, 나이에 적합한 활동들을 하는지, 그곳의 환경이 아이의 감각 수준에 너무 과도하지 않은지를 잘 확인해야 합니다. 전에도 이야기했지만, 제한된 공간에서 혼자 아기를 키우느라 멀미가 날 지경인 엄마들에게 아기 체조반은 사회적으로 즐거운 경험일 수 있습니다. 하지만 그런 수업은 때로 아기의 발달 단계를 무시하고 아기를 지나치게 몰아댈 수가 있습니다. 걸음마하는 아이들은 제대로 발달하려면 어떤 근육을 써야 하는지를 스스로가 가장 잘 알고 있습니다. 부모들이 아이들을 학습반들에 넣고 싶어 하는 이유와 왜 그러지 말아야하는지에 대한 훌륭한 요약은, 데이비드 엘킨드의 『잘못된 교육: 위험에 처한 취학 전 아이들』이란 책에 잘 나와 있습니다.

물론 이런 놀이그룹은 이 시기의 아이보다는 집에 있는 부모들한테 더 도움이 될 것입니다. 이상적인 형태로는 엄마들끼리 서로 도와주는 그룹, 이를테면 함께 만나 이야기를 나누는 동안 서로 돌아가며 아기를 봐주거나 하는 일이 가능합니다(그렇지 않으면 엄마들은 밤에 남편이나 다른 어른이 아이를 봐주어야만 서로 만날 수 있을 것이기 때문입니다!). 많은 발도르프 학교들과 라이프웨이스 프로그램들에는 부모와 걸음마하는 아기가 함께 참여하는 그룹들이 있습니다. 또 많은 교회들과 사회단체들에도 그런 그룹이 있습니다.

마찬가지로 아기가 몸을 움직이는 시간을 뺏으면서까지 지능 발달을 강조하는 일은 아기의 발달에 불균형을 초래할 수 있습니다. "강을 억지로 떠밀지 말라"는 속담도 있듯이, 아기는 자신의 내적 시간표에 따라서 잘 발달하고 있는 중입니다. 그러므로 어느 한 부분을 빨리 발달시키려고 정해진 절차를 함부로 간섭하면, 다른 부분에서 문제를 일으킬 수 있습니다. 어떤 부모들은 자기 아이가 혹시 유아의 언어 발달을 촉진시키려는 의도로 만들었다는 "세서미 스트리트Sesame Street"16)나 다른 프로그램을 못보고 놓치면 어쩌나

---

16) 세서미 스트리트(Sesame Street) : 미국의 유명한 텔레비전 유아프로그램입니다.

걱정합니다. 하지만 아이들은 여러분이 말하는 것을 들으면서, "그 전에(before)"와 "그 후에(after)"라는 단어를 자기 말 속에서 어떻게 써야 하는지를 배울 것입니다. 굳이 그로 버[17]가 화면에 나와서 수업을 해줄 필요가 없다는 뜻입니다. 앞에서도 이야기했던 어떤 연구는, 텔레비전이 아니라 살아있는 사람들한테서 나온 언어만이 아이들의 어휘력과 문장 구성에 관한 지식을 증진시킬 수 있다고 주장하고 있습니다. 버튼 화이트도 다음과 같이 말함으로써 이 사실을 확증해 주고 있습니다. "텔레비전 프로그램을 전혀 보지 않아도, 아기는 여러분이 말하는 것을 듣고 보면서 놀랍도록 기막히게 말을 배워간다. 그러니 믿고 안심해도 된다."

　텔레비전 같은 미디어들은 어린 아기나 걸음마하는 아기한테 아무런 쓸모가 없는 완전히 부적절한 것입니다. 지금까지 살펴본 바에 따르면, 다행히도 어린 아기들은 오랫동안 가만히 앉아서 화면을 보고 있지 못합니다. 만약 어떤 아기가 다른 형제자매들과 함께 앉아서 오랫동안 텔레비전 화면을 보고 있다면, 그 내용에 관심이 있어서라기보다는 일종의 흉내이거나 버릇일 것입니다. 불행히도, 텔레비전을 만드는 프로듀서들은 무엇이 걸음마하는 아기들의 흥미를 끄는지를 열심히 연구하고 있으며, 어떻게든 아기들의 주의를 끌만한 프로그램을 만들어내고 있는 실정입니다. 디즈니에서 상품으로 내놓은 "꼬마 아인슈타인Little Einstein" 같은 프로그램들이 어린 아기들에게 유익하다는 주장은 계속 의심을 받아왔습니다. 그러니 구매자들이 유익하다고 써댄 상품 평가들에 현혹되어서 그런 것들을 사지는 마세요! 텔레비전에서 나오는 2차원적이고, 깜박거리는 감각적인 자극이 어린 아기들의 욕구와 어떻게 맞지 않는지는 12장에서 보다 상세하게 이야기할 것입니다. 한편으로는, 텔레비전을 아기가 지내는 곳이 아닌 다른 방으로 옮겨놓는다면 가장 좋을 것입니다. 그러면 어른이나 큰 아이들이 텔레비전을 볼 동안에도 아주 어린 아기나 걸음마하는 아기가 자극적인 이미지를 보거나 떠들썩한 소리를 듣지 않아도 될 테니까요.

　아이의 첫 번째 선생님인 여러분은 아이 인생의 처음 시기에 가장 중요한 책임을

---

17) '세서미 스트리트' 프로그램에 나오는 캐릭터의 이름입니다.

지니고 있는 사람입니다. 여러분이 해야 할 가장 중요한 일은, 아기 주위의 모든 것들, 음식, 옷, 이미지, 장난감, 햇빛, 모래, 물 등에 관해서 주의를 기울이는 것입니다. 여기에는 눈에 보이지 않는 "영양분"도 포함됩니다. 이것은 아기를 둘러싸고 있는 따스함과 사랑과 감정들로부터 나오는 영양분입니다. 그러니 걸음마를 하는 아기의 발달을 도와주기 위해서라면 여러분 자신을 연구하도록 하세요. 이 말의 의미는, 여러분이 한편으로 자신의 인내심과 단호함과 확신을 발전시켜나가야 한다는 뜻입니다. 다른 한편으로는 이상적인 부모가 아니라고 스스로를 비난하거나 죄의식을 느끼지 말아야 한다는 뜻입니다. 어느 누구도 완벽하게 이상적인 부모가 될 수 없습니다. 하지만 부모가 노력하고, 애쓰고, 내적으로 성장하는 모습을 보여줄 수는 있습니다. 이런 모습이야말로 아이들에게 가장 강렬한 영향을 미칠 것이고, 아이의 신체적 성장과 정서적 성장에도 유익할 것입니다. 그러면 아이들은 우리의 잘못을 보아도 기꺼이 용서할 것입니다. 그리고 부모노릇을 하면서 내적으로 성장하고자 노력한다면, 우리 내면에서 어떤 변화가 일어날 것입니다. 이것이야말로 우리 아이들에게는 가장 큰 선물일 것입니다.

만약 아기의 발달을 이해한다면, 적어도 여러분은 발달을 방해하는 일, 가령 자동차용 아기 의자, 유아용 놀이틀, 높은 의자 같은 곳에 하루에 몇 시간씩 강제로 앉혀 놓아서 아기를 지루하게 만드는 일은 하지 않을 것입니다. 또한 아기에 대해서 비현실적인 기대를 품지도 않을 것입니다. 즉, 여러분이 하지 말라는 일을 아기가 기억하기를 바란다거나, 말로 설득시키겠다는 기대를 갖지는 않을 것이란 뜻입니다. 아기의 잘못된 행동을 고쳐주는 방법은 오직 모방과 움직임의 원리라는 사실을 기억하세요! 그러면 여러분은 아기한테 꼭 필요한 안내를 해주면서, 아기의 잘못을 고쳐줄 수도 있을 것입니다. 또한 하지 말았으면 하는 일을 아이가 했을 때, "나쁜 아이"라고 말하는 곤혹스러움도 피할 수 있을 것입니다.

부정적인 행동을 다루기

생후 18개월에서 36개월 사이의 아기와 지내면서 만나는 어려움 중 하나는, 그 시기의 아기에게 분명히 나타나는 "부정적 태도"를 다루는 일입니다. 만약 아기의 자아 인식과 힘에 대한 감각이 지금 이런 태도로 긍정적으로 나타나고 있음을 깨달을 수 있다면, 여러분은 자기가 뭔가 잘못했다고 생각하는 함정에 빠지지 않을 것입니다(가령, "우리가 이사를 하지 않았기 때문일 거야." 또는 "내가 너무 성미가 급해서 아이가 이기적으로 되었나봐."와 같은 자책들이 그것입니다.). 그러면 여러분은 아이가 필요로 하는 것을 안내해 주면서도, 어른과 부모의 관점을 갖고 아이의 발달을 즐겁게 바라볼 수 있을 것입니다.

첫 아이들은 자칫 지나친 응석받이로 자랄 수가 있습니다. 이것은 부모의 지나친 사랑이나 불안정한 태도나 잘못된 생각들 때문일 수가 있습니다. 그런데 두 번째나 세 번째 아이는 칭얼거릴 때마다 응석을 받아 줄 여유가 부모한테 없습니다. 그래서 아이들과 부모의 생활이 훨씬 리드미컬해지고 질서가 잡혀갑니다. 그렇지 않다면 엄마들의 삶은 너무나 힘들어질 테니까요. 첫 아이를 키우면서 저는 권위주의자가 되고 싶지 않다는 관념적인 함정에 빠진 적이 있었습니다. 그래서 제가 아이에게 옳은 행동을 권위적으로 주장하고 있다는 사실을 깨달을 때까지는, 혼란스런 나날들을 보내야 했습니다. 이럴 때 여러분에게 필요한 것은 화를 내기보다는 마음을 가라앉히는 것입니다. 그리고 아이는 여러분이 기대한 바를 배울 수 있고, 언젠가는 배울 것이라는 굳은 확신을 가져야 합니다. 부모는 "안내자"("권위주의자"보다 덜 명령하는 느낌이 드는 단어입니다)라는 표현이 딱 적절합니다. 부모는 밝고 행복한 세 살배기가 되어가고 있는 아이들을 안내하고 도와주는 사람이기 때문입니다! 아이들은 무의식적으로 여러분을 신뢰하고 있는데, 자라는 일에 관해서 자기들보다 어른인 여러분이 훨씬 잘 안다고 믿기 때문입니다. 아이들은 자기의 충동을 조절하는 일과 사회적인 예의범절을 지금 막 배우고 있기 때문에, 여러분은 아이들에게 알맞은 한계를 제공해줄 수 있어야 합니다.

"매우 뛰어난 아이들"을 키운 부모들과 가족들을 관찰한 화이트 박사는 이런 사실을 발견했습니다. "우리가 연구한 유능한 부모들은 아이가 아주 어렸을 때부터 아이를 언제나 사랑하지만, 확고한 태도 역시 가지고 있었다. 일반적인 가족이 안고 있는 주된 문제점은, 아이가 부모의 권리를 지나치게 침해하도록 허용하는 것이었다." 이것은 가령, 여러분이 가정의 질서를 제대로 세워서 아이가 최대한의 자유를 누리면서도 "안 돼!"라는 말은 최소한으로 듣게 하는 일을 뜻합니다. 그렇더라도 아이한테 허락할 수 없는 일들에 대해서는 부모가 확고한 태도를 취해야 합니다. 그러니까 아이가 호기심을 보이는 건 멋진 일이지만, 그렇다고 여러분의 화장품을 갖고 놀 필요는 없다는 이야기입니다. 그럴 경우에는 강하게 "안 돼!"라고 말할 수 있어야 하며, 아기를 다른 곳으로 데려가는 것이 좋을 것입니다. 그런 다음에는 화장품을 아기 손이 닿지 않는 곳에 올려놓아야겠지요. 그렇다고 아이를 벌줄 필요는 없습니다. 왜냐하면 걸음마를 하는 아기는 자기가 한 일이 잘못이라는 것을 이해하지 못하고, 다음번에도 그것을 기억하지 못하기 때문입니다.

아이가 집 안을 뛰어다니지 못하게 하는 문제는 어떨까요? 아기가 여러분에게 "싫어"라고 자기의 생각을 주장하기 시작하면서, 이 문제는 점점 더 빈번하게 등장할 것입니다. 2살짜리 아이는 거의 반사적으로 부정적 태도를 보일 때가 많습니다. 이에 대한 한 가지 유용한 팁이 있습니다. 아이가 상황을 바꿀 수 있는 자기 힘을 알아가고 발달시키고 있는 이 시기 동안에는, 가능한 아이한테 질문 같은 것을 하지 않는 것입니다. 어린 아이들은 아주 말을 잘하는 경향이 있고, 그래서 부모들은 합리적인 수준에서 아이들과 이야기를 하려는 함정에 빠지곤 합니다. 그런데 2살짜리 아이에게 "이런 일을 하고 싶니?" 하고 물으면, 즉각 부정적인 대답이 나오기 십상입니다. 그러므로 이렇게 묻기보다는 오히려 "잠자러 가기 전에 이 닦을 시간이야."라는 긍정적이고 중립적인 말을 하는 게 더 효과적입니다. 이 말을 할 때, 더 이상 다른 선택이 없고 시간을 미루기도 불가능하다는 부모의 절대적인 확신이 결합되면 더욱 효과적입니다. 그리고 아이를 재우러 갈 때, 약간의 환상적인 이야기, 동작, 노래를 곁들인다면, 아이의 주의를 끌면서 부정적인 태도를 살짝 넘어갈 수 있을 것입니다.

　모든 일들이 가능한 똑같은 방식으로 이루어지게 하는 일도 문제를 피하는 데 도움이 됩니다. 2살짜리 아이들은 변화를 아주 싫어하며, 어떤 활동을 하다가 다른 활동으로 전환하는 동안에 산만해지기 마련입니다. 모든 일들에는 특정한 방식이 있어야 합니다, 그렇지 않으면 아수라장이 될 수 있기 때문입니다. 그렇다고 매순간 칭얼거리는 아이의 요구를 전부 들어주어야 한다거나, 부모가 언제나 참고 인내해야 한다는 뜻은 아닙니다. 하지만 여러분이 질서를 원하는 아이의 집착을 이해한다면, 많은 문제를 피할 수 있습니다. 이러한 집착은 그저 하나의 단계이고, 자라면서 그 강렬함은 점점 줄어들 것입니다. 사춘기가 된 아이는 질서 같은 것에 전혀 집착하지 않을 테니까요!

　하지만 때로 아이가 이유 없이 그냥 부정적일 때도 있을 것입니다. 그래서 여러분은 아이의 강한 거부에 깜짝 놀랄 지도 모릅니다. 이런 일이 생기면, 제일 먼저 아이가 원하는 바를 인정해주는 것이 좋습니다. "네가 공원에서 계속 놀기를 정말로 원하는 것 같구나. 지금 눈물을 흘리면서 "싫어, 엄마! 집에 안 가!" 이렇게 말하고 있네." 이런 인정은 그 자체만으로 아이의 관심을 끌 수 있습니다. 모든 사람은 누군가로부터 이해를 받으면 고마워하기 때문입니다. 그렇더라도 이런 진심어린 인정을 해준 뒤에는 필요한 이야기를 해야 합니다. "하지만 집에 갈 시간이란다. 그래야 아빠를 위해서 저녁식사를 지을 수 있잖니. 집에 가서 너는 당근을 갖고 놀면서 나를 도와줄 수 있어." 이때 뭔가 상상력을 자극하는 말을 해주면 도움이 될 것입니다("우리가 봤던 토끼처럼 깡충깡충 뛰어갈까? 누가 빨리 뛰는지 궁금하네, 엄마 토끼일까 아기 토끼일까?"). 또 둘 중에 하나를 선택하라고 하면, 충돌을 살짝 피하는 데 도움이 될 수 있습니다. 물론 이 선택들은 어떤 것이든 여러분이 목적한 바에 알맞아야겠지요("너는 침실까지 (엄마 품에 안겨서) 날아가고 싶어? 아니면 토끼처럼 깡충깡충 뛰어가고 싶어?").

자기의 감정을 인정받은 뒤에도 아이가 한껏 징징대고 소리를 지르면서 호소한다면, 그런 변덕을 부린 덕분에 원하는 걸 얻을 수 있다는 생각을 아이가 갖지 않게 하는 게 중요합니다. 그럴 때는 아이를 안아서 다른 장소로 옮겨놓고는, 그곳에 가만히 앉혀놓거나 여러분이 붙잡고 있을 수 있습니다. 혹은 여러분이 옆에 선 채로 아주 지루한 표정을 지으면서, 네가 준비가 되면 금방 삶의 활동들이 다시 시작될 거라고 확신시켜주는 방법도 괜찮습니다. 그러는 동안 여러분은 몇 번 심호흡을 하면서, 아이의 짜증에 뭔가 이유가 있는 것은 아닌지를 물어보아야 합니다. 아이가 너무 피곤한가? 아니면 혹시 감기가 들려는 것은 아닐까? 딱히 분명히 꼬집어낼 만한 것이 없을 수도 있습니다. 때로는 일이 분 정도 여러분이 그 자리를 떠나 있으면, 아이가 즉시 진정될 수도 있습니다. 아무도 보지 않는데 그런 짜증이 무슨 소용이 있을까요? 어떤 경우에는 노래를 불러 주거나 재미있는 놀이를 해주면, 아이의 기분이 좋아질 수도 있습니다. 무슨 방법을 쓰든지 간에, 여러분은 사랑과 확신을 갖고서, 이 파국을 일으킨 아이 행동을 부드럽게 지적해줄 필요가 있습니다. 화를 내고, 아이를 때리고, 비난하는 일은 아무런 소용이 없습니다. 또 한발 양보해서 이런 행동이 종종 결실을 얻는다는 사실을 강화해주는 일도 좋지 않습니다. 매번 보상을 해주는 것보다 어쩌다 한번 씩 보상을 해주는 것이, 어떤 행동에 대한 배움을 더욱 효과적으로 격려한다는 사실을 기억하세요. 그러므로 일관성 있게 행동하는 것이 중요할 것입니다.

여러분이 한계를 설정할 수 있고, 아이의 행동을 고쳐줄 있다는 사실을 알게 되면, 인내심을 유지하는데 도움이 될 것입니다. 그리고 아이더러 집안 살림을 좌지우지하라고 허락하고서는, 또 금방 화를 내는 것 같은 상황을 피할 수 있을 것입니다. 잘못을 고쳐주는 일은 항상 아이가 있는 그 장소와 지금 이 순간에 일어나야 합니다. 2살짜리 아이가 다시는 그러지 않을 것이라고, 그런 기억을 할 것이라고 기대해서는 안 됩니다. 그것이 바로 그 순간이 지난 뒤나 체벌이 효과가 없는 이유입니다. 만약 특별히 고집 센 아이를 두었다면, 여러분은 이 시기 동안에 여러 번 한계를 설정할 필요가 있습니다. 그렇지만 끝까지 그 한계를 주장하면 좋은 결과를 낼 수도 있습니다. 여러분이 두 번째 해 내내 확고하고 일관된 한계를 설정한다면, 2살이 지나가면서 나타나곤 하는 아이의 감정적인 폭발을 보통은 막을 수 있을 것입니다. 불끈 짜증내는 두 살 아이들과 "끔찍한 두 살배기들"이 일반적인 현상이긴 하지만, 피할 수 없는 상황은 아닙니다. 화이트 박사는 부모들에게 조언하길, 아이에게 스스로가 얼마나 중요한지, 아이의 욕구와 관심이 얼마나 특별한지를 가르치라고 합니다. 마찬가지로 이 세상에 살고 있는 다른 사람, 특히 부모도 아이와 똑같이 중요한 사람임을 가르치라고 말하고 있습니다. 아이가 가정을 꾸려가는 사람이 아니고, 부모가 뭔가를 금지할 때는 진짜라는 사실을 분명히 하지 않으면, 3살로 넘어갈 때 문제가 생길 수 있습니다. 문제가 되는 행동들과 관련해서, 가정에서의 훈육과 리듬의 중요성에 관해서는 다음 장들에서 더 자세히 다룰 것입니다.

언어 발달과 이해 능력의 발달을 격려하기

우리는 아이가 어떤 대상을 눈여겨볼 때, 무엇을 경험하는지를 확실히 알 수가 없습니다. 그렇기 때문에 걸음마하는 아기가 자연스럽게 그 일을 그만 하거나 뭔가를 갖고 여러분에게 올 때까지 아기를 평화롭게 놔두는 게 가장 좋습니다. 우리의 인식 부족과 그 상황에서 뭔가를 가르치고자 하는 욕망 때문에, 우리는 끊임없이 아이들에게 개입해서 사물의 이름들을 말해주곤 합니다. 아이들이 행복하게 어떤 대상에 몰두해 있는 순간에 말입니다. 그러는 대신에 우리는 아기를 잘 살펴보면서 직접 세상을 탐험할 수 있게 해주어야 합니다. 다니엘 우도 데 헤스는 『어린아이』에서 다음과 같은 귀중한 제안을 하고 있습니다. 즉, 여러분이 물건을 아이에게 건네 줄 때만 그 물건의 이름을 가르쳐 주되, 아이가 그것을 가지고 놀 때는 간섭하지 말라는 제안입니다. 가령, 딸아이에게 물 한 그릇과 갖고 놀 계량컵을 건네 줄 때, "물...... 물"이라고 말해줄 수 있을 것입니다. 또 손으로 물을 조금 떠 줄 때도 "물"이란 단어를 말해줄 수 있습니다. 그런 다음에는 아기가 혼자서 물과 함께 놀게 해주어야 합니다. 마찬가지로 아기가 마당에서 뭔가 매력적인 것을 발견했다면, 그 이름을 가르쳐 주려고 서둘러 달려가는 것을 멈추세요. 그리고 아기가 여러분을 찾을 때까지 기다리세요. 아기가 여러분을 찾으면 그때 다가가서 아기가 찾은 것이 무엇인지를 말해 주는 것이지요("딱정벌레구나. 어쩌면 이렇게 크고 예쁜 딱정벌레일까!").

사물들이 보내는 "침묵의 언어"에 주의를 기울인다면, 우리는 인간의 언어가 사물의 언어와 조화롭게 어울리는 일을 도울 수 있습니다. 예를 들어, 아이가 나무를 살랑대게 하는 바람 소리를 들은 후에, "살랑살랑 나무가 흔들리네."라는 말을 해줄 수 있겠지요 살랑거리는 나무가 처음으로 아이에게 말해주었던 뭔가를 여러분의 말을 통해서도 아이가 들을 수 있게 해주는 것입니다. 이런 식으로 아이는 우리가 하는 말들을 통해서 사물의 언어와 인간의 언어 사이에 내적 연관이 있음을 경험할 것입니다.

걸음마하는 아기에게는 사물에 관해서 되도록 자세히 말하지 않는 것이 좋습니다. 오히려 가능할 때마다 사물들 스스로가 아기에게 말하게끔 해주는 것이 좋습니다. 다시 말해, 인형이 아이에게 "안녕!"하고 말하게 하고, 의인화되거나 살아 있는 물건들이 스스로 아이에게 말을 걸게 하는 것입니다. 어린 아기한테는 세상의 모든 것들이 살아있고, 모든 것들이 이야기를 하고 있기 때문입니다. 현실과 상상을 구별할 수 있는 능력은 앞으로 자연스럽게 다가올 것입니다. 어른인 우리는 어린 아이들한테 너무 지적인 설명을 많이 해주는 경향이 있습니다. 활발히 살아 움직이는 세상을 마음속에서 어떻게 경험했는지를 어른들은 잊어버렸기 때문입니다. 만약 사물을 의인화하는 일이 자연스럽고 신뢰할 만한 방식으로 행해진다면, 내적인 소리를 들을 수 있는 아이의 능력을 강화시켜 줄 것입니다.

2살 후반 즈음이 되면, 아이는 페이지를 그저 넘기는 것 이상의 관심을 그림책에 갖게 될 것입니다. 아이가 자연에서 경험했던 것들을 그림으로 보여주는 일은 가치 있는 일입니다. 화가들이 각각의 것들을 보게끔 우리를 도와줄 수 있는 것과 마찬가지로, 그림책은 아이가 자기 상상력과 경험을 다른 사람들과 나눌 수 있다는 사실을 깨닫게 해줍니다. 그렇게 되면 매일 보는 대상들의 그림들은 평범함에서 멀리 벗어나서, 아이 앞에 이 지상 삶의 근본적인 측면들을 보여주는 가치를 지닐 것입니다. 또 아이의 경험을 거울처럼 반사해서 보여줄 것입니다. 이런 의미에서 이 시기에는 코끼리 그림보다는 아기용 컵 그림이 훨씬 낫습니다. 코끼리는 아직 아기가 경험해 보지 않았기 때문입니다. 그러므로 긴 이야기가 없이 아주 간단한 사물들을 보여주는 그림책이 3살 이전의 아이한테 훨씬 만족스러울 것입니다.

아이는 세상을 경험하려고 애쓰고 있고, 진솔한 삶의 이미지를 얻고 싶어 합니다. 그렇기 때문에 옷을 입고 있는 토끼 캐릭터들이나 만화캐릭터들이 나오는 그림책들보다는 삶의 모습을 적절하고 정확하게 보여주는 그림책을 보여주는 것이 좋습니다. 걸음마 하는 아이는 어처구니없고 불합리한 사건들을 묘사한 풍자만화를 보고 웃을 만큼의 복잡한 경험이 아직 없습니다. 그런 만화는 화가들 같은 어른 관찰자가 자신을 그 불합리한 상황 위에 가져다놓고서, 판단하고 웃는 것이기 때문입니다. 걸음마하는 아이가 그림책 속에서 어떤 묘사를 발견할 수 있다면 소중한 가치가 있을 것입니다. 그 묘사가 존경과 헌신의 마음으로 어른이 만들어낸 것이라서, 아이의 내적인 존재를 반사시켜 보여줄 수 있다면 무엇이든 괜찮습니다.

걸음마하는 아기들을 위한 좋은 책은 매우 적습니다. 하지만 계속해서 똑같은 책을 보여주는 일의 중요성을 이해한다면(심지어 하루에 여러 번씩), 아주 적은 책만이 필요합니다! 그리고 한 자리에서는 한 권의 책만 읽는 것이 유익합니다. 왜냐하면 각각의 책은 그 책만의 분위기가 있어서, 여러 권을 섞어서 읽으면 아이의 경험이 뒤죽박죽될 수 있기 때문입니다. 특히 잠잘 때는 더욱 그렇습니다. 마찬가지로 너무 많은 그림책을 보여주면 아이는 소화할 시간이 없어지고, 각각의 그림책이 지니고 있는 은은한 친밀함을 파괴할 수 있습니다. 아이들이 다른 책을 가져와서 더 읽어 달라고 할지도 모릅니다. 하지만 한 가지 이야기로 충분하다고 분명히 하면, 아이가 충분히 그 이미지들과 함께 살아갈 수 있도록 해줄 수 있습니다. 뿐만 아니라 항상 많은 것을 가지는 것과는 달리 개별적인 경험들의 소중함을 전할 수 있을 것입니다.

여러분이 아이를 위해서 직접 그림을 그린다면, 아이한테 매우 소중할 것입니다. 아이가 보고 있는 데서 그리면 더 좋습니다. 많은 어른들이 자기들은 그림을 못 그린다고 생각하는데, 이것은 보통 어린 시절에 했던 경험의 결과입니다. 하지만 아이는 여러분의 예술적 능력에 관심이 있는 것이 아닙니다. 오히려 우리가 뭔가를 그릴 때 드러나는 마술적인 성질에 관심을 가지는 것입니다. 그러면서 아이는 스스로 상상해내고, 자신이 경험한 것들에서 내적인 인식을 끌어낼 것입니다. 이런 식으로 우리는 이 지상세계에 대한 아이의 탐색이 이해받고 있다는 사실을 보여줄 수 있을 것입니다.

  걸음마하는 아기를 위한 다른 활동으로는 이야기 그림책을 보여주는 일이 있습니다. 이런 책들도 역시 앞에서 말한 기준을 충족시킬 수 있어야 합니다. 그림들에다 단순한 언어를 사용해서 간단한 설명을 붙인 것이 좋습니다. 가령, "엄마 닭이 병아리들과 함께 있었어요. 삐약, 삐약, 삐약" 같은 식으로요. 우리(또는 아이)가 페이지를 넘길 때, 다음 이야기를 읽어주기 전에 잠깐 동안 아이가 그림을 바라보게 해 주세요. 처음에 아이는 제멋대로 페이지를 넘기려고 할지 모릅니다. 나중에는 똑같은 단어로 이루어진 이야기를 매번 읽어 주기를 바랄 것이고, 이런 친숙함에서 좋은 영향을 받을 것입니다. 아이가 커가면서 이야기들이 점점 복잡해질 수 있고, 또 그 이야기를 가지고 아이와 대화를 나눌 수도 있습니다. 그러므로 좋은 그림책은 걸음마하는 아기 때부터 유치원을 마칠 때까지 계속 필요할 것입니다.

상상 놀이의 시작

어린아이가 하는 맨 처음의 놀이는 순수한 즐거움을 위한 몸의 움직임을 포함하고 있습니다. 달리고, 뛰어 내리고, 빙빙 돌고, 발끝으로 걷는 일은 그 자체로 즐거운 일입니다. 상상적인 요소가 나타나는 것은 아이가 토끼처럼 깡충깡충 뛰고 막대로 만든 말을 타고 달리면서 시작됩니다. 2살쯤 되면 아이가 상상놀이를 하는 모습을 볼 수 있을 것입니다. 아이는 먹고 마시는 척하거나, 전화에 대고 이야기하는 흉내를 냅니다. 상상Imagination을 통해서 아이는 자신과 세계를 연결시킬 수 있지만, 그와 동시에 기억과 생각은 세상으로부터 아이를 떼어놓기도 합니다. 환상Fantasy과 놀이는 기억과 생각을 보완하는 반대 요소입니다. 상상 놀이가 가진 창조적인 힘은 어린 시절 내내 계속 발달하다가, 3살에서 6살 사이에 활짝 피어납니다.

막 걸음마를 하는 어린 아기의 경우, '하는 척하기' 놀이는 맨 처음에 모방으로 시작되고, 말보다는 행동으로 나타납니다. 진짜 컵이나 상상의 컵을 보고서 뭔가 마시는 흉내를 내는 행동들이 그것입니다. 2살이 되어가는 아이들은 언어 능력이 발달해감에 따라 흉내내기 놀이도 점점 대화적이고 상호작용을 하는 형태로 발달해갈 것입니다. 이때 아이의 상상력을 위해서는 간단한 장난감들이 훨씬 좋습니다. 가령, 장난감 접시는 위에 뭔가를 올려놓고 아이가 말을 하게 할 것입니다. 이런 놀이는 곧 음식을 준비하는 놀이로 발전하는데, 이때 의자 같은 것이 아래에 오븐이 달린 스토브로 쉽게 바뀔 수 있을 것입니다.

블록 하나가 장난감 전화로 쓰일 수 있고, 대화 놀이로 발전해갈 수도 있습니다. 그럴 때 여러분의 손도 아이와 똑같은 행동을 취할 수 있겠지요. 이런 식으로 전달되는 메시지들은 다음 번 놀이로 바뀔 수 있는 행동들을 이끌어 낼 수 있습니다.

> 엄마(귀에다 손을 대고) : 따르릉, 따르릉. 헤더야, 네 전화가 울리고 있구나.
> 헤더 : 여보세요.
> 엄마 : 응, 나 엄마야. 계란을 조금 사와야겠구나. 신발 신고 함께 가게에 가지 않을래?
> 헤더 : 좋아요!
> 엄마 : 그래, 안녕!

몇 가지 판타지들은 아이가 부정적인 태도를 보일 때 슬쩍 넘어가게 하는 데 큰 도움이 됩니다. 가령, 여러분이 목욕 수건을 말하는 꼭두각시 인형처럼 만들어서 들고 있으면, 아이는 이 말하는 친구를 갖고서 코를 닦아야 한다는 사실을 금방 알게 될 것입니다. 또는 모든 꼬마 생쥐들이 지금 빵 부스러기(종이 조각들)를 줍고 있다는 암시를 해주면, 즉시 여러분의 "꼬마 생쥐"도 어질러진 방을 치우는 일을 도울 것입니다.

걸음마하는 아이에게 풍요로운 환경을 제공하기

걸음마하는 아기에게 풍요로운 환경을 제공한다고 비싼 장난감을 사느라 많은 돈을 낭비할 필요는 없습니다. 집에 있는 것들을 갖고 놀게 해주고, 여기에다가 공과 마분지 상자처럼 돈이 안 들거나 비싸지 않은 물건들을 덧붙이면, 그것만으로도 아이한테 소중한 탐험의 시간들을 제공할 수 있기 때문입니다. 걸음마하는 아기는 집에 있는 모든 것들을 만지고 탐구하고 싶어 합니다. 그게 어떤 느낌인지 살펴보고, 들고 다닐 수 있는지 알아보고, 비웠다가 채워 보고, 분리되는 것인지도 알아볼 것입니다. 그래서 이 시기의 아이는 계속해서 잘 지켜봐야 합니다. 왜냐하면 여러분이 잠깐 방심하는 사이에, 아이가 자칫 상처를 입거나 뭔가를 망가뜨릴 수도 있기 때문입니다. 이 시기에 여러분은 구별하는 법을 가르쳐주어야 합니다. 즉, 장난감 전화기는 갖고 놀아도 되지만 진짜 전화기는 안 된다는 것, 아기용 서랍 속에 있는 커다란 목걸이는 갖고 놀아도 되지만 엄마의 보석 상자를 열어서는 안 된다는 것을 가르쳐야 한다는 뜻입니다. 걸음마하는 아이들이 이런 구별을 배우는 데 시간이 많이 걸린다는 사실은 충분히 이해할 수 있는 일입니다.

이 시기의 아이한테 물건을 어떻게 만지고 다루는지를 가르치는 일은 가치 있는 일입니다. 아이는 대단한 흉내쟁이이기 때문에, 아이가 하길 원하는 행동을 여러분은 항상 몸소 보여줄 수 있습니다. 가령, "인형을 상처 입혀선 안 돼."라고 말하기보다는 "인형을 부드럽게 만지렴."하면서 몸소 보여주고, "꽃을 짓밟지 마라!" 보다는 "여기 이 예쁜 꽃의 냄새를 맡아보자."라고 말할 수 있겠지요. 또한 이 시기는 아이를 위험한 물건에서 떼어놓으면서 "조심해! 아주 날카로워!", "뜨거워!" 같은 주의 사항을 가르쳐야 합니다. 이때도 여러분이 몸소 시범을 보이면서 아이 손을 문제가 되는 그 물건에서 떼어내야 합니다.

걸음마하는 아기는 여러분이 자기 행동을 지켜보고 있으면 매우 기뻐합니다. 그러면 아이는 자기 방식으로 세상을 탐험하고, 새로운 것을 보고 만지는 경험을 하고, 뭔가를 비우고 다시 채우고, 중력을 실험하고, 근육을 사용하는 모든 일들을 해나갈 것입니다. 아이들은 어른이 가진 질서나 목표 지향적인 행동에 대한 인식이 없습니다. 만일 아이가 주변을 치우기를 원한다면, 여러분이 아이와 함께 바구니에다 장난감을 넣는 일부터 시작하세요. 아이는 뭔가 돕는 일을 매우 즐거워할 테지만, 여러분이 나가자마자 장난감 바구니를 다시 뒤집어엎는 일도 그만큼 즐거워할 것입니다. 이럴 때 짜증이 치밀어 오르면, 걸음마하는 아이의 세계 속으로 잠깐 들어가 보는 시간을 갖는 것이 좋습니다. 그러면 아이가 여러분을 짜증나게 하려고 일부러 그런 게 아니란 사실을 깨달을 수 있을 것입니다. 아이는 어쩌면 순수하게 "행동하고픈" 욕구 때문에 그런 일을 하는 것일지도 모르고, 여러분을 전혀 염두에 두지 있지 않은 지도 모릅니다. 어쨌든 여러분은 허용되는 일과 그렇지 않은 일이 뭔지를 아이에게 가르치고 고쳐줄 수 있으며, 그래야만 합니다. 아이가 어떤 행동을 하기를 원한다면, 가장 중요한 일은 그 행동의 본보기를 여러분이 몸소 제공해 주는 것입니다. 아이는 여러분을 지켜보면서 그 행동을 따라할 것이기 때문입니다 (그런다 해도 여전히 여러분이 90%의 마무리를 해야 할 텐데, 이 나이에는 그게 당연하답니다.).

비록 걸음마하는 아이가 어디에 있는지를 항상 알고는 있어야 하지만, 여러분이 굳이 지켜보지 않는 동안에도 아이가 세상을 탐험할 수 있는 시간과 공간을 제공하는 게 좋습니다. 이런 것을 "친절한 무시"라고 하는데, 아이가 무슨 일을 하는지 잘 알고는 있지만 개입하지는 않기 때문입니다. 독립심이란 아이를 항상 간섭하지는 않는데서 촉진되기 때문입니다. 그렇더라도 아이가 도움을 청하거나 자신의 발견을 나누려고 할 때는 여러분이 가까이 있어야 하겠지요.

탐구하는 일을 아주 좋아하는 것 말고도, 걸음마하는 아이는 그냥 순수한 기쁨으로 움직이는 것을 무척 좋아합니다. 아이는 달리고, 뛰어내리고, 기어오르고, 밀고, 끌어당기면서 즐거워할 것입니다. 이런 활동들 모두는 대근육이 발달하게 해주고, 아이의 본성을 표현하도록 도와줍니다. 집에 있는 가구 중 어떤 것이 아이가 기어오르고 뛰어 내리는 데 알맞은지 살펴보세요. 또 아이에게 직접 낮은 평균대를 만들어 줄 수도 있습니다. 두 개의 낮고 단단한 벽돌이나 블록 위에 넓은 판자를 올려놓으면 됩니다. 1살짜리 아이한테 그 평균대가 위험하다 싶으면, 벽에다 그것을 붙여 놓고서 아이가 점점 능숙해지면 그 높이를 조절하면 됩니다.

널리 알려진, 방안에서 타는 나무미끄럼대와 밑에 기어 다닐 수 있는 공간이 있는 사다리 모양 장난감들은 대근육의 발달을 도와줄 것입니다. 양 다리를 벌리고 탈 수 있는 바퀴달린 장난감들도 걸음마하는 아이들이 아주 좋아합니다. 나무로 된 작은 손수레, 아이용 쇼핑 카트, 인형용 유모차도 끌고 다니기에 좋은 장난감들입니다. 이것들이 아이의 체중을 감당할 수 있을 만큼 튼튼한지를 잘 살펴보세요.

걸음마하는 아기는 밖에 나가는 것을 아주 좋아하고, 모래 상자(고양이들이 들어오지 못하게 막아놓아야 합니다)나 물이 있는 곳에서 즐거운 시간을 보낼 것입니다. 다시 한 번 집 마당을 점검하고, 아이가 길거리로 나가지 못하게 대문을 잠가놓아야 합니다. 대부분의 아이들은 그네 타기를 아주 좋아하므로, 튼튼한 그네는 1살 이후의 아이에게 좋습니다. 날씨가 좋지 않을 때는 집 안에서 모래놀이나 물놀이를 하는 것도 괜찮습니다.

앞 장에서 이야기했던 많은 장난감들이 여전히 걸음마하는 아이의 흥미를 끌 것입니다. 장난감을 살 때는 항상 안전성과 내구성을 고려하세요. 걸음마하는 아기는 여전히 물건을 떼어 보고 입에 넣기 때문입니다. 물건을 점점 잘 다루어나가면서 아이는 상자들을 쌓고, 인형들에게 보금자리를 만들어주는 일 등을 아주 잘하게 될 것입니다.

루돌프 슈타이너는 움직일 수 있는 부분이 있는 나무 장난감들을 특별히 추천했습니다. 그는 "건강한 장난감이란 가령, 두 명의 대장장이가 마주보고 쇠를 두드리고 있는, 나무로 된 장난감 같은 것이 좋다. 이런 일들은 여전히 시골 지역에서 이루어지고 있는 일일 것이다. 실을 아래로 잡아당기면 그림이 움직이는 그림책도 아주 좋을 것이다. 아이 스스로가 생기 없는 그림을 살아 있는 모습으로 바꿀 수 있기 때문이다."라고 말했습니다. 뭔가에 영향을 미치고, 그것을 움직이게 해서 변형시키는 능력은 어린아이의 본성에 알맞은 일입니다.

아이는 물건을 쌓는 일도 아주 좋아합니다. 그러므로 나무의 몸통이나 커다란 가지를 다양한 크기와 모양으로 잘라서 블록세트를 만들어 주면, 아주 좋아할 것입니다. 가게에서 파는 기하학적으로 완벽한 블록들과 달리, 이 불규칙한 모양의 블록들은 아이에게 단순히 쌓는 것 이상의 역할을 합니다. 이것들이 가진 완성되지 않은 특성은 아이로 하여금 뭔가 상상을 하게 만들기 때문입니다. 그것들은 쉽게 사람이 될 수도 있고, 고양이 먹이가 담긴 깡통이나 아기 우윳병이 될 수도 있습니다. 나무 몸통에서 자른 납작한 조각들은 접시나 케이크로 사용될 수 있습니다. 학교 가기 전 아이들의 상상력은 무궁무진합니다. 그렇더라도 걸음마하는 아기가 제일 흥미 있어 하는 것은 뭐니 뭐니 해도 뭔가를 쌓고 부수는 일이랍니다.

장난감을 구입할 때는 안전성뿐만 아니라 미적인 특성들도 고려하는 것이 좋습니다. 그 장난감들은 아름다운가요? 만지면 어떤 느낌이 나요? 세상의 어떤 모습을 아이에게 보여주고 있나요? 어떤 장난감들(다스베이더, 트랜스포머, 공룡 같은 것들)은 아름답지도 않고, 인간과 세상의 모습을 분명하고 진솔하게 표현하는 것들이 아닙니다. 태어나서부터 7살이 되는 내내, 또 그 이후의 시기까지 아이가 갖게 되는 모든 것들이 특별히 아이한테 강한 영향을 미칩니다. 장난감과 모방의 힘이 갖는 효과는 「아메리칸 베이비」란 잡지에 실린 사진 한 장에 충격적으로 묘사된 적이 있습니다. 상까지 받은 이 사진은 생후 6개월 된 아기와 양배추 머리를 한 헝겊 인형을 나란히 보여주고 있는데, 사진 속의 아기는 곁에 있는 이 인형의 텅 비고 얼빠진 표정을 정확하게 복사한 것처럼 보였습니다. 이러한 모방은 완전히 무의식적인 것이라서, 만약 사진사가 거기에 없었더라면 놓쳐 버렸을 표정일 것입니다. 이 사진은 어린아이에게 감각적 인상이 얼마나 깊숙이 침투하는지, 그것이 아이의 신체기관에 어떻게 표현되는지를 잘 보여주는 실례입니다.

다른 놀라운 경우도 있는데, 이것은 아동치료 교수인 알프레드 니츠키Alfred Nitschke가 설명한 일화입니다. 생후 10개월 된 여자아이가 극단적인 무기력 상태로 병원에서 치료를 받고 있었다고 합니다. 아이는 앉지도 못했고, 새우처럼 구부린 자세로 누워만 있었는데, 만사가 귀찮다는 표정과 공허한 시선을 갖고 있었습니다. 하지만 어느 의사도 그 원인이 무엇인지를 진단하지 못하고 있었습니다. 마침내 주의 깊은 어떤 의사가 다음과 같은 사실을 알아냈습니다. 그 의사는 아이 곁에 항상 가까이 있는, 봉제 토끼 인형의 표정과 아이의 표정이 너무나 똑같다는 사실을 알아냈던 것입니다. 그 토끼 인형은 팔다리가 길었고, 의기소침하고 풀이 죽어 있는 듯 커다란 눈을 갖고 있었습니다. 그래서 의사는 훨씬 다정하고, 분명하고, 멋진 모습을 하고 있는, 새로운 인형을 아이한테 주었습니다. 아이는 곧 그 새 인형에 관심을 보이면서 애착을 갖기 시작했습니다. 그리고는 며칠 만에 아이의 자세와 태도와 분위기가 변하기 시작했습니다. 다른 아무런 치료를 하지 않았는데도 말입니다! 그러므로 아이가 갖고 노는 봉제 장난감이나 인형들을 눈여겨볼 때, 여러분도 이런 예를 떠올려볼 수 있을 것입니다.

특히나 어린 아이에게는 간단하고, 원형에 더 가깝고, 그래서 더 많은 가능성을 지니고 있는 장난감들이 좋을 것입니다. 슈타이너는 이렇게 말했습니다.

손의 근육들이 뭔가를 잘 행할 수 있을 만큼 강해지고 튼튼해지면, 두뇌나 다른 기관들도 안내를 받아가면서 알맞게 발달할 것이다. 다만, 환경으로부터 올바른 인상을 받을 경우라야 알맞은 발달을 보여줄 것이다. 다음과 같은 실례가 이 점을 잘 보여준다.

여러분이 직접 낡은 수건을 접어서 아이에게 인형을 만들어 줄 수 있다. 모서리 두 개를 다리로 만들고, 다른 두 개는 팔로 만든다. 머리는 매듭으로 묶고 잉크로 눈과 코와 입을 그린다. 물론 굳이 이렇게 하지 않고서도, "예쁜" 인형을 가게에서 사다가 줄 수도 있을 것이다. 머리카락들이 달려 있고 뺨이 붉게 그려져 있는 인형 말이다. 하지만 수건을 접어서 인형을 만들어 주면, 아이는 그것을 진짜 사람으로 만들기 위해 자신의 상상력으로 나머지 모든 것들을 채워 넣을 것이다. 이렇게 상상하는 힘은 아이의 지능을 형성시키고 발달시키는 기본 뼈대가 된다. 두뇌의 능력은 손의 근육들이 발달하면서 함께 발달하고, 알맞은 방법으로 적절히 사용할 경우에 발달해나간다. 공장에서 만들어낸 소위 예쁘다고 하는 인형을 아이에게 주면, 아이의 두뇌가 할 일이 아무것도 없어질 것이다.

어린아이는 아직 자기 몸을 충분히 의식하지 못하기 때문에, 아이가 자신과 다른 사람한테서 가장 의식하고 있는 부분은 머리입니다. 그러므로 매듭으로 묶은 커다란 머리를 한 인형은 아이가 아주 잘 식별할 수 있어서 만족스러움을 줄 것입니다. 아주 어린 아기에게는, 기본만 갖춘 인형을 "아기"로 만들어 줄 수 있습니다. 이것은 아래에다가 몸통과 두 발을 만드는 것 대신에 그저 작은 이불이나 베개 같은 것에다가 솜을 채워서 머리만 구분한 매우 간단한 인형입니다.

장난감들과 비품들

앞 장에서 나온 많은 장난감들에 더해서, 걸음마하는 아이는 다음과 같은 것들도 즐겁게 갖고 놀 것입니다.

- 양다리를 벌리고 탈 수 있는 네 바퀴 달린 낮은 장난감
- 기대어도 괜찮을 만큼 튼튼하고 끌 수 있는 장난감, 아기용 카트, 인형용 유모차
- 나무로 만든 미끄럼틀이나 기어오를 수 있는 장난감
- 다양한 지름으로 자른 나무 블록들
- 물 놀이터, 밖에서 물놀이할 수 있는 낮은 통, 물놀이용이나 목욕용 장난감
- 모래상자와 모래놀이용 장난감들
- 밖에 매단 그네
- 자연 소재로 만든 간단한 모양의 인형
- 밖이나 안에서 갖고 놀 다양한 크기의 공들
- 움직이는 부분들이 있는 나무 장난감들(모이를 쪼고 있는 닭들, 망치질을 하고 있는 두 사람)

- 큰 인형 속에 작은 인형을 넣을 수 있게 만든 나무 인형들
- 단단하게 묶은 간단한 그림책
- 들어가 놀기 좋은, 비어 있는 커다란 마분지 상자
- 크레용(2살 이후부터), 특히 밀랍으로 만든 크레용

대부분의 걸음마하는 아이들은 다음과 같은 활동들을 즐거워할 것입니다.

- 걸음마하는 아이가 여러분이 하는 일을 "돕게" 합니다. 가령, 설거지통에 그릇을 넣고, 케이크반죽을 휘젓고, 쓰레기통 속에 쓰레기를 넣고, 청소하고, 옷을 개키고, 식물에 물주는 일 등을 돕게 하는 것입니다. 물론 혼자서 하는 것보다 시간이 많이 걸리겠지만, 이런 시간이야말로 질적으로 가장 좋은 시간입니다.
- 산책하고, 공원에 가고, 오리들에게 먹이를 주는 일 등을 하면서 아이가 자연을 경험하게 도와줍니다.
- 집에 "자연 테이블"을 만들어 놓습니다. 여기에다가 예쁜 조개껍데기, 나뭇잎들처럼 함께 산책하면서 발견한 물건들을 올려놓습니다. 계절에 맞게 테이블보의 색깔과 그 내용물을 바꿉니다.
- 걸음마하는 아이는 천장까지 높이 들어 올려 주는 비행기 놀이를 아주 좋아합니다. 등을 대고 누운 여러분이 발을 쭉 펴서 아이에게 비행기를 태워 주면 아주 재미있어 합니다. 제 친구 하나는 자신이 그토록 바다를 좋아하게 된 것이 다 이유가 있다고 말하더군요. 그 이유란 어렸을 때 아버지가 자신을 비행기 태워 주면서 높이 띄워 주었기 때문이라고 합니다.
- 간단하게 숨는 게임도 재미있습니다. 여러분과 아기가 번갈아 가면서 이불 밑에 숨을 수 있을 것입니다. 호주머니에 무엇인가를 숨기는 놀이도 아주 재미있어 합니다. 아이는 뭔가를 찾아내는 걸 너무나 좋아하기 때문입니다. 아기를 쫓아가고, 붙잡고, 꼭 껴안아 주는 놀이 역시 아주 좋아하는 놀이입니다.
- 이를 닦게 하고 옷을 입힐 때처럼 일상적인 일을 할 때, 노래를 불러주거나 몇 가지

환상적인 이야기를 해주면 좋습니다. 딸아이를 목욕시키고 머리를 감길 때, 저는 항상 직접 만든 간단한 음의 노래를 들려주곤 했습니다. "인어 아가씨, 인어 아가씨, 물속에서 수영을 하네요 인어 아가씨, 인어 아가씨, 작은 우리 꼬마 인어 아가씨."라는 아주 소박한 노래입니다.

• 아이에게 계속해서 노래를 불러주세요. 할 수만 있다면 간단한 율동을 곁들이면 좋겠지요

장난감들과 비품들

6
· · · · · · ·

가정생활에 필요한 리듬

리드미컬한 가정생활을 꾸리게 되면, 여러분과 아이 모두를 풍요롭게 해줄 것입니다. 또한 훈육 문제의 80%를 줄여줄 것입니다. 이것은 제가 실제로 보장할 수 있습니다! 어린아이는 자기 몸과 모방에 집중되어 있기 때문에, 리듬은 훈육을 잘 할 수 있는 가장 중요한 방법 중 하나입니다. 리듬은 아이가 좋은 습관을 가지도록 안내해 주고, 쓸데없는 논쟁이나 문젯거리를 피하게 해줍니다. 그리고 어린아이를 위한 수많은 훈육 방법들은 사실상 어른의 자기 훈련을 뜻하기도 합니다. 즉, 여러분은 가정생활에서 규칙적인 리듬을 유지해야 하고, 여러분 자신의 인내심과 감정적인 반응들을 연구해야 하며, 아이가 상호 작용을 필요로 할 때면 언제나 함께 있어 주어야 한다는 뜻입니다. 가령, 신문을 읽기 전에 먼저 아이와 함께 놀아 준다면, 여러분은 그 다음 20분 동안 온전히 신문을 읽을 수 있을 것입니다. 하지만 놀아 주지도 않은 채 아이에게 딱 10분간만 신문을 읽겠다고 말하면, 온갖 종류의 감정적인 재난들이 뒤따를 수도 있습니다. 엘리자베스 그루넬리우스 Elizabeth Grunelius는 이렇게 말하고 있습니다.

아이 행복의 많은 부분은, 우리가 최소한의 마찰만 일으키면서 아이와 함께 하는 일상생활을 얼마나 성공적으로 운영하느냐에 달려 있다. 우리가 매번 개입해서 아이한테 충고나 지시나 명령을 하고 싶은 마음이 든다면, 잠시 멈추어서 다음 두 가지를 생각해보는 것이 좋을 것이다. 첫 번째는, 이 특별한 순간에 간섭이 정말로 필요한 것인지 스스로 물어보라. 두 번째는, 아이가 정말로 하고자 하는 일이 무엇인지를 알아내야 한다.

이번 장에서는, 우선 왜 리듬이 가족 구성원 모두에게 그토록 도움이 되는지를 살펴볼 것입니다. 그런 다음에는, 여러분이 즉시 적용해볼 수 있는 일상생활의 활동들과 몇 가지 실제적인 제안들을 이야기할 것입니다. 마지막으로, 한 주의 리듬과 한 해의 리듬을 살펴볼 터인데, 이것은 우리가 자연과 정신에 연결되게 해주기 때문입니다.

일상생활에 리듬을 만들어내기

우리는 자연 안에 있는 리듬에 둘러싸여 있습니다. 낮과 밤의 변화, 달이 변하는 모습, 계절의 순환, 바다의 밀물과 썰물 같은 것이 바로 자연의 리듬입니다. 우리의 몸은 심장 박동, 폐의 호흡, 여성의 배란기, 24시간 주기로 순환하는 신진대사활동처럼 리듬으로 가득 차 있습니다. 그러나 현대 인간은 자연의 이런 리듬에서 점점 멀어진 삶을 살고 있습니다. 전깃불을 켜놓고 밤늦게까지 일하고, 24시간 문을 여는 편의점에서 쇼핑을 하고, 1월에 딸기를 먹을 수도 있으니까요. 기술의 발달에 힘입어서 우리가 자연의 리듬과 멀리 떨어진 채 살아갈 수 있게 된 것입니다. 그 결과, 우리는 점점 더 몸이 보내 주는 신호나 리듬을 잘 깨닫지 못하게 되었고, 일상생활에서 리듬의 중요성을 잊어버리게 되었습니다. 슈타이너는 리듬을 이렇게 설명하고 있습니다.

리듬은 인간의 영역을 넘어서 자연 전체에 영향을 미치고 있다. 그렇기 때문에 세상에 유일한 것은 변한다는 사실뿐이다. 1년의 과정을 이루는 리듬은 성장력과 번식력과 그 밖의 것들을 지배하고 있다. 하지만 우리 인간한테서는 그 리듬이 점차 사라져 가고 있다. 인간의 깊은 본질이 자유 안에 있기 때문이다. 그리고 인간이 더 문명화되면 될수록 리듬은 점점 더 쇠퇴해 갈 것이다. 크리스마스 시기가 되면 햇빛이 점점 희미해지듯이, 리듬이 인간의 삶으로부터 분명히 멀어져 가고 있는 것이다. 그러면 혼돈이 보다 우세해진다. 하지만 인간은 자신의 가장 내적인 존재로부터, 그리고 스스로의 진취적인 창조력으로부터 리듬이 다시 태어나게 해야 한다.

자궁 안에서 엄마의 심장 박동과 호흡에 둘러싸여 흔들리다가 지상의 삶 속으로 태어나게 되면, 아기는 새로운 리듬을 찾아야만 합니다. 그리하여 막 태어난 갓난아기의 빠르고 불규칙한 심장 박동과 호흡은, 점차 어른의 리듬인 심장 박동 4번에 호흡 1번 정도로 발달해갈 것입니다.

어린 시절 내내 빠르게 성장하고 몸의 리듬이 변화하는 동안에, 자궁 안에서의 생활처럼 규칙적인 생활양식은 아이에게 안정된 환경을 제공해줄 것입니다. 규칙적인 생활을 제공받은 아이는 세상에 편안함을 느끼고, 다음에 일어날 일이 불확실하다고 해서 크게 걱정하지 않을 것입니다. 가정생활의 리듬은 신경질적거나 까다로운 아이를 진정시켜줄 것입니다. 아이가 참여하는 생활이 꾸준히 연속되는 일들로 이루어질 터이고, 덕분에 아이는 안정감을 느끼게끔 조율이 될 것이기 때문입니다. 규칙적인 식사시간과 낮잠시간 그리고 밤에도 규칙적으로 잠들게 되면, 아이는 시간이 흘러가는 것에 대해서 자연스러운 감정을 느낄 수 있습니다. 이런 규칙성은 훈육과 관련된 어려움을 예방하는 데에도 많은 도움을 줄 것입니다. 하늘이 어두워지는 일이 규칙적이듯이, 잠자는 시간도 늘 규칙적으로 찾아올 테니까요. 그러면 어느 아이도 잠자는 일을 두고 매일 밤 쓸데없이 어른과 다투거나 불평하지 않을 것입니다.

엘리자베스 그루넬리우스는 이 사실을 간략히 이야기하고 있습니다. "그렇게 되면 리듬은 습관이 되어서 너무나 분명한 것으로 받아들여질 것이다. 그러면 음식을 먹는 일이나 잠자러 가는 일을 두고 일어나는 많은 문제들과 다툼이나 불평들이 사라질 것이다…… 규칙성이 아이의 일상적 활동에 가능한 많이 스며들게 해야 한다. 이것이야말로 아이가 좋은 생활 습관을 형성하는 데 꼭 필요한 일이다."

그루넬리우스는 어린아이에게 리듬이 얼마나 도움이 되는지, 리듬을 통해 아이가 얼마나 많이 배우는지를 예를 들어 설명하고 있습니다. 한 가지 예는 2살짜리 아이를 매일 같은 방법으로 목욕을 시키면서 돌본 일입니다. 매일 같은 방법이란 우선 손에 비누를 칠하고, 다음에는 팔, 그 다음에는 목의 순서를 말합니다. 몇 주가 지난 후 그녀가 아이를 다시 돌보았을 때, 아이는 자연스럽게 "내가 혼자 씻어도 돼요?"라고 하면서, 이전에 여러 번 했던 것과 똑같은 방법으로 모든 목욕 과정을 행복하게 마쳤다고 합니다. 아이는 그런 자기 자신에 대해서 대단히 만족스러워했습니다! 이 예는 저를 놀라게 했습니다. 저는 그때까지 규칙적인 방법으로 아이를 씻겨 본 적이 없었고, 아이가 배울 수 있는 뭔가를 제공한 적도 없었기 때문이었습니다.

발도르프 학교 선생님인 안드레아 감바렐라Andrea Gambardella는 이렇게 설명하고 있습니다. "어린아이들과 초등학교 시절의 아이들은 이런 외적인 구조가 계속되길 바라고 있다. 이 요구를 충족시켜주는 일은 아이가 잘 성장하고 감정적으로 행복하기 위해 대단히 중요하다. "모든 일들에는 때가 있다"는 사실을 배우는 일은 인생에서 배워야 할 가치가 있는 중요한 교훈이기 때문이다. 그렇게 하면 아이는 지금은 놀 시간, 지금은 식사 시간, 지금은 숙제할 시간, 지금은 잘 준비를 할 시간이란 사실을 배워갈 것이다."

리듬은 또한 부모에게도 축복입니다. 리듬은 나날의 활동들이 더 부드럽게 흘러가게 해주고, 힘이 덜 들게 해주며, 그 활동들이 가족을 지원하는 토대가 될 수 있게 해줄 것이기 때문입니다. 두 번째나 세 번째 아이를 낳기 전까지, 많은 부모들이 리듬의 가진 비밀을 발견하지 못할 지도 모릅니다. 그때서야 부모가 생활을 제대로 꾸려나갈 충분한 시간이 없다는 사실을 갑자기 깨닫게 되기 때문입니다! 이럴 때 규칙적인 식사시간은 끊임없이 먹고 치우는 일을 예방해주고, 배고파서 칭얼거리는 아이들도 없게끔 해줄 것입니다. 또 잠자는 시간이 규칙적이면, 저녁시간이 자유로워져서 어른들끼리 대화를 하거나 다시 부부간의 생활을 즐길 수도 있을 것입니다. 리듬이 가진 이로움은 아주 많습니다. 그렇지만 가정생활에서 리듬을 창조하기가 때로는 쉽지 않을 수도 있습니다. 리듬은 우리 자신의 내적인 훈육을 필요로 하기 때문입니다.

어떤 사람의 삶 속에 리듬을 만들어낸다고 해서 엄격하고 독단적이 된다는 뜻은 아닙니다. 리듬 안에는 특별한 활동들과 놀라운 일들을 하기 위한 충분한 여유 공간도 여전히 존재하기 때문입니다(때로 아이가 낮잠을 자지 않거나 재미있는 일 때문에 늦게까지 잠을 자지 않았다면, 다음 날 부모가 힘은 들겠지만, 그럴만한 가치가 충분히 있습니다!). 하지만 자유는 어떤 형식도 없는 방임을 말하는 게 아닙니다. 그리고 사람은 체계가 없는 생활 때문에 방해를 받지 않을 때라야 진정으로 자유로울 수 있습니다. 어린아이에게 리듬이 있는 체계를 부여하고, 부모의 사랑으로 이것이 스며들게 한다면, 이것은 세상에서 가장 긍정적인 훈육이 될 것입니다. 그리고 점점 자라면서 아이들은 이 외적인 체계를 내적인 자기 단련으로 변화시킬 것이고, 숙제나 다른 일을 해나갈 때 아주 소중한 역할을 할 것입니다. 이런 점에 주의를 기울인다면, 아이가 걸음마를 할 때부터 집을 떠날 때까지 여러분과 아이의 삶을 멋지게 만들 수 있을 것입니다.

주의 사항

다음에 나오는 실천적인 제안들을 읽기 전에, 제가 지금 훌륭한 어머니가 되기 위해서는 이 모든 일을 해야 한다고 주장하는 것이 아님을 기억하세요! 오히려 여러 가지 다양한 아이디어들을 이야기하면서, 저는 여러분이 아이의 생활에 리듬의 요소를 한 가지라도 곁들일 수 있기를 희망하고 있습니다. 많은 사람들이 너무 바빠서 일상생활의 모든 부분들을 아이들을 위한 멋진 시간으로 만들지는 못할 것입니다. 우리 집의 경우에는, 아침 식사시간은 매우 효율적이지만 쓸데없는 허식 같은 것은 전혀 없습니다. 즉, 아이들이 학교에 다니는 기간에는 아침 식탁에 특별한 식기 같은 것을 차려놓지 않는다는 뜻입니다! 그래서 저는 잠자는 시간에 특별한 주의를 기울였습니다. 하지만 어떤 사람에게는 이른 아침이 온가족이 함께 모일 유일한 시간일 수도 있습니다. 특히나 부모가 늦게까지 일하는 탓에 저녁 시간이 짧아지는 경우도 있을 것입니다.

요즈음에는 "최고로 멋있는" 완벽한 가정생활 사진들을 올려놓는 블로그나 인터넷 잡지들이 많이 있습니다. 자칫 그런 것들은 여러분이 시작도 하기 전에 포기하고픈 느낌을 불러일으킬 수도 있습니다. 하지만 진짜 삶이란 밀물과 썰물처럼 리드미컬하게 변화하는 법입니다. 아마도 여러분 삶에도 혼란스런 시기가 있을 지도 모릅니다. 모두가 관심을 갖고 있는 가장 기본적인 두 가지 활동인 먹는 일과 잠자는 일에서 혼란이 있을 수 있습니다. 하지만 그 일들은 항상 해야 하기 때문에, 여러분이 뭔가 시작하기에 가장 좋은 일이기도 합니다. 힘든 시기 동안에는 더욱더 그렇습니다! 또한 난처하고 압도당하는 느낌에 덧붙여서 죄의식까지 느끼는 일은 아무 소용이 없다는 점을 기억하세요.

저는 여러분이 최소한 부드럽게 흘러갈 수 있는 삶의 부분에 초점을 맞추면서 시작하라고 제안하고 싶습니다. 이것은 아이의 낮잠시간일 수도 있고, 저녁 식사시간일 수도 있습니다. 또 아침마다 아이를 밖에 데리고 나가는 일일 수도 있습니다. 어떤 부분이든 지금 일어나고 있는 일에 대해 생각하세요. 그리고 여러분이 어떻게 그 일을 조금 더 부드럽게 만들 수 있을 지를 생각해보세요. 이때 여기서 제시된 방법들이나 스스로 고안한 리듬을 적용할 수 있을 것입니다. 규칙적인 생활 리듬에다 노래나 시 같은 몇 가지 간단한 의례를 덧붙이고, 너무 많은 선택들을 하게 하는 일을 피한다면, 야단법석을 떨며 피곤하게 하는 가정생활이 부드럽게 흘러가는 활동들로 변화해갈 것입니다. 여러분의 생각을 배우자와 함께 이야기하고, 새로운 활동들을 도입하는 것에 합의를 하도록 하세요. 그런 다음에 아이와 함께 그 일을 시작해 보세요. 여러분은 그 결과를 보고는 아주 놀라면서 큰 격려를 받을 것입니다!

식사 시간

함께 밥을 먹는 일은 가정생활에서 아주 중요한 부분이고, 사람들을 함께 결합해 주는 소중한 시간입니다. 식사 시간에 관심과 주의를 기울이세요. 그래야 가족들이 긴장을 하거나 혼란스런 느낌을 받지 않고 밥을 먹을 것이기 때문입니다. 모두가 부산을 떨면서 선 채로 밥을 먹는다면, 어떤 사람은 아예 식사시간에 나타나지 않을 것입니다.

여러분의 집에서는 언제 밥을 먹나요? 누가 참석하나요? 각자의 가정생활과 리듬에 따라 서로 다를 터이므로, 이 질문에 옳고 그른 대답이란 없습니다. 여러분은 가족 구성원들의 필요를 잘 살펴보고서, 여러분에게 알맞게 결정해야 합니다. 여러분의 상황을 주의 깊게 살펴보고, 여러분의 기분이 가장 좋을 수 있도록 해나가는 게 제일 중요합니다. 제가 아는 어떤 가족 이야기를 해보겠습니다. 그 가족의 아빠는 주중에 일을 나가기 전에 3살 된 아이와 함께 아침을 먹곤 했는데, 그 시간 동안이면 엄마는 부족한 잠을 보충했습니다. 아버지와 아들은 이 시간을 정말로 소중히 여겼으며, 두 사람에게 아주 특별한 시간이었습니다. 마찬가지로, 어른의 스케줄에 따라서 언제 저녁을 먹을 것인지, 아이를 조금 더 일찍 먹일 것인지가 결정될 것입니다. 여러분이 밖에서 일할 경우, 정해진 시간에 식사를 하는 일(그리고 필요하다면 정해진 시간에 간식을 먹는 일)은 가정생활에 리듬을 부여할 때 중요한 닻이 될 수 있습니다.

이제 식탁 차리는 일을 살펴봅시다. 가족이 둥글게 함께 모일 수 있는 식탁인가요? 식탁 위에 촛불이나 신선한 꽃 같은 사소한 것들을 곁들이면, 가족에게 아주 특별한 시간이 될 수 있습니다. 여름에 저는 전날 밤에 다음날 아침 식탁을 준비해놓을 때가 가끔 있었습니다. 그러면 깨어날 때 식탁이 저를 초대하고 있으며, 제가 보살핌을 받고 있다는 느낌이 들곤 했습니다. 또 여름 동안에 우리 가족은 각자 다른 시간에 일어나서 아침을 먹곤 했지만, 식탁에 아무도 없었음에도 불구하고 다른 가족이 "함께 있다"고 느꼈습니다.

그 다음에는 분위기에 대해 생각해 봅시다. 식사시간은 편안하고 소화가 잘 될 수 있는 분위기인가요? 꼬마 아이들은 특히 텔레비전이나 라디오가 없는 고요한 환경에서 밥을 먹을 필요가 있습니다(저녁 6시 뉴스에는 살인이나 다른 흉악한 범죄들이 너무나 생생히 보도되고 있기 때문에, 누구나 소화 불량을 일으킬 수 있습니다.). 마찬가지로 어른들도 식사시간 동안 다른 사람에 대해 부정적인 말을 하거나, 그 날 있었던 실망스러운 일을 이야기하지 않도록 주의해야 합니다. 아이들은 모든 것을 받아들이고, 소화 같은 몸의 기능과 감정들을 분리시킬 수가 없기 때문입니다.

아이들이 태어나고 자라면서 식사시간의 대화도 함께 변화할 것입니다. 어른들이 하는 식으로 대화를 나누는 게 불가능해지는 것입니다. 아이들도 식탁에서 이야기하는 걸 좋아하는 한 사람으로 받아들여질 필요가 있습니다. 그러므로 식사시간은 서로의 이야기에 귀를 기울이고, 관심사를 공유하고, 대화가 균형 있게 이루어져야 합니다. 그래야 가족이 함께 모이는 이 시간에 아이들 각자가 자신에 관해서 이런저런 이야기를 할 것이기 때문입니다. 『라이프웨이스Lifeways』에 실린 "가족의 식사Family Meals"라는 에세이에는 자라나는 아이들과 조화롭게 식사할 수 있는 많은 아이디어들이 나와 있습니다. 또한 쉐아 다리안Shea Darian의 『일곱 번째 태양Seven Times the Sun』이란 책에도 좋은 아이디어들이 많이 있습니다.

축복의 말이나 노래를 한 다음에 식사를 하면, 감사의 마음을 갖도록 격려해줄 것이고, 다함께 밥을 먹기 시작할 수 있습니다. 특히 어린 아이들은 여러분이 가족의 식사시간을 위해 계발한 간단한 의례들을 경험하면서 풍요롭게 자랄 것입니다. 하지만 이럴 때도 서두르며 공허한 말을 늘어놓지 않길 바랍니다. 오히려 진정한 감사의 느낌을 불러일으킬 수 있어야 합니다! 종교적인 배경이 없어서 어떤 감사 기도도 떠오르지 않는다면, 여기 생명의 연관성에 대한 자각과 생명을 유지시켜주는 음식에 대한 감사의 마음을 표현하고 있는 두 가지 예가 있습니다.

밀가루가 있기 전에, 방앗간이 있었고,
방앗간이 있기 전에, 곡식이 있었고,
곡식이 있기 전에, 태양과 비가 있었다네.
이것은 신의 뜻이 지닌 아름다움이라네.

땅은 우리에게 이 음식을 주셨어요,
태양은 곡식을 익게 하고 맛좋게 해주셨어요.
해님과 땅님, 당신들의 힘으로 우리가 살아가요,
우리는 사랑어린 마음으로 감사를 드려요.

자기가 먹는 음식과 그것을 준비하느라 들인 노력에 아이들이 감사의 마음을 갖는 일은 중요합니다. 그런 태도는 음식을 준비하고 나르는 일에 참여함으로써 더욱 커질 수 있습니다. 우리 스스로가 생명이라는 선물에 감사와 고마워하는 마음을 진정으로 갖는 일은, 아이들과 함께 공유할 수 있는 또 하나의 영역일 것입니다. 아이가 특정 음식을 싫어하는 문제를 다룰 때는, 뭔가 창조적인 생각을 할 필요가 있습니다. 여러분이 음식에 관해 아이한테 무엇을 이야기할지, 식탁을 떠나기 전에 뭘 먹어야 하는지, 또는 디저트를 먹을 것인지 등에 관해서 여러분 자신의 규칙을 세울 필요가 있습니다. 우리 집의 경우에는, 이런 규칙이 있었습니다. 누구도 음식을 두고서 "역겹다"고 말할 수 없고, 무엇이든 한 입(혹은 세 입)은 먹어봐야 한다고요. 음식에 몹시 까다롭게 구는 아이는 어떻게 할까요? 만일 여러분이 지나친 간식이나 식사를 대신할 다른 먹거리들을 전혀 주지 않는다면, 아이들은 살아남기 위해서라도 금방 잘 먹는 쪽으로 전환할 것입니다. 여러분이 할 일이란 아이 앞에다 영양분이 풍부한 맛좋은 음식을 갖다 놓는 일입니다. 이 사실을 깨닫게 되면, 때로 도움이 될 것입니다. 즉, 그 음식을 먹고 자라는 일은 결국 아이의 일이고 아이 자신의 책임이라는 뜻입니다. 여러분이 억지로 강요할 수는 없는 일입니다. 보통은 부모가 말을 덜하면 덜할수록, 아이의 먹는 태도도 더 좋아집니다.

식사시간이 모두한테 편안하고 조화로운 경험이 되게 하려면, 여러분은 특정한 행동들을 강하게 밀고 나갈 수 있어야 합니다. 만일 어린 아이가 징징대거나 불끈 화를 낸다면, 단호한 어른이 즉시 아이를 다른 곳에 데려다 놓아야 합니다. 아이가 괜찮아 질 때까지요. 아마도 아이는 3분 안에 태도를 바꿀 것입니다. 그런 행동 때문에 쫓겨나고 싶은 아이는 아무도 없기 때문입니다!

여러분의 저녁 식사시간이 흐지부지 형식적으로 끝나나요? 또는 재빨리 끝나버리나요? 밥을 다 먹었을 때 일어나도 되는지 양해를 구하는 예의가 유행에 뒤떨어진 것은 아닙니다. 오히려 누가 식사를 끝냈는지를 알 수 있는 유용한 방법입니다. 그리고 자신이 식탁에 계속 앉아 있어야 하는지 아니면 나가 놀아도 되는지를 아이가 분명히 알 수 있게 도와줄 것입니다(하지만 식탁 주위를 이리저리 왔다 갔다 하고, 식탁 밑을 기어 다니고, 개를 뒤쫓아 다니는 일은 안 됩니다!). 어떤 가족은 식사가 끝났음을 알리는 노래나 짧은 시를 낭송하기 전에는, 모두가 식탁에 앉아 있는 방식을 더 좋아할 수도 있습니다. 우리 집에서는, 먼저 식사를 끝내면 아이들이 허락을 구하고 일어나는 방식을 더 좋아했습니다. 그러면 아이들은 잠시 주위(식당 밖)에서 뛰어 놀 수 있었고, 우리는 몇 분이나마 부부간의 대화를 나눌 수 있는 기회를 가질 수 있었습니다. 그런 뒤에는 아이들을 불러서 식탁 치우는 일을 돕게 했으며, 식기세척기에 그릇을 넣고, 주전자와 프라이팬을 씻는 일 등을 하게 했습니다.

식사시간은 잡다한 집안일들에 아이들 각자가 참여할 수 있는 첫 번째 기회들 중 하나입니다. 아이들은 각자 자기 접시를 부엌으로 가져올 수 있을 것입니다. 반면, 식탁을 차리고, 설거지를 하고, 조리대를 닦는 일 등을 아이를 포함한 가족 모두가 돌아가면서 한다면, 모두에게 아주 이로울 것입니다. 심지어 가장 어린아이조차 가족의 식사시간에 기여할 수 있는 특별한 일을 할 수 있습니다. 각자의 자리에 냅킨을 올려놓는 일 같은 것들이 그것입니다.

식사시간은 아이들이 자람에 따라서 변화해갈 것입니다. 걸음마하는 아이들이 있을 때와 십대 아이들이 있을 때의 식사 시간은 아주 다를 것입니다. 또한 나이대가 다른 여러 아이들이 섞여 있을 때도 다를 것입니다. 하지만 식탁 주위에 함께 모여서 가족의 진화해가는 식사 의례에 함께 참여하는 일은, 무엇과도 대체할 수 없는 가정생활의 소중한 부분이 될 것입니다.

영양분

부모는 영양분에 대해 주의를 기울여야 합니다. 그렇다 해도 어린아이들이 매일 필요한 복잡한 영양 성분들에 대해 굳이 알 필요가 없습니다. 아이가 우유나 땅콩 같은 것에 대해 알레르기가 있다면, 주위 사람들에게 알려서 아이가 부주의하게 그런 것을 먹지 않도록 해야 합니다. 하지만 여러분이 아이 앞에서 음식의 성분들을 까다롭게 분석하거나 정제 설탕이 들어있는지를 샅샅이 검사한다면, 아이들은 자기한테 제공된 음식이 좋은 것이라고 느끼기보다는 식탁 위에 있는 모든 음식들에 혹평을 할 것입니다. 그래서 알레르기가 있다는 사실이 "난 이걸 좋아하지 않아."와 동의어가 되어버릴 것입니다. 그리고 함께 나눠먹는 간식 시간이 거의 불가능하게 되어 버릴 것입니다. 왜냐하면 리앰은 유제품을 먹지 않고, 제니퍼는 밀가루 음식을 먹지 않고, 미카엘은 땅콩 알레르기가 있고, 에디는 설탕이 든 음식을 먹지 않을 것이기 때문입니다.

아이는 여러분이 주는 음식은 무엇이든 자신에게 좋다고 믿어야 합니다. 이 믿음이 음식의 내용물 자체만큼이나 중요할 것입니다. 다시 말해서, 3살이나 4살 아이가 영양 성분을 지나치게 의식하는 일은, 여러 불화만 일으킬 뿐이란 뜻입니다. 한 번은 점심시간에 두 명의 유치원 아이가 서로를 주목했습니다. 한 아이는 보온병에 담긴 우유, 흰 빵 샌드위치 두 개, 감자튀김과 과일을 싸왔고, 다른 아이는 두유, 두부와 싹눈 양배추가 든 통밀 샌드위치, 과일 한 조각과 그래놀라Granola[18])를 싸왔습니다. 자신을 의식하고 주변세계를 의식하기 시작한 이 아이들은 각자가 싸온 점심이 너무나 다르다는 것을 알게 되었습니다. 한 아이가 선생님에게 말했습니다.

"우리 엄마는 우유가 몸에 좋고, 뼈와 이를 튼튼하게 만들어 준다고 했어요."

다른 아이도 말했습니다.

"우리 엄마는 우유를 먹으면 콧물이 날 거라고 했어요."
"누가 옳은가요?"

두 아이가 함께 물었습니다.
함께 일하는 유치원 선생님이 뭐라고 대답할지 기다리는 동안, 제 눈썹이 치켜 올라갔지만, 그녀가 현명하게 대답했을 때 저는 기뻤습니다.

"두 분 모두가 옳단다."

---

18) 그래놀라(Granola) : 납작보리 같은 곡물들에 건포도와 흑설탕을 섞은 건강식품입니다.

이 대답은 두 아이 모두를 만족시켜주었습니다.

우리는 유치원 나이의 아이들이 음식에 지나치게 까탈을 부리는 바람에, 일반적인 간식을 제공하는 게 거의 불가능하다는 사실을 알게 되었습니다. 이럴 경우, 함께 먹는다는 사회적 경험은 아무리해도 이루기가 어려웠습니다!

아이들은 본능적으로 세상이 완전하고 좋은 것이라고 느끼고, 부모가 주는 것은 자기들한테 이로울 것이라고 느낍니다. 그러므로 너의 건강에 필요하다는 정도로 최소한으로 이야기해주는 것이 좋고, 그 이상으로 자세하게 설명해줄 필요는 없습니다. 또한 채식주의 같은 문제들에 대해서도 그럴 이유가 있다는 것 이상을 말할 필요는 없습니다. 장황한 설명보다는 여러분의 행동이 아이에게 훨씬 중요할 것이기 때문입니다. "우리 가족은 고기를 먹지 않는단다."라는 말 정도로도 보통은 아이한테 충분합니다. 그리고 여러분이 친구들이나 선생님한테 그 사실을 말해서 아이가 그 선택을 지킬 수 있도록 도움을 받아야 합니다. 설탕을 피하고 싶은 경우에는, 집에서 현명하게 먹을 것을 주고, 할머니에게도 미리 말해서 아이가 할머니 집을 방문할 때는 사탕바구니를 치워놓도록 해야 합니다. 그런 뒤에도 아마 여러분은 친구 생일 파티에서는 사탕이나 단 과자를 좀 먹어도 된다고 아이한테 말해야 할지를 결정해야 할 것입니다. 친구 집은 그런 것들에 별 가치를 두지 않을 수도 있기 때문입니다. 이런 문제들은 배우자와 함께 논의를 해야 할 문제입니다. 그리고 여러분의 의학적이고 철학적인 확신에 기초해서 결정을 내려야 합니다. 유치원 선생님으로서 제가 할 수 있는 이야기는, 오늘날 아이들이 영양분에 대한 자각과 잘못된 정보를 많이 갖게 되는 바람에 몸의 신진대사 영역을 점점 더 의식하게 됐다는 사실입니다. 이것은 어쩌면 어린아이의 조화로운 세계관을 황폐하게 만들 수도 있습니다.

낮잠 시간 혹은 평온한 시간

어린아이는 놀이를 위한 힘을 회복하기 위해서, 낮 동안에 휴식을 취하거나 평온하게 지내는 시간이 필요합니다. 호흡이 지닌 리듬처럼, 아이의 활동도 온몸을 움직이는 놀이시간과 평온한 시간이 번갈아 가며 일어나야 합니다. 평온한 시간에는 간식을 먹거나 이야기를 듣습니다. 또 손으로 하는 어떤 일, 가령 뭔가를 만들고, 색칠을 하고, 밀랍으로 모형을 만드는 일들에 집중하게 되면 아이는 자신 속으로 들어갈 것입니다. 이런 일들은 격렬한 활동들과 균형을 맞출 것입니다.

오늘날 많은 아이들이 잠을 너무 적게 자는 경향이 있으며, 아주 어린 나이인데도 오후 낮잠을 포기하려고 하는 아이들도 많습니다. 하지만 오후 낮잠시간은 아이가 하루의 인상을 소화하게 해주고, 부모한테도 환영할 만한 시간을 제공해 줄 것이므로 매우 유익할 것입니다. 아이는 낮잠 시간 혹은 침대나 자기 방에서 조용히 노는 시간에 분명히 익숙해질 수 있습니다. 매일 이루어지는 휴식에 리듬이 유지된다면, 아이는 이 시간은 혼자 있어야 하는 시간이므로 엄마나 아빠를 불러서는 안 된다는 사실을 배울 것입니다. 저희가 꾸리는 라이프웨이스 프로그램에서는, 오후까지 지내는 아이들 모두는 낮잠을 잡니다. 그리고 제가 유치원에서 일할 때는, 5살 아이들 대다수가 실제로 잠이 들곤 했습니다. 다른 아이들은 좋아하는 인형을 가지고 자기 매트 위에서 조용히 놀면서 휴식을 취했습니다. 낮잠 시간이 시작될 때와 끝날 때는 매번 똑같은 노래가 활용됩니다. 끝나는 노래는 특별히 더 환영을 받는데, (양모로 만들어 막대에 끼운) "빨간 새"가 나와서 잠든 아이들을 깨우고는 놀러나가라고 말하기 때문입니다.

유치원 시기의 아이들한테는 평온하게 쉬는 시간이 아주 소중하다는 인식이 이 시간을 규칙으로 만드는 첫 발걸음입니다. 부모한테도 아이 없이 보내는 오후 시간이 너무나 소중한 시간이 될 수 있습니다. 그 동안에 휴식을 취하거나 원하는 일을 하면서 에너지를 다시 회복할 수 있을 테니까요.

만일 여러분은 이런 시간이 규칙이 되길 원하는데 아이가 아직 익숙한 상태가 아니라면, 우선 그것에 대해 충분히 생각하세요. 여러분에게 가장 좋은 시간은 언제일까요? 그 시간에 아이가 해도 되는 행동의 변수들은 무엇인가요? 가령, 아이는 잠을 자야 하나요? 아니면 그냥 침대에서 조용히 있어도 되나요? 그 시간에는 어떤 종류의 인형과 장난감을 가지고 놀 수 있을까요? 방은 좀 어두워야 할까요? 낮잠 자기 전에 미리 할 일에는 무엇이 있을까요? 화장실에 가서 오줌을 누고, 손을 씻고, 신발을 의자 밑에 가지런히 두어야 할까요? 노래를 불러 주거나 이야기를 들려주어야 할까요? 이럴 때 어린이용 하프는 아이를 진정시켜서 잠들게 하는 데 놀랄 만한 효과가 있습니다. 아이가 잠들 때까지 옆에 앉아 있고 싶다면, 여러분도 매우 졸려하는 표정과 행동을 하세요. 눈꺼풀을 무겁게 처지게 하고, 말을 걸지도 질문에 대답하지도 말고, 하품을 하고, 여러분의 졸린 시선에서 잠이 솔솔 새어나오게 하세요. 여러분의 손을 아이 머리나 등에 얹는 것도 아이를 잘 진정시킬 수 있을 것입니다. 만약 이런 낮잠 시간이 없다면, 놀이방 등에서 아침 프로그램을 마치고 돌아온 아이가 점심을 먹은 뒤에는 혼자서 잠시 조용히 놀라고 말할 수 있습니다. 아이들은 아침 시간 동안 그룹에서 아주 활동적으로 놀았을 터이므로, 보다 내적이고 조용한 시간이 아이들한테 필요한 균형을 맞춰줄 것입니다.

잠자는 시간

여러분의 집에서는 잠자는 시간은 어떠한가요? 저녁 시간에 리듬이 있나요? 정해진 시간에 잠자러 가고, 자기 전에 일련의 활동들을 함께 하나요? 일련의 작은 의례가 규칙적으로 이어진다면, 아이를 진정시키고 쓸데없는 불평을 예방하는데 도움이 될 것입니다. 또한 아이가 자라면서 이런 활동들을 보다 많이 배우게 된다면, 나중에는 혼자서도 잠자리에 들 수 있을 것입니다. 어떤 때는 베이비시터에게 아이의 잠자리를 똑같은 순서로 봐달라고 이야기할 수도 있을 겁니다. 그러면 아이는 더욱 안정감을 느낄 것입니다.

어떤 식으로 잠드는가는 아이의 몸뿐만 아니라 정신이 다시 힘을 회복하는 데 아주 중요합니다. 잠이 들고 깨어나는 순간은 영적인 세계, 꿈과 계시의 세계로 들어가는 입구이기 때문입니다. 우리와 아이가 잠들고 깨어나는 방식이 잠자는 생활과 깨어 있는 생활 모두에게 좋은 영향을 미칠 수 있습니다. 아주 어린아이가 있는 경우라면, 때로 저녁 식사 후의 온 시간을 아이가 잠들게 하는 일에 다 써야 할 때도 있을 것입니다. 방을 정돈한 다음에 아이와 조용한 놀이를 할 수 있습니다. 그런 뒤 필요하다면 목욕을 시키거나 손발을 씻게 하고, 이를 닦고, 잠옷을 갈아입게 합니다. 천천히 이야기하고 부드러운 노래를 불러주면, 잠자는 분위기를 만드는데 도움이 될 것입니다. 방에 촛불을 켠 다음에 아이한테 속삭여주는 일 또한 평온하고 공유하는 분위기를 만들어 줄 것입니다. 노래, 이야기, 시, 또는 아이 영혼을 신성한 것과 결합시켜 주는 기도는 아이가 평화롭게 잠들 수 있게 도와줄 것입니다. 집에 어린이용 하프가 있다면, 그걸로 몇 가지 간단한 곡을 연주해줄 수도 있을 것입니다. 촛불을 사용했다면, 아이 방을 떠나기 전에 잘 불어서 꺼야 하겠지요. 어쨌든 촛불의 따뜻하고 부드러운 빛은, 노래를 불러주고 이야기를 들려주는 동안에 아주 평온한 분위기를 만들 것입니다. 아이가 잠드는 데 어려움을 겪는다면, 『라이프웨이스』에 실려 있는 에세이 "잠자기와 깨어나기Sleeping and Waking"와 『일곱 번째 태양』이란 책에서 많은 조언들을 찾을 수 있을 것입니다.

아이들은 깨어 있는 의식을 사랑하고 그것에 집착합니다. 그래서 너무나 피곤해지는 순간까지 잠을 자지 않을 수 있습니다. 잠이 꼭 필요한데도 잠자러 가겠다고 마음을 정할 수가 없는 것입니다! 제가 발도르프 연구소의 교사양성 프로그램에 처음 등록했을 때, 우리 아이 하나는 유치원생이었고 다른 아이는 초등학교 2학년이었습니다. 당시 우리 아이들은 8시 30분에 잠자리에 들었습니다. 그런데 연구소의 한 선생님이 아이의 잠에 대해 이야기하면서, 우리 아이들이 7시 30분에 쉽게 잠자러 갈 수 있을 것이라고 이야기를 해주었습니다. 저는 "우리 애들은 안 돼! 8시 30분에 자러 가는 일도 얼마나 힘든 일인데!"라고 생각했습니다. 하지만 그래도 그 일이 정말 가능한 건지 알아보기로 마음을 먹었습니다. 결과는 너무나 놀랍게도, 소란피우지 않으면서 아이들은 한 시간 일찍 잠이 들었고, 한 시간 더 많이 잘 수 있었습니다. 심지어는 익숙한 스케줄 덕분에 별로 피곤해 보이지 않은 날도 그랬습니다. 너무 놀라서 제 말문이 막힐 정도였습니다! 저는 이와 비슷한 경험들을 많이 했습니다. 유치원 아이를 둔 다른 부모들한테 밤 11시에 아이를 침대에 집어넣지 말고, 7시 30분에 잠을 재우기 시작하라고 제안을 했는데 저와 비슷한 결과가 나왔던 겁니다. 놀랍게도, 아이가 새로운 리듬을 받아들이는 데 걸리는 시간은 3일이 채 걸리지 않았다고 했습니다. 심지어 어떤 꼬마는 아직 이른 저녁인데도 베이비시터에게 이제 잘 시간이라고 말했다는군요.

아이가 너무 일찍 잠자리에 들면, 너무 이른 새벽에 일어나지 않겠느냐고요? 여러분이 직접 해보면 알게 될 것입니다. 해가 떠오를 때 밝게 웃으며 깨어난 아이는, 왜 어른들은 자기더러 다시 자러가라고 하는지를 이해할 수 없을 것입니다! 하지만 대부분의 아이들은 그렇게 일찍 일어나지 않습니다. 그렇더라도 여러분은 조금 더 자야 할 필요가 있는데 아이가 일찍 일어났다면, 날씨가 추울 경우, 아이한테 긴 잠옷을 입고 슬리퍼를 신은 채 자기 방에서 놀도록 가르칠 수 있을 것입니다(때로 혼자서 놀이할 수 있는 것들을 아이가 잠든 후에 미리 준비해 놓을 수도 있을 것입니다.).

아침 시간

잠에서 깨어나는 시간 역시 중요한 시간입니다. 이런 전환하는 시간에 주의를 기울이면, 어른이나 아이 모두에게 큰 도움이 될 수 있습니다. 여러분은 어떻게 잠에서 깨어나요? 많은 부모들은 다른 가족보다 30분 먼저 일어나게 되면, 하루에 큰 영향을 미치는 아침 시간에 고요하게 집중할 수 있다는 사실을 잘 알고 있습니다. 여러분이 일찍 일어날 수 없는 경우라면, 전날 밤에 가능한 많은 것을 준비해 놓으면 좋을 것입니다. 가령, 아이들이 각자 입을 옷, 필요할 경우에 점퍼, 방한복, 장갑을 준비해 놓고, 학교 가방, 점심, 아침 식사 등 필요한 일들을 준비해 놓는 겁니다. 아침에 생길 수 있는 가장 큰 문제는 급하게 서두르는 것이기 때문입니다. 급하게 몰아세우면, 아이는 오히려 더 천천히 움직이고 당연히 모든 사람이 불쾌해지기 마련입니다.

여러분은 아이를 깨울 때 어떤 식으로 깨우나요? 마그렛 메이어코트Margret Meyerkort 는 이렇게 말하고 있습니다.

아이들과 어른 모두 밤의 의식이라는 이 영역이 낮 의식 바로 아래에 있을 때, 약간 은 활동적이지 않은 채 잠시 머물러 있게 해주는 일은 중요하다. 바로 여기에 영적인 세계에 대한 암시, 이해, 새로운 확신, 인식이 들어 있기 때문이다. 그러므로 어린아이가 있는 경우라면 자명종 시계는 멀리해야 한다. 그런 소리는 너무나 차갑고 엄격하며, 말 그대로 사람을 깜짝 놀라게 하면서 깨우기 때문이다. 그런 식으로 놀란 채 일어난 아이는, 이후의 시간에도 뚱하니 불만을 품을 수 있다. 자명종으로 시끄럽게 깨우는 대신에, 부모가 어떤 멜로디를 흥얼거리거나, 계절에 맞는 노래 또는 아침 노래를 불러줄 수 있을 것이다.

어린 아이를 안고 창문으로 가서 새날의 새빛을 보는 것 역시 아침을 시작하는 좋은 방법입니다.

깨어난 후에도 아이는 여전히 밤의 의식에 머물러 있기 때문에, 5분이나 10분 정도는 아이에게 어떤 질문도 하지 않는 것이 좋습니다. 아이는 어른의 질문을 따라갈 수 있는 낮의 의식을 아직 갖고 있지 않습니다. 그러므로 질문을 하거나 선택하게 하는 일은 피해야 합니다. 선택이 필요하다면, 전날 밤에 다음 날 무엇을 입을 것인지 등을 함께 선택해 놓으세요. 그러면 아침에 서로 뜻이 맞지 않아 집안이 전쟁터가 되는 일은 없을 것입니다.

일단 아이가 충분히 깨어났다면, 하루를 이루고 있는 일들은 나름의 특별한 질서를 갖고 있나요? 질서 있는 방식으로 일을 하게 되면, 아이에게 뭔가를 배울 기회를 주는 것이란 사실을 기억하세요. 그리고 학교 다니는 아이는 혼자서 이를 닦고 머리를 빗는 일 등을 훨씬 잘 한다는 사실을 기억하세요. 심지어 토요일인데도 그런 일들을 잊지 않을 것입니다. 여러분의 아침은 어떠한가도 생각해 보세요. 즉, 옷을 입고, 아침을 먹고, 이를 닦고, 머리를 빗는 일을 여러분은 어떻게 하고 있나요? 또 잠자리를 정돈하는 일(처음에는 아이와 함께)은 어떤가요?

노래나 시를 가지고 하루를 맞이한다면, 아이들이 아주 좋아할 것입니다. 여러분이 아는 노래나 시가 없다면, 여기 두 개의 예가 있으니 참고하기 바랍니다.

아침이 왔어요.
밤은 사라졌어요.
해님과 함께 일어나고
하루를 맞이해요.

- 엘리자베스 레브레트Elisabeth Lebret

안녕, 땅님. 안녕, 해님!
안녕, 돌들과 모든 꽃들!
안녕, 바쁜 벌들과 나무에 있는 새들!
안녕, 당신도 안녕, 나도 안녕!

- 작자 미상

또 쉽게 손동작을 덧붙일 수 있는, 루돌프 슈타이너의 시가 하나 있습니다. 손동작을 할 때는 시의 내용에 따라서, 자기의 눈과 심장을 가리키고, 태양처럼 원을 만들고, 밤에 쉰다는 표현은 머리에 손을 얹는 동작으로 표현합니다.

나 자신의 눈을 가지고
나는 세상을 본다네,
신이 만드신 이 사랑스런 세상을,
내 심장은 감사해야 한다네.
신이 만드신 이 세상에
내가 살고 있음을.
하루의 밝음 속에서
내가 깨어날 수 있음을.
그리고 신의 축복 속에서
내가 밤에 쉴 수 있음을.

한 주의 리듬

여러분의 어린 아이가 한 주의 리듬에 대한 감각을 갖도록 돕는 일은, 특별한 활동들이 특정한 요일에 규칙적으로 행해진다면, 보다 쉽게 이루어질 것입니다. 일주일에 한 번 공원에 갈 때 매주 수요일마다 공원에 가면, 아이는 이 활동을 한 주에 방점을 찍는 일로 이해할 것입니다. 이런 일은 또한 다른 활동들을 질서 있게 계획하는 일에도 도움이 될 것입니다. 이따금씩 아이와 함께 빵을 굽는다면, 매주 월요일마다 해보는 것은 어떨까요? 여기에다가 아이의 삶에 다른 규칙적인 활동들을 덧붙일 수도 있습니다. 옛날에는 각각의 요일에 따라 어떤 일을 하곤 했는데, 전래되는 시에 이것이 잘 표현되어 있습니다.

월요일에는 빨래하고
화요일에는 다림질하고
수요일에는 수선하고
목요일에는 버터를 만들고
금요일에는 청소하고
토요일에는 빵을 만들고
일요일에는 쉬지요.

이런 종류의 리듬은 여전히 아미쉬Amish[19]) 공동체에서 관찰할 수 있습니다. 이런 리듬은 전혀 지루하지 않으며, 오히려 나날의 삶에서 너무 많은 일을 해야 할 때의 혼돈에 일정한 패턴을 만들어줄 수 있습니다. 반면 우리들 대부분은 더 이상 그런 일의 리듬에 따라 살고 있지 않습니다. 만약 어린아이에게 이러한 리듬이 소중하다는 것을 이해한다면, 우리는 정해진 날에 특정한 활동들을 할 수 있고, 또 특정한 날에 함께 장을 보러 갈 수 있을 것입니다. 그러면 아이는 일주일이 리듬 있게 되풀이된다는 사실을 편하게 느낄 것입니다.

한 주의 패턴들 속에 안식일이 있다는 점에 대해서 말해줄 필요가 있습니다. 안식일은 보통 일이나 놀이를 하지 않고, 종교적인 실천을 준수하는 매우 특별한 날입니다. 만일 여러분 가족이 교회, 절, 모스크 등에 가지 않는다면, 이런 특별한 날(일요일, 토요일, 혹은 금요일)이 내적인 면을 위해 본래 갖고 있었던 의미를 잃어버릴 수 있습니다. 또신, 자기 자신, 자연, 가족과 영적으로 만나기 위한 날이라는 의미도 사라질 수 있습니다. 이런 날에 여러분의 가족이 무엇을 하는지를 생각해 보세요. 교회에 가고 안 가고와 상관없이, 뭔가 정해진 일들을 하는 것이 보다 좋지 않을까요? 가령, 특별한 아침 식사를 만들어서 함께 먹고, 자연을 만나러 나갈 수도 있을 것입니다. 또는 성경 이야기들을 읽으며 어른들이 영적인 탐구를 하면서 아이들에게 그 이야기를 들려줄 수도 있습니다. 여러분의 가족에게 의미 있는 일은 무엇인가요?

한 주의 모든 날들은 각각 나름의 특질, 색깔, 결, 활동들을 포함하고 있으며, 행성들과 관련을 맺고 있습니다. 예를 들어, 화요일은 화성을 뜻하는 Mars(프랑스어는 mardi, 스페인어는 martes)와 관련을 맺고 있습니다. 마르스는 로마 신화에서 전쟁의 신이라서 강한 힘과 에너지와 활동과 연관이 있습니다. 그래서 이 날에는 힘든 집안일, 스포츠 같은 것들을 할 수 있을 것입니다. 발도르프 교육의 어린이 커리큘럼에는 이런 다양한 특성들이 반영되어 있으므로 누구든 관심을 갖고 배울 수 있을 것입니다.

---

19) 아미쉬(Amish) : 17세기 말 종교 개혁가 Jacob Ammann이 창시한 기독교 교파의 하나입니다. 현대적 농기구의 도움 없이 농사일을 하며, 자급자족의 전통을 지키려는 생활 방식을 갖고 있습니다.

축제들을 기념하기 그리고 한 해의 리듬

한 해의 리듬은 지구가 태양과 맺는 관계가 변함에 따라서 그 특징이 나타납니다. 우리는 태양과 지구의 관계가 계절의 변화를 만들어낸다는 사실을 때로는 아주 당연한 것으로 여기고 잊곤 합니다. 하지만 전 세계의 수많은 주요 종교들은 이런 사실을 잘 깨닫고 있으며, 각자의 축제들을 기념하면서 우리의 경험을 한 해와 통합시키고 있습니다. 가령, 동지가 되어갈 즈음에 여러 종교에서 빛의 축제들을 거행하는 식으로요.

오늘날 많은 사람들이 자신의 삶에서 축제, 의미 있는 기념식, 혹은 의례들이 새롭게 필요하다고 느끼고 있습니다. 비록 어린 시절에 종교적인 배경에서 자라지 않았을 지라도, 사람들은 여전히 자신의 삶에서도 사람들을 함께 모이게 하고 (결혼 같은) 의미 있는 사건들을 축하할 새로운 방법을 찾고 있습니다. 혹은 요사이 너무 상업주의에 물들기는 했지만, 크리스마스의 의미에 접근할 수 있는 새로운 방법도 찾고 있습니다. 축제들을 기념하는 일은 개인적인 삶에서도 중요할뿐더러 사회적으로도 중요합니다. 그리고 이 일은 "일상적 시간"을 벗어나서, 보다 영속적이고 중요한 것들과 연결을 맺게 해줄 것입니다. 슈타이너는 축제를 기념하면서 다시 새로워지는 의식은, 지상의 세계와 신성한 세계를 이어주는 소중한 연결이라고 보았습니다.

저는 여러분이 자신의 종교나 문화 전통 안에서 한 해의 축제들이 지닌 보다 깊은 의미에 대해 탐색해보길 권하고 싶습니다. 그리고 여러분에게도 의미가 있고 아이들도 풍요롭게 해줄 수 있도록 그 축제들을 기념하는 방법을 찾아보길 바랍니다. 저는 기독교 배경에서 자랐기 때문에, 기독교 축제들에 대해서 가장 익숙합니다. 하지만 제가 돌보는 아이들 중에는 부모님이 유대인, 불교도, 이슬람교인 경우들도 있어서, 저는 그들로부터 많은 것들을 배울 수 있었습니다. 그들은 자기 종교의 축제들을 자기 아이들과 생생한 방식으로 축하하고, 우리 반에도 이런 노력들을 공유해주곤 했습니다.

『축제들, 가족과 음식Festivals, Family and Food』이란 책에는, 중요하고 덜 알려진 기독교 축제들을 아이들과 기념할 수 있는 많은 이야기들, 요리법, 수공예 아이디어들이 들어 있습니다. 어린아이와 함께 축제를 준비하는 과정이 축제 자체만큼이나 중요하다는 사실을 기억하세요. 가령, 매년 축제를 위한 빵을 굽고, 특별한 선물을 만들고, 장식을 하고, 특별한 노래를 부르는 과정이 그러합니다. 축제를 준비하는 모든 활동들에 여러분의 아이를 꼭 참여시키도록 하세요! 축제가 지닌 내적이고 영적인 현실들이 어린 아이한테 전달되도록 노력하는 일이, 여러분이 말하는 것보다 더 많은 것들을 해준다는 사실을 기억하세요. 현재 순간에 마음을 기울여 어떤 일을 하는 것이, 신성한 사랑에 관한 강의보다 더 많은 것들을 가르쳐주기 때문입니다. 어린 아이에게 축제를 소개할 때는, 알아들을 수 있도록 간단한 이미지가 있는 이야기를 들려주세요. 가령, 하만Haman[20] 왕과 모르드개[21]에 관한 이야기를 들려준 다음에, 뿔로 만든 피리를 불거나 과자를 구울 수 있을 것입니다. 이렇게 하면 어린 아이한테 이 축제가 너무나 멋질 것입니다.

영국의 발도르프 유치원에서는 부활절에 어떤 애벌레에 관한 이야기를 들려줍니다. 이 애벌레는 꽃처럼 되고 싶어 하고 태양을 숭배하는 애벌레입니다. 어머니 지구가 그 애벌레에게 이렇게 이야기합니다. 네가 변화할 수 있는 방법이 있지만, 그것은 거의

---

20) 하만(Haman) : 성경 에스더기에 나오는 왕으로 유대인을 멸망시키려는 음모가 발각되어 교수형에 처해지는 왕입니다.

21) 모르드개(Mordecai) : 에스더의 사촌 오빠로 에스더와 협력하여 유대인을 하만의 손에서 구한 사람입니다.

죽음을 겪은 후에 새로운 형태로 태어나야 한다고요. 용감한 애벌레는 모험을 통과해서 날 수 있는 나비가 됩니다. 이 이야기는 자연 속에 있는 새로 태어남의 이미지를 보여줍니다. 이 이미지는 부활의 기적과 우리 자신의 내적 변형의 가능성을 거울처럼 비추어 줄 것입니다.

아기 예수가 어린아이들과 매우 가깝기 때문에, 크리스마스는 자연스럽게 어린아이들과 관련된 축제입니다. 아이들과 함께 성탄절을 축하하는 일은, 아이들과 우리 모두가 보다 분명하게 내적인 준비를 하는 시간이 되게 할 수 있습니다. 강림절 기간[22] 동안에 여러분과 아이가 마법의 창문을 만들고, 매일 밤 이야기를 들려줄 때 강림절 화관에 불을 켜두게 되면, 크리스마스의 내적의 의미를 간직할 수 있게 도와줄 것입니다. 겉으로 부산스러운 활동에서는 이 의미가 자칫 잊히기 쉽기 때문입니다.

어떤 종류의 종교적인 축제이든 상관없이, 여러분은 이 축제들에다 변화해가는 계절을 관찰할 수 있는 방법들을 덧붙일 수 있습니다. 그러면 여러분 자신과 아이들이 풍요로워질 것입니다. 계절에 관련된 노래들, 특별한 방식으로 만든 음식들, 계절에 관련된 활동들은 우리를 둘러싸고 있는 자연의 변화를 깨달을 수 있게 도와줄 것입니다.

여러분은 계절을 보여주는 작은 자연 테이블을 만들어서, 집 안에 약간의 자연을 가져올 수 있습니다. 그 테이블에는 여름 동안 해변에서 모은 조가비들, 할머니에게 받은 생일카드 같은 특별한 것들을 올려놓습니다. 테이블보의 색깔은 계절마다 바꿀 수 있고, 마찬가지로 그 위에 놓이는 것들도 자연과 계절의 변화를 반영하면서 바꾸어 줍니다.

생일을 축하하기

아이들의 생일은 부모가 즐거움과 긴장을 함께 느낄 수 있는 특별한 축제입니다. 아이 생일을 축하해 줄 계획을 짜되, "간단하면 간단할수록 더 좋다"라는 점을 기억하세요. 아이의 감각에 지나치게 부담이 되는 일은 피해야 합니다. 여러분이 아이의 생일 파티에서

---

22) 크리스마스가 되기 4주 전 일요일부터 시작됩니다.

적극 즐길 수 없다면, 아이 역시 자기 생일을 적극적으로 즐기지 못할 가능성이 있습니다. 오늘날에는 어린 아이들을 위한 파티가 피자집이나 아이스크림 가게들에서 이루어지고 있는데, 아주 불행한 일입니다. 그런 곳은 시끄러운 음악 소리로 귀가 멍멍하고, 혐오스러운 광대가 나오고, 기계로 만든 캐릭터가 "노래를 불러 주고", 비디오게임을 하게 해주는 곳이기 때문입니다.

집에서 즐겁게 생일을 축하할 수 있는 많은 방법들은 『축제들, 가족과 음식』에서 찾을 수 있을 것입니다. 여러분은 아이의 생일을 축하하러 온 한 무리의 아이들과 몇 가지 활동과 놀이를 할 수 있습니다. 가령, 아이들과 같이 "보물 가방"을 장식하고, 숲에 산책을 가고, 종이 접시 위에 이끼로 "요정의 정원"을 만들고, 그것을 아이들이 찾아온 도토리와 예쁜 돌로 장식할 수 있을 것입니다.

가족끼리만 생일을 축하하는 경우라도, 나름의 생일축하 방식이 있을 수 있습니다. 가령, 아이한테 "우리는 네가 태어나서 너무 기쁘구나!"라고 말하는 것도 포함됩니다. 또 생일날 아이가 특별한 하루를 보내도록, 특별한 그림과 왕관을 준비해서 아침 식사시간에 아이 자리에 놓아두거나, 저녁에 무슨 요리를 했으면 좋을지 선택하게 하는 등, 무슨 방식이든 좋을 것입니다. 원한다면 전통적인 방법도 생각할 수 있습니다. 가령, 매년 아이에게 그 해의 장면을 담은 몇 가지 사진을 붙인 카드를 만들어 줄 수가 있겠지요. 여기에는 아이가 세 발 자전거를 타고, 새로운 고양이를 얻고, 여행을 간 모습 등이 포함될 수 있습니다. 그런 카드들을 모아 두면, 아이는 자라서도 그것들을 보물처럼 여길 것입니다.

어린 아이에게는 "무지개다리"를 건너서 이 지상으로 내려왔다는 이야기가 생일 이야기로 알맞습니다. 어린아이는 아직 영적 세계와 밀접하게 연결되어 있기 때문입니다. 발도르프 어린이 프로그램들에서는 흔히 이 이야기를 들려줍니다. 이 이야기는 『어린 천사의 여행Little Angel's Journey』이란 어린이 책에 아주 아름답게 서술되어 있습니다. 이 이야기는 이렇게 시작합니다. 어느 꼬마 천사 혹은 "별 아이"가 꿈을 꾸다가 지구에 있는 부모들을 본 후에 지구에 내려오고 싶어 합니다. 대천사는 어린 천사에게 무지개다리를 건너가서 지구에 사는 아이가 되어야 가능하다고 말해줍니다. 이 다리는 천상과 지구를 연결해주는 다리입니다. 꼬마 천사는 마침내 자기의 날개를 뒤에 남겨놓겠다고 동의합니다. 자신이 다시 돌아올 때까지 날개가 안전하게 보관되어 있을 것임을 확인받은 다음에 말입니다. 그런 다음 꼬마 천사는 수많은 빛깔을 한 무지개를 건넙니다. 그동안 지상에서는 계절이 세 번 바뀝니다. 곧 매우 어두워지고, 꼬마 천사는 거의 잠을 자는 것 같은 상태가 됩니다. 그런 뒤에 눈을 뜨면, 자기가 꿈속에서 보았던 여자와 남자가 진심으로 자신을 사랑하면서 그곳에 있습니다. 그러면 꼬마 천사는 이 부모가 자기를 환영하면서 "너의 이름은 ...... 란다."라고 말할 때, 자기가 살아갈 지구 집을 찾았음을 알게 됩니다. 이런 이미지는 아이한테 물리적인 몸뿐이 아니라 그 이상의 뭔가가 있음을 확신시켜주기 때문에, 어린 아이를 풍요롭게 해줄 것입니다.

생일은 우리에게 시간의 경과를 알 수 있는 기회를 줍니다. 우리 아이들이 한 해 동안 얼마나 자라고 변했는지를 보면, 정말 시간은 너무나 빨리 지나가는 것처럼 보입니다. 생일, 축제일, 변화하는 계절들은 모두 우리와 아이들을 풍요롭게 해줄 수 있는 친밀함과 리듬을 제공해 줍니다. 날이 바뀌고, 주가 바뀌고, 해가 바뀌는 과정을 보내면서 리드미컬한 삶을 살게 된다면, 우리가 어린 아이에게 줄 수 있는 가장 큰 선물 하나를 주는 셈입니다.

7
· · · · · · ·

훈육과 부모노릇과 관련된
다른 문제들

훈육의 문제

앞 장에서 말한 것처럼, 리드미컬한 가정생활은 아이의 훈육과 관련된 문제들을 80% 정도 줄여줄 것입니다. 그러므로 먼저 앞장을 읽어본 다음에 이 장을 읽길 바랍니다! 그러면 아이들의 모든 훈육은 부모의 자기 규율부터 시작된다는 점을 이제는 알게 되었을 것입니다. 우리는 "처벌"을 뜻하는 단어를 사용하지 않을 것입니다. 실제로 "훈육 discipline"이란 단어는 "제자, 사도disciple"란 단어와 그 어원이 같은 말입니다. 그러므로 우리는 실제로 우리의 아이들을 어떻게 자기의 가장 높은 이상에 헌신하는 제자로 기를 수 있을 건지를 물어야 합니다. 아이들이 우리에게 복종하도록 협박하는 것이 아니란 뜻입니다.

훈육이 부모들에게 중요한 문제라는 바로 그 사실이, 우리 시대의 어떤 징후를 나타내고 있습니다. 많은 부모들은 아이의 훈육과 관련해서 자기들이 해야 할 일보다는, 자기들은 이러저러한 걸 원치 않는다는 점을 더 많이 알고 있습니다. 혹은 그러한 훈육 방법이 어떤 결과를 가져올 것인지를 더 많이 알고 있습니다. 대개의 부모들은 권위주의자가 되기를 원하지 않기 때문에, 심지어 아이에게 이러저러한 일을 하라고 계속 주장해야하는 지조차도 의문을 갖고 있습니다. 연구들이 보여주는 바에 따르면, 아이들은 부모들이 권위가 있으면서도 중도의 입장에서 행동할 때 보다 훌륭하게 행동한다고 합니다. 중도의 입장이란, 부모가 극단적으로 권위주의자이거나 모든 걸 허용하는 사람이 아니라, 그 중간에 있는 사람을 말합니다. 권위가 있는 부모는 효과적이고 일관성 있게 자기 아이들한 테 한계를 설정할 것입니다. 아이들은 자연스럽게 자기 부모를 믿음직한 어른으로 바라봅 니다. 그리고 자기 부모는 자기들보다 세상을 많이 알고 있고 어떻게 행동해야 할지도 잘 알고 있다고 생각합니다. 아이들은 자기들 역시 신뢰할 수 있고 자격이 있는 사람이 되기를 열망합니다. 그리고 스스로도 어떤 기여를 하고 싶어 합니다. 이것이 바로 자라는 일입니다. 이와 동시에 아이들은 충동을 조절하는 힘이 아직 부족하고, 자기를 기쁘게 하는 일을 잘 양보하지 못합니다. 그래서 원하는 일을 하지 못하거나, 자기 눈에 띈 모든 것을 갖지 못할 경우 좌절할 수도 있습니다.

아이의 근본적인 선함을 기억하기

다행스럽게도, 우리가 좋아하든 싫어하든 아이들이 뭔가를 할 때, "착하다" "나쁘다"라 고 말하는 일이 점차 인기를 잃고 있습니다. 왜냐하면 판단 당하고 꼬리표가 붙여졌다는 느낌은 오랫동안 삶에 영향을 미칠 수 있기 때문입니다. 저는 여러분이 한 발 더 나아가서 개인적인 행동들에도 "나쁘다" "착하다"라는 판단을 내리지 말기를 권하고 싶습니다. 로젠버그Marshall Rosenberg는 비폭력대화NVC라는 삶의 방식을 계발하면서, 우리의 감정들과 행동들을, 기본적 욕구들이 충족되거나 충족되지 않을 때 일어나는 것으로 바라보라고 권하고 있습니다. 간단한 예를 들어보면, 사내 녀석들이 싸우지 않고 함께 노는 것을 볼 때면, 조화와 협동에 대한 우리의 욕구가 충족되기 때문에 우리는 행복감과 만족감을 느낍니다. 하지만 그 아이들이 치고받고 싸우면, 조화와 협동에 대한 충족되지 않은 욕구 때문에 일어난 감정들이, 우리가 평온하게 집안일을 하는 것을 방해할 것입니다. 그럴 때는 몇 가지 상상 혹은 제안을 포함하는 전략을 갖고서 그 다툼에 개입한다면, 장난감을 다른 아이가 다 갖고 놀 때까지 한 아이를 기다리게 하는데 도움이 될 수 있을 것입니다. 그렇지 않고 우리가 짜증을 내면서 개입할 수도 있습니다. 심지어 며칠 동안 쌓아온 짜증을 폭발할 수도 있습니다. 그렇게 되면 우리가 한 일(우리의 무의식적인 "전략")은 십중팔구 더 큰 야단법석을 낳게 될 것입니다. 이런 일이 일어날 때는 우리 모두에게 책임이 있습니다.

비폭력대화의 근본 원리들은 아주 간단합니다. 그럼에도 불구하고 여러분 자신과 아이들의 욕구에 이 원리들을 적용하는 일이, 대다수 사람들에게는 자연스럽게 되지 않을 수도 있습니다. 왜냐하면 우리 자신이 그런 식으로 키워지질 않았기 때문입니다. 이 접근방식에 대한 저의 첫 번째 반응은, "나한테는 어떤 욕구도 없어."였습니다. 하지만 저는 상당히 화가 많은 사람이었고, 이것이 바로 제 욕구들을 부정해온 결과라는 사실을 결국에는 이해하지 않을 수 없었습니다. 그러므로 이런 접근 방식은, 여러분이 뭔가를 알아차리게 도와줄 것이므로 중요합니다. 즉, 감정들과 욕구들이 방정식에서처럼 서로 연결되어 있음을 알아차리게 도와줄 것이란 뜻입니다.

하지만 여러분 아이들한테는 무슨 문제가 있나요? 두 살짜리 사내 녀석을 예로 들어봅시다. 아이는 신을 신고 밖에 나가게 하려는 여러분의 노력에 한사코 저항을 하고 있습니다. 이럴 때는 비폭력대화의 기본적인 두 가지 원칙이 아주 도움이 됩니다. 하나는, 감정들의 밑바탕에 놓여있는 충족되지 않은 욕구들을 살펴보는 일입니다. 다른 하나는, 아이가 느끼는 바에 대해 공감해주고 인정해주는 일입니다. 이것을 꼭 말로 할 필요는 없습니다. 하지만 때로는 감정들에게 대해서 너무 많은 이야기를 하는 방식으로 갈 수도 있습니다. 마찬가지로, 어린 아이더러 감정들과 욕구들을 똑똑히 말하도록 가르치려는 일은, 아이의 발달을 넘어서는 일입니다. 하지만 아이가 뭔가를 인식하고 반응할 때 공감 능력을 갖게 되는 일은 어른인 우리도 배워야 할 소중한 기술입니다. 그렇지만 만약 어렸을 때 어른들이 우리한테 그럴 기회를 제공해주지 않았다면, 이런 공감 능력을 계발하는 일은 도전일 수 있습니다.

먼저, 인정하기입니다. 여러분이 이해하고 있고, 아이가 이해받고 있다는 사실을 아이가 알게끔 여러분은 무슨 말을 해줄 수 있을까요? "너는 정말로 혼자서 이걸 하고 싶은 거구나!" 이런 말일 수도 있고, 혹은 그런 자부심이 아니라, 아이는 그저 뛰쳐나가서 맨발로 놀고 싶은 것일지도 모릅니다. 여러분이 나름대로 추측해서 가장 그럴 듯한 인정의 말을 해준 다음에 아이의 반응을 살펴보세요. 이와 동시에, 여러분은 아이가 혹시 신체적 욕구를 느끼고 있는 것은 아닌지 살펴봅니다. 밤 동안에 아이가 여러 번 잠을 깼었나요? 오늘 아침에 일을 너무 서두르며 했나요? 아이한테 어금니가 나오고 있는 것일까요? 때로 아이의 행동이나 희망사항에 대한 여러분의 인정만으로도 그 상황을 누그러뜨리는 데 충분할 수 있습니다.

그런 다음에는, "바른 행동"을 하라는 여러분의 요청을 반복해야 합니다. 이런 식으로 들릴 수 있습니다. "네가 재촉 받는 느낌을 싫어한다는 걸 이해해. 다른 날에 조금 일찍 일어나게 되면, 그때는 여유가 있을 거야. 하지만 오늘 아침에는 네 신발이 너를 토끼처럼 빨리 달리게 할 수 있는지를 알아봐야 해." 여러분의 요구 사항을 이야기하는 게 중요하지만, 사소한 상상이나 기분 전환할 거리를 덧붙이면 훨씬 나을 것입니다. 때로는 여러분의 목적에 맞는 두 가지 중에서 선택하게 하면 도움이 될 수 있습니다. "너는 신발을 신고 자동차까지 토끼처럼 뛰어가고 싶으니? 아니면 신발을 신고 (내 팔에 안겨서) 독수리처럼 날아가고 싶으니?" 그래도 아이가 계속 저항한다면, 각각의 요청에 계속 타협안을 제시하는 것보다는, 그 전에 아이가 혼자서 알아보도록 잠시 놔두라고 제안하겠습니다.

만일 여러분과 두 살짜리 아이가 어떤 바람직하지 못한 습관 속으로 빠져들고 있다면, 하비 카프스Harvey Karp's의 『블록 위에 올라가 있는 가장 행복한 아이The Happiest Toddler on the Block』란 책에 나온 방법들이 도움이 될 것입니다. 비록 그가 제시한 몇 개의 기법들에는 제가 동의하지 않고, 또 걸음마하는 아이들을 "꼬마 동굴인"이라고 표현한 것이 약간은 제한적이라고 생각하긴 하지만, 저는 일반적으로 그의 방법에서 실제적이고 유용한 면을 많이 찾을 수 있었습니다.

그러면서도 아이들에게 어디서 어떤 행동들은 해도 되는지, 어디에서는 안 되는지를 적절히 가르칠 수 있습니다. 훈육은 바람직하지 않은 행동을 고치게 하는 일 이상의 의미를 갖고 있고 있기 때문입니다. 훈육은 또한 육체적, 감정적, 지적으로 건강하게 발달할 수 있는 길을 아이에게 안내하는 것을 뜻합니다. 어린 아기한테는 몸에 필요한 영양분을 제공하면서 우리는 안내를 합니다. 걸음마하는 아이한테는 생활에 리듬을 부여해 줌으로써 안내하고, 좀 더 자란 아이한테는 본보기를 직접 보여주는 방법으로 안내를 해야 합니다. 그리고 학교에 갈 나이가 된 아이한테는 이야기나 대화를 통해서 가장 잘 안내할 수 있을 것입니다. 어떻게 아이를 안내할지는 나이, 개성, 그리고 부모와 아이가 맺는 관계의 본질에 따라 다를 것입니다. 심지어 한 가족 안에서도 아이의 기질이나 나이에 따라 차이가 있습니다. 다시 말해서, 모든 아이들을 같은 방법으로 다룰 필요가 없다는 의미입니다. 오로지 공정하게 다루어야 합니다.

그렇지만 어린 아기의 행동을 고쳐주거나 뭔가를 하게 하려고 아기한테 이야기를 하는 것은 불가능합니다. 왜냐하면 아기의 의지는 아주 강하고 또 아직은 의식의 지배를 받고 있는 것이 아니기 때문입니다. 아기는 우리 때문에 뭔가를 하거나 우리를 괴롭히려고 뭔가를 하는 게 결코 아닙니다. 그리고 아기는 우리가 원하기 때문에 자기 행동을 바꿀 수도 없습니다. 심지어 우리가 아무리 주장한다고 해도 그럴 수가 없는 존재입니다. 이런 일은 새로 부모가 된 우리의 인내심을 강하게 해줄 것이고, 또 양육하는 능력을 계발할 수 있게 해줄 것입니다. 혹은 심한 좌절감을 불러일으킬 수도 있을 것입니다.

우리는 부모가 심하게 흔들어 대서 아기들이 다치거나 죽음에까지 이르는 비극적인 경우들을 시시때때로 읽고 있습니다. 이런 부모들은 대개 고립돼 있고, 자신의 분노와 좌절에 대해 필요한 도움을 받지 못한 사람들입니다. 어린 아기를 돌보는 일은 쉬운 일이 아닙니다. 갓난아기들은 하루에 평균 한 시간에서 네 시간 정도까지 울기도 합니다. 어느 누구든 심하게 울고 있는 아기한테 일시적으로 화가 날 수 있습니다. 하지만 아기를 흔들고 싶거나 때리고 싶은 충동이 강하게 계속된다면, 부디 가까운 곳에서 도움을 요청하길 바랍니다.

모방과 본보기

아이에게 화를 내거나 이성적인 설명을 해주려고 애쓰는 대신에, 8살 미만의 아이는 모방과 본보기를 통해 배운다는 원리를 기억하세요. 아이는 아직 이성적인 추론을 할 수 있는 기억이나 의식을 갖고 있지 않기 때문입니다. 만약 아이에게 어떤 행동을 가르치고 싶다면 아이 앞에서 또는 아이와 함께 여러분이 그 일을 실제로 하는 일이 가장 좋은 방법입니다. 이것은 아이에게 지시나 명령을 내리기보다는, 우리가 일어나서 실제로 뭔가를 해야 한다는 것을 뜻합니다. 예를 들어, 아이에게 "손가락으로 음식을 먹지 마라." 고 말하는 대신에, 여러분이 수저를 들고 아주 의도적으로 음식을 떠먹는 행동을 하면서 긍정적으로 이야기를 해야 합니다. "우리는 수저를 가지고 이렇게 먹는단다." 또는 "가서 장난감을 치워라."고 말하는 대신에, 여러분이 아이와 함께 가서 같이 치우는 것이 좋습니다. "이제 네 장난감을 정리할 시간이네."라고 말하면서요.

이때 아주 작은 환상Fantasy, 노래, 기분 좋은 유머를 결합시킨 동작을 한다면, 아이가 별다른 저항 없이 그 일을 하는 데 도움이 될 수 있습니다. 예를 들어, 아이와 함께 청소를 하면서 트럭 운전사(아이)에게 트럭을 차고에 조금 넣어달라고 부탁할 수 있을 것입니다. 또는 카우보이(아이)에게 말을 마구간에 몰고 가 달라고 부탁할 수 있습니다. 다른 전략으로는, 아이의 환상을 방해하지 않으면서 함께 참여하는 방법이 있습니다. 여러분이 의자를 치울 때 아이가 놀이에 열중하고 있다면, 저쪽으로 비키라고 말해서 아이의 환상을 깨 버리지 말고, 기관차 운전사(아이)에게 기차를 조금 움직여 달라고 부탁할 수 있습니다.

아이에게 수없이 여러 번 이야기해야 하는 상황은 어떨까요? 가령, 여러분은 5살 된 아이에게 여러 번 "방충망 달린 문을 쾅 닫지 마라!"고 이야기했지만 소용이 없었습니다. 이럴 때는 의도를 가지고 아이와 문에서 만나세요. 그리고 가능한 부드러운 동작으로 문을 닫으면서 "우리는 문을 이렇게 조용히 닫는단다."라고 말을 해주세요. 아마도 아이는 그렇게 할 것입니다. 하지만 다음번에도 아이가 또 문을 쾅 닫는다면, 이런 일이 한

번 더 필요할 것입니다. 이처럼 여러분이 원하지 않는 일보다는, 오히려 원하는 일을 직접 행하면서 이야기해야 아이는 그것을 이해할 수 있습니다. 즉, 우리는 아이들이 이해할 수 있는 방식으로만 아이들과 의사소통을 할 수 있다는 뜻입니다.

가능하다면 언제나 긍정적인 방법으로 이야기를 하세요. "아기 고양이를 다치게 하면 안 돼!"라고 소리치기보다는, 여러분이 직접 보여주면서 "아기 고양이는 이렇게 부드럽게 쓰다듬는 거야."라고 말합니다. "하지 마라"는 말은 여러분이 불쾌해 한다는 것을 전해주 겠지만, 아이의 두뇌는 각각의 단어들을 아직은 모두 수용하지 못합니다. 그래서 어쩌면 아이에게는 "……아기 고양이를…… 다치게 해!"라는 단어들만 인상적으로 들릴 수 있습니 다. 그러므로 "……아기 고양이를…… 부드럽게 해"란 단어들을 쓰는 게 훨씬 효과적일 것입니다.

항상 긍정적으로 말하려는 이런 접근 방법은 연습과 의식적인 자각을 필요로 합니다. 그렇지만 "그래, 그런데"의 힘은 놀라운 것이랍니다. 가령, 3살짜리 아이가 유치원에 자전거를 타고 가고 싶어 하는데, 그 날은 여러분이 차로 데려다 주어야 할 상황이라면, 여러분은 이렇게 말할 수 있을 것입니다. "그래, 참 재미있겠다!…… 그런데 오늘은 내가 차를 타고 가서 나중에 장을 봐야 한단다. 다른 날에 다시 자전거를 타자." 이 "다른 날"이란 말은 조금 큰 아이나 어른들을 만족시키지 못할 테지만, 어린 아이들이 어찌나 굳건하게 그 다른 날을 찾아내는지를 보면 거의 마법 같답니다.

결과를 기대하지 않기

초등학교에 다닐 시기가 되어야 비로소 아이는, 행동 없이 말로만 전달되는 여러분의 지시 사항에 일관성 있게 응답할 준비가 될 것입니다. 유치원 시절의 아이는 올바른 행동을 다시 또 다시 보여주면서 잘못된 행동을 바로잡아 줄 필요가 있습니다. 그렇더라도 아이가 그것을 기억할 것이라고 기대해서는 안 됩니다. 이 시기에 아이들의 기억은 아직 충분히 성숙하지 않았기 때문입니다. 시간이 가면서 아주 느리게 진전이 있을 것입니다.

그렇더라도 아이가 점차 성숙해 가고 습관을 형성해나가면서, "배우는 일"이 일어날 것입니다. 가령, 제가 일했던 발도르프 유치원의 초창기 때, 몇몇 아이들은 간식 시간에 좀처럼 조용히 앉아 있지 못했습니다. 그래서 "우리는 발을 이렇게 모으고 앉는단다."라고 여러 번 말하면서, 아이를 자리에 앉히고 바르게 앉는 법을 반복해서 보여주어야 했습니다. 몇 달이 지나자 아이들은 간식 시간에 훨씬 조용히 앉아 있을 수 있게 되었습니다. 아이들이 조금 더 자랐기 때문이기도 했고, 또 그런 가르침이 아이의 몸에 스며들기까지 여러 번 반복해서 말하고 보여주었기 때문이기도 했습니다. 도무지 가만히 있지 못하던 아이도 점점 조용히 앉아서 간식을 먹을 수 있게 되었고, "빨간 새"가 와서 간식 먹을 동안 켜둔 촛불을 끌 사람을 선택하기를 기다리게 되었습니다. 촛불을 끄는 일은 놀러나가도 된다는 신호니까요. 하지만 새로 들어온 어린이들이 이렇게 될 때까지는 한 달이나 두 달 정도 끊임없는 반복이 필요했답니다.

5살 무렵이 되어서야 아이는 충분한 기억과 세상에 대한 인식을 갖게 됩니다. 그러면서 해야 하는 일과 하지 말아야 하는 일을 기억하기 시작합니다. 저는 이런 단계를 유치원에 다니는 어느 사내아이를 통해서 알 수 있었습니다. 이 아이는 거의 매일 다른 아이들에게 거친 행동을 해서 계속 고쳐주어야 하는 상황이었습니다. 우리는 온갖 방법을 다 시도해보았습니다! 그런데 5살이 되어갈 무렵이 되자, 아이는 누군가를 때린 후에 그것이 바람직한 행동이 아니라는 것을 기억하기 시작했습니다. 그리고는 자기가 한 행동과 그 행동 때문에 일어난 상황을 후회하기 시작했습니다. 하지만 이 아이가 다른 아이를 때리기 전에 그러지 말아야 한다는 것을 기억할 수 있으려면, 조금 더 성숙할 수 있는 시간이 필요했습니다. 기질 상으로 이 아이는 다른 아이들보다 감정 조절이 더 어려운 경우이기 때문입니다. 이 아이와 함께 지내는 일은 정말로 노력을 요구하고 인내심을 시험하는 일이었습니다. 그래도 끊임없이 올바른 행동을 하라고 주장했고, 그러자 아이는 결국 그걸 해낼 수 있게 되었습니다.

슈타이너는 5살 무렵의 아이한테 일어나는 변화를 이렇게 설명하고 있습니다.

이전까지는 무엇을 해야 하고 하지 말아야 하는지를 이해할 수 없었고, 오직 모방만 할 수 있었지만, 지금은 점차로 어른들이 말하는 것을 귀 기울이고 믿기 시작할 것이다. 5살 무렵이 되어야만 비로소 아이한테서 옳고 그름에 대한 인식이 깨어날 수 있다. 태어나서 이갈이가 시작될 때까지의 7년 동안에 아이는 오직 모방을 하면서 자란다. 이 사실을 깨닫는다면, 우리는 아이를 올바로 교육시킬 수 있을 것이다. 그리고 차츰차 츰 상상과 기억이 발달해갈 것이다. 마찬가지로 어른들이 말하는 것을 처음으로 믿기 시작할 것이다.

슈타이너는 또 다른 예를 이야기해주었습니다. 한 젊은 부부의 경우인데, 그들은 자기들 의 어린 아이가 찬장 속에 있는 병에서 돈을 "훔치는" 일 때문에 미칠 것 같은 심정이었다고 합니다. 슈타이너는 이 상황을 설명하길, 이것은 엄마가 병에서 돈을 꺼내는 것을 보고서 아이가 단지 모방한 것일 뿐이라고 했습니다. 즉, 5살이 지나야만 아이는 옳고 그름에 대한 인식을 갖기 시작할 터이므로, 훔치는 일이 옳은지 그른지에 대한 생각도 그때가 되어야 생겨난다고 설명했던 것입니다. 그 시기 이전의 아이는 단지 모방에서 나온 행동을 하는 것일 뿐입니다.

"안 돼!"라고 말해야 할 때

아이에게 행동으로 보여주고 긍정적인 방법으로 말을 하더라도, 때로는 아이에게 '안 돼!'라고 말해야 할 때가 있습니다. 그럴 때 아이는 여러분이 뜻하는 바를 알 필요가 있습니다. 처음으로 생긴 발도르프 유치원의 선생님이었던 엘리자베스 그루넬리우스 Elizabeth Grunelius는, 오직 세 가지 경우에만 아이에게 '안 돼!'란 말을 할 필요가 있다고 했습니다.

1. 아이가 스스로를 다치게 하려고 할 때
– 예를 들어, 외투를 입지 않고 추운 날씨에 밖에 나가려 할 때.

2. 아이가 다른 사람에게 해를 입히려고 할 때
– 예를 들어, 어린 아기가 잠을 자고 있을 때 곁에서 큰 소리를 낼 때.
3. 아이가 하려고 하는 일이 정말로 손해를 가져오는 일일 때
– 예를 들어, 크레용으로 벽에 낙서를 하려 할 때.

제 경험에 따르면, 이런 경우일지라도 아이의 의지와 정면으로 맞서 싸울 필요는 없었습니다. 첫 번째 경우라면, 아이가 외투를 입게 도와주면 됩니다. 두 번째 경우라면, 아이가 할 수 있는 다른 일을 제안할 수 있습니다(안에서 조용하게 놀거나 아니면 밖에 나가서 놀아라). 세 번째 경우라면, 아이한테 종이 한 장을 주면서 그 활동을 다른 적절한 방향으로 돌리면 될 것입니다. 제가 날카롭게 "안 돼!"라고 소리치는 경우는, 아이가 위험한 거리로 뛰어가려 하거나, 다른 아이를 깨물려고 할 때입니다. 이런 경우에 저는 손뼉을 치기도 했고, 깨무는 일을 말리려고 뛰어가기도 했습니다. 만일 여러분이 드물게 "안 돼"란 말을 사용해야 한다면, 아이를 깜짝 놀라게 하면서 주의를 확 끌 수 있도록 아주 드물게 해야 할 것입니다. 그래야 아이는 그 행동을 다시 반복해선 안 된다는 것을 깨달을 테니까요.

간단히 말해서, 언제 어떤 것이 아이한테 해가 되는지를 결정하는 일은 여러분의 판단이 필요한 일입니다. 여러분이 조금 더 세심하게 판단하면 할수록 아이한테는 더 좋을 것입니다. 만약 "안 돼"란 말을 지나치게 하지 않고, 아이들을 방해하지 않으면서 아이가 스스로 충분한 경험을 할 수 있게 지원해 준다면, 아이는 세상과 자신의 능력에 대해서 아주 많은 것을 배울 것입니다. 나무에 올라가는 일 같은 것이 한 예입니다. 그렇습니다, 그런 일은 분명히 많은 위험이 있지만, 만일 제가 딸이 나무에 오르는 일을 못하게 했다면, 저는 딸의 재능을 결코 알 수 없었을 것입니다. 즉, 제 딸이 서커스를 하는 가족에게서 태어났다면, 줄타기 곡예를 하는 아이가 되었을지도 모른다는 사실을 결코 알 수 없었을 것이라는 뜻입니다. 아이였을 때 딸아이는 15미터나 되는 나무에 올라가 앉아서 리코더를 불곤 했습니다! 그리고 지금은 공기처럼 경쾌한 댄스를 공부하고 있습니다! 딸아이가 4살 때 한번은 나무에 올라갔는데, 어딘가에 끼어 내려오지 못했던 사건이 있었습니다.

그 날은 마침 남편도 집에 없어서 옆집 사람이 가로대가 40개나 달린 사다리를 타고 올라가야 했습니다. 이웃 사람들은 흥분해서 "무서워하지 마!"라고 딸아이에게 소리쳤습니다. 그래서 저는 그들에게 아이가 무서워하는 것이 아니라 그냥 움직이지 못하는 것뿐이라고 설명해야 했습니다!

아이에게 '안 돼!'라고 말하기 전에, 여러분은 아이가 의도한 것이 무엇인지 그리고 해결책은 무엇인지를 먼저 확인해야 합니다. 때로는 잠깐 동안 멈춘 다음에 먼저 무엇을 해야 할 지를 결정하는 게 좋을 것입니다. 만일 여러분이 자주 마음을 바꾼다면, 아이를 혼란스럽게 할 것이고, 여러분이 포기할 때까지 아이가 변명하는 습관을 갖게 할 우려가 있기 때문입니다. 단순하면서도 일관성 있게 훈육을 하는 일이 중요합니다. 그래야 아이는 여러분이 하는 말의 의미를 이해할 것이고, 그 말을 즉시 행동으로 옮길 것입니다.

부정적인 행동

많은 부모들은 아예 포기하거나 화를 낼 때까지 아이의 부정적인 행동을 무시하곤 합니다. 아마도 우리는 모두 압력밥솥 같은 감정을 알고 있을 것입니다. 증기가 (표현되지도 않고 때로는 알아차리지도 못한 상태로) 계속 쌓여만 가다가, 어느 순간 가까이 있던 격양된 짜증이 한순간에 터져 나오는 겁니다. 또 어떤 부모들은 항상 냉정함을 유지하고 있을 테지만, 아이는 인정받고 있다고 결코 느끼지 못할 것입니다.

예를 하나 들어볼까요. 아주 어린 아기와 2살 된 아이를 쇼핑 수레에 싣고 장을 보던 젊은 여성이 있었습니다. 그녀는 2살짜리 아이의 무분별한 행동을 무시하고 있었는데, 아이는 엄마의 반응을 얻으려고 점점 더 짜증을 냈습니다. 그때 우리는 계산대에 함께 있었는데, 그 아이는 거의 발작을 일으킬 지경이었습니다. 비록 엄마가 계속 차분하게 아이를 무시하고 있었지만, 여기서 우리가 깨달아야 할 사실이 있습니다. 바로 엄마의 이런 태도가 반응을 얻어내려고 하는 아이를 더욱 더 좌절시키고 더욱 더 미치게 한다는 사실입니다. 그 엄마가 아이를 안정시키기 위해서 취할 수 있는 효과적인 방법은 많이 있었습니다. 가령, 쇼핑 수레를 멈춘 다음, 아이가 가만히 있기 전까지는 움직이지 않을 것이라고 말한다거나, 아이에게 노래를 불러주거나, 파인애플 주스를 주겠다고 말하거나, 파인애플 주스를 찾으러 가는 길에 다섯 가지 물건을 수레에 넣자고 말하거나, 아이가 일어나서 선반에서 주스를 꺼내도록 허락하는 일 등이 그것입니다. 또는 아이더러 식료품 코너를 살펴보고 당근을 찾으면 엄마한테 알려달라고 부탁할 수도 있었을 것입니다. 아이들은 그렇게 미칠 정도가 될 필요가 전혀 없고, 우리를 미치게 만들 필요도 전혀 없습니다. 아이들이 요구하고 있는 것은(그리고 아이들은 그걸 받을 만한 가치가 있는 존재들입니다.) 우리와 창조적인 상호 작용을 하는 것뿐이기 때문입니다.

어린 아이들은 종종 자기들이 할 수 있는 말을 어른의 말로부터 모델링하면서 도움을 받을 수 있습니다("저 아이한테 물어보자. 저 애가 트럭을 갖고 노는 게 끝나면, 네가 트럭을 갖고 놀아도 되는지 말이야."). 그리고 기다리는 일은 어렵다는 걸 아이가 충분히 이해를 받은 뒤, 그 동안에 다른 일을 찾아보게 하면, 역시 도움을 받을 수 있을 것입니다. 그렇더라도 계속 소란을 피우는 아이는 때로 다른 곳으로 옮겨 놓을 필요가 있습니다. 아이가 괜찮아져서 요구되는 일(부드러운 손놀림을 하고, 장난감을 기다리는 일)을 할 수 있을 때까지 말입니다. 아이가 다시 안정을 찾고 뭔가 해볼 준비가 되기까지 걸리는 시간은 보통 2분이나 3분 정도면 됩니다. 이것은 "처벌"이나 "네가 한 행동에 대해 생각해 보기 위한 일시 중지"도 아닙니다. 오히려 사회적인 상황에서 요구되는 특정한 행동을 즉각적으로 피드백해주는 일입니다. 어린 아이한테는 명령을 내리는 것이 아니라 함께 그 행동을 할 필요가 있다는 사실을 기억하세요. 아이를 그 행동에서 떼어 놓아야 할 때는, 아이를 다른 장소로 데려가야 합니다. 그리고 아이가 괜찮아지면 즉시 돌아가서 다시 놀 수 있다고 이야기를 해주어야 합니다. 그런 다음에 여러분이 완전히 돌처럼 굳은 표정으로 그곳에 서 있는 겁니다. 모든 아이들이 즐거운 시간을 보내고 있는데, 돌처럼 굳어 있는 부모와 다른 곳에 있는 일은 아이한테 정말로 지루한 일일 것입니다. 만일 이걸로 충분하지 않다면, 아이를 한 번 꼭 껴안아준다거나 돌아가면 뭔가 재미있는 일이 있을 거라고 다시 말해줄 수 있습니다. 그러면 아이가 사회적인 행동으로 돌아가는

데 도움이 될 수 있을 것입니다.

물어뜯고 때리는 것 같은 부정적인 행동을 고치는 가장 좋은 방법은 긍정적인 행동을 계속해서 강조하는 것입니다. "우리는 친구들을 부드럽게 대해야 한단다." "우리는 돌아가면서 해야 한단다." 가능하다면, 잘못을 한 아이에게 관심을 갖기보다는 오히려 당한 아이에게 관심과 에너지를 보내세요. 잘못을 고쳐 준다고 엉덩이를 찰싹 때리거나 매로 때리는 일은 분명히 아이가 그 일을 멈추게 하는 효과가 있습니다. 하지만 그 행동에는 실제로 복합적인 메시지가 함께 전달될 것입니다. 왜냐하면 어린 아이에게는 우리의 말보다 행동이 훨씬 더 강력한 영향을 미치기 때문입니다.

다른 아이를 깨무는 일은 날카롭게 "안 돼!"라고 말해야만 합니다. 아기가 젖을 깨물 때 엄마는 아기의 관심을 다른 데로 돌리고 젖가슴에서 아기를 떼어놓아야 합니다. 이와 꼭 마찬가지로 아이가 깨무는 행동을 보일 때, 여러분이 불쾌해한다는 반응을 보여주는 것이 적절합니다. 어떤 아이들은 장난감을 두고 싸우면서 깨물기도 합니다. 반면 다른 아이들은 자기 부모나 다른 아이에게 다가가서 느닷없이 깨물기도 합니다. 또 다른 아이들은 다른 아이와 너무 가까이 있을 때마다 깨물곤 합니다(그러므로 다른 아이들을 껴안아주는 일이 이런 아이들은 낙담시킬 수 있습니다.). 이 단계가 지나갈 때까지, 깨무는 아이를 대단히 주의 깊게 살펴봐야 합니다. 이럴 때는 몇 주 동안 유치원을 나오지 못하게 하고, 그런 행동을 그만두게 할 수 있는지를 알아보는 것이 좋을 것입니다

우리 자신의 감정들

아이들은 모방하기를 좋아하기 때문에, 아이들과 상호작용할 때 우리 스스로의 감정들과 행동들을 잘 살펴보아야 합니다. 우리의 말보다는 행동이 아이에게 더 큰 영향을 미치기 때문입니다. 아이들을 억압하는 느낌이 들거나 자제하지 못한 채 소리치고픈 상황이라고 느낄 때, 우리는 어떻게 화를 내지 않을 수 있을까요? 훈육에서 핵심이 되는 것들 중의 하나는, 우리 자신의 말과 행동을 의식하고, 그 상황을 객관적으로 바라보는

일입니다. 즉, 조용한 목소리로 이야기하고, 말한 바를 일관성 있게 주장하고, 필요하다면 계속해서 반복하고, 가능할 때마다 아이와 함께 실제로 그런 행동을 하는 것입니다.

이런 방식으로 몇 번 성공을 거두게 되면, 여러분 자신의 좌절감을 가라앉히는 데 도움이 될 것입니다. 그리고 자신이 "어른"임을 좀 더 쉽게 떠올리면서, 아이의 짜증나는 행동들에 창조적인 방법들을 적용할 수 있게 해줄 것입니다. 하지만 모든 사람이 항상 이렇게 잘 할 수는 없습니다. 여러분이 문제를 회피하고 있는 상황이라면, 괜찮은 장소를 찾아가서 무슨 일이 일어났는지를 반성해 볼 수 있도록 스스로에게 시간을 주도록 하세요. 여러분에게 일어나는 일은 무엇인가요? 여러분에게 문제를 일으키게 유발하는 것은 무엇인가요? 여러분의 폭발을 정당화하려고 스스로에게 뭐라고 말하나요?(어쩌면 이렇게 생각할지도 모릅니다. "아이는 ......을 할 수 있어야만 해." "만일 지금 아이 행동을 고치지 못한다면......" "내가 말한 것을 아무도 존중해주지 않아.") 다르게 반응할 수 있는 상황을 떠올려 보도록 하고, 여러분이 좀 더 일찍 할 필요가 있는 일에 이런 반응들을 활용해보겠다고 결심하도록 해보세요.

아이들은 여러분을 짜증나게 하려고 그런 일을 하는 것이 아닙니다. 그들은 세상을 탐험하고 있는 중이고, 일이 되어가는 법과 자기들의 욕구를 충족시키는 방법을 이해하려고 애쓰는 중일뿐입니다. 여러분이 주의를 기울이지 않는 무의식적이고 모호한 감정들을 갖고 있는 부분에서만, 아이들과 불쾌한 상황이 벌어집니다. 그렇지 않게 된다면, 아래로 추락하는 일에 기여하지 않을 방식으로 아이에게 반응할 수 있을 것입니다. 이것이 바로 왜 아이들이 유치원 선생님이나 다른 사람과 있을 때와 자기 부모와 있을 때 그렇게 다르게 행동하는 지의 이유들 중 하나입니다. 그런 사람들은 무엇이 효과가 있고 그렇지 않은 것은 무엇인지를 부모보다 분명히 알고 있기 때문입니다.

여러분과 아이 둘 모두에게 손해인 것처럼 보이는 상황에서, 아이가 얻고 있는 게 무엇인지를 생각해보는 것도 유익할 것입니다. 가령, 아이가 징징댄다면, 아이는 언젠가 그렇게 하면서 뭔가 원하는 것을 틀림없이 얻었을 것입니다. 심지어 그것이 그냥 여러분과의 더 많은 상호작용이거나 협상을 해서 화해를 하는 것일지라도 말입니다. 아이를 사랑하는 일이 "아이의 태도를 똑바로 고치는 일"보다 훨씬 중요하다는 사실을 기억한다면, 아이의 행동과 여러분 자신이 억제를 못하고 곤두박질 칠 때, 여러분이 그만둘 수 있게 도와줄 것입니다. 너무나 많은 부모들이 쌓이고 맺힌 화가 폭발하여 과잉 반응을 할 때까지 침묵을 지키곤 합니다. 그 결과, 아이는 종종 무시당한다고 느낄 것이고, 그러면 관심을 받으려고 자기 삶을 비참하게 만들 것입니다. 반면에 부모는 많은 시간 그런 감정에 압도당한 채 있을 것입니다. 만약 이런 일이 일어난다면, 아마도 여러분이 자신의 욕구를 무시했기 때문일 것입니다. 그러니 가능한 빨리 효과적인 경계를 세울 수 있도록, 여러분이 어떤 도움을 받을 수 있어야 합니다. 이런 경우에는, 대화를 나눌 수 있는 친구를 찾아보고, 가족 상담사에게 이야기를 해보세요. 그들은 보다 객관적인 시야를 제공해줄 수 있을 것입니다. 아니면 부모교육 강좌들에 참여해 보세요. 개별적으로 상담해주는 인터넷 수업조차 도움이 될 수 있습니다. 어쨌든 여러분은 새로운 지식과 새로운 관점을 얻을 필요가 있습니다. 마찬가지로 여러분 자신의 감정을 해소할 수 있는 방법도 찾아야 합니다. 여러분이 어린 시절에 정서적으로나 육체적으로 학대를 당했다면, 이 일은 특히나 정당하고 필요합니다. 하지만 모든 사람에게 필요한 것은 아닙니다. 지금 아이들은 여러분이 과거에 상처받은 것을 고칠 기회를 제공해주고 있습니다. 그러니 아이도 여러분처럼 상처받기 전에 문제를 해결해야 할 것입니다.

어린아이와 함께 사는 일은 요구도 많지만, 그만큼 보상이 많은 일입니다. 그러므로 조화로운 생활을 창조하기 위해서 우리가 주의를 기울일 필요가 있습니다. 때로는 다른 활동들을 할 여유가 거의 나지 않을 지도 모릅니다(이 때문에 대가족이나 다른 지원 체계가 꼭 필요한 것입니다.). 아이들의 어린 시절은 오직 한 번뿐입니다. 아이들은 곧 학교에 갈 것이고, 그곳에서 자신만의 활동을 하면서 많은 시간을 보낼 것입니다. 여러분이 어린아이의 본성을 이해하면, 밝을 뿐만 아니라 행복하고 예의바른 아이로 키우는 데 도움이 될 것입니다. 그리고 여러분도 스스로의 성장을 계속해가는 과정에서 즐겁고 만족스러울 것입니다.

왜 부모노릇에는 그렇게 많은 에너지가 들까?

갓난아기나 어린아이를 키우는 일은 대단히 많은 에너지를 필요로 합니다. 심지어 어린이집이나 유치원 선생님들조차도 아이들이 요구하는 에너지를 재충전하기 위해서는 충분한 잠을 자야만 합니다. 아무리 좋은 의도를 갖고 있더라도 너무 피곤하고 짜증나면 별 효과가 없습니다. 행복하고 건강한 아기한테 첫 번째로 필요한 일은 바로 행복하고 건강한 엄마입니다. 즉, 아기에게 젖을 먹이는 동안에 엄마는 아주 잘 먹어야 한다는 뜻입니다. 엄마는 생후 몇 달 되지 않은 아기 때문에 끊임없이 잠을 방해 받습니다. 잠이 부족한 것은 새로운 부모노릇에 적응하는 일을 피곤하고 까다롭게 할 수 있습니다.

아기들이 영양분을 먹어야 자라는 것과 꼭 마찬가지로 여러분의 사랑과 보살핌을 받아야 잘 자랍니다. 어린 아기를 키우는 일이 그렇게 많은 에너지가 드는 까닭은, 엄마와 아기의 생명의 힘이 처음 3년 내내 서로 연결되어 있기 때문입니다. 어린아이는 슈타이너가 말한 "에테르Etheric" 또는 "생명 에너지Life Energy"로 둘러싸여 있습니다. 이 에너지는 부모나 돌봐 주는 사람이나 선생님으로부터 나옵니다(그것을 활력Vitality 또는 생명력Life Force이라고 부를 수도 있습니다.). 어머니노릇은 겉보기와는 아주 다를 수 있습니다. 왜냐하면 때로 여러분이 성취하는 것이 그렇게나 작은 것처럼 보일 것이기 때문입니다.

게다가 여러분은 왜 그렇게 피곤한 걸까요? 어린아이를 돌보는 일은 여러분의 생명 에너지를 끌어내어 쓰는 일이기 때문입니다. 그러므로 어머니노릇에 계속 행복한 느낌을 받으려면 자신의 생명 에너지를 재충전할 필요가 있습니다.

다음 세 가지 일은 이 에너지를 재충전하게끔 도와 줄 수 있을 것입니다. 그것은 충분히 잠자기, 예술적 활동을 하기, 명상하기입니다. 먼저 충분한 잠을 자야 한다는 사실을 명심하도록 하세요. 아기가 잘 때 같이 낮잠을 잘 수 있도록 스케줄을 짜는 것이 좋습니다. 아기가 낮잠을 자지 않으면, 매일 오후에 조용히 보내는 시간을 내어서 아기와 여러분 자신을 위한 시간을 만들어야 합니다. 유치원 선생님이었던 저는 밤 10시에는 꼭 잠자리에 드는 일이 내일을 준비하는데 필수적이었습니다. 그렇지 않으면 다음날 저는 아이들이 떠드는 소리를 견딜 수가 없었고, 제 감정을 평온하게 유지할 수가 없었습니다.

예술적 활동을 하는 일도 지금 아기가 쓰고 있는 여러분의 생명력과 창조력을 키우는 활동입니다. 예술적 활동을 하면 에너지가 고갈되기보다는 재충전됩니다. 악기를 연주하고, 스케치를 하고, 조각을 하고, 그림을 그리는 모든 활동은 엄마로 하여금 더 많은 에너지를 느끼게 할 것입니다. 자신의 생각이나 경험, 통찰 등을 노트에 적는 일도 도움이 됩니다. 매일 산책을 하는 일처럼 규칙적인 일과들 역시 균형을 유지하고 에너지를 재충전하는 데 큰 도움이 됩니다. 자연과 가까이 만나는 일은 우리가 신선한 기분을 느낄 수 있게 많은 도움을 줄 것입니다.

명상을 하는 일 역시 잠자기 전에 5분 정도 시간을 내면 되는 간단한 일입니다. 여러분의 호흡을 의식하면서 한 가지 생각에 집중해 보세요. 명상이나 기도를 하면서 여러분은 자기 내면의 핵심에 다가갈 수 있을 것입니다. 그러면 에너지를 충전시킬 수 있을 뿐만 아니라 부모노릇에서 생기는 온갖 스트레스 한 가운데서도 평온한 마음을 유지할 수 있습니다. 수년 전에 저는 제 삶 전부를 타인을 돌보는 일에 쓰고 있다는 것을 발견했습니다. 신성한 힘의 여성적 측면과 깊은 관계를 갖고 있지 않은 채 말이지요. 그래서 저는 춤 등을 통해서 내 몸과 땅에 깊숙이 가닿기 위해서 탐구를 하게 되었습니다. 그리고 제가 이런 여성성에 의해 어떻게 격려를 받고 에너지를 얻는지를 조사할 수 있었습니다.

이 여정에서 제가 특히 도움을 받은 책들이 있습니다. 그 중에서 레기나 사라 리안Regina Sara Rian의 『여성의 깨어남: 영적인 삶을 위한 여성적인 지혜The Woman Awake: Feminin Wisdom for Spiritual Life』를 갖고 탐구를 하면서, 저는 머릿속에 어떤 것을 심상화해서 떠올려보는 실천을 계발할 수 있었습니다. 가령, 발도르프 유치원에서 일하는 날에는, 나 자신이 위대한 어머니의 무릎 위에 앉아서 그 사랑의 중심 속으로 녹아드는 것을 심상화하면서 하루를 시작하곤 했습니다. 말할 필요도 없이, 이런 수행은 여전히 변형을 거치면서 계속되고 있습니다. 한 친구가 저에게 제안한 만트라가 하나 있답니다. "이 기회를 가지고 나는 사랑을 위해서 뭘 해야 할까?"

명상을 위해서 따로 시간을 내는 것 말고도, 혼자만 있을 수 있는 시간을 마련하세요. 그저 한두 시간만이라도 집밖에서 혼자 있는 시간을 가지면, 아이를 키우는 일에 많은 도움을 받을 수 있습니다. 핵가족 속에서 사는 대부분의 여성들은 다른 어른들과 떨어져서 고립되어 있는 경우가 많습니다. 그러니 필요한 사회적 네트워크를 만드는 것이 좋을 것입니다. 어떤 아빠들은 엄마가 밖에서 계속 일하는 시기에 아기를 돌보는 일을 맡습니다. 그런 경우에도 위에서 말한 조언들을 똑같이 적용할 수 있습니다. 아빠가 밖에서 종일 일하고 엄마가 집에서 아기를 돌보는 경우라면, 아빠는 엄마가 활력을 유지할 수 있도록 적극적으로 도와줄 수 있어야 합니다. 이것은 3살 미만의 아이가 있다면, 아빠는 감정적으로나 경제적으로 엄마를 적극 도와야 한다는 뜻도 포함됩니다. 그래야 엄마는 충분한 격려를 받게 되고, 아이들과 함께 지내는 일에 힘을 낼 수 있기 때문입니다. 남자를 "가장이고 보호자"라고 말함으로써, 전통에 기대는 것처럼 들릴 위험이 있는 말을 저는 싫어합니다. 하지만 어린아이를 키우는 상황에서는, 부부가 의식적으로 이 이미지를 적용하는 것이 약간은 타당하다고 생각합니다. 그렇다고 해도, 이것이 남자한테도 분명히 있는 아이돌보기라는 책임을 회피하는 구실이 되어서는 안 되겠지요. 남자들도 아이 기르기에 필요한 온갖 일들을 엄마에게만 떠넘기지 말고, 공동의 책임감을 받아들여야 하기 때문입니다. 남편 없이 혼자서 부모노릇을 하는 일, 또는 남편이 집에 없기 때문에 혼자서 아이를 기르는 일은 정말로 쉬운 일이 아닙니다!

어린 아기들과 함께 리듬을 만들어갈 수 있을까?

새로 태어난 아기를 돌보는 처음 6주 동안이 그토록 힘든 이유 중의 하나는, 아기가 먹고 자는 일에서 어떤 패턴도 갖고 있지 않은 것처럼 보이기 때문입니다. 그러니까 여러분이 의존할 만한 리듬이 아직 없다는 뜻입니다. 리듬은 이런 혼돈 가운데서 서서히 드러날 것입니다. 점차 리듬이 만들어지고 다른 일들을 지원해줄 수 있는 기본 구조가 세워짐에 따라서, 시간이 지나면서 삶은 훨씬 쉬워질 것입니다. 이런 기본 구조가 결여되어 있으면 산후조리기간이 아주 혼란스러울 수 있습니다. 그래서 임신했을 때 아침에 일어나는 게 힘들다고 느끼면, 직업이 있던 여성들은 일을 잠시 그만두거나 완전히 그만두기도 할 것입니다. 이것은 생활의 기본 구조가 튼튼하지 않아서 혼란스러워지기 때문입니다.

1950년대에 "전문가들"은 어머니들에게 아기가 얼마나 크게 울면서 항의하든 상관없이 4시간에 한 번씩(반시간이라도 빨라서는 안 됩니다!) 젖병을 물리라고 이야기했습니다. 이처럼 시계나 책 때문에 아기의 개성이 희생되는 일에 대한 반작용으로, 1970년대에는 펜듈럼의 추가 다른 쪽으로 확 옮겨가게 되었습니다. 그래서 그 당시의 많은 엄마들은 아기가 배고프다고 울거나 칭얼댈 때마다 언제든지 젖을 먹이곤 했습니다. 이처럼 아기가 요구할 때마다 젖을 물리는 일은 기계화가 안 된 문화권의 모델을 따른 것입니다. 그런 문화권에서 엄마들은 아기를 항상 업고 다니거나 안고 다니면서 원할 때마다 젖을 주었고, 아기들도 보통 아주 자주 젖을 먹곤 했습니다. 아기와 같이 잠을 자는 많은 엄마들도 밤새도록 자주 아기에게 젖을 먹이는 비슷한 패턴을 갖고 있을 것입니다.

오늘날 대부분의 사람들은 어린 아기의 욕구는 즉시 충족될 필요가 있다는 점에 동의하고 있습니다. 그래서 엄마들은 자신의 본능을 신뢰하면서 아기한테 사랑과 젖가슴으로 응답하고 있는 것이지요. 하지만 이런 상황은 언제 변하게 될까요? 생후 6주에? 생후 6개월 때? 2살 때? 아니면 그 이후에 변하게 될까요?

저는 요구할 때마다 젖을 주는 것과 시간표에 따라 젖을 주는 두 극단에, 하나의 대안을 제시하고 싶습니다. 그것은 바로 삶에 차츰차츰 리듬을 세워가라는 것입니다. 그 리듬은 아기가 자람에 따라 변할 것입니다. 자라나는 아이가 하는 임무이자 부모노릇의 기능 중의 하나가 바로 아이에게 리듬을 도입해주는 일이랍니다. 갓난아기의 호흡이 얼마나 불규칙적인지를 생각해 보세요. 때로는 짧은 간격으로 숨을 쉬다가, 어떤 때는 잠깐 숨을 멈추기도 합니다. 갓난아기의 숨소리를 잘 들어본다면, 깜짝 놀랄 것입니다. 아기들의 심장박동도 어른에 비해 대단히 빠릅니다. 아이가 점점 자라면서 성숙해짐에 따라, 호흡과 심장박동이 점점 조절되어 갈 것입니다. 그리하여 9살 무렵이 되면 아이들은 한 번 숨 쉴 때마다 심장이 4번 뛰는 어른의 비율이 될 것입니다.

그렇다고 리듬을 생기게 하는 일이 노예처럼 시계에 맞추라는 뜻이거나, 아기를 "그냥 울게 놔두라"는 것을 뜻하지는 않습니다. 오히려 리듬들이 출현하고 변화해갈 때, 그것들을 존중하고 지원해주면서 인식하는 일을 의미합니다. 특히나 이 리듬은 잠을 재울 때 생길 수 있는 문제들을 다루는데 가치가 있을 것입니다. 갓 태어난 아기는 밤에도 계속 젖을 달라고 할 것입니다. 이러한 요구는 생리적인 현상입니다. 하지만 아기의 위와 소화기관이 충분히 성숙해서 긴 시간 동안 영양분을 소화할 수 있을 정도로 발달한 후에도, 밤에 깨어서 젖을 먹는 일에는 다른 이유들이 있을 것입니다. 그것은 습관일 수도 있고, 여러분과 함께 있는 게 안락하기 때문일 수도 있고, 놀고 싶어서일 수도 있습니다.

매일 밤 여러분이 일어나서, 불을 켜고, 젖을 먹이고, 말을 걸게 되면, 아마도 아기는 매일 밤 그 시간에 깨어나서 놀고 싶어 할 것입니다. 어떤 아기들은 낮과 밤이 완전히 뒤바뀌어서, 낮에는 실컷 자고 밤에 활동적이고 싶을 수 있습니다. 젖을 먹이는 엄마들은 일반적으로 이런 함정을 피할 수 있습니다. 아기와 함께 잠자리에 들어가서 아주 졸린 듯이 토닥여주고, 밤에 젖을 주는 동안에도 엄마가 거의 깨어나지 않는 것입니다.

여러분은 엄마노릇에 어떤 스타일을 가질 것인지, 무엇이 여러분과 가족한테 좋은 것인지를 결정해야 합니다. 밤에 아기에게 젖을 먹이는 일이 행복하다면, 굳이 변화가 필요하지는 않을 것입니다. 하지만 여러분이 밤에 깨어나는 일이 점점 피곤해지고 아기도 더 잘 수 있다고 느낀다면, 밤에 젖을 먹는 아기의 습관을 변화시키는 게 가능합니다. 우선, 밤에 아기가 깨어날 때 젖을 먹이지 않겠다는 의도를 모을 필요가 있습니다. 아기가 울면 다가가서 이렇게 말해 주세요. "너를 사랑한단다. 그렇지만 지금은 자야 할 시간이야." 아기를 안고서 흔들어 줄 수도 있습니다. 혹은 그냥 등을 토닥거려 준 다음에 방을 나갈 수도 있습니다. 아기가 우는 소리를 듣는 일이 쉽지는 않겠지만, 잠깐 기다리다가 3분이나 5분 뒤에 돌아가 토닥거려주면서 이렇게 말하세요. "네가 기분이 좋지 않아서 유감이구나. 하지만 지금은 자야 할 시간이란다." 이때 여러분의 목소리와 행동은 매우 졸린 듯해야 합니다. 그런 다음 약간 긴 시간 동안 나가 있다가, 필요하다면 반복할 수 있습니다. 곧 아기는 젖이나 우유가 나오지 않는다는 사실을 배울 것입니다. 하지만 여러분이 사랑과 관심을 보여주고 있기 때문에 버림받았다는 느낌은 받지 않을 것입니다. 먹거나 놀 가능성이 없으면, 아기는 금방 깨지 않고 오랫동안 잘 것입니다. 제 경험으로는 아기의 습관을 변화시키는 데 보통 3일이 걸렸지만, 일주일 이상이 걸릴 수도 있을 것입니다.

아기가 필요로 하는 것이 무엇이고, 어떻게 키워야 하는가에 대해서는 대단히 많은 이론과 다양한 학파가 있습니다. 제가 격려하고 싶은 것은, 여러분 자신의 마음을 깊이 신뢰하라는 것입니다. 그리고 가능한 아기의 요구를 잘 깨닫고서 여러분이 그 요구를 실제로 어떻게 느끼는지 깨달을 수 있기를 바랍니다. 밤새 아기에게 젖을 먹이는 일이 여러분에게 만족스럽다면, 그것은 좋은 일입니다. 하지만 밤에 방해받지 않고 잠을 자고 싫고, 아기가 밤에 우는 것이나 여러분이 끊임없이 졸리는 상황에 짜증이 나기 시작한다면, 이때는 아기의 패턴을 변화시키는 게 올바르고 쉬운 일임을 깨달아야 합니다. 여러분이 사랑과 주의 깊은 마음을 지니고서 시도하면 쉽게 변화할 수 있습니다. 적당한 시기에 아이한테 리듬을 부여해주는 일은, 모든 문화에서 찾아볼 수 있는 생활의 한부분입니다. 여러분이 결정해야 할 일은, 아기를 위해서 그리고 여러분과 가족을 위해서, 그 시기를 언제로 할 것인가 뿐입니다.

어린 아기들과 함께 리듬을 만들어갈 수 있을까?

젖떼기는 어떨까요?

의사들과 분유 회사들조차 모유 수유가 아기에게 해줄 수 있는 가장 좋은 출발이란 사실을 인정하고 있습니다. 모유 수유는 엄마와 아기 모두가 좋은 기분을 느낄 때까지 계속할 수 있는 중요한 일입니다. 그러니 전혀 안 먹이는 것보다는 조금이라도 젖을 먹이는 것이 좋을 것입니다. 만약 아기가 태어난 지 한 달 만에 젖을 떼려 한다면, 어려움을 겪을 가능성이 있을 지도 모릅니다. 젖떼기는 여러분과 아기 모두에게 즐겁게 진행되어야 하기 때문입니다. 필요하다면, 모유 수유에 관련된 상담소 등에서 도움을 받을 수 있을 것입니다. 때로 의사들은 부모들에게 잘못된 조언을 해주는 경우도 있습니다. 그래서 모유 수유에 대한 경험이 있고 엄마들을 도울 수 있도록 훈련을 받은 여성들의 조언이 어떤 때는 더 나을 수도 있습니다. 여러분이 다시 일하러 가야 하거나 아픈 경우처럼 특별한 경우가 생긴다면, 모유 수유 관련 단체들이 이런 상황에서도 성공적으로 모유를 먹일 수 있도록 필요한 도움을 제공해 줄 수 있을 것입니다.

아마도 이해하고 있겠지만, 저는 여성들에게 자기 몸을 가지고 무엇을 해야 한다고 주장하는 것이 아닙니다. 과거에 의사의 조언을 들었던 여성들은 모유를 전혀 먹이지 않았는데, 이것은 분명히 잘못된 조언이었습니다. 그런 뒤에 미국의 의사들은 6개월 동안 젖을 먹이라고 엄마들에게 조언했습니다. 지금의 미국 소아과학회는 모유 먹이는 기간을 12개월까지 하라고 말하고 있습니다. 분유를 먹이라고 압력을 가하는 우리 문화의 정보와 자극들은, 모유 수유 단체에서 제공하는 자연스러운 어머니노릇과 모유 수유를 권하는 정보들과 균형을 이룰 필요가 있습니다. 하지만 제 생각에, "아기가 주도하는 젖떼기"에 대한 강조는 "둘 다 만족스러운 젖떼기"와 균형을 맞출 필요가 있다고 봅니다. 후자의 젖떼기는 엄마와 아기의 욕구와 감정들을 모두 고려하는 것을 말합니다. 알맞은 시간이 되었을 때 아이가 젖을 떼는 일은 실제로 옳은 일입니다. 젖떼기는, 죽음과 마찬가지로, 삶의 그림자 측면 중의 하나입니다. 이 일은 삶의 한 장이 끝나고, 다른 장이 시작됨을 의미하는 것이기 때문입니다.

여러분 자신의 욕구, 편안함, 두려움을 자각하도록 노력해 보세요. 그리고 아이가 좀 더 독립적인 단계로 나갈 수 있을 때, 일찍 젖떼기를 해야 하는지 그렇지 않은지에 대한 물음들을 스스로 자각해보려고 하는 것이 좋을 것입니다. 여러분은 이런 식의 느낌이 들 수도 있을 것입니다. "모유수유는 매우 즐거운 일인데, 내가 왜 이 일을 그만두어야 하는 걸까?" 또는 "이렇게 어루만지면서 아기의 필요를 채워 주는 일은 대단히 멋진 일이야. 그렇지만 아기가 조금 더 독립적이기를 정말 원하기도 하잖아?" 혹은 "젖을 떼고 난 다음 단계에서는 어떻게 나의 사랑을 보여줄 수 있을까?" 저 밑에서 흐르는 여러분 자신의 감정들을 알아차리게 된다면, 아기의 진정한 욕구들을 훨씬 잘 깨달을 수 있을 것입니다. 그리고 아기가 보여주는 미묘하고 섬세한 단서들을 훨씬 민감하게 알아차릴 수 있을 것입니다.

예를 들어서, 슈타이너의 가르침을 공부하는 어떤 사람들은 이런 사실을 관찰할 수 있을 것입니다. 아이가 (대략 생후 약 9개월에서 12개월 사이에) 위로 일어서서 걸을 수 있을 시기가 되면, 아이는 스스로 자유로워져서 자기의 개성을 주장한다는 사실입니다. 다시 말해서, 아이들한테는 이 시기가 젖을 먹던 세계로부터 자유를 얻기에 알맞은 시기라고 비슷하게 느낄 것이라는 뜻입니다. 틀림없이 이 시기에 아기는 음식을 먹으려 할 것입니다. 심지어 식탁 위에 있는 음식에 손을 뻗기조차 할 것입니다. 생후 7년 간 아이가 하는 가장 중요한 일은, 유전적인 힘들을 극복하고 재편성하면서 자신의 개성을 주장하는 일입니다. 유전적인 힘들은 젖이나 분유를 먹는 시기에는 특별히 강한 힘들이기 때문에, 걸음마하는 아기가 너무 오랫동안 젖을 먹으면 주의를 가지고 살펴보아야 합니다. 인간 발달에 관한 슈타이너의 사상을 연구한 많은 이들이 그렇게 생각하고 있습니다.

슈타이너의 사상을 연구하고 있는 의사들이 쓴 몇몇 책들이 보이는 다소 엄격한 사고를 읽은 독자들은, 아마도 놀라거나, 재미있다고 생각하거나, 난처해하거나 할 것입니다. 이런 책들에서 젖떼기는 "40주라는 전통적인 시기"(생후 9개월)에 하라고 나와 있기 때문입니다. 그런데 유럽의 소아과 의사들이 쓴 비슷한 종류의 책들 중 오래된 판에서는 생후 6개월에 젖떼기를 하라고 나와 있기도 합니다. 그렇기 때문에 우리는 서로 다른 문화적 영향력과 영적인 "사실들" 사이에 존재하는 차이를 구별할 수 있어야 할 것입니다.

하지만, (슈타이너 사상에 근거한) 인지학을 연구하는 이들이 관찰하고 있는 것들의 배후에 주목할 만한 진실이 있는지를 우리 스스로가 물어보는 것이 소중할 것입니다. 즉, 지금의 세상에서 걸음마하는 아기의 변화하는 의식과 욕구들을 잘 살펴보아야 한다는 뜻입니다. 조앤 솔터Joan Salter는 『영혼과 함께 하는 어머니노릇Mothering with Soul』이란 책에서 이런 이야기를 하고 있습니다. 즉, 오스트리아에 있는 '가브리엘 베이비 센터'와 관련을 맺고 있는 많은 여성들은 생후 9개월에 젖을 떼는 일은 너무 이르다고 생각해서, 생후 9개월 즈음에 시작해 12개월 정도에 젖떼기를 끝낸다고 합니다. 솔터는 신비스러운 수비학數秘學,[23])을 사용해서 이것을 정당화할 필요가 있다고 느낀 것 같습니다. 그래서 어떻게 9라는 숫자가 12라는 숫자로 변형되어 가는 지를 보여주고 있는데, 어쨌든 저에게는 약간 재미있기도 했습니다.

일단 아기가 (생후 9개월 즈음) 식탁의 음식을 먹을 수 있으면, 젖 먹는 일이 영양분을 섭취하는 것보다는 감정적인 필요를 채우는 일로 변화하기 시작할 것입니다. 모유 수유 권장 단체는 아기가 주도하는 젖떼기에 대해 이야기하면서, 어떤 아기들은 스스로 젖을 떼고 어떤 아기들은 3살이나 4살 때까지 젖을 먹기도 한다고 이야기했습니다. 그런 단체와

---

23) 수비학(數秘學) : 숫자를 가지고 사람의 운명 등을 점치는 것을 말합니다.

진 레이드로프Jean Leadloff의 『연속된다는 개념Continuum Concept』이란 책은 기술적으로 덜 발달된 문화에서는 아이들이 2살이나 3살 그리고 더 길게 젖을 먹는 일이 얼마나 일반적인가를 말하고 있습니다.

이러한 문화들은 우리가 따라할 가치가 있는 "자연스런 어머니노릇"에 대한 모델을 제공하고 있을까요? 개인적인 의식의 발달이 서구 세계에서는 너무나 발전했기 때문에, 근본적인 딜레마가 생겨나고 있습니다. 한편으로는, 우리의 지나친 개성의 발전은 소외, 불안, 경쟁, 그리고 정신spirit의 부정을 초래했습니다. 다른 한편으로는, 우리가 다른 문화들에 관해 여러 자료들을 읽고 알 수 있기 때문에, 그것을 그냥 모르는 채 할 수도 없을 것입니다. 그렇더라도 그들의 집단의식은 서구 세계의 우리에게 꼭 적합한 게 아닐지도 모릅니다. 하지만 새롭고 분명한 무엇인가가 우리 문화에는 필요하고, 그렇지 않으면 우리는 스스로를 파괴할 수도 있을 것입니다. 슈타이너의 대답은, 우리가 가진 개성은 적절한 것이지만, 이제는 다음 단계로 나아가 현대사회의 유리한 지점으로부터 정신과 물질을 다시 통합할 수 있어야 한다고 했습니다. 이것을 하기 위해서는 우리가 지금 있는 곳에서부터 시작해야 할 것입니다.

어떤 엄마들은 걸음마 하는 아기나 더 큰 아이조차 다른 문화에서는 젖을 먹고 있는 것에서 단서를 찾아내고는, 아기에게 오랫동안 젖을 먹이는 일을 만족스러워합니다. 그럼에도 불구하고 저는 1년이 넘도록 젖을 먹이면서 "괴로움을 겪고 있는" 많은 엄마들을 만나 보았습니다. 그들은 아기가 스스로 젖을 뗄 때 주기를 기다리고 있었습니다. 심지어 어떤 엄마는 아이가 4살이 될 때까지 젖을 먹이기도 했습니다. 그러면서 혹시 젖을 떼면 "아이에게 정신적인 상처"를 주지나 않을까 걱정하며 제게 조언을 구하기도 했습니다.

제가 일했던 출산센터에는 아기가 걸음마하는 시기에 다시 아기를 임신한 경우에도 젖을 떼고 싶지 않아 하는 엄마들이 몇 명 있었습니다. 그럴 경우 새로 아기가 태어나면 그 엄마들은 기진맥진하고 당혹스러움을 느끼곤 했습니다. 그 엄마들은 큰 아이의 젖을 뗌으로써 자유로워진 느낌을 아직 갖지 못했기 때문입니다. 이런 경우라면, 저는 엄마가 조금 더 자기를 보호하는 것이 마땅하다고 생각합니다. 그리고 우리는 큰 것보다는 어린 것을 보호하려는 고양이나 곰이나 다른 포유동물이 하는 방법에서 교훈을 얻어야 한다고 느낍니다. 짜증스러워하고 기진맥진한 엄마로부터 어떻게 젖을 빨려는 아이의 욕구가 충족이 되는지 저는 알 수가 없습니다. 아기들은 행동을 통해서 깊이 영향을 받는 것과 똑같이 감정을 통해서도 뭔가를 깊이 받아들입니다. 젖을 먹이는 일은 사랑을 나누는 일과 같습니다. 다시 말해, 그 일이 고통스럽다면 아무것도 얻을 것이 없다는 뜻입니다.

얼마나 오랫동안 여러분이 아기에게 모유수유(혹은 분유수유)를 할 것인가와 관계없이, 고형 음식을 언제 시작할 지에 대한 문제도 있습니다. 우리 문화에서 소아과 의사들은 생후 3개월째(혹은 그보다 일찍)에 고형 음식을 먹이라고 합니다. 아기가 충분히 자라지 못했다거나 (제 경우에는) 아기가 너무 뚱뚱하다면서 고형 음식을 권했습니다! 요즘의 추세는 아기가 6개월이 될 때까지 고형 음식을 먹이는 일을 조금 더 기다리는 쪽으로 바뀌었습니다.

모유 수유를 권장하는 단체는 언제 어떻게 음식물을 시작해야 하는지에 대해서도 훌륭한 조언을 해줄 것입니다. 그리고 가족 중에 알레르기가 있는 사람이 있다면, 생후 1년 동안에 모유 아닌 다른 것을 주지 말라고 조언할 것입니다. 그러면 아이가 음식물이나 다른 알레르기에 민감한 반응을 보이는 것을 막을 수 있기 때문입니다. 모유를 먹는 아이한테 철분 복합제 같은 것은 필요가 없을 것입니다. 처음 1년 동안 모유만 먹었다고 해서 아이에게 빈혈증이 생기지는 않기 때문입니다.

음식물에 관해서 슈타이너는 많은 지침을 남겼는데, 그 중에는 오늘날 상식적으로 받아들여지는 정보와 상당히 다른 것도 있습니다. 관심이 있는 독자는 쭈어린덴W. Zur Linden이 쓴 『아이가 태어날 때When a Child is Born』와 웬디 쿡Wendy Cook의 『음식 습관들Foodways』을 참고해면 좋을 것입니다. 제가 발견한 한 가지 재미있는 사실은, 3살이 되기 전에 아이가 먹는 음식이 아이의 미각을 결정한다는 사실입니다. 저는 여러 번 이것이 사실임을 관찰했습니다. 예를 들어, 우리는 3살이 되기 전까지 딸아이에게 붉은 살코기를 거의 주지 않았습니다. 이것은 붉은 살코기가 어린 아기에게는 너무 강하고 적절하지 않은 음식이라는 슈타이너의 생각을 따른 것이었습니다. 비록 우리가 순수한 채식주의자는 아니지만, 딸은 지금도 고기를 거의 먹지 않고 두부 같은 것을 더 좋아합니다. 제 친구는 3살이 되기 전까지 아이에게 설탕과 사탕을 전혀 주지 않은 채 키웠는데, 아이는 유치원에 들어가서야 사탕을 먹는 것이 허용되었습니다. 재미있게도, 그 아이는 실제로 생일파티에 나오는 케이크나 다른 특별요리들을 그리 맛있다고 느끼지 않는 것 같았습니다. 엄마는 아이가 이제 이런 음식도 먹기를 바라고 있는데도 그러했습니다. 이것은 엄마의 바람을 만족시키고 싶은 아이의 욕망을 넘어선 일입니다.

우는 아기들

아기는 무슨 일인지를 말로 표현하지 못하기 때문에, 아주 다양한 이유로 울 것입니다. 우리 세대는 아기가 배고프지 않은지, 기저귀가 젖었는지, 그런 경우에만 아기를 살펴보라고 배웠습니다. 하지만 그런 경우가 아닌데 울면, 우리는 보통 아기를 못 울게 하려고 하거나 무시해 버립니다. 하지만 지금의 우리가 알고 있듯이, 우는 아기를 "내내 울게 내버려두지" 않고, 응답해주는 일은 중요합니다.

다음번에 아기가 우는 소리를 듣게 되면, 여러분에게 어떤 감정들과 연상들이 일어나는지 잘 살펴보세요. 또한 울음으로 보내는 아기의 신호에 어떻게 응답할지 잠시 생각할 시간을 가져보세요. 여러분은 자신과 아기의 불편함에 충분히 관심을 기울이고 있나요? 아레타 야우치 솔터Aletha Jauch Solter가 쓴 『새롭게 부모가 된 사람들을 위한 자아인식 훈련들Exercises in Self-Awareness for New Parents』란 책에는, 아이가 울고 잠자고 먹는 일 등을 할 때, 엄마의 감정을 이해하는 데 도움이 될 만한 귀중한 연습들이 소개되어 있습니다. 그녀가 쓴 『이미 알고 있는 아기The Aware Baby』역시 우는 아기에 대한 훌륭한 조언을 해줄 것입니다.

'산통疝痛(배앓이)'을 겪고 있거나 높은 욕구를 가진 아기는, 부모에게 정말로 무리한 부담을 줄 수도 있습니다. 여러분이 시도해볼 수 있는 많은 방법들이 있습니다. 음식물 알레르기가 아닌지 살펴보고, 아기를 자주 트림시켜 보고, 자극을 줄여 보고, 배를 따뜻하게 해주고, 배를 눌러 주고, 약하게 탄 카모마일 차[24]를 먹여 보는 일을 해 볼 수 있을 것입니다. 그러나 영아 산통의 치료나 원인에는 아직까지 만족할 만한 답이 없어 보입니다. 자극을 제한하고 평온한 환경을 만드는 일은 뭔가 시도해보는 첫걸음이 될 것입니다. 무엇보다도, 여러분 자신을 진정시키도록 해야 합니다. 왜냐하면 여러분이 긴장을 하고 짜증이 난 상태라면, 아기를 진정시키는 일이 불가능할 것이기 때문입니다(신체적 단계에 있는 아이들이 얼마나 모방을 잘하는지를 기억하세요). 또한 아기의 개성이나 기질은 여러분의 책임이 아니라는 것을 기억하세요. 때로 여러분이 할 수 있는 가장 좋은 일은 아기가 우는 동안, 그곳에 함께 있으면서, 아기를 사랑스럽게 껴안아주는 일일 수도 있습니다. 사랑하는 사람의 팔에 안겨서 실컷 우는 일은 누구에게나 대단히 시원한 일일 수 있으니까요. '국제 유아마사지 강사협회'의 창시자인 비말라 슈나이더Vimala Schneider 는 다음과 같은 글을 썼습니다. "아기를 그냥 "울게 놔둔다."거나, 억지로 아기를 울지 못하게 하거나, 아기가 "카타르시스를 느끼도록" 마음껏 울게 하는 일은, 결국 아기들이 전하고자는 하는 말을 여러분이 들을 시간이 없다는 것에 대한 변명에 불과하다. 이 세상에 결정된 상태란 없다. 훌륭한 부모 - 훌륭한 문화 - 는 연민과 상식을 지닌 채, 아기가 보내는 개인적인 신호에 응답하려고 애쓰는 어려운 과정을 겪어야 한다."

한 아빠는 자기 딸의 울음의 의미를 조금 더 직관적으로 깨닫고자 노력하면서 이런 글을 썼습니다.

저녁에 우리는 타라를 재웠는데, 타라는 약 1시간 후에 깨어났다. 아기가 울기 시작 했지만, 우리는 그 울음에 즉시 응답하지 않았다. 아내인 웬디가 젖을 주러 가지 않고 도 아이가 다시 잠이 들기를 바랐기 때문이다. 밤에 아기가 울 때 우리가 일어날 것인 지 아닌지를 결정하는 것은 그 울음의 성질에 따라 다르다. 조금씩 훌쩍거리며 우는

---

24) 카모마일(Camomile) 차 : 사과향이 나는 국화과의 약용식물로 만든 차입니다.

울음이 있는데, 이때는 분명 잠을 자고 있는 상태이다. 또 아주 날카롭게 소리를 지르며 우는 울음이 있는데, 이것은 분명 아기가 깨어서 괴로워하고 있다는 표시이다. 이처럼 아기의 여러 가지 울음 사이에는 어떤 중요한 차이가 있었다. 아기는 자기가 느끼는 것을 말로 표현하지 못하기 때문이다.

　　나는 다음과 같은 방법을 따르려고 애쓰고 있는 내 자신을 발견했다. 그 방법은 귀나 머리로 들으려 하기보다는, 우선 마음으로 들으려고 애쓰는 방법이다. 아기의 울음이 먼저 내 마음으로 다가가게 만든 다음, 지성과 이해력을 갖고 마음이 어떻게 느끼고 응답하는지를 살펴보았다. 아기가 고통스러운가? 편안함을 원하는가? 아니면 그저 불편해서 불평을 하는 걸까? 이렇게 구별을 하는 일은 중요하다. 웬디와 나는 아기가 우리의 존재를 완전히 신뢰하기를 바란다. 또한 아기가 조금이나마 스스로를 돌볼 수 있는 경험을 하기를 바란다. 어떤 부모들이 충고하는 것처럼, 아기가 실컷 울도록 놔두면 결국 잠을 자게 된다는 사실을 나는 믿지 않는다. 그럴 경우 아기는 때로 아주 긴 시간 소리를 지르며 울다가 완전히 기진맥진해질 수 있기 때문이다. 오히려 아기를 울게 내버려두면, 우는 일이 밀물과 썰물처럼 점점 더 심해지고 발전해 가는 것은 아닌지 궁금하다. 밀물과 썰물은 매일 밤 아주 조금씩 변하지만, 시간이 지나면 아주 큰 변화가 일어난다. 어쨌든 여기서 내가 배우는 일은, 우선 아이의 울음에 직관적으로 응답하려고 애쓰는 것이다. 아이의 울음이 지니고 있는 단계를 느껴 보고, 그런 다음에 그 느낌을 고려하여 응답하는 것이다. 잠시 동안의 탐구과정이지만, 이것은 나에게 새로운 차원을 열어주는 것처럼 느껴진다.

어떤 부모들은 아기와 함께 자면서 울 때 젖을 주는 것으로 응답합니다. 그런 부모들은 거의 깨어나지 않습니다. 다른 부모들은 밤에 조금 더 넓은 공간이 필요하고, 그래서 걸음마하는 아기나 더 큰 아이를 다른 방에 재워야 하는 시기라고 느낄 것입니다. 다시 한 번 말하지만, 이 세상에는 여러분의 아이들을 키우는 데 이것은 옳고 저것은 그르다고 하는 공식이 없습니다. 여러분은 편안한 시기나 어려운 시절 동안 자신의 방식으로 느낄 필요가 있습니다.

다시 일하러 가는 일은 어떠한가?

새로 엄마가 된 여성들 중 절반 이상이 출산 후 12개월 이내에 다시 일하러 가고 있습니다. 그래서 3살 미만의 아이를 돌봐주는 탁아문제는 미국인들의 삶에서 하나의 현실이 되고 있습니다. 발도르프 교육 운동 안에서도, 출생에서부터 3살까지 아이의 욕구를 충족시키는 일에 점점 더 많은 강조를 하고 있습니다. 그리고 어린 아이들을 위한 모델로 가정을 도입해서 아이들을 돌보는 라이프웨이스 같은 곳도 늘어나고 있습니다. 덴마크 코펜하겐에 있는, 발도르프 교육에 근거한 아이들 프로그램인 "뇌켄N ø kken"에는 1살(걸을 수 있을 때)부터 초등학교에 다닐 준비가 된 아이까지 모두 25명의 어린이가 있습니다. 각기 다른 나이의 이 아이들은 마치 건강한 대가족 안에서처럼 지냅니다. 하지만 간식을 먹거나 낮잠을 잘 때는 약간의 예외가 있습니다. '북미 발도르프 어린 시절 연합'의 대표인 조앤 알몬Joan Almon은 뇌켄을 방문하고 나서 이렇게 이야기했습니다.

그 곳을 방문하기 전에 나는, 어린 시절에 탁아 시설에서 길러진 아이들이 성인이 된 후에 자기 아이들을 키우는 데 어려움을 겪지 않을까 염려를 하고 있던 상황이었다. 대부분의 탁아시설에서 아이들은 나이 또래로 나뉘기 때문에, 3살짜리 아이는 아주 어린아이들이 돌봐지는 모습을 볼 기회가 전혀 없다. 그래서 아이들이 모방을 통해 배울 수 있는 기회가 거의 없는 것이다. 뇌켄은 이러한 문제를 극복할 수 있는 것처럼 보여서 내게 깊은 인상을 주었다......

뇌켄에 있는 아이들이 엄마놀이를 하는 모습을 지켜보면서 나는 놀라움을 느꼈다. 그들의 놀이 속에 아이 하나를 키우고 있는 옛날의 마을이 있었기 때문이다. 아이들을 양육하기 위해서는, 이처럼 생기 가득한 곳들이 요즘에는 점점 더 많이 필요할 것이다.

미국과 다른 곳에서 많은 수의 발도르프 어린이 교사들은 아이들의 이러한 요구를 충족시킬 수 있는 방법을 탐색하고 있는 중이다. 유아에서부터 6살 나이까지의 아이들이 골고루 섞인 곳이나, 12살 먹은 아이가 학교가 끝난 후에 오는 곳 등 상상할 수 있는 다양한 육아 센터가 세워지고 있다. 또한 할머니, 할아버지들을 참여시켜서 청소년기 아이들 활동을 지원하는 곳, 임신한 부모들과 나이든 사람들을 위한 코스를 제공하는 곳도 있다. 그러한 곳에서 어린아이들은 집에 있는 것처럼 느낄 것이고, 그 집은 대가족이거나 마을의 한 부분이라는 느낌도 받을 수 있을 것이다. 몇 년이 지나면 그러한 곳들의 수가 많아질 것이다. 어린 시절을 위한 발도르프 교육 운동 안에는 그러한 일을 하는 곳이 많아지고 있으며, 지금은 50개 나라에 1,200개가 넘는 프로그램들이 있다.

밀워키 라이프웨이스 센터는 미국적인 상황에서 이런 원칙들을 적용한 한 예입니다. 그리고 저와 제 딸인 페이스가 볼더에 세운 레인보우브릿지 라이프웨이스 프로그램도 가정을 도입한 그런 프로그램의 예입니다. 그 둘에 대한 포토에세이들을 www.lifeways northamerica.org에서 찾아볼 수 있습니다. 이상적인 상황은 서로 다른 나이의 아이들이 섞여 있고, 모든 지역사회에 접근할 수 있는 관계 중심 프로그램들입니다. 하지만 현실은 엄마 없이 아주 어린 영아를 돌보는 일은 제외되고 있습니다. 제가 다음과 같이 말하는 것이 지금 시대와 별로 맞지 않는다는 것은 비교적 분명합니다(1970년대 초반에 페미니스트 서점에서 출산에 관한 책을 찾는 것과 마찬가지로요). 그럼에도 불구하고 저는 위험을 무릅쓰고 이렇게 제안하고 싶습니다. "만약 여러분이 아기가 태어난 후 1년 동안 아이와 함께 있을 수 있다면, 제발 그렇게 해야 합니다." 하지만 1살부터 4살까지가 고루 섞인 아이들을 라이프웨이스 방법으로 4년 동안 돌보고 있는 저는 이렇게 말해야 할 것 같습니다. 오늘날의 아이들은 20년 전의 아이들보다 훨씬 더 자기 또래들과 함께 지내고 싶어 하는 것처럼 보인다고 말입니다. 그리고 우리 세대보다도 훨씬 더 그렇다고요.

초기 어린 시절 전문가들 중에서, 오직 미국의 유명한 소아과의사인 베리 브라젤튼Berry Brazelton만이 아이를 종일 탁아 시설에 맡기는 일에 대한 책을 쓸 만큼 힘겨운 일을 했습니다. 유명한 『일하기와 돌보기Working and Caring』란 책에서, 그는 어린 아기를 종일 봐주는 곳을 찾을 때, 엄마들이 고려해봐야 할 것들을 논의하고 있습니다. 아울러 다시 일하러 갈 때 엄마들이 느끼게 될 감정들과, 엄마를 대신해서 아기를 돌봐줄 사람이 보여주는 애정은 어떤지를 고려해볼 것과, 계속해서 증가하는 병들과 항생제의 필요성에 대해서도 논의하고 있습니다.

부모가 아이를 돌보는 일이 그렇게나 중요한 이유는, 부모와 아이 사이에 안정된 관계를 형성할 수 있기 때문이고, 어린 아이에게 평온하고 리드미컬한 생활을 만들어줄 수 있기 때문입니다. 아이를 돌보는 어떤 사람도 부모만큼 아기가 이루어내는 성취들에 열광하고 흥분할 수는 없을 것입니다. 아기가 앉고, 걷고 하는 일들 말입니다. 아기의 이런 행동들은 부모의 헌신과 사랑을 강화시켜 주고, 아기가 스스로의 가치를 깨닫게 하고, 안정감을 키우는 데도 기여할 것입니다. 여기에다 부모는, 스스로 발견한 모든 것에 호기심을 보이는 아기를 만족스럽게 바라볼 수 있는 가장 좋은 사람입니다. 물론 부모 대신 돌봐주는 사람이나 탁아시설이 이상적이라면, 아이들에게 눈에 띌 만한 해를 끼치지는 않는다고 연구들은 보여주고 있습니다. 하지만 모든 상황이 언제나 이상적이지는 않을 것입니다. 아이를 학대하는 가정을 제외하고는, 어떤 연구도 부모 대신 돌봐주는 탁아시설이 가정보다 훨씬 더 좋다는 것을 보여주지는 않습니다.

슈타이너는 엄마와 아이의 관계가 가진 독특한 특성을 설명하고 있습니다. 이것은 현대 교육자들이 생후 첫 3년에 대해서 관찰한 연구결과와 비슷합니다. 슈타이너는 아기의 에테르 혹은 생명에너지가 엄마의 생명에너지와 연결되어 있고 보호받고 있음을 관찰했습니다. 엄마의 생명에너지는 마치 칼집과 같이 아이를 둘러싸고 있다고 합니다. 이것은 태어나기 전에 아기의 몸이 엄마의 몸에 의해 둘러싸여 있는 것과 똑같습니다. 태어나면서 아기의 신체적 몸physical body이 엄마로부터 자유로워지는 것처럼, 아이의 에테르 몸 Etheric Body, 즉 생명체는 생후 7년에 걸쳐 점차로 "태어납니다." 그리고 3살 즈음에는 아기가 엄마로부터 자유로워지는 중요한 시기입니다. 여러분이 주의를 기울여 살펴본다 면, 그 변화가 대단히 극적이고 인상적인 사건이라는 사실을 알 수 있을 것입니다. 여러분 의 아기는 갑자기 대단히 독립적이 되어서 안심하고 여러분에게서 멀리 떨어질 수도 있고, 놀이 그룹에도 적극적으로 참여할 것입니다. 이것이 왜 발도르프 유치원에서 3살 반 정도가 된 아이들을 받아들이는 걸 더 좋아하는 지의 이유입니다. 이 시기의 아이들은 엄마로부터 자유로워지는 것을 경험한 아이들이기 때문입니다.

슈타이너에 따르면, 생후 1년 간 아기는 여전히 엄마의 생명(에테르) 에너지와 완전히 연결되어 있고, 그것에 의해 자란다고 합니다. 엄마와 아기 사이에 존재하는 정신적인 연결은 이것을 설명해 주는 것처럼 보입니다. 제가 1980년대에 미시간의 앤아버에 있는 발도르프 유치원 선생님이었을 때는, 대부분의 엄마들이 아이들과 집에서 함께 지냈고, 일할 때도 파트타임으로 일을 하곤 했습니다. 당시 저는 생후 6개월 이후부터 계속 종일반 탁아시절 같은 곳에서 지낸 아이들은 분명히 눈에 띈다는 사실을 관찰할 수 있었습니다. 그 아이들은 자주 아픈 경향이 있었고, 항생제를 더 많이 사용하는 것처럼 보였습니다. 왜냐하면 부모들은 아이들이 아프더라도 함께 있을 수 없기 때문입니다. 또한 그 아이들은 덜 어린애다웠고, 몇 년 동안 어른들이나 자기가 속한 그룹에 긴장을 주는 경우도 있었습니다. 『서둘러 키워지는 아이』와 『잘못된 교육』에서 데이비드 엘킨드는 우리 아이들이 살고 있는 세계를 무척 걱정하고 있습니다. 우리가 아이를 얼마나 빨리 몰아대는지, 어떻게 나이에 맞지 않는 것을 모방하게 하는지에 대해서도 그는 매우 염려하고 있습니다.

만일 처음 1년만이라도 아이와 함께 집에 있을 수 있다면, 아이한테 대단히 소중한 선물을 주는 셈입니다. 그리고 여러분도 마찬가지로 충분한 보상을 받을 것입니다. 여러분 의 아기는 삶을 오직 한 번만 시작하고 있고, 대단히 빨리 자랍니다! 하지만 우리 사회는 엄마들이 집에 있을 수 있도록 많은 지원을 해주지 않고 있습니다. 육아 휴직을 할 수 있는 기간은 너무 짧으며, 직업 세계는 30대 후반에 아이를 갖기로 결정한 많은 여성들을 기다려 주지 않습니다. 그리고 오늘날 삶의 스타일은 흔히 부부 두 사람이 돈을 버는 것을 요구합니다. 하지만 일하기를 진심으로 원한다면, 일을 하되 중요한 것이 무엇인지를 생각하면서 필요한 지원을 찾아야 합니다. 온라인 커뮤니티인 www.mothering.com는 아이들과 함께 지내는 것을 소중하게 여기는 여성들에게 큰 도움이 될 것입니다. 일하는 엄마들을 위한 많은 웹사이트들 역시 아주 도움이 될 수 있습니다. 혹은 어쩌면 여러분이 일을 분담하는 방법을 찾거나, 집에서 일하거나, 파트타임으로 일할 수도 있겠지요?

만약 아이가 첫 돌이 되기 전에 여러분이 다시 일을 나가기로 결정한다면, 어떤 종류의 탁아가 가장 좋을까요? 화이트 박사는 부모 대신 돌봐주는 방법 중에서 제일 좋은 것은, 아이가 사는 집에서 다른 사람이 아기를 돌보는 것임을 발견했습니다. 다행스럽게도 아기를 돌봐주는 유모를 소개해 주는 곳이나 숙식을 제공받고 아기를 대신 돌봐주는 프로그램도 빠르게 증가하고 있습니다. 두 번째로 좋은 방법은, 다른 사람의 집에 아기를 맡겨서 개인적인 보살핌을 받게 하는 것입니다. 그 다음으로 괜찮은 것은, 비영리를 목적으로 몇몇 가족의 아이를 돌봐주는 곳입니다. 마지막으로는 영리를 목적으로 한 탁아시설이 있는데, 이것은 종종 프랜차이즈 식으로 운영되고 최소비용 이상이 들지는 않습니다.

질 좋은 탁아 시설을 찾는 일은 오늘날의 부모들이 직면한 주요한 딜레마 중 하나인 것은 분명합니다. 만일 여러분이 아이를 돌봐줄 가정이나 시설을 찾아야 한다면, 여러 곳을 방문하고 철저히 살펴볼 시간을 가지세요. 어떤 식으로 아이가 그곳에서 하루 종일 돌봐지는 지가 가장 중요한 고려사항일 것입니다.

얼마나 오랫동안 아이들의 감각을
돌볼 필요가 있을까?

처음 엄마가 되었을 때의 저는 아기의 감각들을 보호해야 한다는 생각이 없었습니다. 그래서 생후 10일 된 아기를 데리고 마트에 갈 정도였습니다. 비록 그런 가게들의 형광 불빛들이 저한테는 얼마나 활기차게 보였는지를 알고는 있었지만, 우리 아기는 훨씬 환경에 민감하다는 생각이 떠오르지는 않았기 때문입니다. 루돌프 슈타이너의 통찰들과 출생에서부터 6세까지의 시기에 대한 다른 연구들을 공부하면서 저는 아이의 발달에 관해 배울 수 있었습니다. 그러면서 환경이 이미 큰 아이보다는 한창 자라나고 있는 어린아이에게 훨씬 깊은 영향을 미친다는 사실을 깨달을 수 있었습니다.

그렇다고 해도 생후 10개월 된 아이를 위해서 생후 일주일 된 아이 때처럼 전등에 실크 천을 계속 씌우고 있지는 않아도 됩니다! 이제 걸음마를 하는 아이는 훨씬 더 "여기"에 있고, 이 지상의 삶에 빠르게 적응하고 있는 중이기 때문입니다. 학교 가기 전의 유치원에 다닐 시기의 아이들은 환경에 대한 예민함이 줄어들고 있을 것입니다. 하지만 여전히 아이들이 경험하는 감각적인 것들의 특성에 계속 관심을 갖는 것이 유익할 것입니다. 가령, 7세 미만의 아이를 영화관에 데려가는 일, "베이비 댄스 파티"나 락 콘서트에 데려가는 일은 어린 아이가 처리할 수 있는 것보다 훨씬 많은 자극을 제공할 것입니다. 요사이는 가정에서조차 온갖 종류의 영상 시간들 때문에 많은 감각적 경험이 제공되고 있는 실정입니다(DVD, 텔레비전, 컴퓨터 게임들, 아이패드). 신경생리학자들과 안과 의사들은 그것의 내용과는 상관없이, 이런 시간들은 어린 아이의 뇌와 눈의 발달에 좋지 않다고 말하고 있습니다(이에 대한 자세한 설명은 12장에서 할 것입니다.).

이와는 반대로, 자연 세계는 발달해가고 있는 아이에게 수많은 건강한 요소들을 제공할 것입니다. 감각적인 자극에서부터 맘껏 움직일 수 있는 자유까지 제공할 것이고, 상상의 기회와 인지적인 발달 기회도 제공할 것입니다. 아이를 많은 시간 밖에서 놀게 하고, 천연 재료로 만든 옷들과 장난감을 제공하면서 자연 세계를 경험하게 할 수 있습니다. 인간 정신의 위대한 창작물들인 이런 인공적인 합성 물건들은 아이가 조금 큰 다음에 소개해줄 수 있습니다. 계속 아이를 따뜻하게 입히는 일은 어린 시절 내내 특별히 중요합니다(그렇다고 너무 두껍게 입히지는 마세요!). 속옷이나 티셔츠를 입혀서 몸 안에 있는 중요한 기관들을 보호하고, 꼬마 여자아이에게 드레스를 입힐 경우 다리를 따뜻하게 해주어야 합니다. 아주 어린 아기부터 7세까지 아이들을 햇빛으로부터 보호하기 위해 모자를 씌워주는 일도 역시 유익할 것입니다. 모방하기에 좋도록 우리도 모자를 쓰는 습관을 가지면 좋을 것입니다!

용변 훈련

아이용 변기 사용을 가르칠 때는, 아이가 그만큼 성숙했는지의 요소를 분명히 고려해야 합니다. 그래서 용변 훈련을 너무 어릴 때 시키는 것은 전혀 소용이 없습니다. 다른 한편으로는, 아이가 변기 사용에 관심을 보이면서 기회만을 엿보는 시간들을 보낼 것입니다. 그게 잘 안되면, 아이는 변기 사용에 무관심해지거나 더 큰 아이와 힘 싸움하는 쪽으로 관심을 돌릴 수도 있습니다. 부모들이 용변 훈련에 보다 편안해지면 질수록(그리고 뭔가를 할 생각이 별로 없으면 없을수록), 일회용 기저귀의 크기는 점점 더 커지고 있습니다. 1962년에는 약 90%의 아이들이 2살 반에 기저귀를 뗐습니다. 그런데 1998년에 「소아과학」지에 발표된 연구를 보면, 그 나이 아이의 22% 만이 용변 훈련이 되어 있었습니다. 그리고 남자아이의 거의 절반 정도는 3살이 되어도 용변 훈련이 잘 안되어 있었습니다.

전문가들은 용변 훈련이 늦어지고, 큰 사이즈의 일회용 기저귀가 놀랄 만큼 대중화되는 이유에는 많은 요인들이 있다고 이야기합니다. 즉, 이처럼 크고, 편하고, 새지 않는 일회용 기저귀의 등장으로 아이들이 용변 훈련을 하라는 압박을 덜 받게 되었고, 또 쓰고 버리는 우리 삶의 양식도 한 가지 요인일 것입니다. 또 브라질튼이 이끈 추세대로 아이들의 발달을 강요하기보다는 아이들에게 주의를 더 기울이게 되었기 때문이고, 또 많은 걸음마하는 아이들이 나이에 비해 너무 큰 탓도 한 요인이 될 것입니다.

이처럼 팬듈럼의 추가 훌쩍 움직이면서, 아주 최근에는 "기저귀 안 차는 걸음마장이들"이라는 유행도 일어나고 있습니다. 부분적으로는 일회용 기저귀의 비용이 만만치 않기 때문이기도 하고, 썩지 않는 기저귀를 매립해야 하는 환경오염 문제에 스트레스를 느끼기 때문이기도 합니다. 심지어 "기저귀 안 차는 아기들"이란 운동도 있습니다. "배설 소통"이란 이름으로 부르는 이 운동은 가령, 인도의 시골에서처럼 항상 아기를 데리고 다니면서 아기의 감각을 발달시킨다는 것에 토대를 둔 운동입니다. 우리 문화에서는 아기한테 그런 식의 신경을 쓰는 일은 사실상 아주 어려울 것입니다. 그러니까 아기가 배설하기 전에, 매번 미리 알아차려서 기저귀 없이 잘 처리하기가 어려울 것이라는 뜻입니다. 그렇긴 해도, 기저귀 없이 지내면 걸음마하는 아기가 언제 용변 훈련에 흥미를 보이고, 심리적으로 준비가 되는 지를 관찰하기가 보다 쉬울 것입니다.

"기저귀 안 차는 걸음마장이"를 옹호하는 사람들은 용변 훈련으로 3일 동안을 추천하고 있습니다. 이것은 기저귀를 전혀 안 채우고, 아이의 아랫도리를 벗겨놓거나, 아이가 혼자 내리고 올릴 수 있는 헐렁한 바지만 입히고(속옷 바지도 안 입힙니다), 쉽게 접근할 수 있는 꼬마 변기를 사용할 때마다 칭찬을 해주는 것을 말합니다. 시어즈Sears 박사는 이 3일간의 방법에 관한 책을 출간했고, 샌프란시스코 만 지역에 사는 수많은 가족들이 유치원 선생님인 줄리 펠롬Julie Fellom의 "기저귀 안 차는 걸음마장이"란 이름의 강의를 듣고 있습니다. 어떤 아이들은 다른 아이들보다 훨씬 쉽게 이런 전환을 이루어낼 수 있고, 어쨌든 효과가 있는 것처럼 보입니다! 인터넷을 찾아보면 이것을 좀 더 배울 수 있을 것입니다.

보통 둘째 아이가 첫째 아이보다 조금 더 쉽게 용변을 가립니다. 둘째 아이들은 용변 보는 일을 모방할 수 있는 형제자매가 있기 때문이고, 부모들 역시 첫아이 때만큼 걱정하지 않기 때문입니다. 여러분은 아이들이 얼마나 모방하기를 좋아하는지를 기억하고, 걸음마 하는 아이에게 어떻게 변기를 쓰는 지를 보여주어야 합니다. 그리고 2살 무렵쯤에는 아기 변기를 제공해주고, 변기를 사용할 때마다 매번 특별한 선물과 칭찬을 해주면 아이는 이 새로운 행동을 조금 더 잘하고 싶어 할 것입니다. 여러분은 인내심을 갖고 격려해주어야 하고, 잘 안 될 경우에도 "괜찮아. 다음에는 더 잘 할 수 있을 거야."라고 말해준다면, 곧 효과적인 결과가 나타날 것입니다.

분리 불안과 "헬리콥터 부모노릇"

최근에는 엄마와 아이 사이의 애착 또는 유대감에 대한 많은 책들이 나오고 있습니다. 그리고 조산이나 태어날 때부터 아픈 아이의 경우처럼, 어쩔 수 없이 긴 시간 동안 엄마와 떨어져서 생길 수 있는 문제들에 관해서도 많은 연구가 이루어지고 있습니다. 하지만 엄마와 아이는 정상적인 상황에서도 분리 과정을 겪는다는 점을 이해해야 합니다. 그들은 처음에 한 몸이었고, 육체적으로 그리고 정신적으로 결합되어 있었습니다. 그러므로 아기의 출생 때는 둘 사이의 유대감을 만들기보다는, "탄생이라는 이 분리가 어떻게 하면 고통스럽지 않고 오래 가지 않을 수 있을까?"라는 질문을 떠올려 보아야 합니다. 이에 대한 확실한 대답으로는, 인도적인 출산으로 엄마와 갓 태어난 아기가 함께 있도록 하는 일입니다. 많은 접촉을 하게 되면, 엄마 역시 홀로 떨어져서 고립되었다고 느끼지 않을 것입니다. 그 대신에 분리를 연결해주는 새로운 관계를 세우게 도와줄 것입니다.

엄마와 아이의 이런 분리 과정은 일생 동안 계속 일어나는 일입니다. 아이의 개성이 점점 더 확실하게 자기를 주장하기 때문입니다. 엄마는 아이에 대한 자기의 생각과 둘 사이의 관계에 대한 자기 이미지를 언제까지나 붙들고 있어서는 안 됩니다. 오히려 이 관계가 끊임없이 변화할 수 있도록 허락해주어야 합니다. 그래야 아이는 충분히 자기 자신이 될 수 있을 것이고, 둘 사이에도 새로운 관계가 탄생할 것이기 때문입니다.

우리는 앞에서 생후 9개월 된 아기가 친근하지 않은 사람에게 보이는 일반적인 불인(낯가림)에 대해서 이야기했습니다. 그리고 안정감의 원천인 엄마로부터 아이가 어느 정도 멀어졌다가 다시 되돌아오는 패턴에 관해서도 이야기했습니다. 하지만 분리는 엄마에게도 고통스럽습니다. 처음으로 아기와 떨어져 본 엄마라면, 누구나 이 사실을 알 것입니다. 젖이 가득 찬 젖가슴, 심리적인 연결, 아기에 대한 염려, 아무도 자기만큼 아기를 잘 보살필 수 없을 거라는 걱정들이 가득차오를 것입니다. 이처럼 아기는 엄마의 깊은 감정을 한껏 흔들 것입니다. 아이가 처음 학교에 갔을 때도 엄마는 비슷한 감정을 느낍니다. 아이가 처음으로 데이트를 하거나, 처음으로 혼자 차를 몰고 나갔을 때도 그러할 것입니다.

부모는 아이를 보호하고 싶어 하지만, 아이란 우리를 연장해 놓은 사람이 아님을 깨달아야만 합니다. 여러분의 아이는 실제로 여러분을 부모로 선택한 한 사람의 고유한 개인입니다. 아이가 건강하게 자라기 위해서는, 한 사람의 개인이 되는 과정이 꼭 필요합니다. 실제로 이러한 개성화가 실패하면, 뭐든 태만하고 소홀히 하는 일 같은 커다란 문제가 생겨날 수 있습니다.

우리는 아이가 처음 태어났을 때부터 고유하고 독특한 개인이라는 사실을 깨달아야 합니다. 그래서 아이가 충분한 잠재력과 자기 운명을 깨달아가는 데 방해가 되지 않도록 우리가 할 수 있는 모든 일을 해야 합니다. 그런데 어떻게 이것을 행동으로 옮길 수 있을까요? 한 가지 일은, 아이를 주의 깊게 살펴보되 지나치게 보호하지 않는 일입니다. (만약 에드먼드 힐러리 경Sir Edmund Hillary[25])의 어머니가 걸음마를 하는 에드먼드에게 계단을 올라가지 못하게 했다면 어떻게 되었을까요?) 아이가 낮은 나무에 올라가거나 공원에 있는 놀이 기구의 꼭대기까지 올라가게 하는 일은 괜찮습니다. 여러분이 마련해 준 기회들을 아이가 해나갈 수 있다면, 아이한테 좋을 것입니다. 그리고 스스로 해보도록 허용이 되는 상황에서라면, 아이들은 상당히 자기 조절을 잘할 것입니다.

---

25) 에드먼드 힐러리 경(Sir Edmund Hillary, 1919~2008). 뉴질랜드의 등산가이자 탐험가로, 1953년 5월 29일 에베레스트산을 최초로 오른 인물입니다.

그 다음에 우리가 해야 할 일은, "어떻게 우리는 넷째 아이 때처럼 첫째 아이에 대해서도 편안해질 수 있을까?"라는 질문에 대한 답입니다. 사실 그렇게 하지 못한다는 것이 자연스러운 일이긴 합니다. 첫 아이 때는 모든 것들이 너무나 새롭기 때문입니다. 하지만 우리가 "온화하게 무심해하는 태도"를 보이고, 형제자매간의 상호 작용을 인정한다면, 아이 주변을 빙빙 돌며 따라다니는 "헬리콥터 부모노릇"을 하는 것보다 훨씬 좋은 결과를 가져올 것입니다. 또한 첫째 아이나 외동아이가 받게 마련인 어른의 과도한 간섭과 비교해 봐도 훨씬 유익한 결과를 가져올 것입니다. 부모인 우리는 걸음마하는 아기가 어디서 무엇을 하는지를 항상 알아차리고 있어야겠지만, 언제나 개입할 필요는 없습니다. 혼자 놀 수 있고, 스스로 동기를 유발할 수 있고, 어른이 항상 뭔가를 해주지 않아도 되는 아이를 기르는 일은 진정으로 축복이기 때문입니다. 우리는 아이들을 사랑과 주의 깊은 관심으로 감싸줄 수 있어야 하고, 혼자서 마음껏 탐험할 수 있는 풍요롭고 안전한 환경을 제공해 주어야 합니다. 또한 우리는 아이가 언제나 다시 돌아올 수 있는 베이스캠프로 남아 있어야 합니다. 처음에는 5분에 한 번씩 우리에게 되돌아오다가, 자라가면서는 몇 시간에 한 번씩만 돌아올 것입니다. 그리고 십대가 되면 식사 시간에만 얼굴을 보게 될 지도 모릅니다.

제한된 공간 때문에 생기는 멀미 증세(Cabin Fever)

아이를 키우는 일은 하루 종일 해야 하는 일입니다. 어떤 사람은 온종일 아이에게만 붙들려 있어야 하는 사람도 있을 것입니다. 부모인 여러분은 아이라는 개인과 독특한 관계를 맺고 있으므로, 걸음마하는 아이를 돌보는 데 필요한 시간과 노력을 귀중하게 여겨야 합니다. 그렇다고 한 사람이 온종일 그렇게 할 필요는 없습니다. 여러분은 아이를 돌봐줄 사람을 고용할 수도 있고, 할머니에게 봐달라고 할 수도 있고, 잠깐씩 누군가에게 봐달라고 할 수도 있습니다. 또 아이가 있는 친구와 교대로 아이들을 함께 돌볼 수도 있습니다. 여러분 자신의 평온함을 유지시켜 주고, 아이를 키우는 힘을 유지시켜 주는 일이라면 어떤 일이든 하세요. 그렇다고 엄마가 아이를 키우는 일을 과소평가하지는 말아야 합니다. 그렇지 않으면 여러분은 "질적으로 좋은 시간"이라는 편리한 환상을 그대로 받아들일 것이기 때문입니다. 이 환상은 걸음마하는 아이가 세상을 탐험하면서 여러분과 끊임없이 관계를 맺고 싶어 하는 요구를, 짧지만 "질적으로 좋은 시간"으로 보상할 수 있다고 믿는 환상입니다. 만약 여러분이 다시 일하러 가야 한다면, 가능한 여러분의 아이에게 집과 같은 환경을 만들어 주도록 노력하세요.

어떤 여성들―심지어 집에서 아이들과 함께 있을 수 있기를 꿈꿔온 여성들조차―은 관심의 사각지대에 놓여 있기도 합니다. 우리 사회가 어머니노릇에 대해서 별로 가치를 부여하지 않기 때문입니다. 함께 할 확대가족이나 이웃이 별로 없어서 그녀들은 고립감과 좌절을 느낍니다. 또 아내가 밖에서 일하는 시기 동안, 어린 아이와 집에 있는 아빠들은 이보다 더한 도전거리들을 만나게 될 것입니다. 가령, 학부모 모임에서 유일하게 아빠만 참석한 경우나, 비슷한 역할을 하는 어떤 남성도 주변에 없다는 점들입니다.

성역할(젠더)이나 집에서 보내는 시간과는 상관없이, 만약 여러분이 아이들로부터 정말로 도망치고 싶어 죽겠다면, 그 이유가 무엇인지 잘 생각해 보고 가능한 해결책을 찾아보도록 하세요. 여기 생각해 볼만한 사항들이 있습니다.

1. 아이가 특별히 더 달라붙는 아이인가요?

여러분은 이런 상황일 경우에 환경을 바꿔서 아이가 접근할 수 있는 보다 흥미로운 환경을 만들어 줄 수 있나요? 아이가 스스로 세상을 탐험하는 것을 격려할 수 있나요? 여러분의 기대를 바꾸고 마음을 편히 먹으면서, "이것은 금방 지나갈 거야."라고 인식할 수 있나요? 이런 상황일 때는 불쾌한 기분을 갖거나 다른 일을 하지 말고, 3일 정도 온전히 "거기에 있으면서" 아이를 관찰할 시간을 갖도록 해야 합니다. 아마도 아이는 여러분의 지원을 든든하게 느끼면서 활동 영역을 넓혀 가기 시작할 것입니다. 아이가 3살 즈음일 때는 혼자만 있는 것보다 주변에 다른 아이들이 함께 있으면, 흔히 상황이 더 쉬워질 것입니다. 여러분은 친구와 함께 서로의 아이들을 교대로 돌봐줄 수 있나요? 그리하여 의도적으로 아이들과 함께 있는 시간을 만들고, 가끔 아이와 떨어져 있는 시간을 스스로에게 줄 수 있나요?

2. 아이와 끊임없이 갈등을 빚고 있나요?

하루 중 마찰이 일어나는 시간과 활동들을 모두 적어 보세요. 각각의 상황을 바꾸기 위해서 여러분은 무엇을 할 수 있나요? 밤이 되기 전에 옷을 정돈하고, 15분 더 일찍 일어나고, 잠자리에 드는 시간을 좀 더 의식적이고 리듬 있게 만들면서 아이에 대한 여러분의 반응을 변화시킬 수 있나요? 여러분은 아이가 어떤 태도를 보이기를 기대하나요? 남편에 대한 감정은 어떤가요? 남편은 여러분을 제대로 지원해 주고 있고, 아이의 잘못을 고쳐 주고 있나요, 아니면 어려운 상황을 무시하는 편인가요? 어떤 반응을 이끌어 내려면 여러분이 남편한테 소리를 질러야 하는 상황인가요?

3. 지적인 자극이나 어른들 간의 교우 관계를 놓치고 있나요?

엄마들을 지원하는 단체나 놀이 그룹을 찾아볼 수 있나요? 여러분과 마찬가지로 걸음마 하는 아기를 키우고 있는 친구와 함께 일주일에 한 번 공원에 갈 수 있나요? 아이들을 만족스러워하는 엄마들은 독신 여성들보다 대단히 사교적인 것처럼 보입니다. 그들은 자주 아이가 있는 친구의 집을 방문하고, 친구들의 방문을 받기도 합니다. 공원에 가서 앉아있거나 친구의 집을 방문하는 일은 많은 돈을 들이지 않고도 마음을 즐겁게 할 수 있는 일입니다. 여러분은 이런 활동들을 고마워하면서 즐길 수가 있나요?

여러분은 남편과 좋은 관계를 맺고 있나요? 저녁 시간에는 자유로워질 수 있나요? 만약 여러분이 아이들을 밤 11시까지 돌봐야 한다면, 6장 "가정생활에 필요한 리듬"을 참고하세요. 또한 부부 사이의 성적인 관계는 어떤가요? 일주일에 한 번 정도 오로지 두 사람만이 함께 보내는 시간을 마련할 수 있나요?

여러분이 어린아이에 대해 더 많이 알면, 지금 하고 있는 일이 더 소중하고 가치 있는 일이 될 수 있을까요? 그리고 여러분이 확신을 갖고 마음을 굳건히 하는 데 도움을 줄 수 있을까요? 미술 강좌에 등록하는 일 같은 새로운 일이 여러분의 욕구를 만족시킬 수 있을까요? 자신을 위해 시간을 내면, 흔히 스스로의 마음 상태와 엄마 역할에 대한 마음 상태가 호전될 수 있습니다. 아이가 다섯 명인 제 친구는 비행장 근처에서 살았는데, 여섯 번째 아이가 태어난 뒤에 비행기 조종사 자격증을 땄습니다. 비행기를 타고 날아오르면 5분 안에 집 마루에 널려 있는 장난감들과 더러운 기저귀들로부터 자유로워질 수 있었기 때문이라고 합니다. 이와 비슷하게, 저 역시 아이들이 2살 반과 6개월이 되었을 때 여행 안내인이 되는 코스를 들었습니다. 이 강좌 듣기는 어려운 시기에 저를 미치지 않게 만들어준 일들 중의 하나였다고 생각합니다. (실제로 여행 안내인이 된 적은 없지만) 그 코스는 일주일에 두 번씩 제게 지적인 자극을 주었고, 순수한 공상으로나마 성취감을 느끼게 해주었습니다.

4. 아이와 함께 뭔가 할 때마다 곤혹스러움을 느끼나요?

제 친구는 자기의 실망감을 다음과 같이 표현했습니다. "그런데 나는 아이와 함께 퍼즐을 하는 게 너무 지루해!" 일반적으로, 우리는 아이들하고 놀아 주는 일을 걱정하기보다 오히려 아이들을 즐겁게 바라볼 필요가 있고, 항상 뭔가를 같이 할 필요는 없습니다. 이 말의 뜻은, 우리가 긍정적인 태도를 가지고 뭔가 할 일을 아이한테 제공해 줄 필요가 있다는 뜻입니다. 걸음마하는 아이가 여러분이 하는 일을 같이 할 수 있는 방법을 생각해 보세요. 아이가 없을 때 그 일을 서둘러 끝내려고 애쓰는 대신에 말입니다. 일단 아이가 2살 반 이상이 되면, 다른 아이들을 초대해서 함께 어울려 놀게 하세요. 때로 이 일은 어른의 감독과 공정한 개입이 필요할 것입니다. 하지만 끊임없이 어른이 개입해서 함께 놀아주기보다, 아이들 스스로가 좋아하는 놀이를 할 수 있게 해주세요.

그래도 여전히 만족스럽지 못하다면, 여러분은 왜 그런지 곰곰이 생각해 보세요. 그리고 배우자나 친구와 상의를 해보세요. 여러분은 "끝까지 해내지 못한 일"을 두고 집착할 필요가 전혀 없습니다. 오히려 부모노릇을 즐기고, 아이들과 함께 있는 일을 즐겨야 합니다. 새로운 지식과 전망을 갖고, 리듬과 규율을 세우고, 아이들은 어떻게 배우고 놀이를 하는지를 이해한다면, 여러분은 어린 아이들의 부모노릇이라는 이 모험 가득한 일을 즐길 수 있을 것입니다. 이 일은 항상 쉬운 일은 아니지만, 언제나 가치 있는 소중한 일이고, 풍요로운 보답이 있는 일입니다.

부모노릇과 관련된 다른 문제들

만약 여러분이 여기서 말해지지 않은 문제들을 갖고 있다면, 12장으로 건너뛸 수 있을 것입니다. 그 장에서 우리는 부모노릇과 관련된 다른 문제들을 다룰 것입니다. 가령, 텔레비전과 영상 시간, 예방접종 문제, 균형 잡힌 발달, 삶을 위한 준비 등입니다. 혹은 제 블로그 www.waldorfinthehome.org에 글을 남겨주세요. 기쁘게 응답하겠습니다!

8

아이의 상상력과
창조적인 놀이를 격려하기

놀이의 세 단계

놀이는 "어린 시절의 알"이라고 부를 수 있습니다. 그리고 아이 스스로 알아서 놀고, 외적인 목적이나 동기 없이 아이한테서 나온 것이라야 진정한 놀이라고 할 수 있습니다. 아주 어린 시절에 나타나는 창조적인 놀이는 세 단계로 드러나는 것을 볼 수 있습니다. 몸에서부터 나오는 놀이, 상상력과 모방으로부터 나오는 놀이, 의도적인 척하기에서 나오는 놀이가 그것입니다.

몸으로부터 나오는 놀이

아이들이 처음으로 몸을 움직이는 기술을 익힐 때의 놀이는 대부분 환상Fantasy의 요소가 없는 순수한 움직임으로만 이루어집니다. 어린아이는 달리고, 뛰어내리고, 발끝으로 걷고, 기어오르고, 빙빙 돌고, 땅을 구르는 활동을 너무나 좋아합니다. 봄철에 뛰노는 어린 양이나 망아지들처럼 아이는 움직임 자체에서 순수한 기쁨과 즐거움을 느낄 것입니다. 이것은 근육들이 성장하고 운동 기능을 숙달하는 일에서 중요한 역할을 합니다. 방해받지 않는다면, 아이는 건강하게 발달하는 데 어떤 활동이 필요한가를 누구보다도 잘 알고 있습니다. 그러므로 특별히 아기 체조반 같은 것은 필요가 없습니다.

걸음마하는 아이를 따라다녀 본 적이 있는 사람은 누구나 알듯이, 아이는 끊임없이 움직이고 활동하면서 엄청난 양의 에너지를 쓰고 있습니다! 아이를 끊임없이 움직이게 하는 이 추진력은 어디에서 나오는 것일까요? 이 에너지는 바로 손과 발을 움직이게 하는 신진대사 작용으로부터 나옵니다. "신진대사/의지/손과 발 시스템"은 슈타이너가 인간 존재를 바라보는 세 가지 중요한 체계 중의 한 가지입니다. 다른 두 가지로는 "신경/감각/두뇌 시스템"과 "심장/폐/중앙의 리드미컬한 시스템"이 있습니다. 이 세 가지 체계는 상호 침투하면서 영향을 주고받으며, 어린 시절 내내 활기차게 발달합니다. 그런데 슈타이너는 나이에 따라 이 세 가지 체계 중에서 하나가 더 우세함을 깨달았습니다. 어떤 나이에는 세 가지 중 하나가 가장 활발히 발달하면서 세상을 경험하고 배우는 방식에 중요한 영향을 끼친다고 본 것입니다. "신진대사/의지/손과 발 시스템"은 7살 미만의 아이에게 두드러지게 나타나고, "심장/폐/중앙 시스템"은 초등학교 나이에 두드러지게 나타나며, "두뇌/신경 시스템"은 사춘기가 시작되면서 우세해질 것입니다.

	주도적인 시스템	아이가 가장 잘 배우는 방법
0~7세	신진대사/손과 발 시스템	의지/움직임/모방
7~14세	심장/폐/리듬적인 시스템	감정/상상력
14~21세	신경/감각/두뇌시스템	사고/분석

사고, 감정, 의지는 7년 주기로 각각 성숙해 갈 것입니다. 그렇기 때문에 아이가 자라면서 한 단계에서 다른 단계로 넘어가는 두드러진 변화가 어떻게 일어나는지를 이해한다면, 부모와 교육자들은 발달하는 아이의 욕구를 제대로 충족시켜줄 수 있을 것입니다.

"신진대사/의지/손과 발 시스템"은 생명과 관계된 활력의 중심이기 때문에, 생명의 중심점Vitalpole이라고 부를 수 있습니다. 다시 말해 음식물을 소화 흡수하여 신진대사를 통해 새롭게 몸에 필요한 물질로 바꾸는 일을 하는 중심입니다. 어린아이가 성장하는 과정은 엄청나게 힘차고 강력합니다. 이 생명력이 너무나 강해서 아이는 상처를 입어도 금방 낫습니다. 이와는 반대로 나이든 사람의 생명력은 쇠퇴하는 중이어서, 상처를 입거나 뼈가 부러지면 큰 어려움을 겪고서야 겨우 나을 것입니다.

갓난아기나 걸음마하는 아이의 움직임을 보면, 이 에너지의 활동이 몸의 성장과 내적인 과정들 속에서 활기차게 표현되는 것을 볼 수 있습니다. 누워 있는 아기는 허공에다 발을 차면서 그 움직임을 바라볼 것입니다. 또 자기 손을 움직이면서 눈으로 쫓아갑니다. 처음에는 의도나 조절하는 능력을 갖고 움직이지는 않지만, 점차 아기는 무엇인가를 아래로 떨어뜨리고, 온갖 물건을 침대 밖으로 내던지는 일을 좋아할 것입니다. 즉 아주 어린 아기는 손과 발을 움직이는 것만으로 충분하고, 이를 통해 자기의 힘이 발달하고 있음을 즐기고 있습니다.

『어린 시절: 영혼의 성장에 관한 연구Childhood : A Study of the Growing Soul』란 책에서 캐롤린 폰 헤이더브란트Caroline von Heydebrand는 아이들이 맨 처음 하는 놀이가 몸과 어떤 관련이 있는지를 설명하고 있습니다. 또한 그 놀이가 생명체의 활동, 즉 숨을 들이쉬고 내쉬는 일, 체액이 순환하는 규칙적인 흐름, 몸을 이루고 배설하는 일과 어떤 방식으로 눈에 보이지 않는 상호작용을 하고 있는지를 설명하고 있습니다. "꼬마 아이는 나중에 넘어뜨릴 수 있기 때문에 계속해서 블록을 쌓는다. 이런 식으로 블록을 쌓는 일은 나중에 집이나 탑을 세우는 일보다 아이한테 더 중요하다. 몸 안에서 흡수하고 배설하는 신진대사 작용이 원활히 이루어질 때라야, 블록을 쌓았다가 부수는 놀이를 아이가 만족스러워할 것이기 때문이다."

마찬가지로 2살짜리 아이는 크레용을 가지고서 종이에 마구 휘갈길 것입니다. 여러분은 이런 그림에서 올라갔다 내려가면서 강조된 나선 운동과 원 운동을 볼 수 있을 것입니다. 아이는 지금 그림을 통해서 자신의 내적 존재가 가진 역동적인 힘을 드러내는 중이기 때문입니다. 지금은 뭔가를 묘사하는 그림을 그리고 있는 것이 아닙니다. 아이들의 그림과 관련된 사항은 9장에서 조금 더 이야기할 것입니다.

상상력과 모방으로부터 나오는 놀이

어린 아이가 처음으로 자신의 움직임을 느끼는 시기가 지나면, 곧 이어서 단지 에너지의 표현만이 아니라 의도적인 활동들이 나타납니다. 이것은 상상 놀이를 하는 영역에서 각각의 아이마다 다양하게 나타납니다. 이런 의도적인 활동들은 보통 2살에서 3살 사이에 처음으로 나타날 것입니다. 아이의 첫 상상놀이는 '그런 척하는 놀이'로 먹고 마시고 전화로 이야기하는 척하는 놀이일 것이고, 여러분은 이 모습을 즐겁게 바라볼 것입니다. 아이의 이런 흉내 내기 놀이는 자기가 한 일이나 주변 사람을 그대로 모방하면서 나타납니다. 그래서 여러분이 감자나 털실 공을 주워서 바구니에 담으면, 아이도 흉내를 내면서 솔방울이나 실패를 장난감 바구니에 집어넣으며 행복해 할 것입니다. 그런 다음에는 금방 그것을 뒤집어엎을 테지만 말입니다. 왜냐하면 아이의 놀이에는 실용적인 목적이 없기 때문입니다. 즉, 뭔가를 성취하려는 의도가 전혀 없다는 뜻입니다. 3살짜리 아이는 작은 빗자루를 들고 여러분을 따라서 청소하는 흉내를 낼 테지만, 먼지를 없애는 일에는 전혀 관심이 없습니다.

어린 아이는 판단이나 분별을 하지 않고, 자신의 신체적이고 감정적인 환경에서 모든 것을 받아들일 것입니다. 아무 것도 걸러내지 않고 받아들이는 이러한 인상들은 아이의 놀이에서 그대로 발견할 수 있습니다. 아이는 행동을 모방할 뿐만 아니라 그 행동이 행해질 때의 "영혼의 분위기"나 감정을 그대로 모방합니다. 만약 화가 난 채 못질을 하고 있는 사람을 아이가 보았다면, 아이는 그 사람의 행동과 분노를 그대로 따라할 것입니다. 또는 여러분이 화가 난 채 방을 정돈한다면, 아이 역시 자기 장난감을 화를 내며 다룰 것입니다. 그러므로 주변에 아이가 있을 때, 우리의 행동과 감정이 어떤 성질을 갖고 있는지를 잘 살펴봐야 합니다.

한번은 제가 급하게 케이크를 만들고 있을 때였습니다. 저는 4살짜리 딸에게 도와달라고 말해 놓고도 계속 서둘렀고, 아이에게 미처 주의를 기울이지 못했습니다. 그러다 갑자기 뭔가가 잘못된 것을 알아차렸습니다. "무슨 문제가 있니?" 아이에게 물었습니다.

"엄마가 너무 빨리 반죽을 휘젓고 있잖아요!" 아이는 눈물을 뚝뚝 흘리며 말했습니다. 정말 아이의 말이 옳았습니다. 제 행동은 아이한테 무례한 행동이었던 것입니다. 그래서 저는 사과를 하고 천천히 반죽을 저었습니다!

아이의 놀이가 단순한 활동에서 상상 놀이로 발전해 가는 과정은 흔들 목마木馬와 아이와의 관계에서 잘 볼 수 있습니다. 처음에 아이에게는 말馬이라는 개념이 전혀 없으며 오직 리드미컬한 흔들림을 즐길 뿐입니다. 뭔가를 타고서 빨리 "어디론가 간다"는 생각은 그 다음에야 나타납니다. 조금 더 시간이 지나면, 5살짜리 아이가 고심해서 만들어 놓은 시나리오에 이 말이 다시 등장할 것입니다. 어떤 때는 카우보이가 되어서 이 말을 탈 것이고, 어떤 때는 이 말을 돌보는 역할을 할 것이고, 어떤 때는 자신을 뒤쫓는 늑대로부터 달아날 때 이 말을 탈 것입니다.

3살에서 5살 나이는 "환상Fantasy의 나이" 라고 불립니다. 왜냐하면 일어서고, 걷고, 말하고, 생각하기를 배우던 온갖 열렬한 에너지가 이 시기에는 상상 놀이 안에서 표현되고 곧이어 끝없는 이야기로 변하기 때문입니다. 처음에 순수한 움직임 자체를 즐겼던 아이가, 거기에 상상의 요소를 덧붙이면서 깡충깡충 뛰는 토끼나 우유가 먹고 싶은 아기고양이가 된다는 뜻입니다. 그런 다음 아이는 의식의 흐름 안에서 물건들을 어떤 것에서 다른 것으로 바꾸어 생각하기 시작할 것입니다. 이런 일은 물건 자체에 의해 암시된 것과 아이의 상호 작용이 결합하면서 나타납니다. 가령, 원통형 나무토막 하나가 고양이먹이가 담긴 캔이 될 수도 있고, 그 다음에는 과자를 미는 방망이가 될 수도 있습니다. 방망이는 이제 우유팩으로 변해서 과자와 함께 내가고, 그러면 티 파티가 진행될 수도 있습니다. 운이 좋으면 여러분도 그 파티에 초대받을 수 있습니다.

이런 종류의 놀이는 하나의 물건과 상황이 계속해서 다른 것으로 흐르듯 변할 수 있다는 점에서 약간은 꿈도 비슷합니다. 그렇지만 이런 놀이는 아이의 창조적인 환상을 높은 수준에서 표현해 주는 역할을 합니다. 3살 이후로 놀이는 아이에게 중요한 일이며, 놀이를 통해 아이는 세상과 자신을 결합시킬 것이고, 자신이 보았던 모든 활동과 역할을 해보려고 할 것입니다.

의도적으로 그런 척 하는 놀이

아이가 4살 반이나 5살이 되면, 놀이에 새로운 요소가 도입되어 놀이를 지배하기 시작합니다. 이 새로운 요소란 바로 의도인데, 이것은 "그런 척 하자Let's pretend"란 말로 드러납니다. 이제 놀이는 훨씬 사회적으로 변화하는 경향을 보입니다. 즉, 여럿이 함께 모여서 실제 장면을 연기하려고 할 때, "너는 엄마고, 나는 여동생이고, 너는 멍멍이야."라는 식으로 놀이를 계획하는 데 아주 많은 시간을 보낼 것이란 뜻입니다. 이제, 놀이는 아이의 내면으로부터 나타나기 시작하며, 아이는 자기가 하고 싶은 것을 상상하고 마음속에 떠올릴 것입니다.

아이는 이제 물건들과 개념을 능숙하게 다루면서, 다른 것으로 자유롭게 변화시킬 수 있습니다. 아울러 어떤 사람인척하기를 하기 전에 그 상황을 계획하는 자기를 인식하게 됩니다. 엄마, 목수, 빵 굽는 사람이 됨으로써, 아이는 자신이 경험한 세상을 자기 것으로 소화하면서 어른들의 "세계 속에서 즐겁게 살 것입니다." 이 나이의 아이들은 천 조각들이나 단순한 의상들을 좋아하는데, 다양한 역할 놀이를 할 수 있기 때문입니다. 또한 아이들은 인형이나 손가락 인형들을 활용해서 직접 만든 연극 놀이를 하기도 합니다. 아이들이 가진 환상과 의도의 힘은, 색깔 있는 밀랍이나 점토로 모양을 빚을 때 분명히 드러납니다. 그리고 수채화 물감이나 크레용으로 색을 칠할 때도 드러납니다.

놀이를 통해 세상을 경험하기

창조적인 놀이는 아이가 세상을 알아 가는 하나의 방식입니다. 그리고 놀이는 어린아이 시절의 일이기도 합니다. "인간이 무엇인가를 행하고, 알고, 생각하고, 희망하고, 두려워하는 일들 중에서 어린아이의 놀이에서 시도되고, 경험되고, 연습되고, 최소한 예상되지 않는 일은 아무것도 없다." 이것은 하이디 브릿츠 크레셀리우스Heidi Britz-Crecelius의 『놀이하는 아이들Children at Play』란 책의 첫 구절입니다. 이 책에서 저자는 아이들이 놀이를 통해 경험하는 다양한 "세상"을 보다 깊이 있게 설명하고 있습니다.

공간, 시간, 그리고 우주라는 세계

아주 작은 아기는 무의식적으로 자기 손과 발을 가지고 놉니다. 폰 헤이더브란트는 이 사실을 이렇게 표현하고 있습니다. "아기는 천장에서 춤추고 있는 달과 햇빛을 향해 손발을 뻗는다. 아기는 아직 그것의 거리를 짐작할 수 없기 때문이다. 어른의 완전히 발달한 의식에 비해 아기는 희미하게 나타나기 시작하는 의식을 갖고 있어서, 멀리 떨어진 공간을 훨씬 가깝게 느끼기 때문이다." 그러나 아기는 곧 나무 방울은 잡을 수 있지만 밝게 빛나는 달은 잡을 수 없다는 것을 배울 것입니다. 그러므로 대상을 잡으려는 아기의 처음 시도는 가까운 것과 먼 것은 무엇인지, 손에 넣을 수 있는 것과 손에 넣을 수 없는 것은 무엇인지를 알고자 하는 모험이라고 할 수 있습니다.

어린 아이는 여전히 조화로운 우주와 밀접한 관계를 맺고 있고, 태양, 달, 별이 우주 안에서 리드미컬하게 활동하는 것을 나타내는 놀이들을 아주 즐거워합니다. 그런 놀이에는 어린아이들이 좋아하는 둥글고 완전한 원형의 이미지가 포함되어 있는데, 바로 공, 비눗방울, 풍선, 원을 만들어서 하는 놀이 등이 그것들입니다. 완벽하게 둥근 형태의 공은 지구와 태양과 지구를 둘러싸고 있는 "천상의 세계"를 닮았다고 할 수 있습니다. 비눗방울은 아기가 한번 불기만 해도 사라져 버리는 부서지기 쉬운 가냘픈 공입니다. 또한 하늘에 둥실 떠 있는 풍선을 바라보면서, 아이는 자신의 기질에 따라 큰 기쁨을 느낄 수도 있고 깊은 슬픔을 느낄 수 있습니다.

자연 세계

아이들이 동물과 식물의 세계를 알게 되고, 변치 않는 기본 원소인 흙, 공기, 불, 물 같은 자연 세계를 알게 되는 것은 놀이를 통해서입니다. 모래 상자 안에서 놀다가 그곳을 벗어나 실제로 땅을 파며 노는 일은, 아이가 즉시 흙과 무수한 삶의 형태들을 만나게 해줄 것입니다. 즉, 벌레들, 지네, 쥐며느리, 아주 작은 거미들을 만날 수 있습니다. 마찬가지로 아이가 강가에서 돌을 뒤집어 보거나 큰 풀들 속에 주저앉게 되면, 많은 생명들을 발견하게 될 것입니다. 시골환경에서라면 아이들과 동물들 그리고 식물들 사이의 친밀한 만남은 우리의 도움이 없이도 자연스럽게 일어납니다. 도시에서는 우리가 그러한 만남을 주선해 주어야 합니다. 그래야 아이들이 자연의 모든 생명체들을 낯설어하지 않을 것이기 때문입니다. 나무를 오르고, 과일과 꽃을 따고, 씨앗을 뿌리고, 새싹이 올라오는 것을 지켜보는 일은 모두 아이들에게 중요한 경험들입니다.

아이들은 연, 깃발, 바람개비, 풍차, 화장지로 만든 낙하산, 커다란 나뭇잎, 실로 매단 가벼운 것들을 가지고 공기와 함께 놀 수 있습니다. 요즘처럼 중앙난방 시스템에다 쓰레기도 수거해 가는 시대에서는 아이들이 불을 경험하기가 전보다 훨씬 더 어려워졌습니다. 하지만 캠프파이어의 기쁨은 잘 알려진 사실입니다. 브릿츠 크레셀리우스는 어른들과 함께 충분히 자주 불을 피우면, 아이들이 어른들 없이 불을 피우지 못하게 금지하는 일도 훨씬 쉬워질 것이라고 말했습니다.

자연은 언제나 우리 주위에 있고, 심지어 도시에서도 존재합니다. 자연과 접촉하면 어른들도 신선한 기분을 느끼지만, 아이들은 더욱더 자연과 접촉해야 합니다. 이것의 중요성은 아무리 강조해도 지나치지 않습니다. 이 사실은 리처드 루브Richard Louv의 『숲속의 마지막 아이Last Child in the Woods』란 책에 나온 뒤 세간에 알려진 다음과 같은 경구들에 잘 표현되어 있습니다. "자연 - 무질서의 부족" 그리고 "어떤 아이도 실내에 남아 있으려 하지 않는다." 아이들은 특히나 살아 있는 세계와 접촉하면서 풍요롭게 자랍니다. 왜냐하면 아이들 자신의 생명력이 너무나 강력하기 때문입니다. 아동심리학자인 브루노 베텔하임Bruno Bettelheim은 이런 이야기로 우리를 일깨워 줍니다. "사춘기가 되기 전까지 아이는 모든 것에 영혼이 깃들어 있다고 생각한다. 그런데 부모나 선생님들은 아이에게 사물들은 움직이거나 느낄 수가 없다고 말한다. 그러면 아마도 아이는 어른을 기쁘게 해주기 위해서 또는 조롱받지 않으려고 이런 말들을 믿는 척 할지도 모른다. 그럴지라도 마음속 깊은 곳에서 아이는 훨씬 더 많은 걸 알고 있다."

인간 세계

놀이를 통해서 아이는 먼저 부모나 가까운 가족과 상호 작용을 합니다. 그러다가 곧 어른들의 일을 돕기 시작할 수 있습니다. 자동차를 세차하고 은그릇을 정리하는 등의 일들 말입니다. 예전에는 놀이를 하면서 아이가 참여할 수 있는 흥미로운 집안일들과 손으로 할 수 있는 일들이 많았지만, 요즘에는 대부분 기계가 대신해 줍니다. 그렇기 때문에 가능할 때마다 아이가 뭔가를 할 수 있도록, 여러분이 일하면서 아이를 참여시키는 것이 훨씬 더 중요해졌습니다. 앞 장들에서 이야기했던 것처럼 말입니다.

인형의 특별한 역할

놀이를 통해서 아이는 세상에 익숙해지고, 세상을 이해해서 자기 것으로 만듭니다. 아이의 감각은 점점 더 예민해지고, 자신의 몸도 더 잘 지배할 수 있으며, 자연과 인간들과도 더 잘 관계를 맺을 수 있습니다. 인형 놀이는 자신의 내적 존재를 객관화시킬 수 있는 하나의 방법이기 때문에, 아이에게 특별한 중요성이 있습니다. "인형을 통해서 아이는 자신의 자아를 찾는다."라고 브릿츠 크레셀리우스는 말했습니다. 『놀이하는 아이들』이란 책에서, 그는 아이한테 마음에 드는 인형이 어떤 의미를 갖는지를 많은 예를 통해 보여주고 있습니다. 그러므로 어른은 그러한 인형이 갖고 있는 현실성을 부정하는 무례를 저지르지 않도록 아주 조심해야 합니다. 즉, 부모는 아이가 인형한테 가지는 집착을 존중해야 하고, 어떤 인형이 아이한테 "살아 있는" 존재인지를 주의 깊게 살펴야 합니다. 아이가 좋아하는 인형은 시간이 지나고 환경이 변함에 따라서 달라질 수도 있습니다. 이것은 서서히 드러나고 있는 아이 자신의 자아 인식을 약간이나마 보여줄 것입니다.

인형은 환경에 따라 매우 다양하고 복잡한 여러 가지 역할을 합니다. 그렇기 때문에 인형의 윤곽이 뚜렷하지 않고 고정된 모습이 아닐 때, 아이는 훨씬 더 자유롭게 상상할 수 있습니다. 만약 어떤 인형이 고정된 특징만 지니고 있다면, 놀이에서도 그 인형은 특정한 역할로만 고정될 것입니다. 그러므로 입은 없고 두 개의 눈만 있는 부드러운 인형에 비해, 그 모습과 표정이 하나로 고정된 인형은 "제2의 나"가 되기에는 쓸모가 덜합니다. 반면에 고정되지 않은 인형은 쉽게 행복할 수 있고, 슬플 수도 있고, 화가 날 수도 있습니다.

아이의 놀이에서는 눈에 보이지 않는 한결같은 상상의 친구들도 많이 등장할 것입니다. 브릿츠 크레셀리우스는 다음과 같이 말했습니다. "보이지 않는 친구들이 사라지고 인형들이 치워진다는 것은, 아이가 본래의 자신이 되어가는 길에서 한 걸음 나아갔다는 사실을 뜻하는 중요한 표시이다. 하지만, 아이가 준비가 되기 전에 강제로 인형을 없애 버린다면, 저절로 되어가던 그 일을 불확실하게 만드는 셈이 될 것이다."

또한 인형은 부모가 자기들을 대하는 방식을 모방할 수 있는 기회를 아이들에게 제공합니다. 여자아이들의 인형놀이는 주로 엄마와 아기의 놀이입니다. 반면 남자 아이들의 인형 놀이에서는 그런 놀이가 드뭅니다. 남자아이들은 인형의 옷을 입히고 벗기는 것을 여자아이만큼 좋아하지 않기 때문에, 입히고 벗길 수 있는 옷이나 옷장이 필요하지 않습니다. 하지만 2살에서 7살 사이의 남자아이들 역시 여자아이들과 마찬가지로 "제2의 나"를 표현하기 위해서 인형이 필요합니다. 이 인형은 아이가 무심코 자신을 벗어나게 되었을 때, 다시 자신으로 돌아오기 위해 자기 팔에 꼭 껴안을 수 있는 존재이기 때문입니다. 우리 문화에서는 많은 사람들이 사내아이들에게 인형을 주는 일을 부끄러워하고 있습니다. 사내애들은 군인들 같은 "마초"의 이미지를 가져야 좋다고 생각하는 겁니다. 하지만 우리의 아들들 역시 딸들과 똑같이 아이답게 되도록 허락해줄 필요가 있고, 성장에 도움이 되는 행동을 할 수 있도록 허락해야 합니다!

대부분의 심리학자들도 남자아이가 인형 놀이를 하도록 격려하라고 제안하고 있습니다. 브루노 베텔하임은 다음과 같이 말하고 있습니다. "아이가 인형을 갖고 노는 일에 부모가 마음을 편히 갖는다면, 놀이를 풍요롭게 만들어 줄 귀중한 기회를 제공하는 셈이다. 그러기 위해서는 부모가 그런 놀이를 하찮게 여기지 않는 것만으로는 충분하지 않다. 인형 놀이는 여자아이의 놀이라는 태도가 여전히 널리 퍼져 있다. 그렇기 때문에 남자애가 그 놀이에서 충분한 이로움을 얻을 수 있게 하려면, 부모 두 사람이 남자아이의 인형 놀이에 긍정적이어야 할 필요가 있다."

우리는 아이가 가지고 노는 인형이 어떤 특성을 갖고 있는지에 주의를 기울일 필요가 있습니다. 인형들의 표정이 어떤지도 중요할 뿐 아니라, 어떤 재료로 만들어졌는가도 중요합니다. 인형이 차갑고 딱딱한가요? 아니면 부드럽고 껴안기 좋은가요? 머리는 일주일 정도 갖고 놀면 엉클어지나요? 털실로 된 머리카락을 하고 자연스러운 표정을 가진 부드러운 헝겊 인형은 아이에게 이리저리 변하는 친구 하나를 사귀게 해주는 일과 같습니다. "인형은 걷고, 이야기하고, 울고, 웃고, 먹고, 마시고, 오줌 싸고, 머리를 빗고, 열이 오르고, 햇볕에 피부가 그을린다. 멋지고 단순한 형태의 봉제 인형은 아이 뜻대로 이런 모든 일을 하게 만들 수 있다. 가게에서 파는 기계적으로 만들어진 장난감들은 이런 일을 제대로 해낼 수가 없다. 때로 이런 장난감들은 남자 형제로 하여금 그 안에 무엇이 들었는지를 궁금해 하면서 열어 보게 만들 것이다. 아이들은 즉시 그렇게 한다! 이런 장난감들은 인형이 아니고, 한갓 기계 장치일 뿐이다. 그렇기 때문에 이런 장남감은 자신을 감싸줄 것을 찾고 있는 아이의 영혼에 그 어떤 여지도 남겨놓지 않는 것이다."

심지어 눕히면 눈이 감기는 인형조차 아주 기계적이라고 할 수 있습니다. 어떤 꼬마 여자아이의 말을 들어보면, 이 말의 의미가 무엇인지 알 수 있습니다. 아이는 나무로 된 머리를 가진 자기 인형에게 이렇게 말했습니다. "우리 토미는 항상 곧바로 잠잘 필요는 없단다. 어떤 때는 깨어서 그냥 침대에 누워만 있어도 돼."

예쁘게 만든 인형이나 해부학적으로 정교하게 만든 인형은 아이의 내적인 발달을 방해할 것입니다. 그런 인형은 상상력을 위한 공간을 남겨 놓지 않을 뿐만 아니라, 어린 아이들이 인식할 수 있는 것 이상을 제공할 것이기 때문입니다. 어린 아이들은 머리를 대단히 의식하고 있는데, 아이들이 그린 그림을 보면 이것을 잘 알 수 있습니다(이에 관해서는 9장에서 조금 더 이야기를 할 것입니다.). 가슴이 달린 인형을 주면, 아이를 어린 시절로부터 벗어나 10대 세계로 들어가게 할 수가 있습니다. 바비 인형들과 브라츠 인형 같은 "태도"를 가진 인형들이 엄청난 시장을 형성하고 있습니다. 그러면서 어린 아이의 세계를 메마르게 하고 있는 실정입니다.

지적인 발달에서 놀이의 중요성

유명한 심리학자인 브루노 베텔하임은, 어린아이가 하는 놀이는 "개인적으로 부여된 역할들(의지에 따라서 변함)을 제외한 모든 것으로부터 자유로워지는 특징을 갖고 있고, 자유분방한 환상을 포함하고, 그 활동 자체 말고는 어떤 목표도 없는 활동들이다."라고 정의했습니다. 자기가 알아서 하는 놀이는 아이의 창조적이고 정서적인 성장이 건강하게 이루어지는 데 중요한 역할을 합니다. 뿐만 아니라 나중에 나타나는 지적인 성장을 위해서도 중요한 기초를 형성합니다. 베텔하임은 계속해서 이렇게 말하고 있습니다.

놀이는 아이를 가르치지만 아이는 그것을 의식하지 않는다. 끈질기게 버티는 일과 같은 습관들은 지적인 성장을 위해서 가장 필요한 습관이고, 모든 학습에서 중요한 역할을 한다. 이와 같은 참을성은 스스로 선택한 놀이처럼 즐거운 활동을 하면서 쉽게 얻을 수 있다. 그러나 아이가 이런 즐거운 일을 통해서 필요한 습관을 형성하지 못한다면, 학교 공부처럼 노력이 필요한 일을 해내는 습관을 형성하는 일도 쉽지 않을 것이다.

프리드리히 프뢰벨Friedrich Froebel26)이 19세기에 처음 구상한 유치원Kindergarten27)은 마치 정원에서 놀듯이 아이들이 놀이를 하는 곳이었습니다. 하지만 뭔가를 가르쳐서 테스트를 하려는 압력은, 유치원에서 스스로 하는 놀이를 거의 없애버리고 있는 실정입니다. 상상 속에서 어떤 것을 다른 것으로 바꾸고 변형시키는 어린 아이의 상상 놀이는, 나중의 읽기와 관련이 있는 상징 조작을 위한 개념적 토대입니다. 그러므로 우리는 이 구체적인 단계를 뛰어넘게 해서는 안 됩니다. 비록 자유로운 상상 놀이에서 대상들을 다루는 일이 공상적일지라도, 이것은 나중에 읽기, 쓰기, 산수와 곧바로 연결됩니다. 3살에서 6살 시기는 일생 동안 창조성의 기본이 되는 토대를 제공하는 시기이므로, 이것을 과소평가하거나 단축해서는 안 됩니다.

신체적인 발달에서 기어 다니는 단계를 건너뛰지 않는 것이 중요한 것과 마찬가지로, 놀이하는 것 역시 건너뛰지 않는 것이 중요합니다. 놀이는 발달하는 아이에게 넓은 범위의 경험을 제공할 것이기 때문입니다. 그러면 처음에는 순전히 몸을 움직이면서 붙잡았던 것을 나중에는 머리로 생각하면서 새로이 배워나갈 수 있습니다. 그리하여 청소년기가 되어 물리학에서 지렛대의 원리와 역학을 공부할 때, 어린 시절에 시소를 타고 올라갔다 내려갔다 했던 일이 응용되는 경험을 하게 될 것입니다. 어릴 때는 함께 노는 친구의 무게에 따라서 시소가 올라갔다 내려갔다 했을 뿐인 겁니다. 또는 물수제비를 뜨던 어린 시절의 경험은 나중에 행성의 궤도를 연구하는 데 기초가 될 것입니다.

---

26) 프리드리히 프뢰벨 : 1782~1852 독일의 교육가로 주로 아동 교육에 전념해서, 1827년 처음 유치원을 세웠습니다.
27) 유치원(Kindergarten) : 유치원을 뜻하는 'Kindergarten'은 원래 '아이들의 정원'이란 뜻을 가지고 있습니다.

아이의 창조적인 놀이를 격려하는 방법들

마음을 끌어당기는 환경을 만들기

오늘날 대부분의 아이들은 부잣집 마나님의 자식들 마냥 너무나 많은 장난감을 가지고 있지만 무엇을 해야 할지 알지 못하고 있습니다. 크리스마스나 생일이 지나면 많은 선물들이 선반에 가득 차 있거나 장난감통에 던져져 있습니다. 그 결과 아이들은 특별한 장난감을 가지고 상상 놀이를 하기보다는, 모든 것을 버리는 일을 더 재미있어 합니다. 덴마크에서 발도르프 어린이 집을 운영하고 있는 헬레 헥크만은 문화적으로 서로 차이가 나는 이 현상을 이렇게 설명하고 있습니다.

아이의 방을 장난감 같은 걸로 꽉 차게 하는 일은, 모든 부모와 아이가 악몽을 꾸게 하는 요인일지도 모른다. 이 악몽이란 바로 아이들이 늘 "심심해", "놀 게 아무것도 없어"란 말들을 입에 달고 다니는 상황을 말한다. 심지어 선반이 가득 넘치도록 장남감이 있는데도 그러하다. 이것은 마치 하찮은 쓰레기들을 잔뜩 수집하는 일과 같으며, 쓸모없는 것들로 방을 어질러 놓는 일과 같다. 옛날의 봉제 곰, 인형, 자동차에 대한 사랑은 대체 어디로 갔는가? 사랑을 담아서 주었지만, 지나치게 넘쳐나지는 않았던 그런 선물을 요즘에는 찾아보기가 힘들다. 아이에게는 장남감이 그렇게나 많이 필요하지 않다. 오히려 장난감 만드는 회사가 아이를 필요로 하고 있다.

그러므로 아이의 침실과 놀이방을 눈여겨보고, 아이의 상상 놀이에 사용되지 않는 것은 무엇인지, 아이가 전혀 갖고 놀지 않은 것은 무엇인지를 살펴봐야 합니다. 그리고 그런 장난감들을 아이 눈에 띄지 않게 조금씩 솎아 내는 일을 자주 해야 합니다. 어떤 부모는 아이들의 지지를 얻을 요량으로 이렇게 말하기도 합니다. "너는 너무 많은 것을 가지고 있구나. 네가 더 이상 갖고 놀지 않는 것을 분류해서 자선 단체에 주는 게 어떨까? 그러면 부모가 가난해서 장난감을 사줄 수 없는 다른 아이들이 네 장난감을 갖고 놀 수 있을 거야." 어떤 것은 상자 속에 몇 주 정도 그냥 넣어 둘 수도 있습니다. 그런 다음 아이가 그리워할 때쯤 꺼내 주거나, 찾지 않으면 자연스럽게 잊어버리게 해도 됩니다. 한 엄마는 제게 말하길, 자기 집에는 "비 오는 날을 위한 장난감 상자"가 있다고 하면서, 아이가 정말로 새로운 것을 원할 때에만 연다고 했습니다.

여러분은 또한 아름다움이라는 관점에서도 아이들의 장난감을 살펴봐야 합니다. 70년 전에 슈타이너는 아이들에게 자연물 대신에 "예쁜 인형들"을 주는 일에 불만을 나타냈습니다. 그렇다면 오늘날의 아이들이 갖고 노는, 기묘하고 기괴한 장난감들은 어떠할까요? 그것들이 의도적으로 "어두운 힘들"을 구체적으로 나타내고 있다면, 어떻게 할 건가요? 아름다움은 중요한 문제일까요? 어린 아이들은 진정한 현실 세계를 알고 싶어 합니다. 그리고 이 세상이 선하고, 참되고, 아름답다는 내적인 확신을 여전히 갖고 있습니다. 아이들의 무의식 속에 남아 있는 이런 깊은 내적인 확신은 10대 시절까지 이어집니다. 이러한 확신은 10대 아이들이 어려운 문제나 악惡과 관련된 문제를 만났을 때, 허무주의에 굴복하거나 좌절하는 대신, 해답을 찾을 수 있는 능력을 갖게 하고 이상주의를 갖게 하는 데 꼭 필요한 원천입니다. 유명한 영국의 교육학자인 길버트 차일즈Gilbert Childs박사 는 아이들에게 기괴한 장난감을 주는 일은, 아이들 주위를 추한 것들로 둘러싸는 것과 같다고 말했습니다. 그러므로 이 문제는 우리가 잘 생각해야봐야 하는 중요한 문제입니다.

일단 아이의 장난감들을 평가하면서 마루나 선반을 살펴보기 시작하면, 서로 동떨어진 개별적인 장난감들이 많이 있다는 사실을 깨달을 것입니다. 그러면 여러분은 그것을 어떻게 정리할지 생각해야 합니다. 장난감을 잘 정리해 놓는 일은 아이가 그것을 가지고 놀 것인가 아닌가를 결정하는 중요한 요소이기 때문입니다. 많은 놀이들은 상상을 불러일으킬 수 있는 물건들 덕분에 아이들 머리에 떠오른다는 사실을 기억하세요. 만약 장난감들이 상자나 바구니에 아무렇게나 함께 쌓여 있다면, 아이의 마음을 끌지 못할 것입니다. 그 때문에 아이는 깨어난 후에도 절대 혼자서 조용히 놀려고 하지 않을 것이며, 여러분 역시 20분 정도라도 낮잠을 잘 시간을 얻지 못할 것입니다.

아이의 모든 장난감들이 각기 "집"을 가지고 있도록 정돈해 놓으면, 유익함을 많이 얻을 수 있을 것입니다. 모든 것들이 각자의 공간을 가지게 되면, 큰 규모에서도 사물들에게 질서가 있다는 사실을 아이가 느낄 수 있기 때문입니다. 그리고 놀이를 하면서 아이는 뭔가 일을 할 때 필요한 습관들을 발전시켜갈 것입니다. 물건을 사용하고 정돈하는 법을 아이에게 알려 주는 일은, 지금 좋은 습관을 가르치는 일일 뿐만 아니라, 나중에 생겨나는 사고 작용의 발달도 도와줄 수 있습니다. 이에 대하여 길버트 차일즈 박사는 "아이가 실제 일들을 하면서 이처럼 정돈하는 습관을 갖는 일은, 사고 작용의 질서를 형성시켜 줄 것이다. 그리하여 어른이 되었을 때 분명히 생각할 수 있는 능력의 기초를 형성해 줄 것이다. 아이들은 '자기 손을 가지고 생각하는 것'을 배울 것이고, 살면서 해야 할 집안일과 여러 가지 일들과 관련된 활동들을 반복하면서, 자기 의지력을 강화시켜 나갈 것이다."라고 말했습니다. 비록 하루가 끝날 때 아이 장난감들을 치우는 일이 여분의 일거리로 보일지라도, 장난감을 선반이나 탁자 위에 아이 마음을 끌게끔 정리해 두도록 하세요. 그러면 다음 날 아이한테 놀이를 하고 싶은 자연스러운 마음이 일어날 것입니다. 또한 테이블이나 선반에 작은 배경을 만들어주는 것도 아이의 마음을 끌 것입니다. 그러면 아이는 그 배경 "안으로 들어가서" 놀이를 시작할 것입니다.

아이의 놀이를 지원해 주는 다른 방법으로는, 집이나 아파트가 충분히 클 경우, 각각의 활동 영역을 만들어 주는 것입니다. 예를 들어, 작은 크기의 아이용 식탁과 의자와 몇 가지 장난감 스토브와 접시를 갖춘 "부엌놀이 영역"은 아이에게 좋은 상상놀이 시간을 제공할 것입니다. 장난감 가게에서 파는 대부분의 장난감 접시나 주전자나 프라이팬 등은 몇 주 혹은 몇 달이 되지 않아 부서지거나 관심을 받지 못한 채 방치되기 일쑤입니다. 사실 어른이 쓰는 물건들이 훨씬 견고하고, 중고 가게에서 값싸게 구할 수 있습니다. 나무로 된 그릇, 작은 주전자, 은그릇, 받침 접시, 손잡이 달린 그릇 등이 좋습니다. 나무로 만든 과일은 많은 가게에서 쉽게 살 수 있고, 조각 그림 맞추는 놀이는 합판 조각을 잘라서 쓸 수 있습니다.

이런 활동 영역을 만들어 줄 때, 아이는 여러분이 많은 시간을 보내는 곳과 분명히 가까이 있고 싶어 한다는 것을 기억하세요. 이층의 침실처럼 가족이 주로 활동하는 곳에서 멀리 떨어진 곳보다는, 식당이나 온 가족이 함께 모이는 거실에 있는 놀이 영역이 아이에게 더 자주 이용될 것입니다. 또 한 가지 대단히 즐거운 놀이 영역으로는, 진짜 바이스[28]와 작은 망치와 톱과 못을 갖추고 있는 작업대 영역이 있습니다. 아이들은 망치질을 하거나 톱질하는 일을 매우 즐기며, 때로 직접 보트나 자동차 같은 장난감들을 만들 수도 있습니다. 오래된 나무 그루터기를 집안에 가져다 놓고 못을 박게 하는 것도 아이의 넘쳐나는 에너지를 쓰게 하는 훌륭한 방법입니다. 인형의 보금자리는 특별한 곳입니다. 그곳은 매일 밤 인형들이 침대에 들어갔다가 아침이 되면 아이한테 다시 인사하는 곳입니다. 이 놀이 영역에는 아기 침대, 천으로 가장자리를 댄 바구니, 작고 높은 의자들, 인형 옷을 넣을 서랍장 등이 있으면 좋을 것입니다. 부엌이나 식당에 있는 테이블도 아이가 그림을 그리거나 색칠을 하거나 수공예 활동을 할 때 활용할 수 있습니다.

몇 가지 간단한 망토들, 모자들, 장신구들이 있으면 멋지게 차려입는 놀이가 아주 많아질 것입니다. 아이들은 화려한 옷들을 입고 벗는 데서 순수한 즐거움을 느끼기 때문에 "멋지게 치장하는" 놀이를 아주 좋아합니다. 또한 아이들은 상상 놀이에서 자신을 어떤 배역으로 정하고, 그 역할을 해보는 놀이도 아주 좋아합니다, 형제자매나 친구들이 함께 놀 때면 이 놀이가 특히 더 재미있겠지요.

---

28) 작은 물건을 구멍에 물리고 나사로 꽉 죄어 고정시키는 기계입니다.

상상 놀이를 위한 장난감들

형태가 덜 갖추어지고 원형적인 장난감일수록 아이의 상상을 위한 여지와 가능성을 많이 남겨 놓습니다. 폴 갈리소Paul Gallico가 쓴 『일곱 인형들의 사랑Love of Seven Dolls』이란 책에는, 꼬마 여자아이가 자신이 사랑했던 일곱 인형들과 작별을 고하는 장면이 나옵니다. 이 장면에서 장난감을 고치고 만드는 일을 하는 "니콜라스 아저씨"가 아이에게 선물을 하나 주는데, 이런 내용입니다. "그리고 니콜라스 아저씨는 아이에게 이상한 모양의 나무 조각 하나를 주었습니다. 그것은 하나의 형태가 아닌 여러 가지 형태로 바뀔 수 있는 나무 조각이었습니다. 아저씨는 이 나무 조각을 주면서 '이것은 네가 나중에 낳을 첫 아이를 위해서 만든 장난감이란다. 형태가 정해진 장난감은 아니지만, 상상 속에서는 온갖 장난감이 될 수 있지. 이걸 가지고 놀면, 아이가 직접 보았거나 원하는 것은 무엇이든 상상 속에서 만들어낼 수 있을 거야.'라고 말했습니다."

자연으로부터 나온 형태와 모양들은 그런 가능성을 많이 갖고 있습니다. 옹이가 많이 달린 나무 막대, 나무껍질 조각, 나무 몸통에서 나온 작은 가지나 동그란 조각들이 그것들입니다. 나무 몸통이나 큰 가지로 만든 "블록들"이 담겨 있는 큰 상자나 바구니는 아이의 발달에서 단순히 쌓고 부수는 일 이상의 중요한 역할을 할 것입니다.

"발도르프 스타일"의 인형들과 장난감들과 천연 수공예품들을 지금은 온라인 가게들에서 쉽게 구할 수 있습니다. 또한 아이들이 다양한 방식으로 활용할 수 있는, 자연에서 나온 물건들을 모아놓을 수도 있을 것입니다. 조약돌, 조개껍데기, 솔방울, 밤, 호두 같은 것들을 작은 바구니나 다른 용기들에 담아서 아이가 쉽게 접근할 수 있게 해놓으면, 이것들이 어떤 풍경의 일부분, 음식들, 작은 동물들처럼 그 순간 아이의 놀이에 필요한 무엇으로나 등장할 것입니다.

밖에서 하는 놀이

모래상자, 그네, 미끄럼틀 이외에 3살에서 4살 된 어린이가 밖에서 놀 수 있는 좋은 놀이기구로는, 둥근 지붕 모양을 한 적당한 높이의 올라가는 틀이 있습니다. 아이들은 이 틀에 오르고, 매달리고, 앉아 있기도 하고, 로켓 놀이도 할 것입니다.

잘 활용되는 다른 장난감으로는 평균대가 있습니다. 물론 아직은 체조용 평균대처럼 좁은 것은 아닙니다. 양쪽 끝 밑에 가로대를 붙인 약간 넓은 이 평균대는, 아이가 올라갈 수 있도록 평평한 막대들이 안전하게 가로질러져 있으면 좋습니다. 이것은 똑같은 높이의 의자 두 개를 가로질러 단단히 고정시켜 만들 수도 있고, 여러 다양한 방법으로 만들고 이용될 수 있습니다.

만약 마당에 작은 '언덕'을 만들 수 있다면, 아이는 그곳을 오르고, 뛰어 내려오고, 행진하며 올라가고, 눈이 내리면 앉아서 썰매를 타고 내려오기도 할 것입니다. 여러분은 또한 자연스럽게 형성된 장소들도 잘 활용할 수 있습니다. 아이더러 울타리 뒤에다 작은 비밀 장소를 만들어보라고 격려할 수도 있고, 함께 간단한 나무 집을 만들 수도 있습니다. 그렇게 하지 못할 상황이라도, 집 마당을 꼬마 아이들한테 매력적인 마법의 장소로 만들 수 있을 것입니다.

올라갈 수 있는 큰 틀이나 놀이 기구가 있는 공원에 아이와 함께 놀러 가는 것도 즐거운 일입니다. 그렇더라도 아이와 시골길이나 숲이 우거진 길을 산책하는 것도 계획표에 넣도록 하세요. 이럴 경우에는 아이가 주위를 탐험하고 발견할 수 있도록 충분한 시간을 주어야 하고, 항상 아이의 보폭에 맞추어 걸어야 합니다. 저는 산책을 하면서 제 딸이 보는 것들에 언제나 놀라곤 했습니다. 아이는 우리 어른들이 쉽게 지나치는 너무나 작은 것들, 꽃, 곤충, 작은 색종이 조각 등에 관심을 가졌기 때문이지요.

자연을 구성하는 물, 흙, 공기, 불이라는 기본 원소들에 대해서 걱정하지 마세요. 많은 부모들은 눈이 올 때 밖에 나가서 놀 수 있는 옷들은 사주지만, 비가 올 때 아이를 나가 놀게 하는 경우는 많지 않은 것 같습니다. 하지만 비가 올 때 방수가 되는 고무장화를 신고 비옷을 입고 밖에 나가게 하면, 아이는 물웅덩이를 찰박찰박 밟으면서 커다란 기쁨을 느낄 것입니다. 마찬가지로 바람이 불 때도 아이가 밖에 나가 바람을 맞게 해주고, 때로 실로 매단 연이나 커다란 단풍잎을 갖고서 놀게 해주면 좋을 것입니다.

덴마크에 있는, 발도르프 교육에 기초한 탁아 시설인 뇌켄에서 지내는 아이들은 날씨가 어떻든 상관없이 매일 밖에서 몇 시간씩을 보냅니다. 뇌켄의 책임자인 헬레 헥크만은 "나쁜 날씨라고 하는 그런 것은 없다. 오직 더러워진 옷이 있을 뿐이다."라고 주장합니다. 그녀와 다른 선생님들은 매일 24명의 아이를 데리고 가까운 공원에 나들이를 갑니다. 그녀는 겨우 1살 나이인 캐롤린과 조앤이 어떻게 한 시간 동안 나무를 함께 어루만지고, 웃으면서 이 경험을 즐기고 있는지를 설명하고 있습니다. 또 조금 큰 아이들은 어떻게 진흙을 가지고 식사 준비를 하는지를 다음과 같이 설명하고 있습니다.

사라와 마그너스가 바람이 불고 있는 나무 밑의 웅덩이에 앉아서 식사 준비에 몰두하게 하는 것은 대체 무엇일까? 진흙으로 공을 만들 때 그 아이들이 정말로 만들고자 하는 것이 무엇일까? 내게는 분명히 그것들 자체, 즉 그 행위들과 물건들이 지닌 내적인 성질이 아이들로 하여금 그렇게 하도록 만드는 것처럼 보인다. 진흙, 흙, 모래, 물은 고정된 형태를 갖고 있지 않다. 즉, 그것들은 끊임없이 무엇인가로 변화할 수 있는 성질을 가지고 있다는 뜻이다. 이런 것들이 3살에서 4살 아이들이 자기 주변의 세상과 자기를 동일시할 때 필요하다는 점은 분명하다. 그런 까닭에 아이들이 흙을 묻혀서 더러워진다는 것은 건강함의 표시이다.

아이들은 네 가지 기본적 요소인 흙, 물, 공기, 불을 통해 필요한 영양분을 얻으면서 자란다. 나무로 된 것이거나 맘대로 바뀔 수 있는 형태가 없는 장난감들도 이러한 요소들과 비슷한 역할을 할 수 있다. 놀이에서 아이들이 보여주는 진지함과 깊이 몰두하는 태도는 그 자체로 이 "놀이"가 얼마나 중요한지를 말해준다. 아이들 누구도 무엇인가를 얻으려고 싸울 필요가 없다. 왜냐하면 진흙은 모든 아이들에게 충분할 만큼 많이 있기 때문이다.

어린 시절에 관한 워크숍을 진행할 때면, 저는 참석자들에게 자기소개를 해달라고 하면서 어린 시절의 기억을 함께 나누어 보자고 요청합니다. 그러면 대단히 많은 사람들이 자연과 관련된 어린 시절의 기억을 떠올리곤 합니다. 그 중에는 자신이 너른 들판에 그저 누워서 흘러가는 구름을 바라보았던 기억들도 있습니다. 그러니 여러분의 아이도 자연과 사계절을 경험하게 하세요. 여러분 자신도 상쾌해지면서 힘이 솟을 것입니다!

의미 있는 활동의 모델을 제공해주면서 놀이를 격려하기

지금까지 우리는 어린아이가 강렬한 상상력을 가지고 있다는 사실과, 아이는 놀이를 하면서 자기 주위의 세계를 경험할 필요가 있다는 것에 대해 이야기를 해왔습니다. 요즘 아이들이 잘 놀 줄 모르는 이유 중의 하나는, 아이들의 놀이에서 변형될 수 있는 의미 있는 활동을 하고 있는 어른들을 주위에서 자주 볼 수 없기 때문인 것 같습니다. 그러므로 가정에서 하는 일들과 방법들에 관심을 기울이세요. 여러분이 마루를 쓸고, 식탁을 차리고, 바느질을 하고, 장난감을 고치는 활동들을 보면서 아이가 모방할 수 있도록 말입니다. 앞에서도 이야기했듯이, 이것이 제일 중요한 일입니다. 왜냐하면 요즘 우리가 하는 "일"의 대부분은 점점 기계화가 되어가고 있어서, 보고 모방할 수 있는 일이 거의 없기 때문입니다. 그리고 아이가 우리를 보면서 우리가 하는 일을 돕게 하기보다는, 아이와 직접적인 상호작용을 하는 일에 지나친 가치를 두는 잘못된 태도를 갖고 있기 때문입니다.

이야기를 통해서 아이의 상상 놀이를
풍요롭게 해주기

놀이는 환상에 생기를 불어넣고, 환상은 놀이를 자극하고 변화를 줍니다. 아이가 자람에 따라 이 창조적인 상상력은 이미지를 형상화하는 능력으로 발달합니다. 이러한 능력은 나중에 창조적인 사고력으로 바뀌는 능력이라고 할 수 있습니다. 발달심리학자들은 "사고 과정에서 이미지를 형상화하는 능력의 발달은 아이의 발달에서 아주 중요한 부분이다. 이것은 놀이 패턴들, 창조성과 관련이 있으며, 나중에 어른이 되어 어떤 일을 성취하는 데도 관련이 있다."고 분명히 말하고 있습니다.

상상할 수 있는 능력이 발달하면 동시에 기억도 발달합니다. 3살이 되면 아이는 자신과 세상을 의식 안에서 분리시키면서 기억과 생각을 발달시키기 시작합니다. "나"를 세상과 분리된, 그것 자체로 경험하게 되면, 뭔가를 기억하는 어떤 사람이 존재하게 되기 때문입니다. 이와 동시에, 아이는 놀이 속에서 자기 의지를 경험하면서, 점점 증가하고 있는 의식적인 자기와 세상을 결합시킬 수 있을 것입니다. 그리고 곧 이어서 환상이 나타날 것입니다. 동시에 이루어지는 이 두 가지 발달과정은 다음과 같은 표로 나타낼 수 있습니다.

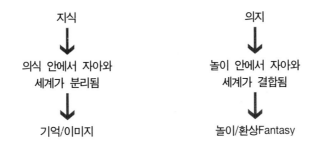

여러분은 아이가 듣는 이야기들을 통해서 풍요로운 이미지들을 제공해줄 수 있습니다. 그러면 아이의 상상하는 능력도 풍요롭게 발달할 것입니다. 그리고 텔레비전, 컴퓨터 게임, 비디오, 영화들에서 아이가 받는 이미지들을 제안할 필요도 있습니다.

청각적인 이미지와 시각적인 이미지들 간의 차이점

아이가 들으면서 떠올리는 이미지들은 아이 자신의 상상이나 심상을 만드는 과정에 적극적으로 참여합니다. 훌륭한 이야기꾼은 인물들을 묘사하고 사건을 전개시키면서, 자신이 지금 듣는 사람들 주위에다 마법의 망토를 짜서 펼쳐놓고 있다는 사실을 잘 알고 있습니다. 언젠가 저는 11살인 제 딸이 친구에게 이렇게 말하는 것을 들었습니다. "나는 그림들이 없는 책을 읽는 게 훨씬 좋아. 왜냐하면 내가 원하는 방식으로 그것들을 그릴 수 있으니까 말이야." 우리가 이미 읽은 책을 영화로 다시 보게 되면, 책을 읽었을 때만큼 만족스럽지 않은 이유가 아마도 이런 이유 때문일 것입니다.

책을 읽거나 들으면서 생긴 이미지는 우리의 상상이나 백일몽으로 변하기가 쉽습니다. 왜냐하면 마음의 눈으로 그것들을 다시 창조하면서 어느새 그 이미지들에 생기를 불어넣 었기 때문입니다. 하지만 눈으로 본 이미지는 그대로 고정돼 버리는 힘이 대단히 강해서 다른 것으로 변화시키기가 어렵습니다. 왜냐하면 그것들은 이미 완성된 상태로 우리에게

다가오기 때문입니다. 디즈니 만화 영화에서 만든 '하피Harpy'나 '슬리피Sleepy'나 '독Doc'29)이나 다른 캐릭터들을 떠올리지 않으면서, 누가 7명의 난쟁이를 생각할 수 있을까요? 저는 우리 집 아이 둘이, 텔레비전을 치우기 전인 5년 전에 본 만화 영화에 대해서 이야기하는 걸 들으면서 놀란 적이 있습니다. 그러나 저 역시 어렸을 때 본 텔레비전 프로그램의 이미지를 여전히 기억할 수 있다는 사실을 깨달았습니다.

텔레비전과 영화는 아이들에게만큼 그렇게 강한 영향을 어른들에게는 주지 않습니다. 어른인 제 경우에, '이티E.T.30)'란 영화를 보는 일은 솜사탕을 먹는 것 같았습니다. 즉, 제게 그다지 깊은 인상을 주지 못했다는 뜻입니다. 그렇지만 1년 후에도 우리 아이들은 그 영화 주인공의 남자 형제의 이름까지 기억했습니다! 텔레비전이나 영화에서 나오는 이미지들은 완전한 감각기관이라고 할 수 있는 어린 아이에게 깊은 인상을 심어놓을 것입니다. 뿐만 아니라 강력한 힘까지 가지고 있어서 아이들 놀이에서 이 이미지들이 다시 반복될 것입니다. 아이는 자기가 받아들인 것들을 놀이를 통해 소화하고 자기 것으로 만들어야 하기 때문입니다. 심지어 큰 아이들(그리고 많은 어른들!)조차 어떤 영화를 보고 난 후에는, 그것을 소화하려고 그 영화에 대해서 끊임없이 이런저런 이야기를 할 것입니다.

텔레비전과 영화에 나오는 이미지들은 아주 강렬할 뿐만 아니라 대단히 빨리 변합니다. 그렇기 때문에 아이들은 흔히 그 이야기의 흐름을 잘 이해하지 못합니다. 그럴 경우에 아이에게 남는 것은 아주 빠른 움직임들과 자기한테 제일 강한 인상을 주었던 요소들일 것입니다. 즉, 누군가를 뒤쫓고, 총을 쏘고, 뭔가 부수는 일 등인데, 아이는 당연히 이것을 모방할 것입니다. 또한 아이들은 텔레비전을 보면서 수동적인 태도를 지닐 수밖에 없습니다. 이런 까닭에 텔레비전을 보고난 다음에는 훨씬 과격하게 달리거나 활동할 필요가 있는 것입니다. 어린 아이들에게 자연스러운 상태는 움직이는 것이기 때문입니다.

---

29) 디즈니 만화 영화 '백설공주'에 나오는 난쟁이들의 이름입니다.

30) 이티(E.T.) : 1982년 제작된 스티븐 스필버그 감독의 공상과학영화로, 외계인 이티와 한 어린이가 서로 우정을 주고받는다는 내용을 담고 있습니다.

텔레비전에서 나오는 이미지들을 보면, 저는 항상 두뇌를 무시하고 이루어지는 자동적인 반사 반응을 떠올리게 됩니다. 가령, 뇌가 상황을 깨닫기도 전에 뜨거운 난로에서 재빨리 손가락을 뒤로 움츠리는 것과 같은 반사 반응들이 생각난다는 뜻입니다. 마찬가지로 텔레비전과 영화에서 나오는 이미지들은 아이 자체를 무시하는 것처럼 보입니다. 이 이미지들은 아이 자신을 드러내는 이야기로 변화되지 않으며, 다만 흥분한 상태의 활동으로 아이에게 다시 나타날 뿐입니다. 유치원 선생님일 때 저는 텔레비전을 보지 않은 아이들의 놀이에는 아주 특별한 차이가 있음을 관찰했습니다. 실내에서 하는 놀이일 경우, 텔레비전을 보지 않는 아이들의 놀이는 훨씬 상상력이 풍부했고 더 많은 줄거리를 가지고 있었습니다. 그에 비해 텔레비전을 보는 아이들은 실내에서도 주로 뛰어다니거나 친구들을 쫓아다니는 활동을 하는데 그쳤습니다. 또 어떤 아이가 배트맨이 그려진 티셔츠를 입고 유치원에 오면, 아이들의 놀이는 즉각 서로 뒤쫓는 놀이로 변해 버리곤 했습니다. 그래서 저는 부모들에게 그런 이미지가 그려진 옷을 입혀서 유치원에 보내지 말아달라고 부탁하곤 했습니다. 그래야 아이들의 상상 놀이가 자라고 꽃을 피울 수 있는 여지를 찾아낼 수 있기 때문입니다.

  어떤 부모들은 자기 아이가 텔레비전을 보지 못하면, 사회적으로 어울리는 데 문제가 있지 않을까 걱정하기도 합니다. 그렇지만 이와는 반대로 텔레비전을 보지 않은 아이들이 흔히 더 환영을 받곤 합니다. 몇 년 동안 우리 아이들이 발도르프 교육을 받고 있을 때, 이웃 한 사람이 제게 이렇게 말했습니다. "우리는 당신 딸인 페이스가 놀러 오는 것을 아주 좋아해요. 아이가 너무나 창조적이거든요." 말할 필요도 없이 저는 정말 기뻤습니다.

  텔레비전을 보지 않은 아이들도 여전히 다른 친구들과 함께 텔레비전이나 영화의 주인공들이 포함된 놀이를 할 것입니다. 그런 주인공들의 이미지와 성격은 인공적인 그림들로부터 쉽게 얻을 수 있는 것들이기 때문입니다. 하지만 모든 아이들이 스타워즈 영화에 나오는 인물들이 포함된 놀이를 할지라도, 영화를 본 아이와 보지 않은 아이가 놀이를 통해 보여주는 내적인 과정은 차이가 있었습니다. 스크린에서 나오는 시각 이미지에 고정되지 않은 아이의 상상력이 훨씬 더 활동적이고 독창적이었습니다.

말로 하는 언어와 이야기 들려주기의 중요성

『A는 황소를 위한 글자A is for Ox』란 책에서 베리 샌더스Barry Sanders 교수는, 참된 의미의 읽고 쓰는 능력, 그리고 어떤 사람의 자아와 행동을 반영해줄 수 있는 능력과 관련된 주제를 논의하고 있습니다. 그에 따르면, 이런 능력의 기초는 말로 하는 언어(입말)의 토대가 확고히 세워져야만 가능하다고 합니다. 그 이유에 대해서 그는 매력적이고 설득력 있는 논의를 펴면서 이렇게 말하고 있습니다.

> 읽고 쓰는 일을 가르치는 일은 노래, 춤, 놀이, 우스개, 즉흥시, 낭독 같은 것들이 결합된 커리큘럼을 가지고 있어야 한다. 배우고 있는 아이들은 이야기를 들을 필요가 있으며, 그 이야기들은 선생님이 만들어서 들려주는 것이거나 책에 있는 것을 크게 읽어주는 것이어야 한다. 아이들은 그것을 스스로 재구성할 필요가 있으며, 자기 말로 다시 말할 수 있도록 애쓸 필요가 있다. 다시 말해 아이들을 가르치는 선생님은 직접 말로 하는 방식으로 학생들에게 가르침을 제공할 필요가 있다는 뜻이다. 초등학교 1학년 때부터 상급 학년 때까지 그리고 대학 시절까지 계속해서 그러하다.

그는 학교에서 말로 이루어지는 가르침이 얼마나 중요한지를 계속해서 강조하고 있습니다. 마찬가지로 집에서 부모에 의해 이러한 입말(구어)의 기초가 이미 세워져 있어야 한다는 점도 역시 강조하고 있습니다. 즉, 부모도 집에서 아이와 대화를 하고, 노래를 부르고, 동요나 자장가를 부르고, 이야기를 들려주어야 한다는 뜻입니다.

샌더스는 자장가와 전래 동요의 가치를 특히 강조하고 있습니다. 이것들은 언어가 가진 리드미컬한 성질로 아이의 전 존재를 감싸기 때문에 매우 소중한 가치가 있습니다. 그 중 어떤 것은 혀가 잘 돌아가지 않아서 발음하기 어려운 어구로 이루어진 것도 있고, 수수께끼가 들어 있거나, 재미난 소리나 연상들을 불러일으켜서 아이들을 즐겁게 해주는 것들도 있습니다. 어떤 것들은 깨어 있을 때의 평범한 의식이 지니고 있는 개념, 가치, 전통들을 가르쳐 주기도 합니다.

전래 동요나 자장가 말고도 3살짜리 아이는 특히 이야기를 아주 좋아합니다. 아이들은 "이것은 잭이 지은 집입니다This is the House That Jack Built"나 "꼬마 투펜스Little Tuppens"처럼 반복되는 구절이 있는 이야기들을 좋아합니다. "꼬마 투펜스"의 내용은 엄마 닭이 기침을 하는 꼬마 투펜스를 낫게 하려고 모든 동물들에게 부탁하러 다니다가 마침내 도토리나무가 투펜스를 위해서 물을 담을 도토리깍정이를 준다는 이야기입니다. 이러한 이야기를 기억하는 데 도움이 되는 일들 중의 하나는 모든 등장인물들과 연속되는 사건을 생생히 떠올려보고 다시 반복하는 일입니다. 다시 말해서, 리듬과 반복은 우리가 무엇인가를 아주 쉽게 기억하게 해준다는 뜻입니다! 또 다른 간단하면서 반복적인 이야기로는 "우락부락한 숫염소 세 마리The Three Billy Goats Gruff", "붉은 꼬마 암탉The Little Red Hen", "꼬마 생강과자 아이The Little Gingerbread Boy"가 있습니다.

자장가부터 시작해서 이야기들로 전환하는 일을 격려하려고, 부모들은 항상 자기 아이에게 책을 많이 읽으라고 권할 것입니다. 그래서 아이들에게 책이나 읽을거리들을 많이 제공할 것입니다. 부모가 책을 많이 읽고 다른 형제자매가 성공적으로 읽기를 배우면, 아이도 그처럼 하고 싶은 열망이 커집니다. 그렇다 해도 아이에게 이야기를 "들려주는 일" 또한 대단히 소중한 일입니다. 이 일은 아이들의 듣는 능력을 키워 줄 뿐 아니라, 여러분이 자기들과 함께 뭔가 창조적인 일을 하고 있다는 점에 아이들이 감사해할 것이기 때문입니다. 이야기를 들려주면서 아이가 몰두 할 수 있도록 주위에 마법의 거미줄을 짜게 되면, 여러분과 아이의 주의가 딴 데로 흩어지는 일이 전혀 없을 것입니다. 또한 책을 그대로 읽어 주기보다는 여러분의 이야기로 재구성해서 들려주면, 책의 내용이 혹시라도 아이에게 미칠지도 모르는 영향에 대해 걱정하지 않을 수 있습니다.

2살이나 막 3살이 되어가는 아이에게 이야기를 들려 줄 때는, 이야기 속에 아이가 알고 있는 세계가 간단하게 설명되어 있으면 더 좋을 것입니다. 가령, 아이가 공원에서 오리들에게 물을 주는 것을 좋아한다면, 다음과 같은 이야기를 만들어낼 수 있을 것입니다.

오리 부인은 다섯 명의 아기 오리를 불러서 자기를 따라오라고 했어요. 그들은 강을 가로질러 헤엄쳐 갔지요. 왜냐하면 저쪽에서 지미와 엄마가 빵 부스러기가 담긴 봉지를 들고 오고 있었기 때문이에요. 지미는 물속에 빵 부스러기 몇 개를 던졌어요. 그러자 모든 오리들이 빵을 낚아채려고 "첨벙첨벙" 앞 다투어 빵 쪽으로 다가왔어요. 지미는 오리들이 얼마나 배가 고팠는지를 보고서 하하하 웃었어요. 빵을 다 먹어 버리자 오리 부인과 아기 오리들은 저쪽으로 헤엄쳐 갔어요. 그리고 지미와 엄마도 그네를 타러 저쪽으로 갔답니다.

걸음마를 하는 아이에게는 매일매일 일어나는 일들 자체가 커다란 모험이며, 아이는 자신의 상상 속에서 그것들을 여러 번 다시 경험하는 것을 아주 좋아합니다. 그러므로 그런 일들을 아주 자연스럽게 설명해주고, 이야기를 들으면서 아이가 자신이 경험한 것들을 마음속에 떠올릴 수 있게 해주는 게 중요합니다. 이제 막 걸음마를 하는 아이에게 "마법에 걸린 냇물"이나 "독이 들어 있는 우물" 같은 이야기를 들려주면, 어린 아이는 혼란스러울 수도 있습니다. 아직은 물 자체를 직접적으로 경험하기 때문입니다. 매일의 삶에서 일어나는 간단한 것들을 천천히 음악적인 음조로 느긋하게 이야기해 주면, 2살짜리 아이는 아주 즐거워 할 것입니다. 이야기를 들려 줄 때 2살짜리 아이가 감상하는 것은 여러분과 함께 있는 특별한 시간이고, 여러분 목소리의 부드러운 음색입니다. 여러분의 목소리는 아이에게 어떤 이미지들이나 안전하다는 느낌을 불러일으킬 것이며, 목소리에 리듬과 운율이 있다면 아이는 더욱 재미있어 할 것입니다.

3살 이상의 아이들이 듣기를 아주 좋아하는 이야기로는 여러분이 어렸을 때는 어떠했는지에 대한 이야기입니다. "내가 어렸을 때, 우리 엄마는 올리브 통조림 공장에서 일을 했단다. 그곳에서는 커다란 통에 올리브를 넣고 소금물에 절여놓는단다. 나중에 먹기 좋게 하려고 말이야. 그런데 어느 날 우리 엄마는 통 속에서 아주 작은 회색 고양이 새끼 한 마리를 발견했단다. 그런데 우리가 그 고양이 이름을 무어라고 지었을 거라고 생각하니?" 여러분의 경험에서 나오는 이런 이야기들은 아이뿐만이 아니라 여러분의 상상력 역시 자극할 것입니다. 그래서 여러분은 "올리브"라고 이름을 지은 이 새끼 고양이의 모험에 관한 이야기를 지어내서 아이에게 들려줄 수 있을 것입니다. 상상력이 꼭 아이들만의 것은 아니니까요!

어린 아이들을 위한 이야기 속에는, 동물들이 의인화될 수 있습니다(가령, 오리 아저씨). 의인화를 하더라도 등장인물들의 성격과 그들이 사는 자연 세계가 진실하다면, 문제될 것은 없습니다. 그 세계는 지금 아이가 알아 가고 있는 세계이며, 실제로 아주 좋아하는 세계일 것이기 때문입니다. 하지만 풍자만화의 주인공은 복잡한 어른들의 세계를 표현하고 있습니다. 그리고 이 세계는 어린 아이들의 세계를 넘어서기 때문에 적절하지 않을 수 있습니다.

아이들은 또한 자기 자신에 관한 이야기를 들려주면 아주 좋아합니다. 특히 자기가 아기였을 때 이야기를 아주 좋아합니다(아이가 이제 그만큼 자랐다는 뜻입니다!). 아이는 아주 어릴 때 자기가 했던 말과 행동을 듣고 싶어 하고, 할머니 집에 갔던 때 있었던 일에 대한 이야기들을 좋아합니다.

언제쯤이 되어야 아이가 이야기를 들을 만큼 충분한 나이일까요? 당연히 아이가 어느 정도의 언어 발달을 이룬 상태라야 이야기를 들을 수 있습니다. 그 전까지는 아직도 사물 자체를 경험하는 일에 완전히 몰두해 있기 때문입니다. 여러분 스스로가 아이를 잘 살펴보고 언제 이야기를 시작해야 할지 그 단서를 얻어야 합니다. 단서를 얻었으면 앞에서 말한 것 같은 간단한 이야기부터 들려주기 시작합니다. 그러다가 조금씩 더 긴 이야기를 반복해서 들려주고, 그런 다음에 간단한 동화들을 들려주면 됩니다.

동화의 내적인 의미

대략 4살 정도가 되면 아이는 동화를 읽어 주거나 들려주는 일에 대단히 매료당한다는 사실을 발견할 것입니다. 그림동화 선집31)에서 "맛좋은 죽Sweet Porridge" 같은 이야기를

---

31) 독일의 언어학자이자 민간전승 연구가인 그림(Grimm) 형제가 집대성한 동화집입니다.

들려주면 3살짜리 아이조차도 아주 즐거워할 것입니다. 아이들은 가득 찼다가 알맞은 때에 멈추지 않으면 흘러 넘쳐 버리는 작은 냄비 이야기를 아주 즐거워하면서 들을 것입니다. 이 나이 때의 아이들은 영원하고 흘러넘치는 풍요로운 생명력을 스스로 느끼고 있습니다. 그렇기 때문에 엄마가 함께 놀아 줄 충분한 시간이 없다고 말하면 이렇게 말할 지도 모릅니다. "그런데 엄마, 나는 시간이 아주 많이 있어요. 내가 엄마한테 시간을 조금 나누어줄까요?" 그리고 "별 아기The Star Child" 같은 간단한 이야기를 들려준 다음에는 "금발의 소녀와 세 마리 곰Goldilocks" "배고픈 고양이The Hungry Cat" 같은 약간 긴 이야기를 들려줍니다. 어떤 동화는 대단히 풍부하고 복잡한 의미를 가지고 있어서 8살이나 9살 때까지도 아이들을 풍요롭게 해줄 수 있습니다.

오늘날 대부분의 부모들은 하나의 문학 작품으로서 원래의 동화들이 어떠했는지를 잘 모르고 있습니다. 오로지 만화, 디즈니 회사가 만든 영화 버전, 누군가 제멋대로 다시 개작한 이야기들만 보고 자랐기 때문입니다. 그런 식으로 개작된 것들은 실제로 그 가치가 의심스럽습니다. 저는 재편집되지 않은 원본 그대로의 영국 동화나 독일 동화를 읽으면서, 개작한 것을 읽을 때와는 완전히 다른 경험을 한 적이 많습니다. 즉, 제가 원본 동화들이 품고 있는 내적인 의미에 마음을 열고서 새로운 시각으로 읽게 되자, 그 동화들이 지닌 이미지들로부터 굉장한 풍요로움을 발견할 수 있었다는 뜻입니다.

동화는 수세기 동안 지속되어 왔지만 때로 시대에 뒤떨어진 것으로 여겨지기도 했습니다. 합리주의가 극성을 부릴 시기에 동화는 무의미한 것으로 치부되었습니다. 그림 형제와 다른 사람들이 1800년대 후반에 각 마을의 이야기꾼들을 찾아다니며 동화를 수집했던 시기는, 입으로 구전되던 전통이 점차 사라지고 있던 때였습니다. 독일에서 잘 알려진 이 이야기 모음집의 제목은 『아이와 가정을 위한 이야기Kinder- und Hausmärchen』입니다. 이 제목은 바로 동화나 "짧은 기록들"이 원래 어떤 의미를 갖고 있는지를 보여주고 있습니다. 바로 동화란 가정에서 아이들에게 일상적으로 반복해서 들려주는 이야기란 뜻입니다. 당시에 이런 이야기들은 요정들과는 드물게만 관계를 맺어야 했고, 대신에 어떤 세계에 대해서 이야기를 하는 것처럼 보였습니다. 그 세계란 우리의 내적인 삶과 다소 강하게 관련을 맺고 있는 세계였습니다. 심지어 우리가 매일 매일 경험하는 것과는 아주 다른 이야기조차도 그러했습니다.

오늘날은 분석심리학자 칼 융Carl Jung이나 브루노 베텔하임 같은 심리학자들과, 루돌프 슈타이너 같은 이들의 연구를 통해서, 사람들이 동화에 새롭게 관심을 갖게 되었습니다. 칼 융은 서로 다른 문화가 가진 비슷한 점들을 설명하면서, 동화란 인간의 집단 무의식을 투사한 것이라고 말했습니다. 루돌프 슈타이너는 동화는 "인간의 어린 시절을 해석하기 위한 읽을거리이자 기록"이라고 말했습니다. 슈타이너에 따르면, 어린 시절은 꿈을 꾸는 것 같은 경험적인 의식에 참여하는 시기입니다. 그 의식은 내적인 감정들을 발산하고 이미지들로 가득 채워지는 의식입니다. 융과 슈타이너는, 동화 속의 모든 인물들은 이 지상에서 각 개인의 운명과 모습을 표현해 주는 면들을 갖고 있다는 점에 동의했습니다. 왕자와 공주, 아니무스와 아니마32), 정신과 영혼, 이 모든 것들이 은유들입니다. 즉, 우리 자신의 각 부분들을 통합해서 일치감을 성취하려는 우리의 힘든 노력에 대한 은유들인 것입니다. 그래서 많은 이야기들이 결혼으로 끝나면서 그 통합을 은유로 표현하고 있는 것입니다.

동화들의 사고방식에 대해서는 몇몇 반대들이 있습니다. 그것들이 너무 유럽 중심적이고, 적절한 여성 역할 모델이 결여되어 있고, 또 너무 폭력적이라고 말입니다. 하지만 약간의 노력을 기울인다면, 다른 문화권에서 온 동화들과 적극적인 여성이 주도하는 동화들을 찾을 수 있습니다. 찾기가 더 힘든 것은 주인공 헤라Hera(영웅의 여성형)가 여성이고, 그 모험에 찬 여정이 여성의 것인 그런 동화들입니다. 동화들에는 종종 폭력이 등장합니다. 그리고 틀림없이 할리우드에서 개작한 영화들은 어린 아이를 무섭게 하면서 악몽을 꾸게 할 것입니다. 하지만 동화를 감정적으로 드라마틱하게 각색하지 않고, 리드미컬한 목소리로 직접 들려준다면, 동화가 가진 도덕적이고 모범적인 양식이 분명히 보일

---

32) 아니무스/아니마(Animus/Anima) : 스위스의 정신분석학자 칼 융이 분석심리학에서 사용한 용어로 '영혼, 정신'을 뜻하는 말입니다. 아니무스는 여성의 정신에 내재된 남성성의 원형적 심상을, 아니마는 남성의 정신에 내재된 여성성의 원형적 심상을 일컫습니다.

것입니다. 「교육에서의 윤리Ethics in Education」란 잡지에서 다이아나 혁스Diana Hughes 는, 동화는 아이의 본성인 도덕심에 직접적으로 말을 걸며, 세계를 올바르게 질서 지으려는 아이의 도덕관념에 말을 건다고 이야기했습니다. 동화 속에서 선함이 승리하고 악함이 벌을 받으면, 아이는 분명히 만족스러워합니다. 아이들은 동화 속 주인공들이 겪는 모험과 승리를 보면서, 그리고 악은 언제나 자멸한다는 것을 보면서 안심하고 편안함을 느낄 것입니다. 몇몇 동화에서 나타나는 약간 미묘한 주제로는 악이 가진 잠재성을 깨달으면 그 잠재성을 없앨 수 있다는 주제가 있습니다. 예를 들어 그림 동화에 나오는 이야기 "룸펠스틸츠킨Rumpelstiltskin"과 그와 비슷한 "톰-팃-톳Tom-Tit-Tot"은 올바로 이름을 불리게 되면, 자기들의 힘을 잃어버리면서 침착함을 잃어버리는 작은 악마들이 나옵니다.

베텔하임은 이렇게 이야기하고 있습니다. "마지막에 선이 승리한다는 사실이 곧바로 아이의 도덕심을 장려하지는 않겠지만, 아이를 매료시키는 것은 역경을 겪는 그 주인공이다. 아이는 주인공의 모든 역경들과 자신을 동일시하기 때문이다." 동화 중에 마지막에 남자 주인공이나 여자 주인공에 의해 이야기가 성공적으로 전개되고 문제가 해결되지 않는 동화란 없습니다.

슈타이너는 동화가 표현하는 세계와 어린아이의 세계가 본질적으로 같다는 사실을 이해했습니다. 그 두 세계는 도덕적인 절대성, 자유롭게 움직일 수 있는 상상력, 무한히 변화할 수 있는 가능성을 똑같이 갖고 있는 세계입니다. 베텔하임은 동화가 종종 아이들이 두려움을 해결할 수 있게 도와주고, 무엇인가 할 수 있다는 감정을 불어넣어 준다고 말했습니다. 닐 포스트만Neil Postman은 『어린 시절의 사라짐The Disappearance of Child-hood』이란 책에서 베텔하임의 설명에 찬사를 보내면서, 동화의 중요성을 다음과 같이 말하고 있습니다. "동화의 중요성은 아이들이 악의 존재를 충격이나 정신적인 상처 없이 어떤 형식으로 통합할 수 있게 해주는 능력에 있다."

만약 여러분이 어떤 동화나 그것이 보여주는 이미지에 난처한 경우가 있다면, 그것을 건너뛰어서 다른 것을 고르세요. 하지만 동화 하나를 골랐으면 그중 어떤 부분을 여러분 마음대로 바꾸지 않는 것이 좋습니다. '참된' 동화는 예술적이고 완전한 전체를 이루고 있으며, 그 안에서 일어나는 활동과 설명은 매우 분명하고 정확하기 때문입니다. 그러므로 감정적으로 각색하지 말고 가능한 정확하게 이야기를 해주어야 합니다. 여러분이 거부감을 갖지 않는다면, 헨젤을 가둔 마녀가 나중에는 그레텔에 의해 끓는 물이 담긴 오븐에 빠지는 이야기는 아이를 두렵게 하지 않을 것입니다!

어른인 우리가 동화가 가진 내적인 풍부함 "속으로 들어갈" 수가 있다면, 우리와 아이 모두 동화에서 보다 많은 영양분을 얻을 수 있을 것입니다. 여러분은 아이에게 이런저런 설명을 해주지 말아야 하고, 아이더러 설명해 보라고 요구하지도 말아야 합니다. 다시 말해 "왜 금발의 소녀가 그 집으로 들어갔을까? 잠자고 깨어나서 세 마리 곰을 보았을 때 그 소녀는 어떻게 느꼈을까?" 같은 질문을 하지 말아야 한다는 뜻입니다. 또한 동화를 지적이거나 감상적인 수준으로 격하시키지도 말아야 합니다. 아이가 동화를 감상하는 데는 어떤 설명이나 합리적인 이유가 덧붙여질 필요가 없습니다. 인간이 다양한 의식의 단계를 경험하는 것처럼, 아이도 그와 똑같은 단계를 거칩니다. 이런 이유로 아이는 동화가 가진 이미지 속에서 살고 있으며, 동화를 통해 계속해서 격려 받으면서 자신의 힘을 발휘할 수 있을 것입니다. 동화가 가진 이런 깊고 내적인 의미를 여러분이 올바로 인식하면서 아이에게 이야기를 해주면, 아이는 '아! 그렇구나!'라는 느낌을 가질 것입니다.

어린 아이와 동화를 함께 나누기

먼저 동화에 대해서 여러분이 편안한 마음을 갖는 것이 중요합니다. 최소한 열린 마음이 되어서 동화가 가진 깊은 의미를 올바로 판단할 수 있어야 합니다. 만약 어떤 특정 이야기가 여러분으로 하여금 복잡한 감정을 불러일으키게 한다면, 그 이야기는 아이와 나누지 않는 것이 좋습니다. 그보다는 여러분에게 말을 거는 동화를 고르세요. 여러분이 명상하듯 깊이 생각할 수 있고, 그 분위기와 내적인 의미에 젖어 들어갈 수 있는 것이면 좋습니다. 동화에 관련된 몇 권의 책을 읽는다면 동화를 해석하는 다양한 접근에 관해 좀 더 잘 알 수 있을 것입니다. 그러나 궁극적으로는 동화가 직접 여러분에게 말을 걸도록 해야 합니다. 매일 밤 잠자기 전에 자신에게 그 이야기를 읽어 주세요. 이렇게 잠 속으로 그 동화를 가지고 들어가면, 여러분은 점차로 그 의미를 볼 수 있는 통찰력을 얻게 될 것입니다.

아이의 나이에 맞는 동화를 고르는 방법 중 하나는 동화가 가진 복잡함의 정도를 살펴보는 것입니다. 거의 모든 동화에는 풀어야만 하는 문제 혹은 악과 대결해야 하는 문제가 있습니다. 문제가 가벼우면 가벼울수록 어린아이에게 더 알맞고, 반대로 사악함이 크면 클수록 조금 더 큰 아이에게 적합합니다. 동화에는 흔히 문제를 복잡하게 하는 고난이 몇 개씩 있기 마련입니다. "세 마리 아기 돼지The Three Little Pigs"에서 세 번째 돼지는 대단히 영리해서 마침내 늑대를 이깁니다. 대부분의 4살짜리 아이들에게 그 일은 실제로 그렇게 기분 나쁜 일이 아니며, 많은 아이들이 이 이야기를 아주 좋아하는 것을 보면 상당한 유머가 들어 있는 이야기임을 알 수 있습니다. 반대로 "일곱 마리 까마귀The Seven Ravens"에 나오는 누이동생은 오빠들을 풀어주기 위해서 태양과 달과 별로 여행을 해야만 합니다. 이 동화는 5살이나 6살 아이에게 알맞습니다. "태양의 동쪽과 달의 서쪽 East of the Sun and West of the Moon"과 같은 조금 더 복잡한 이야기는 초등학교 나이의 아이에게 알맞습니다.

만약 어떤 동화가 그 사회에서 널리 알려진 것이라면, 흔히 조금 더 어린 나이에도 아이는 그 동화를 읽을 준비가 되었을 것입니다. 또한 이야기해 주는 사람이 특별히 그 동화를 좋아하고 있다면, 조금 더 어린아이들에게도 종종 성공적으로 그 이야기를 들려줄 수 있을 것입니다. 함께 이야기를 듣는 아이들의 나이가 서로 섞인 경우라면(가령, 3살부터 6살 아이들이 섞여있는 발도르프 유치원이나 홈스쿨링과 같은 상황), 여러분이 들려주는 이야기가 몇몇 아이들에게만 적합할지라도 좋은 결과를 가져올 것입니다. 가정에서 큰아이를 위해 이야기를 읽어 줄 때 걸음마를 하는 아이가 그것을 듣는 일에 대해서 여러분은 걱정할 필요가 없다고 우도 데 헤스는 지적합니다. 그런 경우 걸음마를 하는 아이는 엄마와 함께 가까이 있다는 것과 엄마 목소리의 음조에 관심을 가질 것이고, 큰아이와는 달리 실제 이야기가 전해 주는 내용에는 별다른 관심을 보이지 않기 때문입니다.

이야기와 동화들이 만화나 영화들로 변형되면, 뭔가를 불러일으키는 원래의 특성을 잃게 됩니다. 그리고 종종 어린 아이들에게 너무 강력하거나 너무나 바보스러운 이미지를 심어줄 수 있습니다. 하지만 이야기들이 작은 테이블 위에서 하는 인형극이나 실크로 만든 마리오네트 인형극으로 상연되게 되면, 그 경험은 아주 고요할 것이고 치유의 효과도 가질 것입니다. 훨씬 간단한 방법으로는, 자연 속에서 이야기를 들려주는 일입니다. 이때 여러분이 호주머니에 넣어온 작은 인형을 갖고서 이야기를 해줄 수 있습니다. 또는 그 인형이 나무껍질 뒤에서 "찾아낸" 인형이라면, 아이들한테 너무나 즐거운 일일 것입니다.

9

· · · · · · ·

아이의 미술적 능력을 발달시키기

아이들의 그림들과 발달을 이해하기

아이들은 어떻게 그림을 그리고 왜 시간이 지나면서 그림이 변하는 걸까요? 그리고 아이의 그림들은 아이의 발달에 관해서 어떤 단서를 주고 있나요? 아이는 흔히 2살이 되기 전에 처음으로 열심히 혹은 망설이면서 연필이나 크레용을 쥐고 그림을 그리기 시작합니다. 그러다가 일단 이 활동이 가진 잠재적인 의미를 즐겁게 발견하게 되면, 아이는 즐거워하면서 자주 색칠을 하고, 눈에 보이는 모든 것에 색칠을 할 것입니다! 처음 7년 동안 어느 시기에 시작하든 간에 아이는 그리기를 시작할 것입니다. 대부분 2살 무렵에 마구 휘갈기는 단계부터 시작할 것입니다. 그 나이를 지나서 그리기 시작했다면, 아이는 빠른 속도로 이전의 단계를 지날 것입니다. 그리고는 자신의 발달에 맞는 중심 지점에서 멈출 것입니다. 아이의 그림에서 여러분이 주시해볼 수 있는 단계들과 중심이 되는 모티브는 무엇일까요? 아이의 그림에 반영된 것이 무엇인지를 이해하고 아이의 발달을 관찰할 수 있다면, 여러분은 아이에 대해 조금 더 깊은 이해를 갖게 될 것입니다.

다음에 이어질 정보들은 미카엘라 스트라우스Michaela Strauss의 『아이의 그림을 이해하기Understanding Children's Drawing』란 책에서 나온 설명들입니다. 이 책은 한스 스트라우스Hanns Strauss가 평생에 걸쳐 어린아이의 그림을 6,000점 넘게 수집하고, 하나하나 주석을 달아 놓은 관찰 결과를 토대로 삼아서 쓴 책입니다.

이 책에 따르면, 아이들의 그림은 대충 세 가지 단계로 구분할 수 있다고 합니다. 이 단계는 아이들의 놀이나 수채화 그리기에서도 비슷하게 발견할 수 있습니다. 처음 단계인 3살이 되기 전의 아이는 순수한 활동에서 비롯된 그림을 그립니다. 이러한 창조 과정은 꿈꾸는 것과 같은 방식으로 나타나며, 아이 자신의 몸 안에서 나오는 리듬과 활동에서 나옵니다. 그래서 아주 어린아이에게 무엇을 그리고 있느냐고 물으면, 아이는 그 내용을 잘 설명할 수 없을 것입니다. 두 번째 단계는 3살에서 5살 사이입니다. 그 나이의 아이는 자신의 상상력을 보여줄 수 있는 그림을 그리기 시작합니다. 그래서 아이는 그림을 그리면서 자기 앞에 펼쳐지고 있는 그림에 대해 여러분에게 이야기할 수 있을 것입니다. 5살이 지나면, 아이는 흔히 "나는 토끼를 뒤쫓고 있는 우리 강아지를 그릴 거야."처럼 분명한 생각이나 마음속의 그림을 가지고서 실제 그림을 그립니다.

각각의 단계 안에는 그 시기의 중요한 모티브가 두드러지게 나타납니다. 그리고 새로운 것은 다음의 발달 단계에 도달해서야 비로소 나타납니다. 예를 들어, 3살 미만의 아이의 그림에서는 두 가지 유형의 활동이 지배적으로 나타나는데, 나선형 움직임과 왔다갔다 휙휙 선을 긋는 수직적인 움직임이 그것입니다. 맨 처음에 그 움직임은 매우 커다랄 것입니다, 심지어 아이가 그리고 있는 종이보다도 더 클 수 있습니다. 스트라우스는 아이가 3살이 될 때까지 나선형은 항상 밖에서 안으로 그려진다는 것을 관찰했습니다. 그리고 2살과 3살 사이에 아이의 자아 인식이 발달하면서, 그림에도 그것이 반영되어서 나선형이 서서히 중심을 형성할 것입니다. 이 자아의식을 보여주는 불빛은 원을 그릴 수 있는 능력으로 입증됩니다. 비록 아이가 일찍 "나"라는 말을 했을지라도, 3살 이전의 그림에서는 원이 거의 나타나지 않습니다. 원숭이가 어린아이들과 비슷하게 그림을 그린 다는 것 역시 흥미로운 사실입니다. 뛰어오르고 그네를 탈 수 있는 능력을 있는 원숭이들은, 분명히 아이들처럼 활동하고자 하는 내적인 성질을 지니고 있습니다. 사실 원숭이는 크레용이나 칫솔을 사용하는 데 흥미를 느끼고 꽤 잘 사용합니다. 하지만 원숭이는 나선형 그림에서 발전하여 서로 이어진 원을 그릴 수가 없습니다. 원숭이는 바로 3살 미만의 아이들과 공통점이 있는 것입니다.

스트라우스는 '휘갈김' 속에 나타나는 나선형이 우주의 활동과 아이의 몸 안에서 흐르듯 변하는 리듬을 반영한 것 같다고 넌지시 이야기합니다. 마찬가지로 아이의 그림 속에 나선형과 함께 나타나는 수직선 요소는, 이제 막 직립해서 서게 된 아이의 최근의 성취를 표현하는 것이라고 이야기하고 있습니다. 원을 그릴 수 있게 됨과 동시에 아이는 처음으로 수직선과 수평선을 교차해서 그릴 수 있을 것입니다. 그 교차는 곧 이어서 원 안에서 그려지고, 점차로 원 안에 점을 찍기 시작할 것입니다. 이 두 가지는 3살 시기에 발달하는 의식 안에서 아이가 처음으로 경험하는 내적이고 외적인 경험을 반영하고 있습니다. 3살이 지나면 원과 교차한 선이 하나로 결합되고, 이것은 5살이 될 때까지 매우 다양한 모습으로 변화되어 나타납니다. 하지만 이 시기 동안에도 변화는 계속해서 일어납니다. 즉, "나"의 상징으로 구체화된 점과 교차한 선이 점차 변화하면서, 중심에서 밖을 향해 사방으로 퍼져나가기 시작하는 것입니다. 처음에 이 방사선들은 원 둘레에서 멈추지만 나중에는 마치 원 둘레 너머를 염탐하는 사람처럼 조금 더 뻗어나갑니다.

의식이 계속 발달함에 따라 아이는 집, 나무, 사람을 자주 그리곤 합니다. 스트라우스는 어린아이들이 그린 나무와 사람의 형태가 서로 얼마나 비슷한지를 보여주고 있습니다. 이것은 아이의 자기 몸에 대한 인식이 변화하고 있는 상태를 보여줍니다. 처음에는 머리에 초점을 맞추고 있으며, 몸통은 머리에서 아래로 그냥 쭉 뻗어 있는 형태입니다(붕 떠 있는 나무나 "기둥 모양의 사람"). 아이가 조금 더 자라야만, 두 다리가 나누어 그려지고, 땅에 확고히 서 있게 됩니다. 4살 즈음에 아이의 초점은 머리에서 몸통으로 옮겨갑니다. 그렇기 때문에 그림에서도 사다리 양식이 나타납니다. 가령, 나뭇가지 모양이나 척추를 중심으로 갈라지는 형태와 갈빗대 같은 것들입니다. 이제 아이의 그림은 등뼈를 중심으로 몸이 대칭을 이루는 듯하고, 하나의 축을 기준으로 오른쪽과 왼쪽이 처음으로 대칭을 이루기 시작합니다.

이 시기 아이의 그림은 또한 세상과 아이 자신이 점점 더 깊이 관계를 맺는 상황을 반영합니다. 아이는 머리에서 나온 팔과 커다란 손가락을 지닌 사람을 그릴 것입니다. 즉, 그림을 통해서 아이는 세상에 있는 모든 것을 붙잡고 얻으려는 자신과 세상과의 관계를 표현하는 것입니다. 아이의 그림에서 발이 나타나는 일은 가장 시간이 많이 걸립니다. 발은 점차로 땅에 뿌리를 내리면서 두껍고 무겁게 그려집니다. 아이는 어른인 우리가 보는 것처럼 사람을 그리지 않습니다. 오히려 자기가 경험하고 있는 자아와 몸을 그립니다. 다시 말해, 아이한테는 외적인 형식이 아니라 자기 삶의 내적인 과정이 그림을 그리게 만드는 요인인 것입니다.

집 그림은 아이의 내면에서 자아와 세계의 관계가 변화하는 상황을 보여주는 중요한 주제입니다. 아주 어린아이의 그림에서는 흔히 큰 원 안에 "머리만 있는 사람"을 볼 수 있습니다. 이것은 우주 안에 있는 아이 혹은 자궁 안에 있는 태아의 모습과 비슷합니다. 그러다가 자아와 세계 사이에 있었던 이러한 가까운 결합이 무너지고 개인으로 분화됨에 따라, 원형의 "우주"를 상징했던 둥근 집이 이제는 점점 네모의 형태를 갖추면서 종이 아랫부분에 그려집니다. 3살 시기에 아이는 네모나 상자 형태를 처음으로 사람 주변에 그릴 것입니다. "나"가 되어 가는 과정, 즉 자아를 얻어 감에 따라서, 우주적이었던 세계 인식이 점점 좁아져 밑으로 내려오고 있는 것입니다. 이것은 마치 영혼을 캡슐에 넣는 것과 닮은 과정입니다. 또 아이는 집을 바라보고 있는 사람을 그릴 지도 모릅니다. 그리고 내적인 세계와 외적인 세계 사이의 관계는, 이제 서서히 나타나기 시작하는 문, 창문, 굴뚝들에서 볼 수 있을 것입니다.

중간 단계인 3살에서 5살 사이에는, 새로운 표현 수단인 색칠하기가 그림에 덧붙여질 것입니다. 3살 이전의 아이들은 대부분 선을 강조하기 위해서만 색칠을 하는 경향이 있습니다. 하지만 4살 정도가 되면, 아이들은 색채 그 자체를 위해 색칠하기를 할 것입니다. 스트라우스는 이렇게 쓰고 있습니다. "색의 본성에 의해 어루만져진 아이의 영혼은 창조적 이게 되어 간다. 감정의 세계가 그림으로 그려질 것이고, 색채의 세계도 그림 속에 나타날 것이다." 아이는 색을 사용해서 대상을 그리기 전에, 먼저 색을 가지고 종이 표면을 뒤덮을 것입니다. 그리고 아주 극적이고 약간은 좌우 대칭적인 "바둑판무늬" 모양으로 공간을 가득 채우면서 색채의 성질을 탐구할 것입니다. 이 시기에 블록으로 된 크레용을 사용하면 좋습니다(다음 부분에 설명되어 있습니다). 블록 크레용은 아이가 커다란 종이 표면을 전부 칠하도록 해주고, 색채 경험이 커질 수 있게 해주기 때문입니다.

5살 무렵의 아이는 무엇인가를 묘사하는 그림을 그리기 시작합니다. 그리고 생활 속의 물건들과 장면들 또는 이야기들을 그림 속에서 표현하고 싶어 합니다. 그리고 싶은 이야기가 있다면, 아이는 그림 속에서 공간과 변화하는 원근법이라는 요소들과 씨름을 하기 시작할 것입니다. 이 시기에 처음으로 사람 얼굴의 옆모습과 삼각형이 나타날 것입니다. 이 삼각형은, 유치원 아이들이 아주 좋아하는 다양한 색깔의 기하학적 도안들 중에서 가장 관심의 초점이 될 것입니다.

초등학교 나이의 아이들이 그린 나무나 집은 우리가 보기를 기대한 형태와 조금 더 비슷해집니다. 그렇지만 그런 그림들도 자세히 관찰하면, 조금 큰 아이의 내적 세계에 관해서 흥미 있는 사실들을 알 수 있습니다. 깊이 꿈꾸는 것 같은 상태의 어떤 남자아이는 그림 속에서 사람을 절대 땅에 닿게 그리지 않았습니다. 심지어 초등학교 2학년 후반기가 될 때까지 그러했습니다. 또 유치원의 우리 반에 있던 한 남자아이는 두 개의 집 사이에 슬픈 표정을 하고 있는 사람을 그리곤 했습니다. 아이는 자기 그림을 두고 하나는 집이고 하나는 소방서라고 설명했습니다. 하지만 저는 아이의 어머니를 만나 이야기를 듣고서야, 부모가 이혼을 해서 아이가 엄마와 아빠 집을 왔다 갔다 하면서 살고 있음을 알았습니다. 그림 속에 있는 슬픈 표정의 사람은, 두 집 사이에 놓인 길에서 느끼는 아이 자신의 감정이 표현된 것이었습니다.

아이의 그림과 의식의 발달이 어떤 관계가 있는지는, 원시 시대 미술과 이후 수세기를 지나면서 진보한 미술에서 인간 의식의 발달에 비슷한 점이 있음을 알 수 있을 것입니다. 아기가 맨 처음 하는 옹알거림은 특정한 인종적 혹은 민족적인 언어의 특성들과 아무런 관계없이 비슷합니다. 이와 마찬가지로, 아이가 처음에 그리는 사람 역시 특정한 인간이 아니라 보편적인 인간의 모습을 보여줍니다. 아이가 태어나서 7년 동안 그림으로 보여주는 이러한 상징 언어는 저 위의 세상을 보여주는 상징과도 같습니다. 스트라우스의 책과

『육화되는 아이』같은 책에는, 아이들의 많은 그림들이 실려 있습니다. 이런 책들을 통해서 여러분은 어린아이의 변화하고 있는 의식을 점점 잘 이해하게 되는 길을 만날 수 있을 것입니다.

블록 모양 크레용으로 색칠하기

막대 모양의 일반 크레용보다 블록 모양 크레용을 쓰면, 아이는 적은 노력을 들이고도 종이 전체를 쉽게 색으로 칠할 수 있습니다. 블록 크레용의 모서리 부분 말고 판판한 면을 사용하게 되면, 아이는 윤곽이 아니라 빛깔 있는 고리 모양을 그릴 수 있습니다. 이렇게 넓은 고리 모양의 색은 자연스럽게 형태들을 만들 수 있습니다. 그러면 노란색의 흐름은 아래로 혹은 밖으로 흘러나가고, 빨간색은 집중적이고 강렬한 느낌을 주고, 파란색은 부드럽게 곡선을 그리면서 주위를 에워쌀 것입니다. 색채를 표현하는 이러한 제스처들을 하게 되면, 정밀함과 복잡함을 필요로 하지 않으면서도 형태들이 솟아납니다.

여러분이 아이 앞에서 그림을 그릴 때는, 아이를 즐겁게 하고 가르칠 수 있도록 매순간의 호흡, 매순간의 생각, 매순간의 평화로움을 의식하면서 주의 깊게 손놀림을 하세요. 아이를 위해 주의 깊게 애정을 기울여서 그리는 그림은, 여러 단계들에서 아이에게 소중한 선물이 될 것입니다. 그림이 굳이 훌륭한 예술 작품일 필요는 없습니다! 아이가 낮에 행했던 활동을 여러분이 밤에 그림으로 그려 준다면, 아이는 놀라워하면서 이 선물을 아주 즐거워할 것입니다. 아이에게 중요했던 사건들과 짤막한 시를 남길 수 있는 이러한 그림을 적절한 상자나 서랍에 넣어 보관하게 되면 특별한 소장품이 될 수 있습니다.

아이와 함께 색을 칠하고 그림을 그리면서 여러분도 색채에 대한 감상력과 예술적 능력이 풍요로워짐을 발견할 것입니다. 아이들은 모두 그림을 그릴 수 있는 미술적인 능력을 선천적으로 가지고 있습니다. 만약 아이에게 사인펜이나 볼펜 대신 수채화 물감을 준다면, 그리고 "선이 그어져 있는 종이들" 대신에 텅 빈 종이에 색을 칠할 수 있게 한다면, 아이의 능력은 보다 활기차게 남아 있으면서, 일생 내내 그림 그리기에 좀 더 쉽게 다가갈 것입니다. 발도르프 학교에서 사용되는 블록 모양의 크레용은 파라핀 대신에 좋은 냄새가 나는 밀랍으로 만들어져 있습니다.

색채 경험

아이들은 자연스런 미술적 능력을 갖고 있습니다. 그런데 이 능력은 개발되지 않거나 부적당한 활동들 때문에 질식당하기 쉽습니다. 그래서 아이들은 종종 좌절하면서 "나는 그림을 잘 그릴 수 없어."란 믿음을 갖곤 하는 것입니다. 아이의 미술적인 능력이 드러나게 도와주는 일은 우리가 아이에게 줄 수 있는 커다란 선물입니다. 아이가 자라서 반드시 화가가 되어야 할 필요는 없지만, 색채와 살아 있는 관계를 계속 유지할 수 있다면 좋을 것입니다. 그러면 아이는 민감한 눈으로 빛과 그림자가 교차되는 것을 감지할 수 있을 것입니다. 또한 아이는 몇몇 미술적인 방법을 통해서 자신을 표현하는 것에 확신을 가질 것이고, 그 과정에서 즐거움을 찾아낼 수 있을 것입니다.

색채의 세계는 우리가 느끼는 방식과 직접적인 관련이 있습니다. 색채는 삶에 대한 우리의 태도와 기분에 영향을 미치고, 이 기분은 다시 색채로 표현됩니다. 영어에도 이런 관련을 반영하는 말들이 많이 있습니다. 가령, "질투심이 많은green with envy - 초록", "우울한 느낌feeling blue - 파랑", "격노해서 새파래진livid with rage - 검푸른", "살기등등한seeing red - 빨강", "낙관적인 시각rose-colored spectacle - 장미색", "편견 어린 시각jaundiced view - 황달에 걸린 것 같은 노란색" 등이 있습니다. 여러분은 세계를 이루는 기본적인 실체를 색으로 표현할 수 있습니다. 색채는 우리의 영적인 삶과 관련이 있습니다. 음식이나 공기나 물이 우리의 육체적인 삶과 관련이 있는 것처럼, 색채는 우리의 영혼과 정신에 영양분을 줍니다.

자연 세계는 온통 색으로 둘러싸여 있습니다. 계절에 따라 색깔들은 나타났다가 사라지며, 실제로 빛은 매일 나타났다가 다시 사라집니다. 태양이 뜨고 질 때의 분위기들도 색채를 통해 표현됩니다. 마찬가지로 차가운 땅과 습기 찬 공기를 지닌 봄의 분위기는, 따스한 땅과 시원하고 건조한 공기를 지닌 가을의 분위기와는 아주 다를 것입니다.

아이들은 색을 사랑하고 자기 주위에서 흘러나오는 색들과 가깝게 결합되어 있습니다. 또한 아이들의 감정은 색채의 영향을 아주 강하게 받습니다. 그래서 어떤 색은 아이에게 행복한 느낌을 줄 것이고, 또 어떤 색은 불편한 느낌을 줄 것입니다. 아이들은 어른보다 모든 것을 훨씬 잘 받아들이기 때문에, 아이들의 색채 경험은 아주 강렬합니다.

태어나서 7년 동안 아이는 온갖 것들을 자신의 온 존재 안에 받아들입니다. 즉, 아이의 몸, 영혼, 정신이 여전히 하나로 결합되어 있다는 뜻입니다. 어린 아이는 자기 주변에 존재하는 색채의 경험에 완전히 열려 있는 상태입니다. 이런 까닭에 부모인 우리는 아이의 이런 감수성이 훌륭한 예술적 특성들로 반영될 수 있도록 주위 환경을 만들어야 합니다. 즉, 주위 환경의 색깔, 형태, 벽의 장식, 소리, 장난감들이 예술적인 특성을 갖도록 해야 한다는 뜻입니다.

색채가 사람에게 미치는 심리적인 효과들은 이제 잘 알려지고 있습니다. 그래서 종합병원이나 정신병원 같은 곳에서 색채를 활용한 미술 치료들을 하기 시작했습니다. 색채가 아이들에게 미치는 심리적인 효과를 생각하면, 슈타이너가 말한 내용이 떠오릅니다. 그는 아이가 9살이 될 때까지 보색補色[33])이 가지는 효과에 대해서 주의해야 한다고 말했습니다.

---

33) 보색(補色) : 색상이 다른 두 가지 빛이 합해져 검은색이나 회색 같은 무채색을 이룰 때 이 두 색을 보색이라고 하는데, 예를 들어 빨강과 초록, 주황과 파랑이 보색 관계를 이룹니다. 어떤 색을 주시한 후에 다른 색으로 눈길을 돌렸을 때 그 색의 보색이 잔상으로 나타나기도 합니다.

"신경질적인" 아이, 말하자면 흥분을 잘하는 아이는 조용하고 활발하지 않은 아이와는 환경과 관련된 점에서 다르게 다루어야 한다. 일반적으로 아이가 지내는 방의 색깔과 다양한 물건들부터 그가 입는 옷에 이르기까지 모든 것을 고려해야 한다. 흥분을 잘하는 아이는 빨간색이나 붉은 빛이 섞인 노란색의 옷을 입고, 주위환경도 그런 계열의 색으로 둘러싸야 한다. 반면 활동적이지 않은 아이는 파란색이나 파란색이 섞인 초록색을 사용해야 한다. 이럴 때 아이의 내면에서 만들어지는 보색의 효과가 중요하기 때문이다. 이러한 보색 효과 때문에 빨간색의 경우에는 아이의 내면에서 초록색이 만들어지며, 파란색의 경우에는 오렌지색과 노란색이 만들어진다.

　　저는 유치원에서 이런 현상을 본 적이 있습니다. 유치원에서 제일 크고 싸움을 잘하는 남자아이가 있었는데, 아이는 매일 유치원에 오자마자 즉시 옷장으로 가서 빨간색 티셔츠를 입곤 했습니다. 아이가 그 빨간색 옷을 입고 있으면, 왠지 조금 차분해 보였습니다. 보색이 어린아이에게 보다 직접적으로 효력을 미친다는 사실을 제가 깨닫게 된 것은 슈타이너의 글을 통해서였습니다. 어른인 우리는 밝은 빨간색 계열의 색을 응시하고 있다가 순간적으로 곁눈질을 하게 되면, 짧은 순간 초록색 계열의 색을 보게 되는 보색의 경험을 할 것입니다. 슈타이너에 따르면, 어린아이가 내적으로 경험하는 보색의 경험은 외부의 색을 경험할 때보다 훨씬 강력하다고 합니다. 그렇더라도 시간이 지남에 따라 아이들도 점차 어른처럼 색채를 경험한다고 합니다.

　　우리는 일반적으로 색채를 대상들이 가진 속성으로 생각합니다. 하지만 우리 영혼이 지닌 내적인 눈은 색채가 가진 본질적인 성질을 볼 수 있을 것입니다. 슈타이너는 괴테의 『색채론Theory of Color』을 토대로 삼아서 색채에 대해 다음과 같은 글을 썼습니다.

　　괴테는 색채가 우리 안에서 불러일으키는 감정들에 우리가 주의를 기울이게 해주었다. 괴테는 빨간색이 가지는 도전적인 본성을 지적했고, 또 영혼이 빨간색을 주시하면서 느끼는 감정들에 관해서도 많은 가르침을 주었다. 마찬가지로 파란색이 있을 때 영혼이 느끼는 고요함과 명상적인 상태에 대해서도 이야기하고 있다. 우리는 아이들에게 색채를 이러한 방식으로 제시해줄 수 있을 것이다. 그렇게 되면 아이들은 색채들이 불러일으키는 감정의 그림자들을 무심결에 경험할 수 있을 것이다. 그리고 색채들이 보여주는 내적인 삶을 자연스럽게 경험할 수 있을 것이다.

그러므로 부모와 선생님들은 가능한 일찍, 아이들이 색채가 불러일으키는 감정들에 푹 잠길 수 있도록, 색채의 세계 속에서 살고 작업할 수 있도록 해주어야 합니다. 브룬힐드 밀러Brunhild Muller는 『아이들과 함께 색칠하기Painting with Children』란 책에서 이렇게 말하고 있습니다. "아이들은 색채를 감각으로 느낄 뿐만 아니라, 동시에 그것의 성질을 민감하게 감지한다. 아이들은 색채가 지닌 고유한 본성을 자신 안에서 느끼며, 색채가 가진 비물질적인 본성을 의식하고 있다. 하지만 점점 자람에 따라 이 의식은 점차 사라지며, 학교에 갈 나이가 되면 색채를 대상의 속성(파란 공, 빨간 지붕 등)으로 경험한다."

그러므로 색채를 강하게 경험하고 느낄 수 있도록 어린아이에게 물감이나 크레용으로 색을 칠하게 하는 것이 좋습니다. 그렇다고 "미술 수업" 같은 식으로 접근해서는 안 됩니다. 그런 수업은 아이로 하여금 어른을 흉내 내게 해서, 완성품이나 완결된 형식을 만들게 하기 때문입니다. 순수하게 색채를 경험하게 하는 미술 활동은 어린아이에게 소중한 가치가 있습니다. 그런 경험은 어린 시절 내내 변형되어 갈 것이고, 나중에 여러 능력들로 드러날 수 있을 것입니다.

어린 아이들과 수채화 그림 그리기

어린아이에게 가장 좋은 색채 경험 중의 하나는 젖은 종이에 수채화 그림을 그리는 것입니다. 색들은 물속에서 자신의 본질적 요소를 가장 잘 드러내기 때문입니다. 흔들리고, 아른아른 빛나고, 흐르듯 이어지는 색채의 본성은 자신의 무거움과 이 세상의 견고함을 잃어버린 순간에 드러날 것입니다. 롤드 러셀Rauld Russell은 『젖은 종이 위에 수채화 그리는 방법과 아이들을 가르치는 방법How to Do Wet-on-Wet Watercolor Painting and Teach Your Children』이란 책에서 이렇게 설명하고 있습니다.

젖은 종이의 표면은 색이 흘러가는 움직임을 갖게 해준다. 얇은 바닷물의 색채는 움직이고, 섞이고, 변하고, 밝아졌다가 어두워진다. 마치 인간의 감정들과 느낌들처럼 말이다. 마른 종이에 그림을 그리게 되면, 내적인 삶이 가진 온갖 풍요로움과 잠재성을 단단한 경계를 가진 완고한 형식으로 고정시키게 된다. 이것은 "단단해진" 삶의 이미지들을 불러일으킬 수 있다. 반면 젖은 종이에 그리는 그림은 부드러우면서 완결되지 않았기 때문에, 여전히 자라고 있는 아이의 본성에 실제로 가장 적합하다.

어른들 중 누구도 유치원 아이들처럼 색을 칠하지 않습니다. 왜냐하면 이 시기의 아이들은 완전히 무의식적으로 색을 칠하기 때문입니다. 여러분이 만약 이렇게 젖은 종이에 색칠하는 기법에 익숙하지 않다면, 칼라 삽화들이 들어간 미술 관련 책들을 참고할 수 있습니다. 여러분은 아이와 쉽게 이런 수채화 그림을 그릴 수 있을 것이며, 그 결과는 아주 아름다울 것입니다.

필요한 물품들

미술용품 가게에 가야 한다는 생각을 하면, 여러분은 조금 난처한 느낌을 가질 수도 있습니다. 하지만 여러분에게 필요한 것은 오직 물감 세 개뿐입니다. 발도르프 유치원에서는 어린아이들이 가장 기본이 되는 색인 빨강, 노랑, 파란색만을 사용합니다. 무한히 많은 다른 색들은, 흥분된 아이들의 시선 아래에서 여러분이 종이 위에 그려 보일 수 있습니다. 러셀은 다음과 같은 이야기를 들려주고 있습니다. "수채화 물감으로 색을 칠하는 일은 아이의 성장과 관련이 있는 정신적, 생리적 과정에 깊은 영향을 끼친다. 그렇기 때문에 아주 어린 아이를 위해서 여러분은 노란 색으로는 중간 정도 밝은 레몬 빛 노랑, 파란 색으로는 코발트나 울트라마린 파랑, 빨간 색으로는 로즈크림슨 빨강 물감을 선택하기를 바랄 것이다. 이 색들의 순수함은 본질적인 것이다." 그는 스탁마르Stockmar, 그룸바처Grumbacher, 윈저 뉴트Winsor Newto 물감처럼 화가들이 주로 쓰는 수채화 물감을 추천하고 있습니다.

또한 그룸바처나 아쿠아비Aquabee에서 나온 만능 종이나 스트라스모어Stathmore 80에서 90-1b까지의 그림 종이처럼 좋은 품질의 종이를 사는데 돈을 쓰는 일은 가치 있는 일입니다. 값이 싼 종이는 색채가 가진 밝은 성질과 강렬함을 드러내지 못할 것이기 때문입니다. 그리고 아이가 색칠하기를 끝내기도 전에 자칫 종이 타월처럼 찢어져 버릴 수도 있기 때문입니다. 커다란 종이는 비싸지만 네 조각으로 잘라서 쓸 수 있습니다. 그리고 아이는 한 번 그릴 때, 오직 한 장의 그림만 그릴 필요가 있습니다. 이런 종류의 그림은 아주 특별하며, 상자에서 복사 용지를 여러 장 꺼내서 맘대로 그리는 그림이 아니기 때문입니다.

미술용품 가게에 가서 여러분과 아이가 쓸 붓을 고릅니다. 이때 뾰족한 붓보다는 적어도 너비가 2센티미터 정도 되는 커다랗고 납작한 붓을 사면 좋을 것입니다. 납작한 붓은 윤곽을 그리게 하기보다는 색채를 더 풍부하게 경험하도록 도울 수 있기 때문입니다.

갖추고 있어야 할 다른 품목들

- 각각의 물감을 담는 데 필요한 아기 이유식용 크기의 병 3개.
- 물감을 미리 섞거나 저장해 놓기 위한 약 0.5리터 크기의 병 - 물감이 쉽게 흘러내릴 정도라면 냉장고에 보관합니다.
- 다른 색을 칠할 때 붓을 헹굴 수 있는 병들 - 쉽게 녹이 스는 캔 종류 대신 유리병이 좋습니다. 아이들이 색을 칠할 때처럼 붓을 헹굴 때도 색이 물속에서 변하는 것을 볼 수 있기 때문입니다. 이런 변화는 색을 칠할 때만큼 충분히 흥미롭습니다!
- 나무 보드 혹은 섬유판 - 색을 칠할 때와 그림들을 보관하는데 편리합니다. 그림이 마를 동안에는 움직이면 안 됩니다.
- 시작하기 전에 젖은 종이를 살짝 문질러 줄 깨끗한 스펀지 조각 하나.
- 색칠을 할 때마다 붓을 닦을 스펀지나 천 조각 하나.
- 헐렁한 작업복이나 그림 그릴 때 입는 셔츠

준비하기

아이들은 색칠할 준비를 돕는 것을 아주 좋아합니다. 여러분이 헐렁한 작업복을 입고 필요한 재료들을 꺼내면, 아이는 거의 항상 자발적으로 도울 것입니다.

- 종이를 크기에 맞게 잘라 준비합니다(2살짜리 아이가 필요한 종이는 5살짜리 아이보다 작은 크기입니다.). 어린아이들을 위한 발도르프 프로그램에서는 종이를 자를 때 모서리를 항상 둥글게 만듭니다. 기하학적인 형태인 사각형보다 둥근 형태가 어린아이들에게 조금 더 적합하기 때문입니다. 또한 둥근 형태는 사각형과 달리 아이들이 종이의 끝 부분까지 색을 보다 자유롭게 칠할 수 있게 해줍니다.
- 물감 튜브에서 물감을 약간 짜내어 혼합용 병에 넣고 물을 섞어서 묽은 시럽 정도의 농도로 희석시킵니다. 파란색보다는 노란색이 더 많이 필요할 것입니다. 그런 다음, 미리 섞어 놓은 물감을 각각의 물감 병에다 조금씩 덜어 놓으면, 물감이 혼탁해지거나 쏟아져서 낭비되는 것을 막을 수 있습니다. 나머지는 작은 병에 보관해서 필요한 경우에 다시 쓸 수 있습니다.
- 각각의 종이들을 물에 담급니다. 싱크대에서 할 수 있습니다. 색칠할 아이들이 많다면, 플라스틱 쟁반이 도움이 될 것입니다.
- 아이가 그림용 나무 보드를 꺼내고 병에 물을 채우는 일을 하게 합니다. 각각의 보드에 준비한 3개의 물감 병을 주고, 붓을 닦을 축축한 스펀지를 하나씩 줍니다. 모든 것이 준비가 될 때까지 붓을 사용하지 못하게 하면, 아이가 조급하게 행동하지 않습니다.
- 이제 보드에 젖은 종이 한 장을 놓고, 따로 놓아둔 마른 스펀지로 종이를 살짝 문지릅니다. 종이가 너무 젖었으면 물감이 지나치게 흘러내리거나 마르면서 뒤범벅이 되기 때문입니다. 그렇다고 아주 말라 버릴 정도로 종이를 문지르지는 마세요.

색칠을 시작하기

처음으로 어린아이와 이러한 기법들을 활용해서 그림을 그릴 때는, 한 가지 색깔만을 잘 섞어서 사용합니다. 한 가지 색깔만으로 몇 번 그리다 보면, 노란색, 파란색, 빨간색 각각이 혼자서만 사용될 때 아이에게 말해 주는 것들을 경험할 것입니다. 여러분은 어떻게 붓을 병 모서리 위에 놓고 말리는지, 물감을 묻히기 전에 스펀지에 어떻게 붓을 닦는지를 아이에게 보여주고 싶을 것입니다. 그러면 나중에 아이는 이런 일들을 아주 잘 할 테니까요.

두 가지 색을 소개해 줄 때는, 색을 바꾸어 칠하기 전에 붓을 어떻게 헹구는지 보여주어야 합니다. 저는 자주 이렇게 말하곤 했습니다. "피터란 붓이 목욕을 하고 싶대, 또 새 옷을 입기 전에 머리를 감고 싶다고 하네. 그리고 피터는 자기가 깨끗한지 아닌지를 알아보려고 스펀지에 머리를 닦을 필요가 있대." 그러면서 우리는 스펀지가 깨끗한지 아닌지 살펴보았고, 만약 깨끗하다면 피터는 다음 물감 병으로 갈 수 있습니다. 스펀지에 붓을 닦는 일은, 붓이 깨끗한지를 알아보기 위한 것과 불필요한 물을 없애는 두 가지 목적이 있습니다. 색을 칠하는 동안 아이에게 간단한 기법을 가르칠 필요는 있지만, 그렇다고 아이에게 미술 수업을 하거나 어떤 주제에 대해 가르칠 필요는 없습니다. 또 아이가 항상 자기 붓을 헹구는 일을 기억할 거라고 기대해서는 안 됩니다. 자기 그림 속에서 드러나는 색들을 아이가 그저 경험하게 해주세요. 어린아이들은 대단히 모방을 잘하기 때문에, 여러분이 비슷한 종류의 그림을 그리는 것이 가장 좋습니다. 즉, 여러분이 형태를 이끌어내려 한다거나 의미를 부여하려고 애쓰지 말고 젖은 종이에 색을 칠하는 겁니다. 이런저런 다른 방식의 그리기를 시도하기보다는 아이가 여러분을 이끌어가도록 하세요.

여러분이 두 가지 색을 가지고 이 작업을 시작할 때면, 아이는 노란색이 파란색과 어울릴 때 어떤 일이 일어나는지를 발견하고 매우 기뻐할 것입니다. 이런 식으로 수채화를 그리게 되면, 아이들의 색채 경험이 생생하고 활기 있어질 것입니다. 그러면 색채에 관해서 "노랑과 파랑이 섞이면 초록이 된다."는 지식을 얻는 것이 아니라, 살아 있는 경험을 하게 될 것입니다. 저는 어렸을 때 그런 경험을 해본 적이 없었습니다. 그래서 10살 때 노랑과 파랑이 합해지면 초록이 되고, 빨강과 파랑이 합해지면 보라색이 된다는 사실을 머리로 기억하려고 애를 쓰곤 했었지요. 하지만 이런 방식으로 색을 칠하는 아이들은 저처럼 머리로 기억하려는 딜레마에 결코 빠지지 않을 것입니다!

아이에게 세 가지 색을 한꺼번에 소개하기 전에, 여러분은 몇 주에 걸쳐서 두 가지 색, 그러니까 노란색과 파란색, 노란색과 빨간색, 빨간색과 파란색을 먼저 소개해 주어야 합니다. 아이가 초등학생이 될 때까지는 기본이 되는 이 세 가지 색보다 더 많은 색이 꼭 필요한 것은 아닙니다. 이런 방식으로 색을 칠하는 법을 조금 큰 아이들에게도 자연스럽게 소개할 있습니다. 기초에서부터 색들을 경험한 아이들은 점차 이 색들로부터 형태를 이끌어낼 수 있을 것입니다. 즉, 색칠용 책들에서와 같이 이미 그려진 기본 윤곽선에 따라 색칠을 하는 게 아니란 뜻입니다.

색을 칠하면서 하는 아이들의 경험

3살짜리 아이는 흔히 하나의 색만으로도 충분히 만족스러워하고, 자기 물감 병이 비어 버릴 때까지 색을 칠하곤 합니다. 3살짜리에게 처음부터 두 가지나 세 가지 색을 주게 되면, 아이는 아마도 색들을 겹쳐서 칠할 것입니다. 하나의 색을 칠한 다음에 그 옆에다 다른 색을 칠하기보다는, 그 위에다 다른 색을 덧칠할 것이고, 그 결과 색이 뒤범벅이 될 것입니다. 그러나 한 가지 색부터 시작해서 점차 두 번째 색과 세 번째 색을 쓰게 한다면, 아이는 곧 옆에다 다른 색을 칠하는 법을 배울 것입니다.

4살이나 5살짜리 아이는 한 가지 색을 칠한 다음에 그 옆에다 다른 색을 칠할 수 있을 것입니다. 그러면서 아이는 자기 종이 위에 나타나는 새로운 색깔이나 형태를 발견하고는 행복하게 이야기할 것입니다. 5살이나 6살짜리 아이는 뭘 그릴 지에 대한 계획을 가지고서 그림 그리기에 접근할 것입니다. 이것은 자기가 하고 싶은 것을 상상 놀이를 하면서 자유롭게 표현하는 것과 똑같습니다. 붓에 첫 번째 색을 묻히기 전에, 이 나이의 아이는 종종 칠하고 싶은 분명한 색깔이나 대상의 이미지를 떠올리곤 합니다. 아이가 그리고 싶은 것들에는 나무, 무지개, 하트 모양 같은 것들이 있습니다. 수채화 물감과 젖은 종이는 고정된 윤곽을 그리는 일을 어렵게 하는데, 이것은 아이가 환상Fantasy의 힘을 발달시키는 데 좋은 역할을 합니다. 이미 그려진 형태에 새로운 색을 덧붙여 그릴 때면, 많은 경우 아이들은 자기 환상과 상호 작용할 수 있는 새로운 감각적 인상을 결합시킬 것입니다. 이 정도 큰 아이들은 자기 그림에 대해서 여러분이나 다른 아이에게 기쁘게 이야기를 할 것입니다. 가령, 특별히 자기가 좋아하는 색이 어떤 색인지 혹은 색칠한 그림에서 자기가 발견한 것이 무엇인지를 이야기할 것입니다.

아이가 하는 어떤 말이든 다 들어주세요. 하지만 "이게 뭐야?" 또는 "이것은 무슨 의미지?"라고 묻지는 마세요. 어떤 형태를 완성했든 아니든 간에, 아이는 지금 색채 자체를 경험하고 있는 중이기 때문입니다. 마찬가지로 앞으로 화가가 되겠다는 칭찬을 해주기보다는, 그림에서 드러난 색깔의 아름다움이나 상호 작용하는 색들의 자연스러운 특성을 칭찬해 주는 것이 좋습니다. 그러면 자기 그림에 자의식을 가지거나 판단하는 일을 뒤로 늦출 수 있을 것입니다.

한편 조숙하거나 "지나치게 깨어 있는" 아이는, 색을 칠하는 일이 지닌 변하기 쉬운 특성들로부터 도움을 받을 수 있을 것입니다. 본 헤이더브란트에 따르면, "색채가 지나치게 단단한 형태로 굳어지거나 구체화되지 않고, 표면에 떠오르면서 그 물결무늬가 서로에게 흘러들어 가게 되면, 너무 조숙하거나 지나치게 영리한 아이는 어린 시절의 꿈꾸는 것 같은 분위기로 되돌아갈 수 있 수 있을 것이다."

냉장고 위나 벽에다가 좋아하는 그림들을 마음껏 붙였다면, 여러분은 곧 다른 목적으로 아이의 이 그림들을 이용해서 멋지고 아름다운 것을 많이 만들 수 있을 것입니다. 예를 들어, 생일파티 초대장, 좌석 표, 선물포장, 왕관, 책표지를 만들 수도 있고, 종이접기용으로 사용해서 동물이나 사람의 모습을 만들 수도 있습니다. 비록 이러한 그림들이 아주 흥미로운 것을 나타내고 있지는 않더라도, 색들이 아름답게 흘러가는 면들이 있기 때문에, 잘라서 멋진 것들을 만들 수 있을 것입니다.

나중의 삶의 단계들에서 나타나는 변형

　색을 칠하는 일은 그 순간의 멋진 활동이라는 점 이외에도 다른 유익함도 가지고 있습니다. 자신의 내적인 경험에 참되게 다가가는 이런 방식으로 색들을 발견한 다음에 다시 자연 속에서 그 색들을 발견하게 되면, 아이는 나중에 빛과 그림자의 상호 작용을 보면서 색들을 보다 섬세하게 바라보게 될 것입니다. 비록 화가가 되는 것이 아이의 운명은 아닐지라도, 아이는 세상을 훨씬 잘 이해하고 경건한 마음으로 세상을 인식할 수 있을 것입니다.

　미술적인 경험과 직접적인 관련은 덜하지만, 여전히 한 사람의 삶에서 너무나 소중한 다른 유익함도 있습니다. 어린아이가 이런 식의 색칠 경험을 하게 되면, 이 특성들이 무의식적으로 나중의 삶에 영향을 미칠 것이기 때문입니다. 프레야 야프케Freya Jaffke는 「색을 칠하기와 그것을 통한 인간의 발달에 관하여About Painting and Human Development Through」라는 글에서 이런 특성들에 관해 논의를 하고 있습니다. 가령, 색을 칠하는 일은 조심스러워야 하고, 주의를 기울여야 하며, 기다려야 하고, 작업의 순서를 따라야 하고, 색이 섞이는 원리를 경험하고, 다양한 농도로 색을 써보는 일을 포함하고 있다고 말하고 있습니다. 야프케는 다음과 같은 연결이 있다고 보고 있습니다.

이러한 모든 활동들은 점차적으로 깨어나는 아이의 영혼에 지속적으로 새로운 자극을 제공한다. 즉, 아이가 자신의 몸을 파악하고, 자기 감각을 조직하고, 손과 발을 조금 더 민감하게 사용할 수 있도록 도와준다는 뜻이다. 아주 어린 시절에 색의 강렬함과 섬세함에 주의를 기울이는 법을 배운 사람은, 나중의 사회적 상황에서도 동일한 영혼의 능력들을 적용하는 법을 보다 쉽게 찾아낼 수 있을 것이다. 가령, 어른이 되어서도 자기주장을 하고 승인을 얻는 능력과 자기의 논의를 펼칠 수 있는 능력을 가질 수 있을 것이다. 그리고 상대방의 반응도 잘 받아들일 수 있을 것이다. 마찬가지로 어른의 논리적인 사고 과정도 어린 시절에 색을 칠하는 단계마다 순서대로 경험했던 내적 질서의 도움을 받을 수 있을 것이다.

야프케가 지적했듯이, "순서대로 이어짐"은 어린 아이가 그 행위를 하는 일을 통해서 가장 잘 배울 수 있습니다. 우리가 첫 번째, 두 번째, 그리고 마지막에 하는 일이라고 말하는 것을 통해서 배우는 것이 아닙니다. 야프케는 이렇게 쓰고 있습니다.

자연스럽게 아이들은 이것을 의식하지 않는다. 아이는 자기가 하고 있는 일을 의식하지는 않지만, 그 활동들 속에서 강렬하게 살아가고 있다. 이런 방식으로 아이는 깊은 수준에서 기다릴 수 있음을 경험한다. 나중의 삶의 단계들에서 아이는 이제 의식적으로 그것을 파악할 것이고, 자신의 삶을 이끌어갈 수 있는 능력으로 표현하게 될 것이다. 이러한 효과들을 보면, 유치원에서 미술적인 시도들을 하는 것이 참된 인간성의 발달을 위해서 올바르다는 사실을 알 수 있다. 예술이란 "진정한 삶"에 장식적으로 덧붙이는 미학적인 보조물이 아니다. 오히려 끊임없는 노력과 훈련으로 예술을 보게 되면, 예술은 인간이 삶을 진실로 잘 다룰 수 있는 토대가 될 수 있을 것이다.

밀랍으로 모양 만들기

　미술과 관련된 다른 활동으로는 색깔 있는 밀랍을 사용하는 모양 만들기가 있습니다. 밀랍은 점토보다 몇 가지 좋은 점이 있습니다. 밀랍은 냄새가 좋고, 더러워지지 않으며, 계속해서 사용할 수 있을 뿐 아니라 따뜻합니다. 그래서 아이는 사용하기 전에 색깔 밀랍 한 조각을 떼어서 두 손으로 따뜻하게 만들어야 합니다. 이렇게 두 손을 모두 쓰는 과정에서 밀랍은 아이의 손을 따뜻하게 해줍니다. 이와 반대로 점토는 차가운 흙이라서 몸의 따뜻함을 빼앗습니다. 이런 이유 때문에 점토는 9살 이상의 아이들이 사용하고, 그보다 어린아이들은 밀랍을 사용하는 게 좋습니다. 그래도 아주 어린아이일 경우나 날씨가 몹시 추운 날이라면, 아이가 따뜻하게 하기에는 밀랍이 너무 딱딱할 것입니다. 그러면 여러분이 약간 녹여 줄 수도 있고, 난로 옆에 잠깐 두어서 부드럽게 하면 모양을 만들기가 수월할 것입니다.

　발도르프 학교에서는 색 밀랍을 사용해서 생일이나 축제일에 멋진 선물을 만들어 주곤 합니다. 밀랍을 사용하려고 아이가 두 손으로 녹이고 있을 때는 여러분도 똑같이 밀랍 한 조각을 녹여 보세요. 이 시간은 아이에게 짧은 이야기를 들려줄 수 있는 아주 좋은 시간입니다. 그 다음에 뭔가를 만들어 보세요. 다른 미술 활동들을 할 때와 마찬가지로, 가르치려하지 말고 뭐든 아이가 스스로 만들어 보게 하세요. 유치원 아이들한테 미술 활동은 자기의 내적인 경험을 표현하는 활동입니다. 그러므로 외부에서 주어진 아이디어에 따라서 모양을 만들려고 애쓰는 일은 그 시기 아이들에게 적절하지 않습니다. 모방의 원리를 기억하면서 여러분도 아이와 함께 여러분의 모양 만들기를 해보세요. 마무리가 될 때 즈음 저는 항상 아이들의 창조성을 볼 수가 있었습니다. 그러니까 제가 만든 것을 그대로 만들고 싶어 하는 아이들이 없었다는 뜻입니다. 오히려 제가 아이들이 만드는 것을 모방하고 싶을 지경이었습니다! 아주 어린아이들은 그냥 밀랍의 촉감을 즐기면서 찔러 보거나 늘려볼 것입니다. 환상Fantasy의 요소가 들어가면, 아이들은 자기가 지금 무엇을 만드는지를 이야기해 줄 것입니다(비록 여러분이 발견한 것과는 공통점이 없을지라도 말입니다). 4살에서 5살이 되면서 아이들은 능숙하게 밀랍을 다룰 것이고, 창조적으로 뭔가를 만들 것입니다. 그것들을 특정한 장소에 있는 작은 통나무 위에 올려놓고, 아이들이 갖고 놀게 하거나 다음번 사용 때까지 놔둘 수도 있습니다. 그러면 다음 만들기 시간에 아이들은 그것들을 다시 따뜻하게 만들어서 뭔가로 변형시킬 수 있을 것입니다.

아이들과 함께 만들어보기

 아이와 함께 뭔가를 만들거나 여러분이 만든 것을 보고 아이가 모방해서 뭔가를 만들게 하는 일은 창조성, 손재주, 미학적 판단력을 북돋울 수 있는 좋은 미술적 활동들입니다. 제가 바느질하는 것을 저희 유치원 아이들이 흔히 보기 때문에, 아이들 역시 자기들의 바느질 바구니를 들고 와서 작업하는 것을 아주 좋아합니다. 몇 명의 아이들은 제가 만든 것보다 훨씬 창조적으로 인형을 만들기도 했습니다. 그들에게는 "인형이란 이렇게 생겨야 한다."는 의식이 없기 때문입니다. 만약 여러분이 이 책에서 이야기하는 인형이나 장난감들을 만들려고 한다면, 아이가 사용할 바느질 바구니도 마련해 주세요. 진짜 일을 모방하는 것이 아이한테는 커다란 즐거움 중의 하나일 것입니다.

 마찬가지로, 아이는 수를 놓는 일도 좋아합니다. 맨 처음에는, 수틀에 고정시킨 성글게 짠 천에다 수를 놓을 수 있는데, 이때는 털실을 끼운 커다란 플라스틱 바늘을 사용하면 됩니다. 우리 프로그램에서는, 아이들과 함께 산책하면서 모아둔 보물들을 활용하여 깔개, 책갈피, "천연 가방" 등을 수를 놓아서 만들곤 했습니다. 조금 큰 아이들은 자수용 명주실과 가는 바늘을 사용할 수 있습니다. 아이들은 곧 인형을 만들 때 날카로운 가위도 안전하게 사용할 것입니다.

여러분과 아이는 또한 나무껍질, 나뭇가지, 통나무를 얇게 자른 것들을 가지고서 뭔가를 만들 수도 있습니다. 가령, 나무와 실패를 이용해서 조각배, 새 먹이통, 인형용 가구를 만들 수 있습니다. 이처럼 재료를 변형시켜 무엇인가를 창조하고 만드는 행위는 인간의 기본적인 활동 중 하나입니다. 아이들 역시 잘라서 모양을 만들거나 구멍에 쐐기 못을 박는 일만큼이나 실제로 뭔가를 만들면서 대단히 만족스러워할 것입니다.

여러분 내면에 있는 예술가를 자유롭게 해주기

아이들과 함께 이런 예술 활동들을 하면서 얻는 부수적인 이로움 중 하나는, 여러분 속에 있는 타고난 창조 능력을 일깨우고 키울 수 있다는 점입니다. 어쩌면 이 능력은 활용되지 않아서 또는 "난 그런 솜씨가 없어." "나는 그림을 못 그려."란 잘못된 믿음 때문에 내내 억눌려 있었을지도 모릅니다. 발도르프 교사 교육 과정과 아이와 함께 성장해 가는 과정에서 가장 흥미진진한 일들 중 하나는, 여러분 자신의 어린 시절과 미술적 능력을 다시 복원시키는 일이 될 수 있습니다.

하지만 발도르프 교육을 받지 않은 우리들 대부분은, 아마도 자신의 창조적인 노력들을 비판하는 경향을 내면화하고 있을지도 모릅니다. 그 결과로 그림 그리기, 글쓰기, 춤추기, 노래하기 같은 예술적이고 창조적인 표현을 그만둔 경우가 있을 지도 모릅니다. 만약 아이들이 장난만 치게끔 놔두고 싶지 않고, 여러분 자신의 내면의 창조성을 나타내는 일에 관심이 있다면, 저는 줄리아 카메론Julia Cameron이 쓴 『예술가의 길 : 더 높은 창조성을 위한 영적인 길The Artist Way : A Spiritual Path to Higher Creativity』에 나온 방법들을 적극 추천하고 싶습니다. 저자는 괴로운 부모들과 창조성이 막혀 버린 예술가들이 내면에 있는 창조성을 다시 일깨울 수 있도록, 실천적인 연습들과 태도 조정을 격려하는 방법들을 보여주고 있습니다(저자는 이것을 "영적인 카이로프랙틱Spiritual Chiropractic[34]"이라고 부릅니다.).

자신을 위해서 약간의 시간을 낸다면, 여러분의 삶이 변화할 수 있을 것입니다. 뿐만 아니라 여러분의 부모노릇에 필요한 창조적이고 양육하는 힘들을 스스로에게 제공할 수 있습니다. 카메론은 이렇게 말합니다. "사람들은 흔히 예술은 퇴폐적인 것이라고 생각한다. 그래서 '지금 굶어 죽어 가는 모든 사람들은 어쩌라고?' 말한다. 하지만 나는 다르게 말하고 싶다. 만일 당신이 정서적으로나 창조적인 면에서 굶주려 있는 사람이라면, 당신은 다른 사람을 도울 때 꼭 필요한 풍요로운 느낌이 전혀 없을 것이라고 말이다. 반대로 당신이 자신의 행복을 위해 노력하고, 자신의 영혼을 잘 보살피고 있다면, 그때는 다른 사람을 효과적으로 도와줄 수 있을 것이다." 창조적인 길이란 단순히 예술 작품을 창조하는 일을 넘어서서, 삶 자체의 모든 순간들에 적용할 수 있는 길을 말합니다.

---

34) 카이로프랙틱(Chiropractic) : 척추 교정용 지압 요법을 말합니다.

10

아이의 음악적 능력을 격려하기

즐거운 소리 만들기

아이들은 소리를 아주 좋아합니다. 아이들은 자기 목소리로 소리를 내고, 수저로 냄비를 때리고, 나무 피리를 불면서 소리를 만들어내는 것을 사랑합니다. 그리고 아이들은 소리를 듣는 것도 아주 좋아합니다. 소리는 아이들에게 물건의 내적 구조에 관한 흥미롭고 재미있는 정보를 알려주기 때문입니다. 뭔가를 만지고, 두드리고, 떨어뜨릴 때, 움직임 속에서 그 물건의 특질이 소리로 나타나기 때문에 아이는 무의식적으로 소리에 몰두합니다. 딸랑이를 가지고 노는 아기는 그것을 흔들면서 그 특질을 표현하고 있습니다. 하지만 아기는 딸랑이를 흔들 때는 소리가 나다가 멈출 때는 소리가 나지 않는다는 사실에도 역시 귀를 기울입니다.

움직임과 소리는 어린아이에게 서로 섞여서 들립니다. 신경학자들은 특정한 활동을 할 수 없는 아이는 특정한 소리 또한 만들지 못한다는 것을 발견했습니다. 어린아이는 자연스럽게 움직임 안에서 살고 있기 때문입니다. 그러므로 환경에 의해 억압되지만 않는다면, 아이의 움직임은 초등학교에 들어갈 때까지 물이 흐르듯 자유로울 것입니다. 움직임에는 길고 짧은 리듬이 있지만, 9살 전에는 우리가 박자(각각의 순간마다 무수히 많은 규칙적인 강조)라고 부르는 것은 나타나지 않습니다. 9살쯤 되면 아이는 세상과 새로운 관계를 맺고 화음과 음계를 느끼고 이해합니다.

어린아이가 가진 내적이고 음악적인 본성에 관해서 루돌프 슈타이너는 이렇게 말했습니다.

"우리는 아이가 '음악가'로 태어나는 일이 어느 정도는 인간의 본성이라는 것을 알아차려야 한다. 모든 개인은 자신의 몸에 음악적인 리듬을 부여하려는 욕망을 지닌 채 이 세상에 태어난다. 그리고 세상과 음악적인 관계를 맺으려는 욕망을 갖고 태어난다. 이 내적이고 음악적인 능력은 3살에서 4살 시기에 가장 활동적으로 나타난다."

음악과 인지적인 발달

　유치원 시기에 아이의 음악적인 활동과 움직이는 활동들을 살펴보면서, 나중에 아이를 훌륭한 음악가로 만들 수도 있고 그렇지 않을 수도 있습니다(이것은 아이의 특별한 음악적 재능과 운명에 달려 있습니다). 그렇긴 해도 음악에 대한 관심은 아이의 건강한 발달에 토대를 놓을 것이고, 나중에 올 삶의 모든 영역들로 뻗어나갈 것입니다. 오늘날 부모들은 세간에 떠도는 소위 "모차르트 이펙트Mozart Effect"의 평판들에 무차별적으로 영향을 받고 있습니다. 이러한 현상은 병원에서 부모가 된 사람들의 집으로 클래식 음악 CD가 수없이 배달되는 상황을 보면 잘 알 수 있습니다. 이 CD 음반들에는 아기를 더 똑똑하게 만들어 줄 목적으로 들려줄 클래식 음악들이 수록되어 있습니다. 이를 위해 많은 거대 음반 회사들과 분유 회사들이 돈을 대고 있으며, 조지아 주와 테네시 주에서는 주 의회가 그 비용을 부담하고 있습니다. 심지어 플로리다 주에서는 주립 탁아 시설에서 매일 그런 음악을 틀어주는 법령을 정하기까지 했습니다. 그런데 이런 유행을 뒤에서 후원하고 있는 연구들이 정말로 보여주는 것은 무엇일까요?

　"모차르트 이펙트"는 1993년 캘리포니아 대학의 물리학자인 고든 쇼Gordon Show 박사와 위스콘신 대학의 신경학자인 프란시스 로셔Frances Rauscher 박사가 연구한 결과물을 말합니다. 그 연구를 보면 모차르트의 '두 대의 피아노를 위한 소나타 D장조'를 10분 동안 들었던 대학생들은, 시간과 공간에 관한 시험에서 아무것도 듣지 않거나 기분 전환용 테이프를 들었던 때보다 8점이나 9점 더 높은 점수를 얻었다고 합니다. 시간과 공간을 추론하는 능력은 수학, 물리학, 공학에서 요구되는 수준 높은 두뇌 기능의 핵심입니다. 하지만 이렇게 증가했던 능력이 한 시간 후에는 사라졌다는 사실도 주목해야 합니다. 또한 다른 연구자들이 행한 연구에서는 이런 결과를 다시 되풀이할 수 없었다는 점도 주목해야 합니다.

모차르트 음악에 관한 실험은 실제로 1990년에 시작되었으며, 그때 쇼 박사의 연구팀은 뇌가 스스로 자신의 음악을 만든다는 사실을 발견했습니다. 연구자들은 뇌가 작동하는 신경 흥분 패턴들을 본떠서 컴퓨터로 생성되는 모델들을 만들었습니다. 연구팀은 이 다양한 컴퓨터 두뇌 패턴들에 신디사이저Synthesizer[35] 장치를 입력했을 때, 알아들을 수 있는 다양한 스타일의 음악을 듣게 되었습니다. "어떤 것은 바로크 음악 같은 소리를 냈고, 어떤 것들은 동양적인 음악 같았으며, 어떤 것들은 포크 음악 같았다. 신경 세포인 뉴런들이 서로 소통을 하면서 음악을 '연주했던' 것이다."

이 결과를 두고 연구자들은 과연 이 뉴런들이 서로 소통하도록 하는 것이 음악 자체인지 아닌지에 대해 의문을 갖게 되었습니다. 그래서 그들은 어떤 음악적 훈련이 아이의 두뇌 발달에 영향을 미치는지를 알아볼 목적으로, 유치원 아이들을 대상으로 연구를 계획했습니다. 그들의 연구는 1997년 「신경학 연구Neurological Research」라는 잡지 2월호에 발표되었습니다. 연구에서는 111명의 3살과 4살 아이들을 임의적으로 네 그룹으로 나누었습니다. 한 그룹은 매일 노래를 부르는 수업을 받았고, 일주일에 2번씩 15분 동안 피아노 개인 교습을 받았습니다. 이 그룹 아이들은 스스로 피아노 연습을 하고 싶을 때면 언제든지 칠 수 있었습니다. 두 번째 그룹은 단체로 노래를 부르는 수업만을 받았습니다. 세 번째 그룹의 아이들은 매주 2번씩 15분 동안 개인적으로 컴퓨터 수업을 받았습니다. 네 번째 그룹은 아무런 수업도 받지 않았습니다. 연구를 시작할 당시에는 모든 아이들이 공통으로

---

35) 신디사이저(Synthesizer) : 건반악기 모양의 전자악기입니다. 전자발진기를 사용해 여러 음을 자유롭게 만들어 낼 수 있습니다.

본 시험에서 평균 점수를 얻었습니다. 그로부터 6개월이 지난 뒤 피아노 수업을 받은 아이들은, 시간-공간능력을 알아보는 시험에서 평균보다 34퍼센트 정도 점수가 더 높았습니다. 반면 다른 세 그룹은 모든 시험에서 눈에 띨만한 성과를 보여주지 않았습니다. 그렇지만 그 연구는 이 효과가 지속되는 지를 알아볼 목적으로 아이들을 계속 추적할 수는 없었습니다. 하지만 클래식 음악 훈련을 받은 음악가들을 대상으로 한 다른 연구들을 보면, 아무런 음악적 훈련을 받지 않은 사람들과 비교해서 그들의 두뇌에 영구적인 물리적 변화들이 있다는 사실을 보여주고 있습니다.

이 연구는 유치원 시절에 아이가 피아노 수업을 받는 것이 수학 같은 학문에서 사용되는 우수한 추론 능력을 분명히 증가시켰음을 보여줍니다. 그럼에도 불구하고 발도르프 선생님인 저는 확실히 해두고 싶습니다. 즉, 어떤 음악 수업이든 두뇌의 하위 부분이 아니라 적절한 부분을 사용하는 방식이라면, 발달상으로 알맞고 추천할 만하다고 말입니다. 하지만 아기들에게 그저 플래시카드를 기억하게 함으로써 "읽기"를 가르치는 일 같은 경우는, 두뇌의 하위 부분만을 쓰게 하므로 알맞지 않다고 확실히 말하고 싶습니다. 어린아이의 의식이 아직 꿈꾸는 것 같은 상태라고 한다면, 피아노 수업은 많은 재미를 포함하고 있어야 합니다. 악보를 읽게 하거나 "행사에서 보여주기 위한" 압력은 없어야 합니다. 어쨌든 이 연구는 부모들에게 여전히 토론할 거리를 많이 제공하는 것 같습니다. 자기 아이에게 컴퓨터를 사줄 것인지, 약간 큰 아이들을 컴퓨터 캠프에 보내야 할 것인지, 아니면 음악이 두뇌 발달에 효과가 있으므로 악기를 사주거나 음악수업을 듣게 할지에 관해서 서로 토론해볼 수 있을 것입니다.

음악적인 발달, 수학적인 능력, 공간 지각력은 모두 비슷한 두뇌 활동의 결과입니다. 음악과 수학은 둘 다 두뇌의 대뇌 피질과 그 주변을 활발하게 움직이게 합니다. 이처럼 수학적 능력과 음악적 능력 사이에는 분명한 관련이 있습니다. 언어처럼 아이의 음악적 발달에서 결정적으로 중요한 시간대는 태어나서 대략 10살 사이입니다. 그러므로 이 시기에 부모가 최선의 두뇌 발달뿐만이 아니라 최선의 음악적인 즐거움을 얻을 수 있도록 무엇을 해야 할까요? 또 아이에게 발달상으로 알맞은 방식으로는 무엇을 해야 할까요?

아이와 함께 노래 부르기

아이와 할 수 있는 가장 간단하고 음악적인 활동 하나는 노래 부르기입니다. 노래 부르기는 태어나기 전부터 시작할 수 있으며, 자장가나 동요 또는 아기를 위해 여러분이 만든 특별한 노래들로 이어질 수 있습니다. 아기에게 동요나 자장가를 들려준 다음에, 아기가 어떻게 반응하는지 귀를 기울이고 잘 살펴보세요. 보스턴에 위치한 '부모-자녀 지원 센터'의 책임자인 캐더린 바 놀링Katherine Barr Norling은 이렇게 말하고 있습니다. "저는 노래 불러 주는 일을 아주 좋아해요. 심지어 생후 8개월 된 아이에게도 노래를 불러 준 다음에 잠깐 멈추곤 해요. 그러면 그렇게 어린 아기조차도 뭔가 옹알이를 하면서 반응할 거예요. 소리를 경험하게 하는 방법 하나는 아이에게 이야기를 걸어 주는 거랍니다. 그런 다음 잠깐 멈추고 들어보세요. 즉, 아기가 어떤 식으로든 대답할 수 있게 해주세요. 말하기 이전이더라도 아주 많은 아이들이 배울 수 있답니다."

일단 말을 하게 되면, 아이는 여러분과 함께 노래 부르는 일을 아주 좋아할 것입니다. 노래할 때 여러분이 가사에 어울리는 동작을 덧붙인다면, 아이는 더욱 더 즐거워할 것입니다. 노래 부르기는 호흡과 심장/폐 영역에 관련되어 있습니다. 이 영역은 3살에서 5살 사이에 가장 많이 발달합니다. 이 영역이 올바로 발달하는 일은 이후에 아이의 건강에 기초를 형성할 뿐 아니라, 모든 것이 균형 있게 발달하는 일에 기초가 됩니다. 루돌프 슈타이너는 "아이에게 많은 노래를 불러 주면, 모든 것들의 성장을 촉진시킬 것이다. 노래를 부르고 있는 아이는 마치 악기와 같다는 사실을 여러분이 느껴야 한다. 모든 아이는 각자 하나의 악기이고, 자기가 내는 소리 안에서 내적인 행복을 느낀다."라고 말했습니다.

루돌프 슈타이너의 사상에 따라서 연구를 하는 음악 스페셜리스트 줄리우스 크니어림 Julius Knierim은, 대부분의 9살 미만 아이들은 혼자서 노래를 부를 때 자기가 들었던 음보다 음조를 훨씬 높게 잡아서 노래를 부른다는 사실을 관찰했습니다. 또 아이는 어른이 자신의 음악적 감각으로 정한 빠르기보다 훨씬 빠르게 노래를 부릅니다. 그래서 아이들이 부르는 많은 노래들이 리듬에서 "정확하지" 않은 것들이 많습니다. 이것은 아이의 심장 박동과 호흡의 비율이 아직은 어른처럼 4대 1의 비율로 안정적이지 않기 때문입니다. 또한 아이의 목소리는 여전히 가볍고, 어른처럼 울림이 크지 않으며, 맴도는 것 같으면서, 은방울이 구르는 것 같은 소리일 것입니다. 아이는 어른이 가진 경험의 복잡함이 없기 때문에 간단한 멜로디만으로도 완전히 만족스러워하고 충족감을 느낍니다. 이와 달리 어른은 그런 멜로디만으로는 부족함을 느끼기 마련이어서 조금 더 복잡한 화성법이나 리듬을 추구하는 것입니다.

어린아이가 만족해 할 만큼 노래를 간단하게 만드는 일은 어렵습니다. 심지어 어린아이는 하나의 음만을 가진 노래에도 만족스러워합니다. 제가 창문을 바라보면서 만든 노래가 여기 있습니다. 이 노래에 비가 떨어지는 것 같은 손동작을 덧붙일 수도 있고, 두 팔로 원을 만들면서 웅덩이를 표현할 수 있습니다.

See the rain-drops fal-ling down!   Mak-ing pud-dles on the ground
빗방울이 떨어지는 것을 보아요!   땅에 웅덩이를 만들고 있네요.

의심스럽다면 중간 C(도)음 위에 A(라)음을 선택해 보세요. 슈타이너에 따르면, 이 A(라)음은 태양과 관계된 특징을 지니고 있어서 어린아이들에게 알맞다고 합니다. 여기 A(라)음에서 위로 올라갔다 내려오는 노래가 있습니다.

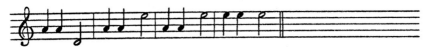

I can run   in the sun. I can fly   in the sky!
나는 태양 속으로 달려갈 수 있어. 나는 하늘로 날아오를 수 있어!

여러분이 이 노래를 부르면서 달려가고 날아오르는 흉내를 낸다면, 아이는 아주 즐거워할 것입니다.

또한 집 주변에서 할 수 있는 활동들을 노래로 만들 수도 있는데, 무엇인가를 휘젓거나 바느질하면서 노래를 부를 수 있을 것입니다. 이런 노래는 장난감을 치우거나 낮잠 자러 가면서 부르는 노래로 쉽게 바꿀 수 있습니다. 다음 노래는 발도르프 선생님인 메리 린 챈너Mary Lynn Channer가 만든 것으로, 허락을 구할 때 부르는 노래입니다. 이것을 낮잠 자는 시간을 위한 노래로 바꿀 수도 있을 것입니다.

May   I   ride piggy -back,   piggy-back,   piggy-back?
아기돼지 등에 올라타도 되나요,   되나요,   되나요?

May   I   ride   piggy-back? And then I'll take my   nap.
아기돼지 등에 올라타도 되나요? 그런 다음 낮잠 잘게요.

여러분이 동화를 들려줄 때는, 이야기의 핵심이 되는 간단한 문장이 노래가 될 수 있음을 기억하세요. 다음 노래는 '백설 공주와 일곱 난쟁이'에서 나온 노래입니다.

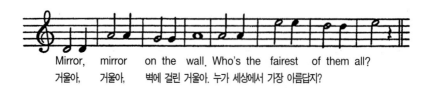

오랫동안 전해 내려온 많은 구전 동요나 축제 노래를 계절의 순환 속에서 아이들이 매년 다시 들을 수 있다면, 그 노래들은 아이들의 '오래된 친구'가 될 수 있을 것입니다. 전래되는 어떤 노래들은 동요나 자장가에서도 발견할 수 있는 지혜를 담고 있습니다. 예를 들어 '자장자장 우리 아기Rock-a-bye-baby'란 노래는 "아기에게 말을 걸 것이다. 아기는 엄마의 자궁 안에서 흔들리면서 정신의 세계에 둘러싸여 있었다. 하지만 탄생의 시간이 가까이 다가오자 아이와 요람은 세상 속으로 나오게 되었다."고 아일린 허친스 Eileen Hutchins는 설명하고 있습니다.

아이와 함께 노래를 부르는 일은 부모가 아이를 키우는 여러 가지 기쁨 중의 하나입니다.

몸을 움직이는 놀이와 손가락 놀이

수십 년 동안 별로 몸동작을 하지 않고 살던 제가 처음 유치원 선생님이 되었을 때, 동요나 시에 동작을 곁들이는 일을 제가 잘할 수 없을 거라고 생각했습니다. 비록 제가 3살 무렵에 들었던 "나는 꼬마 찻주전자예요I'm a little tea pot"라는 노래를 기억하긴 했지만, 그저 그뿐이었습니다. 그렇지만 저는 다양한 활동들의 본질적인 특성을 표현해 주는 몸동작들을 꾸준히 생각해보기로 마음먹었습니다. 점차 아이들이 저를 가르쳤고, 저는 점점 더 많은 것들을 이해하기 시작했습니다. 이제 저는 어떤 노래나 운율에도 유치원 아이들에게 알맞은 동작을 곁들일 수 있습니다. 그렇더라도 처음 시작할 때 저는 틀림없이 서툴렀고 남을 의식하곤 했습니다! 이러한 과정을 통해서 저는 어린아이들이 얼마나 모방을 잘하는지, 노래나 시에 동작을 곁들이는 일이 아이들의 본성에 얼마나 어울리는지를 알 수 있었습니다. 이것은 또한 제 자신 속에 있는 어린아이를 다시 발견하게 해주었습니다.

손가락놀이와 율동 노래들은 여러분이 어린 시절에 즐겼던 놀이에서 시작하세요. 아마도 여러분은 "버스에 달린 바퀴들The Wheels on the Bus"이나 "여섯 마리 꼬마 오리Six Little Ducks"나 "엄지 어디 있니?Where is Thumbkin?"란 노래들을 기억할 것입니다. 이런 종류의 놀이를 하면서 여러분은 아이와 상호 작용을 할 수 있고, 여러분의 동작을 아이가 모방할 수도 있고, 음악적 요소들까지 모두 함께 결합할 수 있을 것입니다. 이런 놀이는 여러 세기에 걸쳐서 아이들을 기쁘게 해주었고, 아이들의 발달에도 대단히 소중한 가치를 지니고 있습니다. 슈타이너는, 손가락놀이와 뜨개질처럼 손가락들을 민첩하게 발달시키는 일들이 두뇌 발달에 얼마나 도움이 되는지와 나중에 분명한 사고를 하는 능력에 얼마나 도움이 되는지를 지적하고 있습니다.

원을 만들어서 하는 놀이들 역시 예로부터 전해 내려오는 어린 시절의 놀이이자 어린아이들을 기쁘게 해주는 놀이입니다. "모터보트야, 모터보트야, 조금 더 천천히 가렴. 모터보트야, 모터보트야, 조금 더 빨리 가렴. 모터보트야, 모터보트야, 속력을 내거라!" 같은 현대적인 놀이는, 속도와 움직임이 변하는 특성 때문에 재미있는 놀이지만, 음악적 요소는 약간 부족합니다. "장미꽃을 에워싸라Ring Around the Roses"나 "샐리가 태양 주위를 돌아요Sally Go' Round the Sun"라는 조금 더 오래된 놀이는, 움직임과 노래 속에 아이의 육화 과정이 들어 있어서 하나의 심상을 제공해줍니다. 제인 윈슬로 엘리엇Jane Winslow Eliot은 자신의 책에서, 원을 만들어서 하는 놀이에 대해 다음과 같이 말하고 있습니다.

아이가 땅에 넘어지는 순간을 지켜보면, 아이의 비명소리는 상처에 비해서 지나치게 크고 균형이 맞지 않는다는 것을 알 수 있다. 이것은 어린아이가 구름으로 둘러싸인 상태로부터 나와서 갑자기 땅의 단단함을 깨닫고 충격을 받았기 때문이다. 아이의 영혼이 이것을 불쾌하게 여기는 것이다. "장미꽃을 에워싸라"같은 사랑스러운 놀이의 외투로 이런 상황을 의례처럼 감쌀 수 있다면, 여러분은 친절하고 부드럽게 아이를 땅으로 안내하는 셈이고, 아이는 땅을 재미있게 즐기게 될 것이다. 그러면 아이들은 조금씩 땅에 머무는 것을 꺼려하지 않을 것이다.

원을 그리며 둥글게 에워싸는 놀이들은 즐겁고, 사회적이고, 간단한 놀이입니다. 그리고 여러 번 반복하기 때문에 의례에서 보이는 것 같은 장엄함을 지니고 있습니다. 원을 만들면서 하는 놀이는 아이의 맥박에 영향을 미치는 리듬을 포함하고 있습니다. 때때로 이런 놀이는 아이가 남을 의식하지 않고 무엇인가를 할 수 있는 능력을 길러 줍니다. "우리는 여기 뽕나무 덤불 주위를 돌아요Here We Go Round the Mulberry Bush"라는 놀이에는, 옷을 빨고 머리를 빗는 일이 나옵니다. "작은 골짜기에 사는 농부The Farmer in the Dell"라는 놀이처럼, 한 아이와 여러 아이가 상호 작용하는 놀이도 있습니다(이 놀이는 3살짜리 아이에게는 너무 강렬한 놀이입니다. 그 나이의 아이는 혼자만 남아서 있는 것을 아직 좋아하지 않기 때문입니다.). 그렇더라도 선택되기를 원하지 않는 아이를 강요해서는 안 됩니다. 놀이에서 혼자만 남는다는 것은 아주 어린 아이가 지나치게 남을 의식하게 만들기 때문입니다. 반면에 5살 아이는 이 농부 놀이나 치즈 놀이를 좋아할 것이고, "런던 다리London Bridge"나 "오렌지와 레몬Orange and Lemon"놀이에서 붙잡히는 것을 아주 좋아할 것입니다. 그보다 어린아이들은 준비가 되기 전에는 혼자 남지 않으면서 원의 일부로 참여하는 것만으로도 즐거워할 것입니다.

슈타이너는 리드미컬한 놀이들이 어린 아이들에게 얼마나 중요한지에 관해 다음과 같이 말하고 있습니다.

아주 어린 시절에 아이들이 부르는 노래가 교육적 수단으로 소중한 가치를 갖고 있음을 깨닫는 일은 중요하다. 그 노래들은 아이의 감각에 어여쁘고 리드미컬한 인상을 남겨 줄 것이다. 즉, 소리의 아름다움은 말이 가지고 있는 의미보다 훨씬 가치가 있다는 뜻이다. 그러므로 소리가 아이의 귀에 살아있는 인상을 심어 주면 줄수록 더 좋을 것이다. 음악적인 리듬에 맞추어 춤을 추는 일은, 신체 기관을 형성시키는 데 강한 영향을 끼치므로 과소평가되어서는 안 된다.

5음계 음악과 제5도 음계

5음계는 일곱 개의 음을 쓰는 보통의 전음계와 달리 다섯 개의 음만을 가지고 있습니다. 5음계는 A(라)음 주위에 D(레), E(미), G(솔), A(라), B(시)음을 가지고 있고(C(도)음과 F(파)음은 포함되지 않습니다), 반음들이 없습니다. 아이들의 노래와 민요를 세심하게 관찰해 보면, 많은 노래들이 이보다 더 간단한 음계로만 이루어져 있고, C(도)음과 F(파)음을 포함하지 않음을 알 수 있습니다.

5음계 음악은 끝나는 느낌을 주는 음이 없기에, 계속해서 이어갈 수 있는 특징이 있습니다(가령, D음에서 끝나지 않는 노래가 있다면, 음조가 D로 시작하는 5도 음계에서 G장조로 변할 수 있습니다.). 슈타이너에 따르면, 이런 유형의 노래는 마지막에 협화음으로 이행하기 때문에, 땅에 떨어지는 느낌이 없어서 특별히 어린 아이에게 알맞다고 합니다. 어린 아이는 아직 "땅에 확고하게 서있지" 못하기 때문입니다. 이런 음악은 어린 아이가 꿈꾸는 것 같은 상태에 머무르도록 도와줍니다. 그리하여 많은 양의 에너지가 아이 몸을 건강하게 만드는 일에 쓰일 수 있게 됩니다. 어린 시절을 이렇게 보낼 수 있다면, 아이는 나중에도 놀라움, 아름다움, 창조성과 강한 관련을 여전히 유지한 채로 지적인 능력을 깨워나갈 수 있을 것입니다. 발도르프 학교에서는 초등학교 3학년이 될 때까지 5음계를 사용합니다. 그때가 되어야 비로소 아이의 내적이고 감정적인 삶이 충분히 발달하여 장조와 단조에 보다 알맞은 상태가 되기 때문입니다.

5음계는 예전에 많은 사람들이 사용한 음계입니다. 그리스 사람들의 음계도 5음계였고, 중세 시대까지도 유럽에서는 계속 쓰였습니다. 중국인들의 음계도 5음계이고, 고대 이집트인들도 그러합니다. 고대 문화가 가진 의식의 이러한 특징은, 땅에 덜 고착되어 있고, 여전히 두 세계의 문에 걸쳐있다는 점에서 어린아이들의 세계와 조금 더 가깝습니다. 또한 5음계와 "제5도 음계" 음악은 어린아이를 치유하는 효과도 가지고 있습니다. 아이가 땅에 고착된 의식과 경험을 갖게 되는 육화과정을 지나치게 서두르지 않도록 해주기 때문입니다.

어린이용 하프(라이어)는 손에 쥘 수 있는 작은 크기로 5음계로 조율될 수 있습니다. 누구나 이 하프로 아름다운 음악을 연주할 수 있습니다. 어린이 하프가 내는 모든 음들은 서로 조화롭게 들리고, 그 특질도 어린아이에게 이상적입니다. 공명 상자가 없는 이 악기는 다른 음과 섞이거나 압도하지 않으므로, 각각의 음을 대단히 순수하게 경험할 수 있습니다. 음들을 단순하고 순수하게 경험하는 일은, 어린 아이들에게 더할 나위 없이 좋습니다. 어린이용 하프 외에 슈타이너가 추천한 조금 복잡한 악기로는 피아노가 있습니다.

어린이용 하프는 낮잠 시간이나 밤에 잠잘 시간을 부드러운 분위기로 만들어 줄 것입니다. 이 음악은 천상의 음악처럼 들리기 때문에 아이를 평온하게 달래서 잠들게 해줄 것입니다. 자라면서 아이들은 직접 이 하프를 가지고 연주하기를 좋아할 것입니다. 이런 악기들은 발도르프 어린이 프로그램에서 흔히 사용됩니다. 아이들이 연주해볼 수도 있고 (아주 조심스럽게), 선생님들도 원을 만드는 시간이나 낮잠 시간에 연주하곤 합니다.

어린이용 하프의 가격은 아주 다양하고, 리코더나 실로폰 같은 다른 오음계 악기들도 구할 수 있습니다. 타악기는 일반적으로 어린아이들에게 권장하지 않습니다. 왜냐하면 너무 강렬한 박자는 아이들을 지나치게 자기 몸에 몰두하게 만들 수 있기 때문입니다. 이런 박자는 생후 7년 동안 아이들의 내적인 기관이 흐르듯이 형성되는 것과는 정반대의 성질을 갖고 있습니다. 록음악은 특히 강한 박자를 갖고 있어서 아주 어린 아이가 듣는 일을 가능한 피하는 게 좋습니다.

저는 단순하고 살아 있는 음악이 어린아이에게 유익하다는 사실을 아주 분명하게 확신하고 있습니다. 우리는 몇 번이고 되풀이해서 어린아이가 그 자체로 온전한 감각 기관이라는 사실을 기억해야만 합니다. 그리고 아이들 주위에서 들려와 아이들에게 스며드는 소리들의 특질을 확인해야만 합니다.

우리 문화는 불행하게도 어린아이의 참된 본성을 쉽게 잊는 경향이 있습니다. 뿐만 아니라 아이와 살아 있는 상호 작용을 하는 대신에 흔히 살아 있지 않은 기계적인 활동들을 하고 있습니다. 그렇기 때문에 아기들이 우리의 존재를 느끼면서 편안하게 잠들기 보다는, 녹음된 심장 박동 소리를 들으며 잠들기도 합니다. 또 아기들을 껴안고 흔들어 주면서 잠을 재우는 대신에, 시속 80킬로로 달리는 자동차 소리나 세탁기 소리를 들려주는 실정입니다. 책을 읽어 주거나 잠들 때까지 가만히 누워 있도록 하는 대신에, CD 플레이어를 눌러서 전문가가 만든 이야기를 들려주곤 합니다. 그리고 아이와 함께 노래를 부르고, 여러분이 일할 때 돕게 하거나 가까이에서 놀게 하는 것 대신에, DVD 버튼을 눌러서 아이들을 수동적이게 만들고, 그러면서 아이들로부터 자유 시간을 얻곤 합니다. 어쩌면 여러분은 노래를 잘하는 누군가가 아이들을 위해 노래를 부르는 것이 더 낫다고 생각할지도 모릅니다. 그러니까 여러분이 직접 부르는 노래보다 아이에게 더 좋은 경험을 제공한다고 생각할지도 모르겠습니다. 아무리 그래도 여러분 아이는 이 생각에 절대 동의하지 않을 것입니다. 아이는 항상 여러분이 노래를 불러 주는 쪽에 표를 던질 것입니다. 왜냐하면 아이에게 진정한 영양분이 되는 것은 "살아 있는 것들"이기 때문입니다.

음악 레슨과 무용 레슨은 어떠할까?

어린아이들은 자연스럽게 음악적입니다. 이 사실을 슈타이너는 이렇게 설명했습니다.

태어나서부터 인간 존재 안에 계속 살아 있으면서 표현되는 음악적인 요소는, 특히 아이가 3살에서 4살 무렵이 되면 춤추는 재능으로 나타나기도 한다. 이러한 음악적인 요소는 본질적으로 강한 생명력을 지니고 있는 의지의 요소이다. 사람들이 건강한 경쾌함을 가지고 있다면, 꼬마 아이와 함께 춤을 출 것이다. 그리고 아이들의 온갖 움직임들에 어떤 식으로든 참여할 것이다. 각 개인은 자신의 몸에 음악적인 리듬을 부여하려는 욕망과 이 세상과 음악적인 관계를 맺으려는 욕망을 갖고서 태어난다. 이 내적으로 타고난 음악적인 능력은 3살에서 4살 시기에 가장 활발하게 드러난다.

그러므로 어린 나이에 음악 레슨과 무용 레슨을 시작하는 것이 과연 좋은 생각일까요? 불행하게도, 어린아이를 가르치는 대부분의 선생님들은 모방의 원리가 중요하다는 사실과 놀이와 환상Fantasy의 중요성을 제대로 이해하지 못하고 있습니다. 그 선생님들은 대개 인지적인 방법으로 아이들을 가르치며, 잘 배우도록 하려고 아이에게 부담을 주곤 합니다. 이러한 직접적인 방법은 지나친 자의식을 갖게 해서 어린 아이한테는 스트레스를 줄 수 있습니다. 이와는 달리 아이들은 놀이를 하면서 음악과 춤을 함께 결합시키며 놀 필요가 있습니다. 그런데 많은 음악 레슨들은 약간 큰 아이들을 위해 만들어진 것이 대부분입니다. 비록 4살이나 5살 아이를 위한 수업이라고 이야기를 하더라고 말입니다.

엘킨드는 『잘못된 교육 : 위험에 처한 취학 전 아이들』에서 모든 종류의 레슨이 실제로는 별다른 효과를 얻지 못한 채로, 취학 전 아이들을 위험에 빠트리고 있다고 강하게 주장하고 있습니다. 발도르프 선생님들도 대부분의 레슨이 어린 아이한테 적합하지 않다는 것에 동의합니다. 만약 여러분이 유치원 시기의 아이나 그보다 어린아이에게 수영, 체조, 현대 무용, 스포츠 같은 레슨들을 시키고 싶다면, 등록시키기 전에 그 수업을 잘 관찰해야 합니다. 선생님은 아이들이 모방하게끔 하면서 수업을 하나요? 수업에 필요한 소품들과 입는 옷은 환상적인 요소를 가지고 있나요? 그 수업이 혹시 큰 아이들에게 적합한 것은 아닌가요? 아이가 여러분과 떨어져 있어도 정말로 편안함을 느끼나요? 수업이 아이에게 즐거운가요? 아니면 긴장을 주는 것은 아닌가요? 그 수업 때문에 혹시 아이가 놀 시간과 함께 집에 있을 시간을 빼앗는 것은 아닌가요? 미래에 기대하는 어떤 성취 때문에 지금 이루어지고 있는 아이의 발달 단계를 희생시키지는 마세요. 만일 아이가 수업을 재미없어 한다면, 그 시기에는 억지로 시키지 말고 다음으로 미뤄두는 것이 좋습니다!

슈타이너는 부모들에게 두 가지를 권유하고 있는데, 어떤 점에서는 오늘날의 부모들을 잘 설득하지는 못할 것 같습니다. 그는 아이들이 되도록 발레나 축구를 하지 말기를 권유했습니다. 거기에는 분명한 이유가 있습니다.

발레의 고정적이고 인위적인 자세는, 끊임없이 변화하고 성장하고 있는 아이의 본성에 낯선 것이기 때문입니다. 또한 발레는 성장과 생식 작용을 포함하고 있는 생명에너지에도 영향을 미칩니다. 이것은 프로 발레리나들 중에서 생리 불순을 겪는 여성들이 아주 많다는 점에서 증명됩니다. 발레의 엄격한 훈련과 고정된 자세는, 슈타이너가 "아이들과 함께 춤을 추라."고 권한 리드미컬한 움직임과는 아주 다릅니다.

축구는 발과 머리만 써서 공을 차는 활동인데, 이것은 심장/폐 영역이 집중적으로 발달하고 있는 초등학교시기에 그런 말단 부분을 지나치게 강조할 수가 있습니다. 신경학자인 배리 조단Barry Jordan은 오랜 기간 동안 축구가 미치는 영향을 연구했습니다. 그의 연구에 따르면, 덴마크의 프로 축구 선수들 중에 ("머리"로 공을 다루는 경우가 많은) 포워드와 수비수들이 기억력에서부터 시각 능력까지 미드필더나 골키퍼에 비해 미세한 문제를 더 많이 겪는다고 합니다. 그들이 머리에 더 많은 충격을 받았기 때문입니다. 조단은 또한 알츠하이머병(치매)에 일찍 걸리게 하는 특정 유전자를 지닌 프로 권투 선수들이, 복서가 아닌 사람들보다 인식 능력의 손상으로 더 고통 받는다는 사실도 발견했습니다. 그리고 축구 선수들에게도 이런 사실이 적용되는지를 연구하고 있는 중입니다. 비록 여러분의 아이가 프로 축구 선수들이 겪는 것 같은 두들김을 머리에 얻어맞지 않더라도, 슈타이너의 관찰을 완전히 무시할 수는 없을 것입니다. 즉, 머리를 그런 식으로 사용하는 게 아이의 건강한 성장에 방해가 된다는 사실 말입니다.

축구 이야기에서 다시 음악 이야기로 돌아가 봅시다. 여러분의 아이가 3살 무렵에 개인 교사가 필요할 정도로 음악 천재가 아니라면, 음악 레슨은 초등학교 때 시작하는 것이 좋습니다. 왜냐하면 유치원 아이들을 가르치는 많은 선생님들이 불행하게도 모방을 통해 가르치는 방법을 모른 채, 음악을 해석하는 방법부터 가르치기 때문입니다. 심지어 모방을 통해 배우게 한다는 생각조차도 어린아이들에게는 너무 직접적인 접근입니다. 비록 스즈키Suzuki[36]의 방법이 모방 원리를 통해 성공할 수는 있었지만, 그의 방법 중에는 녹음된 음악을 듣기를 강조하는 것이 있습니다. 이것은 살아 있는 생생한 음악과 간단한 음들을 들을 필요가 있는 어린아이에게 맞지 않는 원리입니다. 그러므로 7살이 될 때까지는 녹음된 클래식 음악을 듣지 않고 지내는 것이 더 좋습니다. 녹음된 음악뿐만 아니라 남 앞에서 무엇인가를 보여주는 일도 꿈꾸는 것 같은 이 시기의 아이들에게 부담을 주고 남을 의식하게 만듭니다. 발도르프 학교에서는 초등학교 나이가 될 때까지 아이들이 관중들 앞에서 뭔가를 보여주는 행사를 하지 않습니다. 대신 아이들은 자신이 지은 시나.

---

36) 스즈키 신이치(Suzuki Shinichi, 鈴木鎭一, 1898~1998) : 어린아이에게 성공적으로 바이올린을 가르치는 방법을 창안한 일본의 교육자입니다.

연극, 노래, 리코더 연주 등을 수업 시간에 함께 나누거나 학교모임 때 부모들과 함께 나누는 정도입니다.

발도르프 학교에서는 나무로 만든 리코더 연주를 1학년 때부터 시작하지만, 아이들은 선생님이 연주하는 것을 정확히 모방하면서 배웁니다. 3학년이 되어서야 비로소 아이들은 음악을 해석하고 읽는 법을 배우게 됩니다. 그때쯤이면 아이들은 충분한 성숙이 이루어져서 눈과 손을 잘 조절할 수 있고, 모든 영역의 음악적 경험을 충분히 받아들일 준비가 되기 때문입니다. 그때는 현악기를 가르칠 수 있을 것입니다.

모든 부모들은 자기 아이들이 가진 잠재력을 충분히 발달시키기를 바랄 것입니다. 그렇더라도 아이의 내적인 발달을 이해하게 되면, 여러분은 아이의 내적인 성숙도에 맞게 어떤 주제들을 어떤 방법으로 소개해야 가장 좋을지를 깨달을 수 있을 것입니다. "더 빨리 하길" 바라는 욕망은 우리의 유물론적 시대정신이 가진 증상입니다. 이러한 증상 때문에 아이의 발달이 다음 단계로 어떻게 이어지는지를 보지 못한 채, 한 부분의 발달을 서둘러 재촉하면서 필요한 단계들을 건너 뛰어버리게 하는 것입니다. 그렇다고 이런 말들이 여러분이 이러저러한 것을 "절대 해서는 안 된다."라는 뜻은 아닙니다. 오히려 자신의 내적인 직관에서 나온 지식을 신뢰하면서, 아이를 위해서 무엇이 가장 좋은지를 스스로 판단하라는 이야기입니다. 만약 그렇게 할 수만 있다면, 부모들은 아이에게 가장 중요한 시기인 어린 시절에 비싼 돈을 들여가며 "슈퍼베이비를 만들려는 신드롬"에 빠지지 않을 것입니다.

11

· · · · · · ·

인지 능력의 발달과
어린 시절의 교육

부모들은 자연스레 자기 아이들이 인생에서 가장 좋은 출발을 하기를 바랄 것입니다. 그래서 아이들의 지적인 발달을 보증할 수 있다면 무엇이든지 해주고 싶어 할 것입니다. 이전 장들에서 우리는 아이의 지적인 발달을 위해서 여러분이 해줄 수 있는 가장 좋은 일들에 대해 살펴보았습니다. 가령, 아기가 기어 다니기 시작하면, 집을 잘 점검하여 아이가 당신 가까이에서 주변을 마음대로 탐험하게 하는 것이 여러분이 해줄 수 있는 가장 좋은 일입니다. 아기는 활발히 움직이고 탐험할 필요가 있으며, 교육용으로 나온 비싼 장난감보다 집에 있는 물건들이 아기에게 훨씬 좋은 자극을 줄 수 있기 때문입니다.

　일단 말을 할 줄 알게 되면, 아이는 끝없이 질문들을 하기 시작합니다. 이럴 때 부모들은 이 질문들에 합리적이고 과학적인 설명을 해주려는 경향이 있습니다. 『잘못된 교육』에서 엘킨드는, 어린아이의 말하는 능력은 개념을 이해할 수 있는 능력보다 훨씬 앞서서 발달한다는 사실을 부모들이 항상 기억해야 한다고 지적했습니다. 아이들의 질문이 충분히 성숙해 보이고 세련되어 보이기 때문에, 우리는 아이들의 실제 이해 수준을 훨씬 능가하는 추상적인 방법으로 대답해 주고픈 유혹을 받습니다. 하지만 엘킨드의 관점에서 보면, 아이들이 어떤 질문을 할 때는 실제로 그 일이 작동하는 방식을 묻는 것이 아니라 그 일의 목적을 묻고 있습니다. 이것을 깨닫게 되면, 아이들의 "왜 그래요?"라고 질문할 때, 창조적으로 대답할 수 있는 여지를 아주 많이 줄 것입니다. 만일 우리가 목적에 기초한 대답을 생각해낼 수 없다면, 아마 이런 반응을 하게 될 것입니다. "넌 왜 그렇게 생각해?" 혹은 여러분이 끝없이 이어지는 "왜 그래요?"란 기차를 탄 상황이라면, 아이를 깜짝 놀라게 하면서 질문을 끝맺어버리는 "왜 그러니, 정말?"이란 반응을 하게 될 것입니다.

최초의 발도르프 유치원 선생님인 엘리자베스 그루넬리우스도 다음과 같은 사실에 동의하고 있습니다. 즉, 개념은 조금 더 발달한 나이 수준에 맞는 정신의 산물이며, 이와 달리 어린아이는 이미지나 그에 덧붙여지는 관찰을 통해서 스스로 해답을 찾을 수 있다는 점 말입니다. 그녀는 다음과 같은 예를 통해서 이 사실을 보여주고 있습니다.

해변에서 돌아온 6살짜리 아이는 "바다에는 왜 파도가 있나요?"라고 물을지도 모른다. 그럴 때 우리는 파도에 대한 설명을 해주기보다 "자, 내가 보여주마."라고 말하면서 세숫대야에 물을 가득 채우고 입으로 '훅' 불어 주는 편이 더 좋을 것이다. 그러면 아이는 대야에 물결이 일어나는 것을 볼 것이고 자기도 따라서 몇 번씩 반복하며 대야에 담긴 물을 훅훅 불어 볼 것이다. 이것이 파도에 대해 설명해 주는 것보다 아이에게 훨씬 더 완벽한 대답이다.

또한 바다를 보고 난 아이는 바다가 밀물이 되어 조금 더 높이 밀려왔다가 다른 때는 뒤로 물러나는 것을 알아차리고는, 그것에 대해 물을지도 모른다. 이때도 아이에게 달의 영향에 대해 설명해 주는 것은 전혀 도움이 되지 않는다. 아이는 바닷물이 올라갔다 내려갔다 끊임없이 규칙적으로 움직이는 것 이상을 이해할 만큼 성숙하지 않았기 때문이다.

하지만 우리는 밀물과 썰물에 대해 아이에게 나름대로 완벽하고 정확한 대답을 해줄 수가 있을 것이다. 바로 아이가 자기 손을 자신의 가슴에 갖다 대게 하면서 자신의 들숨과 날숨을 느껴 보게 한 다음에, 바다가 밀려 왔다가 물러가는 활동이 아이 몸 안에서 들이쉬었다가 내쉬는 호흡 활동과 서로 얼마나 닮았는지를 이야기해 주면 되는 것이다.

공부 중심의 배움과 놀이 중심의 배움

우리 사회에는 점점 더 어린 나이의 아이들에게 읽기, 쓰기, 산수를 가르치려고 하는 엄청난 압력이 존재합니다. 미국 교육에서 이러한 압력은 1957년 소련의 인공위성 스푸트니크 호가 미국보다 먼저 발사됨으로써 시작되어서 빠르게 진행 중에 있습니다. 그 결과 대부분의 공립학교 유치원들이 예전에는 초등학교 1학년 아이들에게 제공되었던 프로그램을 실행하고 있으며, 그보다 어린아이들도 이전에는 더 큰 아이에게 적용되었던 교육을 받고 있는 실정입니다. 또한 공적인 재정 지원을 받는 유치원 프로그램이 증가하면서, 역시 3살이나 4살 아이들에게 공부를 시키려는 압력도 더욱 거세지고 있습니다. '미국 교사 연맹'의 책임자인 산드라 펠드만Sandra Feldman은 "오늘날 우리는 유치원에서부터 고등학교까지의 아이들더러 더 높아진 기준들을 충족시키라고 요구하고 있다."라고 말하면서, 공부를 하라는 압력이 유치원에까지 내려오는 현상을 정당화하고 있습니다. "하지만 우리가 만일 아이들을 더 일찍 준비시키지 않는다면, 아이들은 그 기준들을 충족시키지 못할 것이다."

읽기 프로그램이 증가하고 있는데다가 시험 점수가 향상되지 못하면 심한 압력을 받기 때문에, 유치원 선생님들도 어린 아이들의 머릿속에 알파벳과 숫자를 집어넣으려고 애를 쓰고 있습니다. 또한 정해진 커리큘럼과 정해진 시험 성적의 결과로 학교의 위상이 세워지고 재정 지원이 이루어지기 때문에, 학교 선생님들도 그런 식으로 가르치지 않을 수가 없습니다. 조지아 주의 일반적인 유치원 커리큘럼은 '언어, 읽기, 쓰기, 산수'를 포함하고 있습니다. 온 나라의 유치원 선생님들이 이런 상황 때문에 점점 더 불행해하는데도 불구하고, 그들은 학교위원회와 주 의회 의원들이 내리는 결정과 권한을 거부할 수가 없어서 무력함을 느끼고 있습니다.

사립 유아원이나 사립 유치원에서도 역시 부모들의 압력이 아주 거셉니다. 부모들은 자기 아이들이 일찍 공부와 관련된 과목들을 성공적으로 배우기를 보장받고 싶어 하기 때문입니다. 이런 추동력은 학교에서 자기 아이들이 공부를 잘해서 다른 아이들보다 우월해지길 바라는 부모들의 욕망 때문에 동기가 부여된 것입니다. 1980년대에 전문 직업을 가진 30대 후반의 부모들은, 자기 아이들에게 유아용 플래시카드, 클래식 음악 등을 사용함으로써 공부를 일찍 시작하게 하는 사회적 분위기를 부추기는 데 큰 역할을 했습니다. 그 사람들은 또한 나중에 "가장 좋은" 사립 초등학교에 넣을 생각으로, 자기 아이들을 공부가 중심인 유치원에 보내곤 했습니다.

하지만 이런 "슈퍼베이비 신드롬"이 끼치는 해악은 『서둘러 키워지는 아이』의 저자인 데이비드 엘킨드 같은 사람들이나 소아과 의사들에 의해 많이 지적되고 있습니다. 1987년에 「뉴스위크」지는 다음과 같은 기사를 발표했습니다.

이제 왔다 갔다 하던 펜듈럼의 추가, 공부가 중심인 유치원으로 알려진 "온실처럼 서둘러 키워 내는 곳"에서 멀어지고 있는 것처럼 보인다. 몇 년 동안에 걸친 치열한 논쟁 끝에 이제 어린 시절과 관련된 단체들은 아주 어린 아이들에게 정규 공부를 시키는 일을 반대하는 일에 힘을 모으고 있다. 왜냐하면 아직 어린 아이들에게 정식으로 공부를 가르치는 일은, 공부에 대해 '신경쇠약에 걸리게 하거나 실패했다는 느낌을 갖게 할 수 있기 때문이다.

그러나 1987년에 발표된 조기 학습을 반대하는 이 움직임은 실제로는 상황을 전혀 되돌리지 못했습니다. 곧이어 일어난 디지털 혁명 때문입니다. 갑자기 부모들은 3살 난 자기 아이가 "컴퓨터 문맹"이 되어서 미래에 성공하지 못하면 어쩌나 걱정하기 시작했던 것입니다. 그리고 어떤 입법자들은, 컴퓨터 수업이 유치원 아이들에게 읽기와 산수를 가르치는 일을 벗어나게 하는 도구라고 느꼈습니다. 부모들은 걸음마를 하는 아이들에게 소프트웨어 프로그램을 사주기 시작했고, 유치원들도 커리큘럼에 컴퓨터 수업을 포함하라는 압력을 거세게 받게 되었습니다.

교육에서 컴퓨터의 가치와 잘못된 사용에 관련된 물음들은, 발달신경심리학자인 제인 힐리의 『관계 맺는 일의 실패』에서 깊이 있게 탐구된 바가 있습니다. 힐리는 수백 개의 연구 문헌들을 조사하고, 수백 개의 컴퓨터 프로그램들을 살펴보고, 수많은 학교들을 방문하고 나서 이런 결론을 내리고 있습니다. "7살 미만의 아이들에게 컴퓨터를 사용하게 하는 것은 아무런 이로움이 없다. 어쩌면 오히려 해로움이 있을지도 모른다."

또한 힐리는 초등학교 아이들을 위해서 훌륭한 가이드라인을 제시하고 있습니다. 즉, 컴퓨터 프로그램을 사용하거나 구입할 때 그것이 정말로 가르침을 주는지를 살펴봐야 한다는 것입니다. 또 부모는 아이가 얼마나 오랫동안 컴퓨터 스크린을 쳐다보고 있는지, 아이가 경험하는 번쩍대는 빛의 양, 아이의 자세 등에도 관심을 기울여야 합니다. 제인 힐리의 책은 오늘날 모든 부모들과 교육자들이 꼭 읽어야 할 중요한 책이라고 할 수 있습니다.

조기 교육을 시키면 왜 안 되는가?

마리아 몬테소리[37]와 루돌프 슈타이너는 어린아이들에게 지적인 공부를 직접적인 방식으로 가르쳐서는 안 된다는 것을 깨달은 사람들이었습니다. 몬테소리는 아이가 몸을 통해서 배워야 한다고 말했습니다. 그래서 몬테소리 프로그램에는 아이들에게 개념을 가르치기 위한 기하학적인 모형, 무게가 다양한 저울추 같은 특별한 교구들이 많이 있습니다. 슈타이너는 한 발 더 나아가서 이갈이가 시작되기 전에는 아이에게 개념을 가르쳐서는 안 된다고 말했습니다. 슈타이너는 창조적인 놀이, 상상, 모방, 몸동작 놀이, 손가락 놀이, 수공예, 예술적 활동에 강조점을 두었습니다. 아이의 몸이 충분히 발달하고, 성장에 쓰였던 강렬한 에너지가 보다 자유로워져서 지적인 심상들을 형성하고 기억에 쓰일 때까지 말입니다.

슈타이너는 7살 무렵에 자연스럽게 일어나는 엄청난 변화들에 주목하면서, 아이들에게 너무 일찍 지적인 공부를 시킴으로써 일어날 수 있는 문제들을 지적하고 있습니다. 비록 어떤 아이들은 특정 분야들의 발달을 재빨리 할 수도 있겠지만, 자연스런 내적 시간표를

---

37) 마리아 몬테소리 : 1870~1952. 이탈리아의 아동 교육자로, 어린이의 감각교육을 강조하고 스스로 하는 학습을 하게 하는 교육법을 세웠습니다.

간섭하는 일은 다른 영역에 부정적인 결과를 끼칠 위험이 있습니다. 여러분이 어린 아이의 지능과 기억을 직접적인 방식으로 불러낼 때마다, 여러분은 태어나서 7년 동안 몸의 발달에 꼭 필요한 에너지를 가져다 쓰고 있는 셈입니다. 어린아이의 신체적 발달에 활발히 쓰이는 그 힘은, 나중에 지적인 활동에 쓰이는 힘과 같은 힘입니다. 어린 시절의 발달에서 중요한 이 요인이, 일생 동안 건강과 활기찬 삶을 위한 기본 토대를 형성할 수 있다는 점에 주목하세요. 분명히 어린 시절 동안 아이는 엄청나게 많은 것들을 배우고, 지적으로도 발달하고 있는 중입니다. 슈타이너의 이야기를 간단히 하면, 부모들이 아이의 지능에 직접적인 방식으로 말을 걸어서는 안 된다는 뜻입니다. 그 대신에 아이가 삶을 직접 경험하고, 모방하는 놀이를 통해서 배움이 일어나도록 격려하라는 뜻입니다. 그는 이렇게 설명하고 있습니다.

> 태아 시절에 두 눈은 보호를 받고 있으며, 외부의 물리적인 태양 빛이 눈의 발달에 영향을 끼쳐서는 안 된다. 이와 똑같은 의미로 이갈이가 시작되기 전에는 기억력을 형성시키려고 훈련이나 영향을 주는 것 같은 외적인 교육을 시도해서는 안 된다. 하지만 우리가 풍요로운 환경을 제공해 주고, 외적인 방법으로 기억력을 발달시키려고 하지 않는다면, 우리는 이 시기 동안 어떤 식으로 기억이 자유롭게 그리고 자발적으로 드러나는지를 볼 수 있을 것이다.

어떤 아이들은 유치원 시기보다 더 일찍 읽기를 배울 수 있습니다. 심지어 어떤 아기들은 플래시카드를 인식할 수 있도록 조건화될 수도 있습니다. 하지만 두뇌 발달과 관련한 연구에서 제인 힐리는 언어 발달이 기초가 되어야 읽기와 쓰기가 가능하다고 말합니다. 즉, 주의 깊게 들을 수 있는 힘이 있고, 다른 사람의 말을 이해할 수 있고, 효과적으로 자신의 생각을 표현할 수 있어야만, 읽기와 쓰기가 잘 발달할 수 있다는 뜻입니다. 『자라고 있는 아이의 마음』에서 그녀는 이런 결론을 내리고 있습니다.

심지어 아기들조차 반복해서 제공되는 두 개의 자극을 결합할 수 있도록 조건화될 수 있다. 하지만 이러한 배움은 아이에게 진정한 의미를 갖지 못한다. 그리고 그 일에 가장 적합한 두뇌 영역들 대신에 적절하지 못한 대뇌 피질의 한 부분이 사용될지도 모른다. 실제로, 어떤 식으로든 배움을 강제하는 일은 두뇌의 더 낮은 부분을 사용하게 하는 결과를 가져올지도 모른다. 왜냐하면 그 작업을 해내는 더 높은 부분들이 아직은 발달되지 않았기 때문이다. (읽기와 같은) 더 높은 수준의 작업들을 위해서 낮은 두뇌 영역들을 사용하는 습관이 있고, 스스로 의미 패턴들을 만들어내기보다 지식을 수용하기만 하는 습관을 갖게 되면, 나중에 큰 문제를 낳을지도 모른다.

　　……그렇다. 심지어 아기들조차 단어를 인식할 수 있는 훈련을 받을 수 있다. 하지만 아기들은 읽을 수가 없다. 그것을 건설하는데 몇 년이라는 시간이 걸리는 창고, 즉 언어와 지식이라는 거대한 개인 저장 창고에 다가가서 읽기를 할 수가 없는 것이다. 마찬가지로, 대부분의 유치원 아이들 역시 자극-반응 유형의 가르침을 통해서 훈련을 받을 수가 있다. 인간의 뇌는 거의 어떤 것이든 할 수 있도록 훈련될 수 있기 때문이다. 만일 그 일이 충분히 간단하고, 어떤 사람이 기꺼이 그 일에 필요한 시간과 에너지를 낼 수가 있다면 말이다. 하지만 그런 방식의 두뇌 능력(아마도 신경 연결들)은 진정한 지능의 토대로부터 훔쳐온 것이다. 그렇게 되면 읽기는 낮은 단계의 기술이 되어버릴 테고, 앞으로도 읽기는 과거에 배우고 연습했던 그 단계에 그대로 머물러 있을 위험이 있다.

　　제인 힐리는 지적하길, 일찍 읽는 재능을 정말로 타고난 아이들은 읽기를 배우려는 욕망이 아주 강하다고 합니다. 그 아이들은 굳이 가르칠 필요가 없습니다. 그리고 그들은 사고와 언어를 본능적으로 연관시킬 수 있습니다. 일반적으로 이런 아이들은 어른들이나 형제자매들로부터 수업을 받지 않아도 읽기를 배웁니다. 힐리는 말하길, 어떤 아이들은 읽는 것과 관련된 문제들을 경험할 수 있다고 합니다. "그런 문제들은 너무 일찍 강제로 가르치려고 했기 때문에 생긴다. 이 분야에 영향력이 있는 많은 사람들은, 7살 나이가 정규적인 읽기 수업이 시작되어야 할 적당한 때라고 믿고 있다. 서로 다른 나라들에서 행해진 연구들을 보면, 5살 아이와 7살 아이한테 똑같은 방법으로 수업을 하면, 7살 아이들이 5살 아이들보다 조금 더 빨리 그리고 더 행복하게 배운다고 한다. 5살 아이들은 읽기에서 많은 어려움을 겪는 것 같다고 한다."

유치원 아이들이나 더 어린아이들에게 연습 문제를 풀게 하거나 베끼기를 시키는 일 또한 대다수 교육자들과 발달 심리학자들한테서 비난받고 있습니다. 제인 힐리는 이렇게 말합니다.

> 6살 미만의 아이들이 문장들을 베낄 것이라고 기대해서는 안 된다. 의미 있는 베끼기는 (보기, 느끼기, 움직이기, 때때로 단어를 듣기 같은) 두세 가지 형식들을 통합할 수 있는 두뇌의 성숙을 요구한다. 아주 어린 아이들은 기계적인 수준에서 베끼기를 할 수는 있겠지만, 아마도 의미와 관련이 있을 두뇌의 회로를 사용하는 것은 아닐 것이다. 그러므로 조금 기다려야 한다. 이 시기의 아이들은 공부를 시키려고 책상 앞에 억지로 앉혀 두어서는 안 된다. 지금 바쁘게 발달하고 있는 그 두뇌들을 밖에 나가게 해서 뭔가를 하고 배우게 해라. 낮은 단계의 기술들을 연습시키지 말고 말이다.

피아제와 슈타이너 그리고 다른 연구자들은 아이들의 발달과 사고 과정이 다양한 단계를 겪어 나간다고 지적합니다. 가장 최근의 두뇌 연구는, 실제로 두뇌는 점차 발달하는 과정을 겪고, 각 단계마다 서로 다른 차이가 있다는 사실을 보여주고 있습니다. 두뇌 발달에 관한 광범위한 연구를 통해서 제인 힐리는 다음과 같은 결론을 내리고 있습니다. "아직 성숙하지 않은 인간의 두뇌는 어떤 시도들부터 시작해서 '억지로 무엇인가를 시키는 일'까지가 필요하지도 않고 이익이 되지도 않는다. 걸음마하는 아이들에게 (교육용 소프트웨어 같은) 기술을 성공적으로 팔고 있는 지금 시대는, 우리가 어린 시절의 발달에 대해 얼마나 무지한가를 분명히 보여주고 있다."

발달 단계를 건너뛰게끔 강제하고, 배움에서 성취를 이루게 할 목적으로 낮은 단계의 두뇌를 사용하도록 시키는 일들은 아이들에게 피해를 줄 수도 있습니다. 그 밖에도 일찍 공부를 시키는 일 역시 정서적인 피해를 입힐 수 있습니다. 제인 힐리의 연구에 따르면,

"지나치게 '공부'를 많이 하는 반에 있는 4살, 5살, 6살 아이들은, 덜 창의적이고, 조금 더 두려움이 많아 보이는 경향이 있다. 그리고 다른 아이들보다 더 우월한 면이 눈에 띄지도 않았다. 반면 '놀이' 중심으로 잘 조직된 유치원에 다니는 아이들은, 배우는 일에 훨씬 긍정적인 태도를 보였고, 그와 더불어 가장 탁월한 능력의 발달을 보여주었다." 또 다른 연구는, 어린 아이들에게 창조성이 있으면 더불어 공부도 잘하게 된다는 사실을 주목했습니다. 그 연구는 어린 아이가 대중적인 읽기 소프트웨어 프로그램을 보통 정도로 만 사용했는데도, 그 후에 눈에 띌 정도로 창조성이 감소했다는 사실도 보여주었습니다.

유치원의 가치

오늘날에는 사실상 거의 모든 어린이들이 유치원에 다니고 있으며, 63퍼센트의 부모들은 자기 아이를 4살 무렵부터 학교에 딸린 유치원에 보낼 계획이라고 말하고 있습니다. 이 비율은 1965년보다 무려 4배가 더 많아진 비율입니다. 앞으로도 학교 교육 안에서의 유치원 프로그램들과 정부가 지원하는 유치원들이 점점 더 큰 비율로 증가할 것입니다. 그렇기 때문에 점점 더 어린 나이의 아이들이 그런 프로그램들에 참여하게 될 것입니다. 부유한 가정의 아이들은 일반적으로 비싼 사립 유치원에 다닐 테고, 가난한 집의 아이들은 자리가 충분하지는 않지만 저소득층 자녀를 위한 헤드 스타트 프로그램에 들어갈 수 있습니다.

점점 더 많은 주들에서도 최소한 한 종류의 유아원 프로그램에 재정적 지원을 하게 되었습니다. 그런데 여기서 문제가 되는 것은, 질적으로 풍요로운 프로그램들이 사회적인 기준이 되어야 할 뿐만 아니라 법률로도 제정되어야 한다는 점입니다. 1992년 조지아 주 주지사인 젤 밀러Zell Miller는, 유아원에 공적인 재정 지원을 하겠다는 아이디어를 처음으로 제안했습니다. 하지만 그의 제안은 "주가 재정을 지원하는 아기돌보는 이들의 단체"에 의해서 거부당했습니다. 조지아 주의 일반적인 유아원 프로그램들은 당시에 빠르게 증가해서 6,100명 이상의 아이들이 참여하고 있는 상황이었습니다. 그래서 주지사인 밀러는 주정부가 위임을 받아 유치원에도 재정 지원을 해야 한다고 주장했던 것입니다. 뉴욕 시가 유아원 프로그램들에 재정 지원을 하기 시작했을 때는, 그곳에 다닐 수 있는 아이들은 주로 추첨을 통해서 선발되어야만 했습니다. 그래서 누구나 들어갈 있도록 시 정부가 재정 지원을 하겠다는 것이 당시의 목표였습니다. 그렇지만 불행하게도, 집에서 아이를 키우고 있는 엄마들을 지원하겠다는 소식(재정적인 지원은 말할 것도 없고)은 지금도 전혀 없는 실정입니다.

미국에서는 3살 미만의 아이들이 있는 가정들 중 4분의1 정도가 가난하게 살고 있습니다. 그리고 아이들을 일찍 제도화된 프로그램들에 넣으려는 유행은 점점 커지고 있습니다. 그렇기 때문에 사회복지 정책들은 엄마들이 집에서 아이들을 키우기보다는, 임금이 형편없어도 밖에 나가 일하는 것에 더 가치를 두고 있습니다. 통계를 보면 4살 미만의 아이들이 있는 엄마들의 반 이상이, 집 밖에서 시간제라도 일을 하고 있습니다. 그렇기 때문에 오늘날 대부분의 어린이들은 어린이집이나 유치원을 다니는 경험을 하고 있습니다. 버튼 화이트의 이야기에 따르면, 공립 유치원에 재정 지원을 하겠다는 이런 압력은, 실제로 유치원(공립이든 사립이든 상관없이)의 질이 떨어지는 결과를 가져왔다고 합니다. 왜냐하면 "그런 압력에는 아이를 잘 돌보는 일에 관해서는 어떤 지시도 없으면서, 아이를 가르치라는 법적인 지시만 있기 때문"입니다.

심지어 일할 필요가 없는 엄마들조차도 오전반 유치원 프로그램이 자기 아이에게 제공하는 사회적인 경험과 가르침을 고맙게 여기고 있습니다. 그리하여 아이가 유치원에 간 뒤 자유로워진 오전 시간 동안에, 그 엄마들은 자신에게 필요한 시간을 갖거나 새로 태어난 아기와 시간을 보내기도 합니다.

미시간 주 입실란티에 있는 '하이 스코프 교육연구재단High Scope Educational Research Foundation'은 장기간의 광범위한 연구를 통해서, 사회 경제적인 배경이 열악한 어린 아이들은 놀이 중심의 유치원에 보내는 것이 더 유익하다는 사실을 보여주고 있습니다. 이 연구는 소외 계층 흑인가정의 IQ가 낮은 아이들 123명을 두 그룹으로 나누어서, 3살이나

4살 때부터 19살이 될 때까지 그 아이들을 계속 추적한 연구입니다. 한 그룹은 페리 초등학교의 유치원 프로그램에 보내진 아이들이었고, 또 한 그룹은 어떤 유치원 교육도 받지 않은 채 특수 교육을 훈련받은 직원의 방문만 받은 아이들입니다. 이 연구에 따르면, 유치원 프로그램에 참여한 아이들은 나중에도 특수 교육 학급들에서 보내는 시간이 더 적었고, 상급 학교에 진학하는 비율이 더 높았으며, 아주 많은 수가 고등학교를 졸업했다고 합니다. 게다가 공적인 생활보조를 받는 아이들도 더 적었고, 19살이 되기 전에 범죄를 저지르거나 임신하는 비율도 더 낮았다고 합니다.

하지만 정서적으로나 재정적으로 안정된 가정의 아이들의 경우는, 유치원으로부터 어떤 유익함을 얻는지는 그리 분명하지 않습니다. 많은 전문가들이 믿기로는, 어린 시절은 꼬마 아이들에게 뭔가를 가르칠 수 있는 엄청나게 생산적인 시기라고 합니다. 반면에 어떤 전문가들은 아직 어린 꼬마들은 집에서 자신의 속도대로 배워야 가장 잘 배울 수 있다고 생각합니다. 『인생의 처음 삼 년』의 저자인 버튼 화이트는, "4살짜리 아이들을 위한 학교가 교육적으로 근거가 있다는 이야기는 도무지 지지할 수가 없다."고 말하고 있습니다.

어린이집이나 유치원에서 제공하는 경험들은 흔히 집에서도 똑같이 제공될 수 있는 것들입니다. 만일 여러분과 아이가 집에서 잘 지내고 있다면, 굳이 유치원을 찾아볼 필요가 없습니다. 그렇지만 아이가 다른 아이들과 놀고 싶어 하고, 놀이 중심의 프로그램이 제공할 수 있는 활동들에 기꺼이 참여하고 싶어 하면, 굳이 유치원을 피할 필요도 없을 것입니다. 그리고 아이를 보낸다고 죄의식을 느낄 필요도 없을 것입니다.

어린 시절의 프로그램들을 평가하기

어린 아이들을 위한 프로그램들을 조사해 보면, 그것들의 철학적인 입장과 활동들이 매우 다양하고 차이가 난다는 사실을 알 수 있습니다. 1980년대에, 발도르프 유아 교육 프로그램들은 시대착오적인 것이라는 시선을 받았습니다. 발도르프 학교를 방문한 사범대 학생들은 어떤 것이 "놀이가 중심인 프로그램"인지를 물어 보곤 했습니다. 그런데 지금은 이런 식의 프로그램들이 두뇌 발달에도 유력한 이점이 있고, 나중의 공부를 위해서도 가장 훌륭한 준비가 될 수 있다는 사실이 밝혀지고 있습니다. 그리하여 이제 사람들은, 아주 많은 수의 놀이가 중심인 프로그램들이 시작되어서, 어디서나 쉽게 만날 수 있기를 희망하고 있습니다! '북미 발도르프 어린 시절 연합'의 책임자인 조앤 앨먼의 이야기에 따르면, 독일에서는 분명히 그런 프로그램들이 많이 생겨나고 있다고 합니다.

점점 더 증가하는 연구들을 보면, 아이들이 6살 까지는 놀이 중심의 유치원에서 지내야 한다는 발도르프 학교의 입장이 많은 지지를 받고 있다. 우리의 관심을 끄는 가장 분명한 실례는, 독일에서 5살 아이들을 위한 100개의 공립학교 유치원 수업들을 비교 조사한 연구이다. 100개 중 50개 학교의 유치원 프로그램들은 오로지 노는 일뿐이었고, 나머지 50개는 공부와 놀이를 병행시키고 있었다. 그 아이들은 만 6살이 되면서 초등학교 1학년으로 올라갔다. 그리고 이 연구는 그 아이들이 10살이 될 때까지 계속 진행되었다. 초등학교 1학년 시기에는, 두 그룹 사이에 별다른 차이가 보이지 않았다. 그런데 아이들이 10살이 될 무렵에는 5살 시기에 오로지 놀기만 했던 아이들이 모든 부분에서 다른 아이들보다 더 뛰어난 점을 보였다. 이 결과가 장학관들을 얼마나 놀라게 했는지는 상상할 수 있을 것이다. 이 결과가 보여주는 바가 너무나 분명해서 장학관들은 몇 달 안에 공부 중심의 모든 프로그램을 놀이 중심으로 변환할 것을 고려하게 되었다. 그들은 또한 여러 나이 대의 아이들이 섞인 유치원이 유익하다는 점도 깨닫게 되었다. 이런 유치원들에서는 아이들이 놀이를 통해 서로 도우면서 자라고 배우고 있기 때문이었다.

여러분이 관심을 갖고 있는 프로그램을 살펴볼 때, 그곳의 책임자를 방문해서 이야기를 나눠 보고 싶을 것이고, 아이들이 그곳에서 무엇을 하는지를 보고 싶을 것입니다. 책임자를 만나서 그 분의 배경, 철학, 제공하고 있는 프로그램의 유형에 대해서 이야기를 나누어 보세요. 아이를 맡을 선생님을 만나보고, 직원의 이직률도 알아보세요. 직접 방문하여 주변 환경과 진행되고 있는 프로그램을 관찰해 보세요. 무엇보다도 그곳에 말로 풍요롭게 이루어지는 전통(이야기, 노래, 놀이들)이 있는지를 확인해 보세요. 그리고 아이가 알아서 노는 시간이 충분히 있는지, 그리고 아이 자신보다는 다른 동기에 의해서 제공되는 놀이가 있지나 않은지를 확인해보세요.

여러분은 또한 프로그램이 이루어지는 시간대도 고려해 보고 싶을 것입니다. 여러분이 온종일 일하는 직업을 갖고 있다면, 아마도 종일반 프로그램을 찾아야 할 것입니다. 만약 여러분이 아이와 함께 집에 있을 수 있다면, 아마도 생활에 약간의 변화를 주고 싶을지도 모릅니다. 집에서 지내는 어린 아이들을 위해서는, 일주일에 이틀이나 사흘 정도반나절 프로그램에 참여하는 것이 가장 좋은 시작이 될 것입니다. 언제 이런 프로그램을 시작해야 할지는 아이로부터 단서를 얻으세요. 그리고 여러분의 필요와 아이의 필요가 균형을 이룰 수 있는 프로그램을 찾아보세요.

어린이집, 유치원, 유아원을 살펴볼 때, 여러분은 다음과 같은 몇 가지 사항들을 고려할 수 있습니다.

- 하루 생활에 리듬이 있는가? 그 리듬 체계 안에는 아이가 활발하게 활동할 수 있는 시간과 안내를 받아 활동하는 시간이 들어 있는가?
- 상상 놀이, 자기가 알아서 노는 놀이의 중요성을 이해하고 있는가? 그런 놀이들을 격려해 줄 수 있는 장난감들이 있는가?
- 아이들은 매일 바깥 놀이를 하는가? 바깥 놀이에서는 어떤 시설을 이용할 수 있는가?
- 선생님의 배경, 훈련 과정, 철학은 어떠한가? 아이들을 가르쳐보거나 엄마노릇을 한 경험이 있는가?
- 선생님은 아이들이 무엇을 배우기를 희망하는가? 아이들이 일찍 읽기를 배우게 하거나, 어린 아이의 욕구를 충족시켜줄 수 없는 학습용 워크북을 풀게 하지는 않는가?
- 예술적인 활동들이 있는가? 가령, 수채화 그림 그리기, 색칠하기, 수공예 등을 할 수 있는가?
- 유치원 프로그램에서 음악은 어떤 역할을 하는가? 모든 음악이 녹음된 것인가? 아니면 노래 부르기와 몸동작 놀이들이 있는가?
- 아이들이 텔레비전을 보거나 컴퓨터를 하고 있는가? 어린 아이들이 화면을 보고 있는 시간이야말로 가장 피해야 할 사항입니다.
- 그곳에는 얼마나 많은 아이들이 있는가? 얼마나 많은 선생님들이 있는가? 그곳은 안정되어 있는가? 아니면 야단법석의 느낌인가?
- 주변 환경은 어떠한가? 위험하지 않고 안전한가? 그곳은 아름다운가? 따뜻하고 집과 같은 분위기인가?

라이프웨이스와 발도르프 어린 시절 프로그램들

발도르프 어린 시절 프로그램들은(발도르프 학교와 연관이 있거나 혹은 자유롭게 운영되거나 간에), 좋은 가정환경을 모델로 해서 풍요로운 프로그램을 제공하고 있습니다. 그 프로그램은 7살이 되기 전에 아이의 발달에 특별히 필요한 것이 무엇인지를 이해한 것에 기초한 것입니다. 발도르프 학교들에서는 때로 여러 나이대의 아이들이 섞인 유치원을 운영하고 있습니다. 그런 유치원은 보통 2살 반부터 6살 나이의 아이들이 한 그룹을 이루고 있습니다. 흔하게는 유아반과 유치원반을 분리해서 운영하기도 합니다. 어린 아이들한테 보다 집처럼 느껴지고 여러 나이대의 아이들이 섞인 환경이 좋다고 확신하기 때문에, 또한 영아들과 걸음마장이들이 있는 부모들의 큰 아이 돌보기 욕구도 충족시키기 위해서 라이프웨이스 방법이 계발되었습니다. 이 방법은 루돌프 슈타이너의 가르침을 따르는 현대 교육가인 신시아 알딩어Cynthia Aldinger가 도입한 것입니다. 라이프웨이스 센터들이나 가정 안 프로그램들에서는, 어린 아기들부터 5살 아이들이 함께 "가족 그룹"을 이루고서 매년 같은 사람에 의해 보살핌을 받고 있습니다. 여러 나이대의 아이들이 섞여 있고, 관계 중심적인 보살핌을 받는 일은 대가족의 경험을 해볼 수 있는 유리함을 지니고 있습니다. 즉, 큰 아이들은 더 어린 아이들에게 본보기를 제공하고 도와주는 한편, 어린 아이들은 5살이나 6살 아이들에게 좀 더 부드러운 요소를 제공해 줄 수 있습니다. 그리고 몇 년 동안 이런 곳에서 지내면서, 이전에 그룹에서 아주 어렸던 아이들이 좀 더 큰 아이가 되어가는 경험을 하게 됩니다.

조금 큰 아이들의 특별한 욕구는 밀워키에 있는 '라이프웨이스 어린 시절 센터'에서 운영하는 현장 "유치원"에서 충족될 수 있습니다. 아이들은 일주일에 세 번 아침에 그 프로그램에 참여할 수 있습니다. 이곳에서는 각각의 가족 그룹에서 온 큰 아이들이 함께 모여서, 발도르프 프로그램에 따라 그 나이 대에 알맞은 이야기들과 활동들을 하면서 지냅니다. 일반적으로 라이프웨이스 프로그램에 참여했던 아이들은 지역 공립학교 유치원이나 발도르프 유치원에 가곤 합니다.

북미 지역에서 발도르프 교육과 라이프웨이스에 대한 관심은 폭발적으로 커지고 있습니다. 그리고 발도르프 학교들이나 센터와 관련이 있는 프로그램들과 가정 프로그램들이 매년 아주 많이 새로이 세워지고 있습니다. 그 목록은 '발도르프 유아기 권리보장 연합' 웹사이트(www.waldorfearlychildhood.org)에서 찾을 수 있습니다.

다음에 설명되고 있는 라이프웨이스 프로그램의 "전형적인 하루 일과"를 살펴보면, 관계 중심의 프로그램들을 살펴보는데 보다 상세한 안내를 받을 수 있을 것입니다. 비록 여러분이 사는 곳 근처에 라이프웨이스나 발도르프 학교가 없을지라도 말입니다. 발도르프 교육에서 어린 아이들을 이해하는 방식과 여기에 제시된 활동들을, 가정생활에 포함시켜서 적용할 수 있습니다. 또 기존의 유아원이나 유치원 프로그램들에서 얼마든지 활용할 수 있을 것입니다. 이 책을 읽는 독자들이 영감을 받아서 라이프웨이스 훈련 과정을 찾아볼지도 모르고, 어쩌면 자기의 집에서 가정 프로그램을 열지도 모릅니다!

활동들

라이프웨이스 프로그램에서 아이의 하루생활이 어떻게 이루어지고 있는지를 살펴볼까요? 하나의 예로서, 저는 제가 운영하고 있는 레인보우 브릿지의 일과를 기술해보겠습니다. 그곳은 가정 프로그램으로 1살 아이부터 5살 아이까지 12명의 아이들이 있고, 한 명의 리더 교사와 두 명의 보조 교사가 있습니다. 이곳의 모든 사람들은 요리하기, 방한복 입기, 유아용 변기 사용 같은 모든 일을 서로 도와서 같이 하고 있습니다.

아침은 전형적으로 창조적인 놀이로 구성되어 있습니다. 다양하게 변형된 활동들, 이야기, 노래하면서 하는 놀이들과 손가락 놀이, 간식과 점심, 그리고 바깥 놀이가 있습니다. 어떤 아이들은 12시 30분에 집에 가고, 다른 아이들은 낮잠을 자고 3시 30분에 부모가 데리러 옵니다.

(1) 바깥 놀이

부모들과 아이들이 만나서 인사를 합니다. 그리고는 대부분의 아이들이 곧장 모래 상자로 갑니다. 그곳에서 조금 큰 아이들은 벌써 터널들과 "곤충 트랩"을 세우는 어려운 일에 돌입합니다. 바깥 놀이를 시작하고 있으면, 서로 다른 시간대에 아이들이 도착할 수 있습니다. 저는 보통 아이들을 맞이하면서 밖에 머뭅니다. 춥거나 하루를 좀 더 부드럽게 시작하고 싶은 아이들은 다른 선생님과 함께 안에 들어 갈 수 있고, 선생님을 도와서 아침 간식을 위해 과일을 자르는 일을 하기도 합니다.

(2) 아침 간식과 노래 혹은 이야기 시간

아이들은 노래를 부르면서 모여서 안으로 들어옵니다. 손을 씻고 난 후, 식탁에 앉아 축복의 노래를 부르기 전에 촛불을 켭니다. 매일 다른 아이가 선택되어서 과일 접시 주위에다 음식을 가져다가 차립니다. 다른 아이들은 다른 날에 서빙을 할 거란 약속을 받았으므로 만족해합니다. 우리는 "감사합니다."란 말을 귀 기울여 듣고, 더 원할 때는 어떻게 요청하는지를 모범으로 보여줍니다. 이야기하는 기술은, 제가 만든 한 주인공에 관해 계속 이어지는 이야기를 들려주면서 발전해나갑니다. 가령, 고양이 마우리나 해적 잭이 그런 주인공입니다. 가장 어린 꼬맹이들을 포함해서 모든 아이들이 노래를 부르며 촛불을 끄기 전까지 식탁에 앉아 있는 법을 배웁니다. 그런 뒤 접시들을 개수대에 넣고, 아이들은 두 손과 얼굴과 식탁 주변을 타월로 닦습니다. 간식을 다 먹으면 "빨간 새야, 빨간 새야, 오늘은 누구를 선택할거니?"란 노래를 부릅니다. 그리고 막대기에 매달린 빨간 새가 아이들이 타월로 만든 둥지들을 방문하기를 열심히 기다립니다. 한 아이가 선택되면, 아이는 자기 타월을 오목한 그릇 속에 넣고, 그러면 자유 놀이 시간을 위해 자리를 뜹니다.

(3) 창조적인 놀이와 활동

몇 분 안에, 몇 명의 남자아이들과 여자아이들은 집안놀이 영역에서 요리를 하거나 인형을 가지고 놉니다. 그 곁에는 3명의 아이들이 담요가 씌워진 받침대에 시트를 둘러서 집을 만들고 있습니다. 2살짜리 아이는 고양이 귀를 쓰고 문가에서 '야옹야옹'거리고 있습니다. 그동안 1살짜리 아이는 모든 것을 흡수하면서 이곳저곳을 행복하게 어슬렁거립니다. 다른 남자아이는 망토를 입고 인형들을 가지고 테이블 밑으로 기어들어갑니다. 두 남자아이는 실로 짠 줄에다 나무 물고기를 묶어서 어부들이 됩니다. 우리들 중 한 사람은 세탁물 바구니에서 타월들과 행주들을 꺼내 개기 시작합니다. 그러면 즉시 돕는 아이들이 나타나서 선반에 "배달"하는 놀이를 합니다. 그러는 와중에 선생님 중 한 명은 점심을 위해 야채들을 썰고, 세 명의 아이들이 참여해서 자기들의 도마와 칼을 가지고 함께 일을 합니다.

방 안은 아이들 놀이의 썰물과 밀물로 가득 차게 됩니다. 두 명의 아이들이 작업대를 차지하고는 둘 다 같은 나무망치를 쓰고 싶어 합니다. 가까이 있는 어른이 한 아이에게 "네가 다 쓴 다음에 내가 써도 되지?"라고 요청하도록 제안합니다. 그리고 기다리는 일은 어려운 일이라고 동의해줍니다. "네가 기다리는 동안 우리가 할 수 있는 뭔가를 찾아볼까?" 어른이 묻습니다. 그리고 아이가 트럭을 고치는 데 망치 대신 드라이버를 사용하도록 안내해줍니다. 그때 즈음 그날의 요리인 야채를 볶고, 밥솥에서 꺼낸 곡식들과 섞습니다. 한두 명의 아이들의 이 모든 일을 돕습니다. 다른 선생님은 세탁물을 다 갠 뒤에 소파로 갑니다. 그러면 1살짜리 아이가 기어 올라와 선생님한테 폭 안겨서 함께 책을 봅니다. 45분에서 1시간 사이에 아이들이 펼쳐 보이는 놀이들은 끝없이 변형되어 갑니다.

우연히 방을 보게 된 사람에게는 방이 혼란스러워 보일 수도 있습니다. 지금 아이들은 자신의 내면이 이끄는 대로 놀이를 하며, 세상을 경험하고 있는 중이기 때문입니다. 우리는 아이들을 주의 깊게 살펴보면서 필요한 일들을 도와줍니다. 가령, 아이들이 옷을 입을 때 끈을 매어 주거나, 서로 갖겠다고 경쟁하는 물건의 순서를 정해 주는 일 등을 합니다. 우리는 아이들의 상상 놀이의 일부분이 되어서 상호작용하는 것도 즐거워하지만, 직접 아이들과 함께 놀이를 한다거나 개입하지는 않습니다. 예외적으로 안전을 위해서 필요한 경우, 또는 아이들 스스로 해결하지 못하는 다툼을 해결해 줄 때만 놀이에 개입합니다. 이 시간 동안, 빵 굽기, 색칠하기 같은 활동이 테이블에서 시작될 수도 있습니다. 아이들은 마음이 끌리면 함께 참여할 수 있습니다. 또한 이 시간 동안에 아이들은 화장실에 가고 어린 아기들은 기저귀를 갈아줍니다. 아주 바쁜 아침이랍니다!

(4) 둥글게 모이는 시간

노래를 부르면서 아이들에게 이제 모든 장난감들을 치워야 하는 시간임을 알려줍니다. 그리고 작은 난장이가 자기 집에서 나와서는 모두 얼마나 잘하고 있는지를 살펴봅니다. 모든 것들이 정돈이 되면, 다른 노래를 불러서 아이들이 둥그렇게 모이도록 합니다. 여러 나이의 아이들이 섞인 그룹일 경우, 저는 "장미꽃 주위를 빙 돌아요."란 노래로 시작하길 좋아합니다. 이 노래는 아주 어린 아이들이 듣기에 충분히 단순하면서도 여전히 5살 아이들도 좋아하는 노래이기 때문입니다. 그런 다음 인사하는 노래, 그런 다음 손가락 놀이나 간단한 원 만들어서 하는 놀이를 합니다. 아이들이 점심 테이블로 가기 전까지 말입니다.

(5) 따뜻한 점심을 먹는 시간

우리는 점심을 위해 손을 씻습니다. 점심은 유기농 야채들을 섞은 뜨거운 곡식 요리이고, 우리 프로그램에서는 대략 오전 11시 경이 점심시간입니다. 아이들은 음식에 대한 감사 노래를 부르고, 먹는 동안 서로 이야기를 나눕니다. 이 시간은 조금 큰 아이들을 위해 동화를 들려주기 좋은 시간입니다. 그동안 조금 어린 아이들은 열심히 자기 음식을 먹고 있으니까요. 음식을 다 먹으면, 빨간 새가 다시 나와서 아이들더러 준비를 하고 밖으로 나가라고 천천히 식탁으로부터 물러나게 합니다.

(6) 바깥 놀이

아이들은 밖에서 대략 45분 정도 놀이를 합니다. 아이들은 미끄럼대, 시소, 둥그런 모양의 올라가는 틀 등을 타면서 열심히 놉니다. 또한 밖에는 모래 상자, 기어갈 수 있는 튜브들, 커다란 놀이 말馬도 있습니다. 또 데크, 잔디, 작은 덤불 공간이 있는데, 우리는 이곳을 "요정의 숲"이라고 부릅니다. 어떤 아이들은 12시 30분에 부모들이 데려갑니다. 그러면 다른 아이들은 안에 들어와서 탁자에 둘러앉아 주스, 치즈, 건포도 같은 것들을 약간 먹습니다(믿거나 말거나 점심 먹은 지 한 시간 반 정도가 된 시간입니다). 그런 다음 이를 닦고 낮잠을 자러 갑니다.

(7) 오후 낮잠

우리는 아침 활동 후에 자는 잠이 아이들에게 건강을 주는 힘이 있다고 굳게 믿는 사람들입니다. 그래서 5살 아이까지 포함해서 아이들 모두가 낮잠을 잡니다! 어떤 날에는 열 명의 아이들이 낮잠을 자야할 만큼 그 수가 많으면, 두 방으로 나눠서 낮잠을 자게 합니다. 선생님과 보조 선생님은 어둡게 한 방에서 각각의 아이가 편안한지를 확인하고, 앉아서 노래를 부르거나 어린이용 하프를 연주합니다. 그런 다음에는 아이들이 잠들 때까지 조용히 하품을 하며 앉아 있습니다.

(8) 오후 놀이

오후는 아주 기분이 좋은 시간입니다. 낮잠에서 깨어난 아이들은 아주 다른 상태이고, 함께 이야기를 읽거나 아이의 머리를 부드럽게 빗겨주는 시간입니다. 그러면 아이는 점차 우리가 함께 나누는 세상으로 다시 들어올 것입니다. 아이들이 서로 다른 시간에 깨어나기 때문에, 놀이를 시작하거나 모여서 오후 간식을 먹기 전에, 아이들 개개인에게 주의를 기울이기가 더 쉽습니다(먹는 일은 규정에 따라 한 시간 반마다 이루어지는 데, 저에게는 딱 알맞습니다!).

계절에 따른 리듬

아이들을 안정되게 붙잡아주는 이런 매일의 리듬을 세워가는 일에 더해서, 우리는 한 해의 계절에 따라서 활동들과 이야기들을 변화시킵니다. 이러한 활동에는 소풍가기와 계절 테이블을 장식할 물건을 모으는 일, 계절에 맞는 빵과 과자를 굽는 일, 매해의 축제들을 위해 물건들을 만드는 일을 포함할 수 있습니다. 또한 야외 활동들로는 나뭇잎으로 왕관을 만들기, 혹은 봄에 알뿌리 심기 같은 것들이 있습니다. 라이프웨이스 프로그램에서 어른들이 하는 대부분의 준비는 한 해의 리듬과 그것을 경험하는 아이들과 관련이 있습니다. 이 일은 매일 하는 활동들에도 반영되어 방의 장식을 바꾸기도 하고, 계획한 특별 활동들을 하기도 합니다. 가령, 가을에 도토리를 모으러 공원에 간다거나, 봄에 꽃을 심는다거나, 여름에 밖에서 물에 적신 펠트 만들기를 하는 일이 있습니다.

여러 나이 대가 섞여 있는 반에서는, 나이에 따라 서로 다른 많은 단계의 일들이 동시에 진행됩니다. 가령, 좀 큰 아이들은 대표적으로 수채화 그림을 그리는 반면, 2살짜리 아이들은 경외하는 마음으로 그것을 지켜볼 것입니다. 또한 자기들도 해보고 싶어 하기도 합니다(혹은 그렇지 않을 수도 있습니다). 1살짜리 아이들은 전형적으로 꿈꾸는 상태에서 계속 지냅니다. 비록 어떤 1살 아기는 자기도 탁자에 있고 싶다고 아주 강하게 요구할지라도 말입니다! 또한 여러 나이가 섞인 반에서는 다양한 수준들의 이야기를 들려줍니다. 조금 큰 아이들도 여전히 "세 마리 아기 돼지" 같은 간단한 이야기를 듣는 것을 아주 좋아합니다. 반면 가장 어린 아이들은 큰 아이들을 위해서 약간 복잡한 이야기를 들려 줄 때는 그냥 따라 들어도 괜찮아 할 것입니다. 같은 이야기를 몇 주 동안 들려준 다음에, 테이블용 작은 인형들과 실크로 만든 마리오네트들로 인형극을 상연할 수도 있습니다.

라이프웨이스 프로그램에서는 직접적인 방식으로 지적인 가르침을 행하지 않습니다. 읽기 준비를 위한 어떤 연습시간도 없고, 산수 문제집을 푸는 시간도 전혀 없습니다. "삼각형"이나 "무거움과 가벼움" 같은 개념을 가르치기 위한 모형들이나 저울추들도 없습니다. 아이는 자신의 감각들을 통해 세상에 들어가고, 움직임, 예술적인 활동, 놀이를 통해서 세상에 참여하게 됩니다. 어린 시절에 해야 할 일 중 하나는 건강하게 몸을 움직이는 법을 배우는 것이기 때문입니다. 즉, 손가락 놀이나 몸을 움직이면서 하는 놀이들은 아이들이 조화롭게 몸을 조절하는 일과 말을 형성하는 일에도 도움을 줍니다. 이러한 활동들은 나중에 수학을 배우는 데도 기초가 될 것입니다. 왜냐하면 아이는 몸을 움직이면서 리드미컬하게 셈을 할 수 있고, 이것을 통해서 몸 안에 숫자나 리듬을 위한 귀중한 토대를 형성할 것이기 때문입니다. 마찬가지로, 창조적인 놀이에서 하나의 대상이 다른 것으로 변하는 과정은, 읽기에 포함된 상징들을 보다 추상적으로 조작할 수 있는 구체적인 기초를 제공해 줄 것입니다. 이런 활동들은 각각의 발달 단계를 그냥 뛰어넘거나 서둘러 지나가게 만들지 않습니다. 오히려 어린 아이들이 자신의 본성과 특별한 개성에 따라서 자신을 펼쳐나갈 갈 것임을 확신하고 있습니다.

많은 경우 이미 글을 읽거나 쓸 수 있는 아이들이 발도르프 유치원에 들어오는 경우도 있습니다. 하지만 그 아이들에게 그러한 기술들을 연습하는 시간을 제공하지는 않습니다. 그 아이들의 하루 역시 창조적 놀이, 이야기 듣기, 인형극 공연, 수공예, 미술 같은 활동으로 꽉 차 있습니다. 그렇기 때문에 아이들도 이런 활동들에 완전히 열중해 있어서 이곳에서 읽기와 산수를 가르치지 않는다는 사실조차 눈치 채지 못할 정도입니다. 어린 나이에 지적인 경험을 했던 그 아이들은, 발도르프 프로그램에서 받고 있는 풍요로운 경험으로 조화로운 균형을 이룰 수 있을 것입니다.

환경 만들기

어린 아이에게 주변 환경은 너무나 중요하기 때문에, 아이를 돌보는 일 중 많은 시간이 환경을 만드는 일에 쓰입니다. 즉, 아이들을 풍요롭게 키우고 마음을 끌 수 있는 환경을 만드는 것입니다. 건축에 관한 슈타이너의 가르침에 따라서 학교를 짓는다면, 어린 아이들이 지내는 방들은 부드러운 곡선들, 아담하고 아늑한 곳들, 놀이 공간들이 아이들을 포근하게 감싸는 것 같은 느낌을 줄 수 있을 것입니다. 하지만 이것이 가능하지 않다면, 실제로 쓰이는 집을 활용할 수 있습니다. 또한 기존의 건물을 가능한 집처럼 편안하게 만들 수도 있습니다. 가장 조직화된 어린이집 환경의 규격화된 느낌과 완전히 다르게 만드는 것입니다. 가령, 색깔 있는 얇은 면이나 실크 천을 구석이나 전등불 앞에 걸어두면, 강한 불빛과 딱딱한 직각들을 부드럽게 만들 수 있을 것입니다. 양가죽과 베게들로 만든 소파와 "포근한 구석자리"도 아이들을 위해 부드러운 느낌을 줄 수 있습니다. 보수적인 많은 프로그램들에 있는 크롬 재질과 플라스틱 물건들을 아름다운 물품들, 자연 재료들, 그리고 파스텔 색조의 것들로 대체할 수 있습니다. 거기에다가 다락방이나 그 아래의 놀이 공간들을 나무로 사용해서 지을 수도 있을 것입니다.

라이프웨이스와 발도르프 프로그램들을 운영하는 많은 건물들은, 슈타이너가 "복숭아 꽃 색"이라고 부른 밝은 장미색으로 칠해져 있습니다. 이 색은 아직 완전히 이 지상에 도착하지 않은 어린 아이들의 밝은 특성을 반영하는 색입니다. 벽에다 다양한 색을 얇게 바르는 래저링Lazuring이라는 특별한 채색 기법은 평면을 깊이가 있는 것으로 느끼게 해줍니다. 이런 기법을 이용하면 매우 부드럽고 아름다운 형상을 암시해 주는 벽화나 이미지를 그릴 수 있습니다.

아이들이 노는 방은 계절용 테이블, 창문에 붙여 놓은 얇은 종이 그림, 나뭇가지로 장식한 것 등 계절을 나타내는 다양한 것들로 꾸며져 있습니다. 장난감들은 자연 재료를 이용해 만들어진 것이며, 다양한 활동 영역들과 작은 장면들로 잘 정리가 되어 있어서 창조적인 상호작용을 할 수 있게 합니다. 환경의 세세한 점들과 아름다움에 주의를 기울이는 일은 아이들의 기분과 놀이가 가진 특질에 반영될 것입니다.

선생님의 역할

발도르프 유치원이나 그보다 어린아이들 프로그램은 종종 믿을 수 없을 만큼 간단해 보입니다. 모든 일들이 물 흐르듯 쉽게 나아가고, 별다른 노력이 없이도 쉽게 이루어지는 것처럼 보입니다. 선생님들이 하고 있는 어마어마한 양의 일들은 대부분 눈에 보이지 않기 때문입니다. 아이들의 특성을 잘 알고 있으면서 선생님이 창조해 낸 분위기를 감지할 수 있는 사람이 아니면, 그것을 잘 보지 못합니다. 다른 유치원에서 미시건의 앤아버에 있는 발도르프 유치원을 방문한 어떤 선생님은, 작은 공간에서 12명이나 되는 아이들이 어떻게 그렇게 평화롭게 놀 수 있는지를 보고 매우 놀랐다고 합니다. 선생님의 존재 자체와 선생님이 만들어 놓은 물리적이고 정서적인 환경이야말로 아이들을 진정으로 풍요롭게 키우는 요소입니다.

라이프웨이스 프로그램에서는 발도르프 유치원에서보다 뒤에서 준비하는 일이 적습니다. 선생님은 대부분의 일을 아이들이 놀고 있는 동안 하려고 합니다. 그리고 아이들을 위해서 선생님이 대부분의 일을 해야 하는 공예 작업들과 다른 활동들에 덜 관여하는 편입니다. 그러면 선생님은 보다 자유로워져서 아이들과 더 관계를 맺을 수 있습니다. 그것이야말로 어린 아이들에게 가장 중요한 요소입니다.

선생님은 언제나 아이들에게 본보기가 되기 때문에, 자기 움직임의 특질이나 목소리의 어조에 특별한 주의를 기울입니다. 선생님은 간식을 준비하는 일, 이야기를 들려주는 일, 원을 만들어서 하는 활동 등 많은 일들을 아이들과 함께 합니다. 하지만 선생님의 존재 자체, 다시 말해 선생님이 누구인가 하는 점이 훨씬 큰 역할을 합니다. 아이들과 함께 있을 때 선생님은 가능한 밝은 모습이어야 하기 때문에, 자신의 개인적인 문제와 감정적인 울적함 등은 되도록 한 쪽에 밀어놓도록 애를 씁니다. 선생님은 충분한 잠을 잘 필요가 있습니다. 그리고 자기 반에 집중하고 나머지 자기 삶도 질서가 있도록 스스로 명상을 할 필요가 있습니다. 아이들과 함께 있는 선생님의 역할이란, 명상 상태에 있는 의식과 비슷합니다. 즉, 선생님은 모든 일을 알고 있어야 하고, 완전하게 현재의 순간에 몰입해 있어야 하며, 다른 일은 생각하지 말고, 그저 그곳에 아이들과 함께 그리고 아이들을 위해서 존재해야 합니다. 어린아이들과 함께 지내는 일은 뭔가를 하기보다는 종종 그냥 아이 곁에 있어 주는 일이 더 많습니다. 하지만 우리가 그럴 수 있을 만큼 충분히 모든 일을 간단히 만드는 일은 사실 꽤 어렵습니다. 우리는 아이들을 자극하고 뭔가를 제공해 주어야 한다고 생각하는 경향이 있기 때문입니다. 그렇지만 우리에게 더 어려운 일은 아이들이 자기 자신이 될 수 있는 공간을 제공해 주는 일입니다. 그리하여 아이들이 스스로 세상을 경험하고, 자라고, 시도하게 해주는 일입니다. 아이들은 어른들이 제공하는 안내와 보호 아래서 그러한 활동들을 할 수 있을 것입니다.

따뜻함과 사랑어린 선생님의 태도는 어린 아이들에게 안정되고 건강한 분위기를 제공해 줍니다. 슈타이너는 이것을 다음과 같이 설명하고 있습니다.

> 자기 환경 안에서 그 환경과 함께 있는 아이의 기쁨은 신체 기관을 만들고 형성하는 힘들 가운데서 평가되어야만 한다. 아이는 행복한 모습과 태도를 지닌 사람이 주위에 있어야 한다. 무엇보다도 솔직하고 진심 어린 사랑을 지닌 사람이 아이 주변에 있어야 한다. 아이의 물리적 환경을 따뜻함으로 가득 채워 줄 사랑은, 말 그대로 신체 기관을 "부화시키는" 역할을 한다. 사랑과 따뜻함이 있는 분위기와 주변에 모방할 수 있는 실제로 훌륭한 본보기가 있다면, 아이는 마땅하고 적절한 환경 속에서 살고 있는 것이다. 그러므로 아이와 함께 있을 때는 아이가 모방해서는 안 되는 어떤 일도 하지 않도록 단단히 조심해야 한다.

어린 아이는 모방을 너무나 잘 하는 존재이기 때문에, 선생님은 각각의 활동을 단순하게 시작해서 아이들이 따라하게 합니다. 선생님은 "자, 이제 이야기를 들을 시간입니다."라든가 "원을 만드는 놀이를 위해 서로 손을 잡아요"라는 말을 하지 않습니다. 그 대신 선생님은 자연스럽게 아이들 2명의 손을 잡고, 모든 아이들이 참여하기를 바라는 의도를 갖고 먼저 움직이면서 노래를 부릅니다. 그러면 아이들도 선생님을 따라서 그렇게 할 것입니다. 이야기 시간이라면 매일 같은 노래로 시작할 수 있고, 촛불을 켜거나, 이야기를 위한 특별한 모자를 쓰고 간단한 음으로 어린이용 하프를 연주할 수도 있습니다. 어떤 것을 선택하든 간에 아이들은 다음에 무엇이 올 것인지를 금방 배울 것입니다.

아이들이 자유 놀이를 하는 동안, 가능할 때마다 선생님은 실제 생활의 일을 함으로써 아이들에게 본보기를 보여줄 수 있습니다. 가령, 나무를 톱질하고, 바깥 놀이 시간에 정원을 가꾸고, 유치원에 필요한 물건을 만드는 일 등이 그런 일들입니다. 아이들은 자발적으로 선생님을 도와서 간식용 과일을 자르는 일이나 털실 감는 일을 할 경우가 많을 것입니다. 그 활동은 다시 아이들 놀이에서 변형되어 나타납니다. 예를 들어, 선생님이 바느질을 하고 있으면, 몇몇 아이들은 자기 바느질 바구니를 꺼내오고 싶어 할 테고, 어떤 아이들은 하던 놀이를 갑자기 중단하고는 손가락으로 꿰매는 흉내를 낼지도 모릅니다.

아이들에 대한 사랑과 따뜻함은 선생님이 부모와 협력해서 아이들을 돌보는 일을 진심으로 맡았음을 뜻합니다. 그러므로 선생님은 아이를 프로그램에 받아들이기 전에, 가능하면 각각의 아이들 모습을 확실하게 파악할 필요가 있습니다. 아이를 잘 관찰해야 할 것이고, 부모와 깊이 있는 인터뷰를 해야 합니다. 그래서 아이가 태어날 때 어떠했는지, 어떻게 발달해 왔는지, 아이가 좋아하는 놀이는 무엇인지, 건강에 문제가 있는지, 아이가 다른 탁아 시설이나 어린이집의 경험이 있는지, 부모가 기대하는 바는 무엇인지를 알 수 있어야 합니다. 선생님은 아이를 정말로 맡을 수 있고, 아이의 성장과 행복을 위해서 부모와 함께 잘 해나갈 수 있을 것이라고 느껴야 합니다. 부모 또한 선생님과 프로그램을 평가해 봐야 하고, 이곳이야말로 자기 아이가 다니길 바라는 곳임을 확신할 수 있어야 합니다.

일단 아이를 받아들였으면, 선생님은 아이의 집을 방문해서 다른 형제자매나 아이가 좋아하는 애완동물들을 만나보고, 아이의 방을 둘러보고, 아이를 둘러싸고 있는 가정환경에서 아이가 어떤 모습인지를 알고자 애써야 합니다. 그런 방문을 통해서 선생님은 아이가 사는 주변 상황을 더 잘 이해할 수 있습니다. 뿐만 아니라 집과 학교라는 두 세계가 서로 멋지게 연결되어 있고, 서로 스며든다는 느낌을 아이에게 제공해줄 수 있습니다.

이것은 아이에게 큰 격려가 될 것입니다.

　아이들이 집에 돌아가고 난 후에도 선생님의 일은 끝나지 않습니다. 청소를 하고, 다음날에 있을 활동을 준비해야 합니다. 저녁 시간에는 부모와의 만남, 회의, 인형 만드는 워크숍 등이 있습니다. 잠자리에 들 때는 자기가 맡은 어린이들을 하나하나 떠올려 보면서 그 이미지를 지니고 잠이 듭니다. 이런 훈련은 아이를 격려해주고 선생님과 아이와의 관계를 격려해 줄뿐만 아니라, 아이가 특별한 어려움이 있을 때 선생님에게 어떤 영감을 제공해 줄 수도 있을 것입니다.

라이프웨이스 혹은 발도르프 어린 시절 교사 훈련

　선생님의 태도와 인간 존재의 발달에 관한 슈타이너의 가르침을 공부하면서 얻은 이해가, 위에서 설명한 프로그램의 가장 중요한 요소들입니다. 그냥 얼굴 없는 인형을 갖고 놀게 하거나 블록 크레용을 쓴다고 해서 라이프웨이스나 발도르프 교육이 될 수는 없습니다! 이 책에서 제안된 활동들은 모든 아이들에게 알맞고 어린 아이에게는 정말로 딱 맞는 것들입니다. 그렇기 때문에 그 활동들을 가정생활에 충분히 통합시킬 수 있고, 기존의 어린이집이나 유치원에 적용한다면 아주 긍정적인 결과를 가져올 것입니다. 하지만 "이것 조금 저것 조금"과 충분히 발전한 라이프웨이스나 발도르프 프로그램들 사이에 존재하는 차이를 구별할 필요가 있습니다.

　발도르프 어린 시절 교사 훈련은 2년간의 풀타임 프로그램이 있고, 같은 프로그램이 네 번의 여름에 걸쳐서 이루어지는 것도 있습니다. 이 과정을 마치면 발도르프 학교에서 가르칠 수 있는 자격을 부여합니다. 라이프웨이스 자격증은 9개월 이상 13개월까지 멘토의 안내를 받으면서 파트타임으로 어느 한 반을 경험하는 일이 결합됩니다. 그러면 자기 집이나 센터에서 자기의 라이프웨이스 프로그램을 시작할 수 있습니다. 또 발도르프 학교에서 보조 교사로 시작하거나, 보다 만족스럽고 집중할 수 있는 창조적인 부모로 남아 있을 수도 있습니다.

가정에서 적용하는 라이프웨이스와 발도르프 교육

　많은 부모들이 어린 아이들에 대한 이러한 생각들과 조언들을 가정생활에 통합해보려고 합니다. 그런데 부모들이 이것을 가장 잘 활용할 수 있는 바로 그 시기에, 그토록 긴 훈련 과정을 받으러 자기들이 집을 떠날 수가 없다는 딜레마에 부딪칩니다(아이 때문입니다). 라이프웨이스는 이 딜레마에 적극 대처하고 있습니다. 즉, 일 년에 네 번 만나거나, 매달 한 번의 주말에 만나는 방법입니다. 가능한 가족과 떨어지는 시간을 최소화 하려는 것입니다. 다른 부모들은 이 딜레마를 인터넷 자원들과 연결하면서 풀어가고 있습니다. 그러면서 자기 집에서 이러한 원리들을 적용하는 일을 하고 있습니다. 또 다른 귀중한 자원으로는, 비슷한 관심과 생각을 지닌 다른 부모들과 함께 놀이그룹을 시작해보는 것입니다. 만일 관심이 있는 부모들 한 그룹을 찾을 수 있다면, 다른 부모들이 자기 아이에 관한 문제나 정보를 교환하고 있을 동안에 부모들은 서로 돌아가면서 아이들을 돌봐줄 수 있을 것입니다. 또한 그룹 구성원들이 수공예, 축제 계획, 읽고 토론할 책을 고르는 일 등도 함께 나눌 수 있을 것입니다. 만약 여러분이 이런 생각으로 연구하고 작업하는 사람이 주변에 아무도 없고 혼자라면, 계속 공부하면서도 좀 더 같은 마음을 지닌 사람들을 끌어당길 목적으로 네트워킹을 통해 도움을 찾아볼 필요가 있습니다.

자기 아이들에게 이런 종류의 경험을 제공해주고 싶은 많은 부모들은 흔히 다른 가족들을 발견할 수 있습니다. 이들도 아이를 위해서 자기 집에 만들어내고 싶은 프로그램에 매력을 느끼는 가족입니다. 만일 그 부모가 관심이 있다면, 어린 아이들을 위한 가정 프로그램을 세우는 일로 나아갈 수 있습니다. 또는 "토요일 클럽"이나 질 높은 방과후 프로그램을 도입해서, 공립학교에 다니거나 홈스쿨링 하는 조금 큰 아이들에게 몇몇 발도르프 활동들을 제공할 수도 있습니다.

발도르프 교육은 1919년 슈투트가르트에서 공장노동자들의 아이들을 위해 처음 시작되었습니다. 이 교육은 경제적이고 지적인 수준이 다른 모든 아이들을 대상으로 하고 있으며, 문화적 배경에 상관없이 모든 아이들이 환영받는 곳입니다. 이 교육은 전 세계에서 가장 큰 사립학교 운동이 되어가고 있습니다. 발도르프 교육의 원칙들은 엘리트주의자들을 위한 것이 전혀 아니고, 발도르프 학교 근처에 사는 상대적으로 소수의 아이들만을 위한 제한된 곳도 아닙니다. 이 교육의 원칙들은 보편적이고 모든 아이들에게 적용할 수 있는 것입니다. 발도르프 원리를 도입하고 있는 자율형 공립학교들도 미국의 많은 지역에서 생겨나고 있습니다. 그리고 많은 부모들이 홈스쿨링을 하면서 발도르프 교육 방식을 적용하고 있습니다.

고도로 과학 기술화된 우리 사회에서, 루돌프 슈타이너에 의해 처음 시작된(그리고 지난 100여 년 간 수많은 발도르프 선생님들에 의해 발전한) 아이들 발달과 교육의 원리들에 관한 이 견해는, 어린아이들의 건강한 발달을 위해서 부모들에게 더 많이 알려질 필요가 있습니다. 가정과 유치원 환경에서 경험하는 질적으로 풍요로운 생활이, 어쩌면 초등학교에서 받는 교육보다 훨씬 더 중요할지도 모르기 때문입니다.

여러 나이대의 아이들이 섞인 프로그램의 가치

여러 나이대의 아이들이 섞인 프로그램을 발견할 만큼 충분히 운이 좋은 많은 부모들이 궁금해 합니다. 자기들이 계속 그걸 지지해야 하는지, 혹은 큰 아이가 되어갈 때 "더 많은 자극"이 필요하지나 않은지에 대해서요. 아이들에게 성장하고 능력을 얻을 수 있는 선물을 주는 일은, 늘 도전을 받는 것만큼이나(혹은 그 이상으로) 아이들을 풍요롭게 키워줍니다. 위스콘신 밀워키에 있는 라이프웨이스 프로그램에 아이를 보내고 있는 한 부모는 이렇게 말하고 있습니다.

안토니아가 어린 아기에서 조금 자라 도움을 줄 만한 꼬마로 자라자, 나는 아이가 성숙의 단계들 중 첫 번째 여정을 수행하는 것을 보았다. 아이는 부드럽게 그리고 차츰차츰 자기의 아기 같은 방식들을 포기하면서, 새로운 행동들로 대체해 나갔다. 그렇지만 깜짝 놀랄 만한 것들은 없었고, 그래서 흔히 아이들이 한 학년에서 다음 학년으로 올라갈 때 그걸 기회로 다른 행동을 하는 것처럼 보였다. 라이프웨이스에서 안토니아는 다른 아이들과 자신감 있고, 긍정적이고, 건설적인 방식으로 어울리는 법을 배웠다. 아이는 애기로서 엄마 사자의 관심을 공유하던 아이에서, 이제는 자기 주변의 꼬마들에게 관심을 보이는 사람으로 변해갔다. 안토니아는 자기 장난감을 공유하고, 기꺼이 치우고, 다툼을 해결하고, 라이프웨이스의 규칙과 일상을 기쁘게 따랐다.

그리고 알맞은 시기가 되자 아이는 라이프웨이스의 편안한 일상을 포기할 준비를 했다. 그리고는 5살 아이들이 지내는 유치원에 가는 새롭고 흥분이 되는 도전을 받아들였다. 안토니아가 학교 부설 공립 유치원에 들어 갔을 때, 아이의 행동은 또래 친구들 사이에서 돋보였다. 종종 선생님은 안토니아가 그 반에 있는 게 기쁨이라고 말씀하시곤 했다...... 안토니아가 공부를 배워가는 과정 역시 아주 좋았다. 아이는 최근에 초등 1학년으로서 처음으로 공식적 평가를 받았다. 그 평가에서 가장 두드러진 특징은 "그룹 안에서 협동적으로 공부하는 아이"이다. 라이프웨이스는 아이에게 동무들과 선생님들을 소중하게 여기는 법을 가르쳤다. 그리고 다른 사람들과 함께 할 때 자신감을 갖는 법도 배웠다. 나는 이러한 배움들이 일생 동안 아이와 함께 할 것이라고 느낀다.

언제 아이는 초등학교에 갈 준비가 되나?

　지난 30여 년 간 학교의 교과 과정은 점점 더 아래 학년으로 내려오고 있는 실정입니다. 그 바람에 아이들 공부가 더 어려워지고 있습니다. 이 때문에 오늘날의 아이들이 학교에 잘 다니기 위해서는 인지적인 발달 뿐 아니라 발달상으로도 준비가 되어야 한다는 사실이 더욱 중요해졌습니다. 발달상의 나이는 아이의 실제 나이보다 6개월에서 1년 정도 격차가 날 수 있습니다. 발달상의 나이는 아이의 사회적, 정서적, 신체적인 성숙 정도와 무엇인가를 인식할 수 있는 성숙 정도가, 기준에 어느 정도 일치하는가에 따라서 평가됩니다. 아기들이 기어 다니고, 이가 나고, 걷고, 용변 훈련을 하는 일은 전부 서로 다른 나이에 이루어집니다. 마찬가지로 큰 아이들 역시 자신의 시간표에 따라서 발달이 이루어집니다. 발달상의 나이와 지능 발달에 반드시 상관관계가 있다고는 할 수 없습니다. 다시 말해, 높은 지능지수를 가진 아이가 발달상으로는 늦될 수도 있다는 뜻입니다.

　"학교에 입학하는 나이 - 성공을 위해 얼마나 많은 것들을 준비하는가?"란 글에서 제임스 업호프James Uphoff와 준 길모어June Gilmore는, 여름과 가을에 생일인 아이들[38]

---

38) 미국의 학교 입학이 9월에 이루어지기 때문인 것으로, 우리나라의 경우에는 겨울과 봄에 생일인 아이들이 이에 해당할 것입니다.

사이에 학교에서의 활동이나 감정적 적응에 차이가 있음을 보여줍니다. 그 중에는 취학 직전에 다니는 유치원에 들어갈 때, 생후 5년 3개월이 되지 않은 아이들도 있고, 생일이 여름이라도 1년 정도 더 자란 후에 유치원에 들어가서 6년 3개월이 넘은 아이들도 있을 것입니다. 업호프와 길모어는 자기들의 연구를 이렇게 요약하고 있습니다.

① 같은 학년에서, 몇 개월이라도 큰 아이들은 어린 아이들보다 선생님이 설명하는 것을 평균 이상으로 잘 받아들이는 경향이 있다.

② 큰 아이들은 표준화된 학업 성취 시험에서 평균 이상의 점수를 얻는 경우가 많다.

③ 같은 학년에서, 어린 아이들은 큰 아이들보다 최소한 하나의 점수에서 낙제를 하는 경우가 많다.

④ 같은 학년에서, 어린 아이들은 선생님에 의해 학습 무능력자로 찍혀 결과적으로 큰 아이들보다 잘 배우지 못한다고 진단받는 경우가 대단히 많다.

⑤ 발달상으로 아직 학교에 들어갈 준비가 되지 않은 아이가 받는 공부에 대한 압력은 학교시절 내내 지속되는 경우가 많고, 때로는 어른이 되어서까지 영향을 미치는 경우도 있다.

코네티컷 주 뉴 헤븐에 있는 '인간 발달에 관한 게젤 연구소The Gesell Institute of Human Development'는 어린 시절을 서둘러서 앞당기는 것을 그만두어야 한다고 앞장서서 주장하는 곳입니다. 그곳에서 행해진 연구들은, 실제 학교에 들어간 아이들 중 3분의1 정도만이 부과된 학업 정도를 수행할 준비가 된 상태라고 말하고 있습니다. 다른 3분의1의 아이들은 준비가 되었는지 미심쩍은 상태이고, 나머지 3분의1의 아이들은 분명히 준비가 되지 않은 상태라고 합니다. 미국 전역의 학교들을 대상으로 조사한 최근의 이 연구는, 현재 학교생활에 문제가 있는 학생의 50퍼센트는 너무 빨리 학교에 들어갔기 때문이라고 진단하고 있습니다.

학교 제도 안에 빨리 입학할 수 있는 제도가 있는 것과는 상관없이, 부모들은 선생님들과 함께 아이가 취학 직전에 다니는 유치원이나 초등학교 1학년에 들어갈 준비가 정말로 되었는지를 잘 살펴보고 결정해야만 합니다. 여름이나 가을에 태어난 아이한테 학교 입학 전에 1년 더 자랄 기회를 주는 일은, 지적으로나 사회적으로 더듬거리는 대신, 반에서 우두머리가 될 수도 있는 선물을 주는 셈일지도 모릅니다. 아이가 취학 전 유치원을 2년 계속해서 다니거나 "1학년 준비반" 프로그램을 다닌다고 해도, 부모는 절대로 아이를 실패자나 학습 무능력자로 간주해서는 안 됩니다. 발달상의 성숙도는 IQ지수와 상관관계가 없습니다. 만약 아이가 늦게 학교에 가는 일을 부모가 긍정적으로 느끼고 책임을 받아들이면, 아이도 긍정적으로 받아들이고 이로움을 얻을 수 있을 것입니다. 때때로 부모들은 아이가 왜 초등학교에 가지 않고 유치원을 2년씩이나 다니는지를 할머니나 주변 사람에게 설명하는 게 난감하게 느껴질지도 모릅니다. 하지만 아이가 아직 준비가 안 되었다는 표시를 보여주고 있고, 아이를 학교에 보내는 것이 부모한테도 압박으로 느껴진다면, 아이를 위해서 학교가기를 늦추는 일은 애쓸 가치가 있는 일입니다.

7살 무렵에는 무슨 일이 일어날까?

5살에서 7살 사이에 아이한테서 인상적인 변화가 많이 일어나는 것을 볼 수 있습니다. 기억의 발달과 관련해서 이제 아이는 "내가 원할 때면 언제든지 할머니를 볼 수 있어."라는 식으로 말할 때도 있는데, 이것은 어떤 이미지를 마음대로 떠올릴 수 있는 능력이 나타나기 시작했음을 뜻합니다. 또한 아이는 자기의 꿈에 대해 조금 더 말해줄지도 모릅니다.

아이의 말에도 일종의 논리와 새로운 사고 수준이 나타나는 것을 볼 수 있습니다. 이제 아이는 "왜냐하면" "그래서" "만약" "그러므로" 같은 단어들을 써서 표현하게 됩니다. 창조적인 놀이에서는 끈으로 물건을 함께 묶기를 좋아하는 행동에서 이 새로운 능력이 표현됩니다. 이것은 마치 하나의 것과 다른 하나를 논리라는 끈으로 연결시키는 것과 같습니다. 자라면서 아이는 점점 더 시간을 파악하고, 시간에 관심을 갖는 일도 나타날 것입니다.

또한 놀이에서도 다른 것을 위해서 뭔가 만들고 짓는 일이 나타나는 것을 주목해볼 수 있습니다. 이제 아이는 예전처럼 활동 그 자체를 위해서가 아니라, 자동차를 넣을 차고를 짓기 위해서 모래로 만들기를 할 것입니다. 그리고 여럿이 함께 노는 놀이에 권위가 도입되어서, 때로 한 아이가 다른 아이에게 이러저러한 것이 되라고 지시할 때도 있고, 다른 아이로부터 지시를 받기도 합니다.

그림의 영역에서는, 이 시기에 대각선을 사용하고, 개인적인 요소들을 표현하기 시작합니다. 아이는 그림 속에 삼각형과 나무에 기대어 있는 사다리를 그리기도 하고, 집 안에 계단을 그리기 시작하고, 아치 모양의 무지개를 그립니다.

신체상으로는 5살 무렵에 처음으로 가슴 혹은 "가운데 부분"이 구별되어 나타나는 것을 볼 수 있습니다. 이제 어린아이 시절의 부처님같이 동그란 배 모양을 갑자기 잃어버리고, 허리와 목을 갖게 됩니다. 이것은 생명의 힘이 리드미컬한 체계 안에서 얼마나 자기의 일을 잘 완성해 가는가를 보여주는 표시입니다. 이 성장의 힘이 팔다리로 옮겨오면서 이 시기 동안 아이의 팔도 길어집니다. 큰 아이들은 한 팔을 머리 위로 뻗어서 반대쪽 귀를 잡을 수 있는데 비해, 작은 아이들이나 덜 발달한 아이들은 그럴 수 없는 이유가 이것 때문입니다. 나중에는 성장하는 힘이 점차 다리로 이동할 것입니다. 흔히 이 시기의 아이는 아주 많이 먹을 것입니다. 때때로 아이는 자기의 소화기관에 많은 관심을 갖기도 합니다. 이것은 몇몇 아이들이 이 시기에 자주 배가 아프다는 호소를 하는 것으로 표현됩니다. 성장하는 힘이 발로 옮겨가는 동시에, 얼굴의 모습은 점점 더 개성 있는 모습을 갖추어 나가고, 하나 둘 젖니가 빠지기 시작합니다.

이 시기에 뇌의 발달에서는 대단히 큰 변화가 일어납니다. 제인 힐리는 이 시기가 보통 "5살에서 7살로 전환하는 시기"라고 말하면서 이렇게 설명하고 있습니다.

아이의 두뇌는 5살에서 7살 또는 8살이 될 때까지 가장 역동적으로 변화하는 시기를 겪는다. 이 시기에 두뇌는 다양한 방식으로 감각적인 유형을 결합하는 일을 하기 때문이다. 대뇌엽의 작은 부분이 성숙해져서 모든 감각을 하나로 결합할 수 있게 되었다는 사실은, 많은 종류의 새로운 배움이 가능해졌다는 점에서 하나의 발전이다. 하지만 그일이 일어나는 시점에는 큰 편차가 있다······ 하여간 이 시기가 되어야 비로소 아이더러 일련의 글자들을 보고 단어를 "소리 내어 읽어보라"고 요구할 수 있는 것이다. 또한 이 시기에 아이는 공을 손으로 잡고 발로 차는 일들처럼, 움직이는 능력과 보는 능력을 결합시킬 수 있다. 악기를 연주하면서 악보를 읽을 수 있는 시기도 이 시기이다.

이 시기의 아이는 친구와 진정한 우정을 맺기 시작하고, 남을 놀래 켜 주는 일이나 자신이 놀라는 일을 하주 좋아합니다. 아이는 말을 가지고 놀이를 하고 간단한 시를 짓기 좋아합니다. 수수께끼놀이와 알아맞히기 놀이도 좋아하고, 속삭이고 킬킬거리길 좋아합니다. 메이어코트Meyerkort는 "아이는 미래가 동터 오는 것, 즉 새로운 시대가 다가오는 것을 느끼면서 자주 '내 희망은……'이라고 말한다."고 했습니다. 여기서 이야기한 모든 변화를 살펴보면, 초등학교 1학년에 필요한 새로운 능력을 요구받기 전에, 아이는 놀이 중심인 유치원들에서 이런 변화들을 충분히 드러낼 수 있어야 합니다.

슈타이너는 7살 즈음에 일어나는 이 변화를, 생명의 힘이 아이의 몸을 완성시켜가고 있기 때문에 생긴 결과라고 설명합니다. 다시 말해, 생명의 힘은 태어나서 3살까지는 머리를 먼저 발달시키고, 3살에서 5살 사이에는 가운데 부분을 발달시키며, 마침내 5살에서 7살 사이에는 팔다리와 단단한 이를 발달시킵니다. 이러한 일이 끝나야 이 생명의 힘이 비로소 기억의 발달과 학교 수업을 위해서 자유로워지는 것입니다.

슈타이너에 따르면, 이갈이 시기에서 사춘기가 될 때까지의 초등학교 학생들을 가르치는 방법은 이미지와 심상들이 풍부한 것이라야 한다고 합니다. 그러한 심상들과 비유들 속에서 아이는 혼자 힘으로 내적인 의미를 발견할 것이고, 그 의미에서 안내를 받을 것이기 때문입니다. 초등학교 시절의 아이한테는 마음의 눈으로 보고 지각하게 하는 것이, 추상적인 개념을 가지고 가르치는 것보다 훨씬 알맞은 교육 방법입니다.

상상이라는 이 토대는 나중에 지능, 판단력, 비판적 사고의 기본이 될 것입니다. 그러므로 발도르프 초등학교에서는 읽기에서부터 수학과 물리학에 이르기까지 모든 과목을 상상력을 자극하는 예술적인 방식으로 가르치고 있습니다. 이런 방식은 이후 사춘기 시절에 생겨나서 발달하게 될 분석적인 사고 능력에도 도움이 되는 풍요로운 기초를 제공해 줄 것입니다.

공부를 시작하기 : 발도르프식 방법

발도르프식 방법에서 읽기, 쓰기, 산수는 초등학교 1학년이 되어야 비로소 시작합니다. 아이들이 발달상으로 충분히 성숙했을 때, 공부와 관련된 일을 시작하는 것입니다. 그렇게 해도 다른 곳에서 일찍 시작한 아이들보다 뒤쳐지지는 않습니다. 실제로 읽기, 쓰기, 산수를 7살이 될 때까지 미루어 두면 많은 이로움이 있습니다. 글자 쓰기는 발도르프 학교 1학년 때 이야기와 그림을 통해서 먼저 가르칩니다. 그런 다음에 자기가 쓴 것들을 읽으면서 읽기를 배웁니다. 인간이 알파벳을 사용하기 전에 상형문자를 사용해서 처음으로 쓰기를 했듯이, 아이들도 선생님이 제공하는 이야기와 그림들을 통해서 글자의 형태를 먼저 그려보면서 그 소리를 알아갑니다. 이런 식으로 접근하면, 글자들과 그것의 소리가 활기찬 심상으로 아이 안에 살아 있게 될 것입니다. 제 딸은 초등학교 1학년이던 어느 아침에 "나는 글자 A에 관한 꿈을 꾸었어요. 거기에는 온갖 종류의 A들이 있었어요……"라고 말했습니다. 아이들은 동요나 동시 같은 것들로부터 시작해서 점차 쓰기를 배우고, 그 다음에는 자신이 쓴 것들로부터 "읽기"를 배울 것입니다. 읽기와 관련된 보다 추상적인 공부는 1학년 끝 무렵에 시작되며, 인쇄된 책을 읽는 것은 보통 2학년이 되어서입니다.

늦은 나이에 읽기를 처음 배운 아이들은 『나는 읽을 수 있어요I Can Read』같은 읽기 방법용 책들은 건너뛸 수 있습니다. 그렇다고 그 아이들이 정말로 뭔가를 놓쳤을까요? 브루노 베텔하임은 「아이들은 왜 읽기를 싫어할까?Why Children Don't Like to Read」라는 글에서, 초등학교에서 처음으로 사용되는 대부분의 읽기 독본이나 교과서들이 그 의미나 문맥에서 아이들의 관심을 완전히 무시하고 있다고 강하게 비난했습니다. 베텔하임은 초등학교의 읽기 수업이 한결같은 방식으로 단어 수를 줄여서 가르치고 있으며, 그 결과로 실제 대화에서 쓰이는 입말과 관계가 없는 반복된 단어들을 되풀이하고 있을 뿐이라고 지적합니다. 또한 뭔가를 발견하기 위해서 읽기를 배우고 싶어 하는 아이에게 그 의미나 줄거리를 제대로 전달해 주지 못한다고 지적했습니다. 그는 "1920년대에는 어린이들이 거의 유치원에 다니지 않았고, 유치원 아이들에게도 읽기가 거의 가르쳐지지 않았다. 그러나 1970년대에는 많은 아이들이 유치원에 다니고, 그 아이들에게 계속해서 읽기를 가르치고 있지만, 초등학교에서 가르치는 읽기를 위한 입문서에 포함된 어휘 수는 50년 전의 4분의1 정도밖에 되지 않는다."라고 말합니다.

어떤 사람들은 발도르프 학교에는 책들이 전혀 없다고 오해합니다. 하지만 이것은 전혀 사실이 아닙니다! 물론 발도르프 유치원에는 읽기를 위한 입문서 같은 책들이 없습니다. 하지만 초등학교 1학년 아이들은 자기가 쓴 것을 소리 내어 읽으면서 읽기를 배우고 있으며, 참된 문학과 관련된 책들이 2학년 시기부터 계속해서 아이들에게 소개됩니다. 책의 어조가 깔보듯이 쓰인 것들은 어떤 것도 제공되지 않으며, 아이들 용이라면서 미리 쉽게 만들어 놓은 글들을 읽지 않습니다. 참된 문학 책들은 언제나 교실 안에 구비되어 있고, 아이들의 읽기 수준과 내적인 성숙도에 따라 스스로 선택할 수 있습니다. 또한 모든 발도르프 학교는 책을 읽는 아이들의 기쁨과 상급 학년들의 연구를 위해 도서관을 가지고 있습니다.

발도르프 커리큘럼에서 비록 읽기가 천천히 가르쳐지기는 해도, 수학은 그렇지 않습니다. 초등 1학년 전까지는 수학과 관련된 교육활동을 하지 않지만, 1학년이 되면 더하기, 빼기, 곱하기, 나누기가 모두 소개됩니다. 이 네 가지가 한꺼번에 소개될 수 있는 까닭은, 그 개념들이 풍부한 상상력을 불러일으키는 방법으로 소개되기 때문입니다. 예를 들면,

4명의 난쟁이 형제가 나오는 이야기를 해줄 수 있습니다. 더하기 씨는 뚱뚱하고 주머니가 꽉 차 있어서 아주 기분이 좋습니다. 빼기 씨는 빼빼 마르고 슬픈데, 그것은 가방에 구멍이 뚫려 있어서 갖고 있던 모든 보석을 다 잃어버렸기 때문입니다 등등. 산수와 관련된 이야기들은 이런 식으로 소개가 됩니다. 또 아이들은 전체가 부분이 되는 것에 대해서도 공부하는데, 처음에는 밤이나 조개껍질을 사용해서 8은 1과 7이 더해진 것이고, 또 2와 6이 더해진 것이라는 식으로 공부합니다. 그리고 곱셈표[39]를 보다 배우기 쉽게 만들어 놓은 여러 동시나 운율에 따라 리드미컬하게 걷기를 하면서 그것을 외웁니다. 수학이 이처럼 구체적이고 풍부한 상상력을 불러일으키면, 아이들은 수학을 기쁘게 받아들이고 즐겁게 배울 것입니다.

---

39) 우리의 구구단과 비슷한 것입니다.

미리 앞서나간 아이 혹은
재능 있는 아이는 어떠할까?

공부의 시작을 초등 1학년이 될 때까지 기다리는 일은, 평범하거나 늦되는 아이들에게는 틀림없이 유리합니다. 이런 아이들은 읽기와 수학 같은 공부를 시작하기 전에, 신경생리학적으로 조금 더 성숙해야 하기 때문입니다.

그렇다면 3살이나 4살에 벌써 글자를 쓰기 시작하고, 읽기를 배우고 싶어 하는 영특한 아이는 어떻게 할까요? 아이들은 자기 주변 세계를 점점 알게 되면서, 모방하고 배워갑니다. 그리고 많은 아이들은 5살 무렵에 읽기나 쓰기 같은 활동에 관심을 보일 것입니다. 그러면 여러분은 배우고 싶어 하는 아이의 흥분과 열정을 공감하면서, "초등학생이 되면 너는 더 많이 배울 수 있단다!"라고 말해줄 수 있습니다. 그렇더라도 기억과 지능을 직접적인 방식으로 연습하는 일은 그 나이의 아이한테는 여전히 너무나 빠르다고 할 수 있습니다. 그렇기 때문에 아이가 흥미를 느낀다고 여러분이 읽기와 쓰기 수업을 할 필요는 없습니다. 읽기를 가르쳐야 하는 결정적 시기란 것은 없습니다. 또한 그 시기를 놓치면 나중에 읽기에 흥미를 못 느낄 것이라는 그런 결정적 시기도 없습니다.

이와 반대로 "그것은 네가 나중에 학교에 가면 배우게 될 거야."라고 말하는 것이,

아이의 열의와 기대를 불러일으킬 수 있으므로 매우 바람직합니다. 그래야 직접적인 수업보다는 모방을 통해 배우는 어린아이 시기를 격려해줄 수 있습니다.

유치원이나 그 이전에 읽기를 배우지 않은 아이들은 유아용 읽기 독본을 몇 단계 놓치겠지만, 어린 시절의 마지막 해, 또는 더 많은 시절 동안 그 아이들은 일종의 선물을 받는 것과 같습니다. 직접적인 방식의 인지적 공부는 아이를 깨어 있게 하기 때문에, 어린 시절이라는 마법의 세계를 훌쩍 벗어나게 만듭니다. 아이들은 자기 스스로 자라나서 이 시기를 훌쩍 벗어나기 마련입니다. 그러므로 인지적인 발달을 앞당기려 하지 말고, 어린 시절이라는 마법의 영역 안에서 아이가 지내게 해준다면, 나중의 건강과 창조성을 위한 바람직한 토대를 제공해 주는 일이 될 것입니다.

영리한 아이일 경우에는 특별히 균형을 강조하는 것이 중요합니다. 그런 아이들은 아주 어린 데도 지적인 것들을 정말로 가르칠 수 있고, 공부를 위주로 하는 유치원 프로그램을 계속 제공해 줄 수도 있습니다. 하지만 흔히 그 결과는 5살 아이의 몸을 가진 40세 먹은 사람처럼 되는 결과를 낳을 수 있습니다. 어린 시절에 지적인 발달이 너무 앞서게 되면, 보통은 예술적이고 정서적인 부분과 건강한 몸의 발달에서는 희생이 따르기 마련입니다. 그러므로 초등학교 교육과정은 많은 부분이 아이의 상상력에 호소해야 하고, 재능 있는 아이도 여전히 깊은 흥미를 느끼면서 참여하고 싶어 해야 합니다. 만약 지나치게 영리한 아이한테 그런 창의적인 교육조차 별로 효력이 없다면, 여러분은 약간 어려운 결정을 해야 할지도 모릅니다.

그런 경우에는 다른 교육적인 방식들을 찾아보고, 아이를 위해 여러분 스스로가 결정을 내려야 합니다. 저는 심장의 힘, 머리의 힘, 몸·의지의 힘이 서로 균형 있게 발달하는 것이 중요하다고 느꼈습니다. 그래야 온전한 한 인간이 출현할 수 있어서, 스스로도 풍요로운 삶을 살아갈 것이고, 인류에게도 도움이 되는 행동을 할 수 있을 테니까요. 오직 지적인 발달만을 강조하는 교육은, 정서적으로 다른 인간들과 분리되고 자신의 연구 결과도 인류를 위해 이롭지가 않은 분열된 사상가와 과학자를 배출할 위험을 갖고 있습니다. 이런 이유로 저는 우리 아이들을 위해서 균형을 강조하는 교육을 선택했습니다.

재능 있는 아이를 위해 전문적으로 고안된 프로그램보다는 균형을 강조하는 교육이 중요하다고 본 것입니다.

많은 지역사회에서 최선의 선택을 할 수 있는 다양한 학교들이 증가하고 있습니다. 거기에는 일반 공립학교, 자율형 공립학교인 차터 스쿨Charter school[40]), 마그넷 스쿨 Magnet school[41]), 개별적인 사립학교와 종교 단체에서 운영하는 학교들이 있습니다. 또한 어떤 부모들은 하나의 대안으로 홈스쿨링을 선택해서 학교 교육과 질 높은 가정교육을 결합시키고 있기도 합니다. 여러분이 아이의 교육과 관련해서 결정을 내리는 일은 계속 진행 중인 모험이겠지만, 노력할 만한 가치가 충분히 있는 일입니다.

---

40) 차터 스쿨(Charter school) : 미국의 교육 시스템으로 대안학교의 성격을 가진 자율형 공립학교입니다. 전인 교육과 창의적 교육방식을 추구합니다.

41) 마그넷 스쿨(Magnet school) : 컴퓨터, 화술, 수학, 예술, 과학 등 특정분야에 재능이 있는 학생들을 발굴하고 육성하는 영재학교입니다. 우수한 설비와 광범위한 교육 과정을 가지고 있으며, 인종의 구별이나 통학구역의 제한이 없습니다.

12

·······

부모노릇에 관련된 일반적 질문들
: 텔레비전에서부터 예방접종까지

전국 각지에서 살고 있는 부모들과 이야기를 나누다 보면, 이 책에서 제안한 어린아이를 키우는 방식에 관해 부모들이 궁금해 하는 비슷한 질문들이 계속해서 나오곤 합니다. 이 장에서는 이러한 질문들을 함께 나누고, 제 대답의 논리적인 이유도 함께 나누고자 합니다. 이 장을 읽으면서 여러분 자신의 질문들이 반짝이며 불타오르고, 자기 자신과 가족을 가장 풍요롭게 해줄 수 있는 해답들을 찾아내길 바랍니다.

Q 비록 제가 우리 아이에게 목가적인 세계를 제공해 주고 싶다 할지라도, 저는 그렇게 할 수가 없을 거라고 생각합니다. 현대의 삶은 너무나 빠르게 변화하고 있고, 스트레스가 많습니다. 게다가, 아이들도 오늘날의 이 세상 현실에 적응할 필요가 있지 않을까요?

A 아이들을 지금 세상의 스트레스에 대처할 수 있도록 준비시키는 가장 좋은 방법이, 일찍 그 문제들을 그대로 노출시키는 것은 아닙니다. 오히려 아이들에게 따뜻하고 풍요로운 환경을 제공해주고, 가능한 어른 세계의 수많은 문제들로부터 피난처를 제공해 주는 것이 가장 좋은 방법입니다. 아동심리학자인 데이비드 엘킨드는, 서둘러 키워지고 너무 일찍 어른들이 하는 선택들에 맞닥뜨리게 될 때, 아이들이 겪을 수밖에 없는 어려움들을 상세하게 이야기했습니다. 또한 아이들이 공부와 관련된 과목들, 수영, 체육, 발레 같은 것들을 너무 일찍 잘못된 방식으로 받게 될 경우도 어려움을 겪는다고 했습니다. 킴 존 페인도 아이들과 가족들을 상담하면서 이와 비슷한 결과를 발견했습니다. 그리고 자신의 책『단순 소박하게 부모노릇하기』에서 많은 실제적인 제안들을 하고 있습니다.

우리 대부분도 지나치게 서두르며 살고 있고, 이런 삶 때문에 어린 시절 동안에 필요한 최선의 세계를 아이들에게 제공하기가 어려워지고 있습니다. 우리는 자주 이사하고, 많은 여행을 다니고, 하루 종일 일을 하거나, 시간제 일이라도 하고 있습니다. 아이들의 속도에 맞추어 살기에는 우리가 "너무 바쁘게 살고 있습니다." 이혼 가족, 한 부모 가족, 혼합 가족들은 아이에게 스트레스를 줄 수 있습니다. 그리고 아주 좋은 의도를 갖고서, 많은 부모들이 어린 나이에 뭔가를 성취하라고 아이들에게 압력을 가하고 있습니다. 혹은 아이들을 정서적으로 다 자란 어른처럼 대하고 있는 실정입니다.

그럼에도 부모들은 사랑과 따스함이 가득한 환경을 제공해 줌으로써 아이들을 위해 아주 많은 일을 할 수 있습니다. 어린 아이의 발달을 이해하고, 아이가 주변 환경에 얼마나 열려 있는 상태인가를 이해한다면, 우리 시대의 삶의 상황 안에서도 아이에게 안정되고 풍요로운 환경을 제공해 주려고 최선을 다할 수 있습니다. 다행스럽게도 아이들은 매우 양보를 잘하고, 용서를 잘합니다. 그리고 쉽게 회복할 수 있는 대단히 탄력적인 존재입니다.

이제 우리는 아이들이 어떤 식으로 어른들과 다른지를 깨닫게 되었습니다. 그렇다면 어떻게 아이들을 아이들답게 지내도록 해줄 수 있을까요? 변화하는 가족, 사회적인 압력, 공부에 대한 압박감 때문에 아이들이 준비가 되기도 전에 일찍 어른 세계와 관계를 맺어야 하는 이 사회 속에서 말입니다. 비록 원한다 할지라도, 우리 대부분은 우리 삶의 상황을 근본적으로 바꿀 수는 없습니다. 왜냐하면 우리 중 많은 사람들이 첨단과학기술 사회, 물질 만능주의 사회, 도시 속에서 살고 있기 때문입니다. 그렇지만 어디에 살고 있든 상관없이, 어린 아이의 진정한 필요를 충족시켜 줄 수 있는 많은 방법들이 이 책에 제시되어 있습니다. 요약하면 다음과 같습니다.

- 여러분 자신의 생활과 감정들에 주의를 기울입니다. 여러분이 아이를 위해서 만드는 정서적인 환경이 물질적인 환경보다 훨씬 더 중요합니다.
- 생명 안에 깃들어 있는 영적인 요소를 존중합니다. 특히 아이가 여러분에게 그런 요소를 가져다줄 때 경의를 표합니다.
- 가정생활에서 여러분과 아이를 지원해 줄 수 있는 리듬을 만듭니다.
- 아이를 훈육할 때 이유를 설명하거나 벌을 주기보다는, 아이가 모방하게 하고, 반복해서 보여주는 것이 훈육에서 가장 중요한 열쇠라는 사실을 기억합니다.
- 무슨 일이든 한계를 정하고, 일관되게 시행합니다. 여러분이 부모라는 사실을 받아들입니다.
- 음악적이고 미술적인 놀이와 마찬가지로 아이가 창조적이고 자유로운 놀이를 마음껏 할 시간을 줍니다. 그저 집에 있으면서 아이가 "아무것도 하지 않는 시간"을 가질 수 있게 합니다.
- 아이의 상상 놀이를 격려할 수 있는 단순한 장난감을 사거나 만듭니다. 다른 장난감들을 간소하게 정리하고 단계적으로 없애갑니다.
- 공부, 스포츠, 예술 등에서 성취해야 한다고 너무 일찍 아이에게 압력을 가하지 않습니다. 그것을 할 때는 계속 자유스럽고 재미나게 합니다!

- 아이가 경험하는 것에 항상 주의를 기울입니다. 큰 소리가 나는 음악, 영화, 텔레비전에서 나오는 지나친 자극을 제한합니다.
- 아이가 방송 뉴스들, 어른들의 대화 등을 들으면서 어른의 문제들에 관심을 갖지 않도록 합니다. 심지어 초등 3학년 아이조차도 에이즈나 사회 부정부패 내용을 아직은 배울 필요가 없습니다. 아이들은 아직 그런 것들을 전혀 이해할 수 없기 때문입니다!
- 『단순 소박하게 부모노릇하기』를 읽습니다. 그리고 여러분이 사는 지역에 서로 지원해줄 수 있는 그룹이 있는지를 알아봅니다.

Q 놀이 중심의 유치원에 대한 당신의 설명을 들으면서 저는 궁금해지지 않을 수가 없습니다. 그런 유치원에 다니는 아이들은 우리가 살고 있는 첨단과학 기술 문명에 정말로 준비를 잘 할 수 있을까요? 컴퓨터를 잘할 수 있는 능력에 대해서는 어떻게 생각하시는지요? 저는 우리 아이가 시대에 뒤떨어지지 않고 우월한 경쟁력을 갖기를 원합니다.

A 모든 부모는 제인 힐리의 광범위한 연구서인 『관계 맺는 일의 실패 : 컴퓨터는 아이들의 마음에 어떤 영향을 미칠까- 그것이 좋든 나쁘든 간에』를 꼭 읽어야 합니다. 힐리는 가정이나 학교에서 사용되는 교육용 소프트웨어가 소용이 있는지 없는지에 대한 무수한 연구들을 자세히 조사해서 보여주고 있습니다. 또한 게임 프로그램이나 교육용 프로그램을 사기 전에 꼭 평가를 하라고 조언하고 있으며, 집에서 아이가 컴퓨터를 시작할 때 부모에게 꼭 필요한 중요한 지침들도 제공해 주고 있습니다. 힐리는 학습치료사이자 발달신경심리학자로서 자신이 이해한 사실들을 우리에게 알려주고 있습니다. 즉, 비디오게임이나 컴퓨터를 지나치게 사용한 아이의 "두뇌 배선작용"이 변화하고 있다는 사실을 말입니다. 그리고 아이들의 건강을 보호해야 한다고 조언하고 있습니다. 만일 고용주가 대부분의 학교에서 발견된 그런 상황 하에서 사람들로 하여금 컴퓨터를 사용하게 한다면, 그 고용주는 '직업 안전 위생 관리국'에 의해 고발당할 것이라고 말하면서요.

실제로 '미국 소아과 학회The American Academy of Pediatrics'는 아이들이 얼마나 많은 시간 동안 다양한 유형의 스크린 앞에 앉아 있는지가 염려스럽다고 계속 이야기하고 있습니다. 그리고 의사들이 미디어와 관련된 문제들(육체적, 지적, 감정적)의 증상을 파악할 때, 다양한 유형의 컴퓨터, 텔레비전, 비디오 사용이라는 "미디어 경력"을 아이의 미디어 사용 기록에 정례화해서 채택해야 한다고 조언하고 있습니다.

분명히 컴퓨터는 우리가 사는 세계를 빠르게 변화시키고 있습니다. 그렇기 때문에 아이들한테 미래에 가장 필요한 것은 창조적으로 생각하는 능력입니다. 아이들이 미래에 갖게 될 많은 직업들은 오늘날에는 존재하지조차 않은 직업일 수도 있습니다. 아이가 "미래를 준비하기 위해 필요한 능력"은 기계적인 기능들이 아니라, 분석적으로 사고하고 문제를 해결하는 지적인 습관들입니다. 또한 의사소통 능력, 상상력, 의미 있는 가치를 소중히 여기는 능력, 인내심, 창조력, 친절함, 관용 등일 것입니다. 토드 오펜하이머Todd Oppenheimer는 「아틀란틱 먼슬리Atlantic Monthly」란 잡지에 실린 "컴퓨터 망상"이란 기사에서 이런 말을 하고 있습니다.

심지어 창조적인 직원들을 찾고 있는 첨단과학기술 회사들조차 컴퓨터 전문가만을 고용하지는 않을 것이다. 오히려 그런 회사들은 혁신적이고, 팀워크를 잘 이루고, 유연하며, 창의적으로 사고할 수 있는 사람을 찾을 것이다. 이런 특성들은 수많은 "테크놀로지 바보들" 속에서는 찾기가 어려운 것들이다.

유치원에서부터 컴퓨터를 시작하는 아이가 12살이나 14살에 컴퓨터를 시작하는 아이보다 더 유리하다는 사실을 보여주는 증거는 없습니다. 컴퓨터는 워드프로세서이고, 프로그램을 통해 논리적 사고를 전달하는 기계입니다. 그러므로 청소년 세계에 알맞은 도구이지 유치원 시기 아이한테는 알맞지가 않습니다! 컴퓨터는 장난감으로도 적절하지 않습니다. 왜냐하면 컴퓨터는 어린 아이에게 깊이가 없는 2차원 추상적 세계를 보여주기 때문입니다. 하지만 어린 아이는 움직이고 놀아야 하며, 물리적 세계와 상상 놀이의 세계를 경험할 수 있는 폭넓은 토대가 있어야 합니다. 컴퓨터 화면에 나타나는 시각 이미지는 특히 어린아이의 눈이 발달하는 것을 어렵게 합니다.

아이의 감각과 뇌는 어린 시절 내내 발달하기 때문에 제인 힐리는 "나이에 알맞은 컴퓨터 사용은 뇌의 신경을 접합시키는 데 도움을 줄 수 있지만, 나이에 알맞지 않은 컴퓨터 사용은 오히려 학습 능력을 방해하는 습관을 형성할 수 있다. 일단 아이의 두뇌에서 신경의 접합이 이루어지면, 중간에 멈추는 일은 너무나 어렵기 때문이다."라고 말하고 있습니다. 지금 전 세계의 교육자들과 부모들은 모든 아이가 컴퓨터 문맹이 되어서는 안 된다고 생각하는 실정입니다. 그리하여 인간의 두뇌가 어떻게 발달하는지, 아이가 어떻게 배우는지, 여러 나이대의 다양한 아이들의 건강한 발달을 위해서 필요한 것이 무엇인지에 대해 충분히 살펴보지도 않은 채, 서둘러 인터넷의 세계로 아이를 몰아가고 있습니다.

아이들을 대상으로 하는 교육용 프로그램들은 추상적인 개념을 너무 일찍 가르치려고 하는 것들이 대부분입니다. 몸을 움직이고 모방하게 함으로써 어린아이에게 말을 걸어야 한다는 사실을 기억하세요. 슈타이너는 이렇게 말합니다.

우리가 지적인 방법으로 외부 세계의 경험에 참여하고 지식을 얻을 수 있다고 해서, 완전한 감각 기관인 아이도 그러할 것이라고 믿을 수 있는 권리가 우리에게 있을까? 그럴 수는 없다...... 그러므로 오늘날 사람들이 그러는 것처럼, 의식적이든 무의식적이든 아이의 지능을 너무 서둘러서 깨어나게 하지 말아야 한다. 이것은 대단히 중요한 일이다.

우리는 어린 아이의 환상과 놀이가 초등학교 때 어떻게 예술적인 상상력으로 변모하는지, 또 그것이 10대 시절의 의문들과 청년기의 이성적 사고로 어떻게 변모하는지를 기억할 필요가 있습니다. 그러면 여러분은 아이가 나중에 창의적인 사고를 하는 데는, 일찍 뭔가를 배우는 것보다 환상Fantasy과 상상력이 훨씬 훌륭한 기초가 된다는 점을 확신할 수 있을 것입니다. 이 환상과 상상력은 어린아이에게 너무나 자연스러운 것입니다. 우리의 첨단기술 사회가 보다 필요로 하는 사람은 창조적인 사고를 하는 사람이지, 손가락으로 아이패드 스크린을 문지르고 컴퓨터 마우스를 조정할 줄 아는 4살짜리 아이가 아닙니다.

Q 다섯 살인 우리 아이는 항상 조숙하고 이미 읽을 줄도 압니다. 아이가 알고자 하는 것이 내가 설명해 줄 수 있는 수준을 넘어설 때도 있어요. 아이가 균형 있게 발달하도록 격려해 주고 싶은데, 지금 우리가 할 수 있는 일은 무엇일까요? 우리 아이는 어린 시절로 돌아갈 수가 없어요!

A 균형 잡힌 발달을 도와주는 일에는, 여러분이 아이의 지적인 성취들보다는 다른 면들이 있는 아이의 모습을 떠올려 보는 것이 필요합니다. 정서적으로 아이가 좋아하는 것은 무엇일까요? 자기가 아이임을 행복해 하나요? 다른 아이들과 좋은 관계를 맺고 있나요? 아니면 거의 어른하고만 관계를 맺나요? 몸을 움직이는 어떤 일을 좋아하나요? 아이는 자기 몸을 편안하게 느끼고 잘 조절할 수 있나요? 아이가 자주 아프고 항생제들이 필요한가요?

너무 일찍 지능을 깨우면, 많은 경우 아이의 생명력이 약해져서 감기나 다른 병에 걸리기 쉽습니다. 어린 시절의 꿈꾸는 것 같은 상태는 태어나서 처음 7년 동안 몸을 건강하게 형성하는 데 중요한 요소이기 때문입니다. 지능은 구체화된 결정체 같은 것으로, 어떤 것을 단단히 고정시키는 역할을 합니다. 그러므로 너무 서둘러서 지능을 사용하면, 신체 기관의 적절한 발달과 물 흐르듯 자연스럽게 펼쳐지는 감정들이 억압당할 수가 있습니다. 슈타이너는, 심지어 훗날 나타나는 어떤 병들은 태어나서 처음 7년 동안에 받은 영향들과 관계가 있는 것도 있다고 말합니다.

내가 이야기한 사항들을 마음에 담아두고, 태어나서부터 죽을 때까지 인간 삶의 과정을 연구하는 사람은 누구라도 이 사실을 알게 될 것이다. 즉, 아이가 어른에게만 적합한 일에 너무 일찍 노출되고 이러한 일들을 모방하게 되면, 그 아이는 대략 50세쯤부터 여러 가지 경화증에 시달릴 것이다...... 나중의 삶에서 나타나는 병들은 종종 아주 어린 시절에 저질러진 교육적인 실수의 결과이다.

지능이 하는 일은 분석하고 비판적 판단을 내리는 일이기 때문에, 아주 영리한 아이들은 감정적으로 다른 아이들과 관계를 맺기 어려운 경우가 많습니다. 이런 문제는 아이가 커갈수록 더욱 더 심해집니다. 이미 깨어난 아이가 꿈꾸는 것 같은 어린 시절로 돌아갈 수는 없겠지만, 상상 놀이와 예술 활동은 아이의 생명력을 치유해줄 수 있습니다. 이런 활동들은 처음 7년 동안 아이를 보호해 주는 "거미줄을 다시 짜도록" 도와줄 것이기 때문입니다. 동화에서 나온 이미지들도 어린아이의 무의식에 풍요로운 영양분을 제공할 수 있습니다.

비록 지나가 버린 시간을 되돌릴 수 없고, 아이와 관계된 일을 완전히 다르게 만들 수는 없을지라도, 여러분이 이미 했던 선택에 대해서 죄의식을 느끼지 않는 것 역시 중요합니다. 여러분은 지금 그러하듯이 그때 당시에도 훌륭한 부모였습니다. 당시에 여러분은 자신의 지식과 자각에 기초해서, 할 수 있는 한 최선의 결정을 했으니까요. 죄의식을 느끼면 우리는 현재의 순간에 몰입하지 못하고 필요한 것들을 보지 못합니다. 만약 아이와 관련하여 치유할 가능성이 있다면, 그 일은 지금 이 순간에 일어나야만 합니다. 우리 부모들이 우리를 위해서 했던 것처럼, 우리 역시 매 순간 아이들을 위해서 최선의 선택을 해야 합니다.

Q 왜 당신은 어린아이를 위해서 텔레비전을 치워 버리라고 제안하는지요? 우리는 딸아이에게 교육용 프로그램만 보도록 허락하고 있고, 아이는 그것을 너무나 좋아합니다!

A 아마도 이 책을 읽고 있는 어떤 부모들은 자기 아이들의 발달에 관련해서 충분히 염려를 하고 있을 것입니다. 그래서 텔레비전 시청에 대해서도 심각하게 생각을 해보고는, 어쩌면 몇 가지 방식으로 제한을 둘 수지도 모릅니다. 가령, 특정 프로그램만 보도록 한다거나, 일정한 시간만 보게 한다거나, 또는 프로그램들을 함께 보고 그것에 대해 이야기를 한다거나, 등등의 예가 있을 것입니다. 하지만 이 문제에는 이중적인 면이 있습니다. 우선, DVD를 포함해서 텔레비전 시청이 매우 유혹적이라는 사실입니다. 아이가 그런 것을 보며 시간을 보내는 동안 여러분은 아이를 의식하지 않아도 됩니다. 이것은 텔레비전이 아이를 즐겁게 해주기 때문에, 부모인 여러분은 시간을 '사게buy' 되는 일이라고 할 수 있습니다. 아이의 창조적인 놀이도 이와 똑같은 일을 할 수 있습니다. 그렇지만 텔레비전을 보는 일은 아이의 상상력과 자유로운 놀이를 억압할 경향이 있습니다. 그리고 쉽게 지루해 하는 아이가 되게 해서, 다른 TV 프로그램이나 다른 영화들을 더욱 더 요구하게 만들 것입니다.

두 번째 문제는 TV, DVD, 비디오게임, 컴퓨터 등은 어떤 종류라도 또 얼마만큼 보더라도, 프로그램의 내용과는 상관없이 어린 아이한테 건강하지 않은 일이라는 점입니다. 1999년에 '미국 소아과 학회'는 2살 미만의 아이들은 어떤 텔레비전 프로그램도 보지 않는 것이 건강한 발달에 좋을 것이라고 부모들에게 권장했습니다. 그런데 최근에 발표된 통계를 보면, 2살짜리 아이가 텔레비전을 보는 시간은 일주일에 평균 27시간이라고 합니다. 게다가 요즘에는 2살 미만의 걸음마장이들 용으로 기획된 텔레비전 프로그램에 관련된 광고도 아주 치열합니다. 의사들은 또한 조금 큰 아이들도 잠자리에서는 텔레비전을 보지 않도록 하는 게 좋다고 권고하고 있습니다.

저는 '미국 소아과 학회'가 미디어와 관련해서 아이들의 건강, 발달상 적합한 활동들,

그리고 뇌의 발달에 가장 기초적인 기준을 마침내 채택한 것을 정말로 기쁘게 생각합니다. 또한 저는 「뉴욕 타임즈」에서부터 「세크라멘토 비Sacramento BEE」에 이르기까지 많은 신문의 사설에서 '소아과 학회'의 권장 사항을 강하게 비판하고 있는 것을 보고는 깜짝 놀랐습니다. 신문 사설들에서 말하는 비판의 중요한 요지는, '소아과 학회'의 권고가 독단적이고, 비현실적이며, 비과학적이란 이유였습니다. 왜냐하면 TV가 유아나 걸음마장이들한테 미치는 영향에 대한 연구들이 아직 본격적으로 행해지지 않았기 때문이라는 것입니다. "전문가"들이 뭔가 양식 있고 현명한 권고를 했음에도 불구하고, 우리 사회는 그것을 "비과학적"이라면서 의심하고 있는 실정입니다.

텔레비전은 대부분의 어른들에게 정보와 오락거리를 제공해 주는 중요한 매체입니다. 하지만 아이들은 아직 어른과 같은 발달 단계에 이르지 않았습니다. 텔레비전 때문에 활동이 부족해지고, 아주 빠르게 변하는 감각적인 자극을 많이 받으면, 아이들에게 문제를 일으킬 수 있습니다.

"아이들과 텔레비전Children and Television"이란 글에서 존 로즈몬드John Rosemond는, 텔레비전을 볼 때의 아이를 잘 살펴보고, 아이가 지금 무엇을 하고 있는지를 부모 스스로가 물어봐야 한다고 이야기하고 있습니다. 아니, 그보다는 아이가 지금 무엇을 하고 있지 않은지를 물어보는 것이 더 좋을 것이라고 말하고 있습니다. 그는 다음과 같은 항목들을 이야기합니다.

아이는 텔레비전을 보면서 이런 일들을 하고 있지 않다.

- 눈여겨보는 일
- 몸을 움직이는 능력을 총체적으로 또는 만족스럽게 연습하는 일
- 눈과 손을 조화롭게 조정하는 연습
- 두 가지 이상의 감각을 사용하는 일
- 질문을 하는 일

- 탐구하는 일
- 독창적이거나 동기부여가 되는 일
- 무엇인가에 도전하는 일
- 문제를 해결하는 일
- 분석적으로 사고하는 일
- 상상력을 훈련하는 일
- 의사소통 능력을 연습하는 일
- 창의적이거나 건설적으로 되는 일

또한 텔레비전은 끊임없이 "깜박거리기" 때문에, 긴 시간 동안 주의를 집중하지 못하게 방해한다.

마지막으로, 장면은 끊임없이 그리고 변덕스럽게 뒤로, 앞으로, 좌우로 변환하면서도, 주제가 바뀐 것을 말해주지 않기 때문에, 텔레비전은 논리적인 사고나 인과적인 사고를 장려하지 못한다.

로즈몬드는 위에서 열거한 결함들이 학습에 무능력한 아이들의 특성임을 주목하고 있습니다. 그런 아이들은 "읽기나 쓰기를 배워야 할 시기가 되어도, '모든 것을 함께 이해할 수' 없어 보이는 아이들"입니다. 비록 텔레비전이 학습 부진아 문제의 유일한 원인은 아닐지라도, 1955년 이후 텔레비전이 우리 문화의 중심에 자리를 잡으면서, 학습 장애 문제가 유행처럼 퍼지고 있고, 또 17살에도 읽고 쓰지 못하는 아이들이 꾸준히 증가하고 있다는 사실을 주목해야 합니다.

특수교육 전문가인 오드리 맥알렌Audrey McAllen도 "활동 혹은 텔레비전Movement or Television"이란 글에서, 경험이 많은 유치원 선생님들은 최근 들어서 아이들이 예전보다 덜 독창적이고, 자라서 뭔가를 해보겠다는 기대가 예전보다 덜하다는 사실을 관찰하고 있다고 합니다. 요즘 아이들은 실내에 있을 때면 자기들을 자극해 줄 뭔가를 수동적으로 기다린다고 합니다. 그리고 놀이도 예전의 아이들이 지녔던 풍부한 상상력으로 스스로 만들어내는 놀이가 부족하다고 합니다. 로즈몬드도 이와 똑같은 현상을 말하고 있습니다. "경험이 많은 베테랑 선생님들은, 오늘날의 아이들이 텔레비전을 보지 않았던 아이들보다 기지, 상상력, 창의성, 동기유발이 부족하다고 계속해서 보고하고 있다. 또한 아이의 평균 집중 시간이 1950년대 이후로 계속 짧아지고 있다."

제인 힐리는 학습치료 전문가로서 지난 25년이 넘는 세월 동안 많은 선생님들을 인터뷰 하고 아이들을 연구해 오면서, 역시 이와 비슷한 현상을 발견했습니다. 그녀는 두뇌 발달에 대한 자신의 연구에서, "속도 중심적이고, 비언어적이고, 산만한 시각이미지를 지닌 텔레비전이 아이의 사고방식을 진짜로 변화시키고 있는 지도 모른다. 그런데 아이의 마음은 빠른 속도의 시각적 자극에 유혹당하기보다는, 읽거나 듣는 일처럼 말로 이루어진 것들에 지속적으로 주의를 집중할 수 있어야 한다."라고 말하고 있습니다. (이와 관련된 주제는 제인 힐리가 쓴 『위험에 처한 마음』에 깊이 있게 언급되어 있습니다.) 또한 시력 검사관들과 다른 전문가들도, TV나 비디오 등을 볼 때 그 이미지들의 2차원적인 특성, 쉴 새 없는 깜박거림, 눈 움직임의 부족 때문에, 아이들 사이에 시력에 관련된 문제가 증가하고 있음을 발견했다고 힐리는 말하고 있습니다. 1997년에 일본에서 3살에서 20살까지 650명이 넘는 시청자가 포켓몬 만화 영화의 현란하게 번쩍대는 빛들을 보고는, 구역질이나 갑작스러운 발작을 겪은 사례가 있었습니다. 다음날에도 150여 명은 여전히 병원에 있었다고 합니다.

어린 아이들의 건강한 발달은 모든 감각들과 관련을 맺어야만 합니다. 어린아이들은 달리고, 공중에 뛰어오르고, 손으로 만지고, 쥐어 보고, 재미로 호흡을 멈춰 보고, 기뻐서 뛰어 오르면서, 자기의 모든 감각으로 세상을 스스로 경험하고 싶어 합니다. 아이의 "내가 봐도 돼요?"란 말의 뜻은 "내가 만져도 돼요?"란 의미입니다. 아이는 모든 것을 가능한 충분히 경험하고픈 갈망을 갖고 있습니다. 캘리포니아의 산타아나에서 시력검사 전문가로 일하는 앤 바버Ann Barber 박사는 이렇게 설명하고 있습니다.

아기는 모든 것에 기본 배선을 깐 채 태어나는데, 이때 강한 빛은 눈의 망막에 충격을 주지만 아기는 그것을 감지하지 못한다. 아기는 뭔가를 만지고, 자기 입에 넣고, 움직이며 돌아다닐 필요가 있다. 그런 다음에 이 모든 것을 시각과 다른 감각으로 통합해야 하고, 그때서야 학교에 갈 준비가 되는 지능을 발달시킨다. 학교가기 전의 몇 해 동안에 대략 8개나 10개의 지각상의 발달 과정들이 있는데, 단순한 안구 운동을 넘어서는 이 과정들 대부분이 몸의 움직임과 함께 이루어진다...... 아이는 대상을 조작하고, 거리를 배우고, 시각적인 집중력을 발달시키기 위해서 장난감을 떨어뜨려 보고, 공을 어떻게 잡고 발로 차는지 연습해 보고, 목표점에 명중시키는 일을 할 것이다. 아이는 또한 중요한 것에 초점을 맞추는 법을 배워야 하고, 세상에서 오는 것들을 이해해야만 한다. 만약 골판지 상자 속을 기어 다니면서 그걸 보고 느끼지 않는다면, 어떻게 "위에, 밑에, 안에, 밖에" 같은 뜻들을 제대로 이해할 수가 있을까? 그런데 오늘날의 많은 아이들은 이러한 움직이고 통합하는 발달이 지체되고 있다. 6살이나 7살 혹은 8살 아이가 겨우 4살 정도의 수준인 경우가 많은 것이다.

그런데도 부모들은 유치원에 다니는 자기 아이가 '세서미 스트리트' 같은 텔레비전 프로그램에 나오는 주인공 그로버와 그 친구들이 가르쳐 주는 것들을 보지 못하면, 아이가 "위에" "밑에" 같은 것들을 이해하지 못할 것이라고 생각하고 있습니다.

마리 윈Marie Winn은 『플러그 인 마약The Plug-in Drug』에서 "TV에서 보는 내용이 아니라, TV를 보는 행동 자체가 아이들한테 해를 입힌다."고 다시금 강조하고 있습니다. 아이가 텔레비전을 너무 많이 보면, 뇌의 오른쪽만이 발달하고 결과적으로 왼쪽 뇌가 희생된다고 말하고 있습니다. 왼쪽 뇌는 말하는 능력과 합리적 사고를 조절합니다. 즉, 왼쪽 뇌는 읽고 쓰고, 합리적으로 추론하고, 아이디어들을 체계화하고, 그것을 말이나 글로 표현하는 역할을 합니다. 그런데 텔레비전을 보는 아이들은 생각할 필요가 전혀 없는 이미지들의 폭격을 받고 있습니다. 심지어 폭격당할 시간을 아이들한테 주고 있는 상황이기까지 합니다.

미국의 경우 케이블 방송국에서 아이들 용으로 방영하는 프로그램들이 대중화되면서 아이들의 TV 시청 시간도 점점 더 증가하고 있습니다. 6살에서 12살까지 아이들 중 40퍼센트가 자기들만 볼 수 있는 텔레비전이 자기 방에 있다고 합니다. 또한 걸음마하는 2살 아이에서부터 5살까지의 아이들 중 거의 4분의1 정도가 자기들만 보는 텔레비전이 있다고 합니다. 대다수의 아이가 고등학교를 졸업할 때까지 텔레비전 앞에서 보내는 시간은 일반적으로 35,000시간이라고 합니다(텔레비전을 보면서 공부를 할 정도입니다.). 이에 비해서 교실에서 보내는 시간은 11,000시간 정도입니다. 여기서 잠자고 숙제하는 시간을 빼고 나면, 책을 읽고, 놀고, 어린 시절에 할 수 있는 다른 창조적인 일들을 할 시간이 상대적으로 거의 없는 셈입니다. 10살이나 11살 이전에는 텔레비전을 보지 못하게 철저히 제한하는 일은, 아마도 여러분이 여러분 아이의 발달을 위해 해줄 수 있는 가장 좋은 선물이자, 길게 좋은 영향을 줄 수 있는 훌륭한 선물들 중의 하나일 것입니다. 아이가 깨어 있는 시간에 여러분이 정기적으로 보는 쇼프로그램이 있다면, 텔레비전을 여러분의 침실에 치워놓을 수도 있습니다. 또 아이가 계속 버튼을 눌러 댈 경우라면, 덮개를 씌워 놓거나 아이 손에 닿지 않게 하는 방법을 찾을 수 있을 것입니다. 텔레비전을 처음 치워 버리게 되면, 아마도 가족이 하는 활동들에 보다 많은 시간을 쏟을 필요가 있을 것입니다. 하지만 조금 지나면 아이들은 스스로 동기를 유발하면서 놀 것이고, 여러분 역시 아이들처럼 가족과 함께 그리고 혼자서 뭔가를 할 시간이 전보다 많아질 것입니다. 텔레비전이 없는 세상은 아주 다른 세상입니다. 그리고 어린 아이의 발달을 돕기 위해서 계속 텔레비전 없이 지낸다면 훨씬 좋을 것입니다.

Q 저는 우리 아이가 갖고 노는 장난감들을 바꾸고 싶지만, 가게에 갈 때마다 아이는 항상 다른 것들을 사달라고 해서 애를 먹입니다. 저로서는 모든 장난감들을 당장 없애버릴 수가 없습니다. 어디에서부터 시작할 수 있을까요?

A 처음에는, 크롬으로 도금되고 플라스틱으로 만든 첨단 기술 장난감들을 치워버리는 일이 어려울지도 모릅니다. 하지만 여러분과 아이가 좀 더 다른 장난감들을 경험하기 시작하면 그 일이 쉬워질 것입니다. 여러분은 아이가 제일 좋아하는 장난감을 없애서 분쟁이 일어나기를 분명 원하지는 않을 것입니다! 그렇다면 지금 가지고 놀지 않는 장난감들을 점차로 없애는 것부터 시작할 수 있습니다. 그러면 어지럽게 굴러다니던 잡동사니들이 점점 없어져서 빈 공간이 만들어질 것입니다. 그런 다음에 여러분이 뭔가를 만들거나 아이의 상상을 불러일으킬 수 있는 장난감을 사와서, 아이의 방을 특별한 곳으로 만들어 보세요. 그 방에서 풍요로운 상상력이 피어나도록 여러분의 에너지를 쏟으세요. 그리고 매일 마음을 끄는 방식으로 장난감들을 치워놓아서, 새로운 날을 준비하도록 해야 합니다. 아이가 더 이상 갖고 놀지 않는 오래된 장난감들을 치워가는 동안에, 상상력을 격려해줄 만한 장난감들을 하나씩 더해 가세요. 그렇게 되면 꼬마 여자아이인 경우 작은 장면에서 상상 놀이를 할 수 있는 장난감들과 의상들을 가장 좋아하게 될 것입니다.

여러분이 원치 않는 유형의 장난감의 수를 줄이세요. 알맞은 장난감 목록을 할머니, 할아버지, 또는 선물을 줄 다른 사람들에게 보내는 것도 한 방법일 것입니다. 어떤 부모들은 아이가 매일 가지고 놀지는 않지만, 비 오는 날에는 즐거운 모험이 될 수 있는 "비오는 날을 위한 상자"를 마련하기도 합니다.

어떤 때는 갑자기 마약을 끊듯이 쓸모없는 것을 없애 버리는 게 필요합니다. 우리 집에서 텔레비전을 없애기로 결정했을 때가 그러했습니다. 우리는 이사하면서 텔레비전을 없앴는데, 그래서 새로운 집에서의 생활 패턴들과 텔레비전이 연관되지 않았습니다. 저는 아이들이 크게 울고불고 할 줄 알았는데, 의외로 불평조차 안하는 것을 보고 놀랐습니다. 텔레비전 보던 시간을 아이들이 학교에서 하고 있는 활동들로 처음에는 대체했습니다.

가령, 뜨개질, 노래 부르기, 리코더 불기, 큰소리로 이야기들을 읽기 등을 했습니다. 덕분에 아이들은 텔레비전을 안보면 이제 뭘 해야 하느냐고 예전처럼 묻지는 않았습니다.

또한 우리는 텔레비전이 금단의 열매가 되지 않도록 하기 위해서, 큰 아이한테 초대받을 경우에는 좋아하는 축구 같은 특별한 것은 텔레비전으로 볼 수 있다고 말해 주었습니다. 하지만 우리 집에는 더 어린아이들도 있었기 때문에, 이웃들에게는 우리가 텔레비전이 없다는 사실을 이야기해야 했습니다. 그래야 이웃들이 우리 딸들에게 자기 딸이 텔레비전을 보고 싶어 할 때는 함께 놀 수 없다고 얘기해줄 수 있으니까요. 그러면서 저는 관용의 마음을 알게 되었고, 지나치게 감정적인 동요 없이 상황을 부드럽게 해주는 "잘난 체 하지 않는" 마음을 발견할 수 있었습니다.

어떤 때 부모들은 가치관이 아주 다른 이웃 집 아이들과 자기 아이들이 어울려 노는 것을 보고 낙담하기도 합니다. 그렇다고 집 밖에 있을 때 항상 아이를 단속할 수는 없는 노릇입니다. 그러므로 여러분의 가치관이 아이에게 강한 영향을 미칠 수 있다는 사실을 굳게 믿으세요. 여러분이 가장 효과적으로 할 수 있는 일은, 집에서 여러분 자신의 규율들을 일관되게 적용하는 것입니다. 그 다음 할 수 있는 일로는, 여러분의 아이들과 친구들이 여러분 집에서 많은 시간을 보낼 수 있도록 충분히 마음을 끌게 집을 만드는 일입니다.

예를 들어, 장난감 총 같은 것들을 갖고 노는 문제는, 부모들이 서로 토론하고 스스로 결정을 내릴 필요가 있습니다. 저는 '부모들이 이 문제에서는 이렇게 해야 한다'는 식의 철학적이거나 심리적인 분명한 대답들을 아직은 갖고 있지 않습니다. 그냥 저의 경우는 장난감 총들을 사주지 않았고, 우리 집에서는 그런 놀이를 허용하지 않았습니다. 아이들과 길게 토론을 한다거나 이웃을 나쁘게 만들지 않으면서, 우리는 그런 것을 제한했습니다. 아이들은 서로 다른 곳에서는 서로 다른 규칙들이 있다는 사실을 받아들일 수 있습니다. "우리 집에서는 이런 것은 하지 않는단다."라는 한 마디로 말로 어린 아이들의 "왜요?"라는 질문에 충분한 답이 될 수 있습니다. 마찬가지로 유치원에서도 저는 어떤 놀이는 집에서는 할 수 있지만, 유치원에는 안 된다고 말해 주었습니다. 아이들은 그것에 아무런 문제도 느끼지 않았습니다.

Q 우리 집 아이는 컴퓨터게임을 너무 좋아해서, 허용되기만 하면 밥을 먹으면서도 게임을 할 정도입니다. 선생님이 말씀하신 수동적이게 하는 스크린 타임에 대해 몇몇 생각을 해보고는 있지만, 게임이 오히려 눈과 손의 조정을 더 활발하게 하고 격려해주는 것은 아닐까요?

A 미국에서 비디오게임과 컴퓨터 게임은 아주 커다란 사업이 되어가고 있습니다. 콜롬비아 대학의 사범대 교수인 달 만Dale Mann은, 오락산업이 미국의 방위산업을 대체하고 있는 실정이라고 말하고 있습니다. 그러니까 오락산업이 이제는 주요한 기술개발 분야가 되고 있고, 교육에 쓰이는 비용보다 최소 반 이상의 비용이 오락산업에 쓰이고 있다고 지적하고 있습니다. 비디오게임이 전투기 조종사들에게 필요한 종류의 조절 능력을 향상시켜 줄 수는 있습니다(그래서 모의 비행 훈련 시뮬레이터가 훈련에서 가치가 있다고 합니다). 그럼에도 불구하고 이 일은 새로 군대에 입대하는 신병들의 감수성을 대단히 무디게 만들었습니다. 가령, 베트남 전쟁 동안에 그런 훈련을 받은 많은 신병들이 폭탄을 투여하거나 다른 사람을 죽일 때 실제로 그러했다고 합니다(이 사실은 1999년 5월에, 과거에 고위급 장성이었던 사람에 의해 「타임」지에 보고된 적이 있습니다). 시스템 분석가들은 텔레비전, 컴퓨터, 비디오게임이 교육용일 때는 괜찮다고 이야기를 합니다. 그렇지만, 문제는 그것들이 과연 무엇을 가르치고 있는가 하는 점입니다. 이 문제를 한번 살펴봅시다.

미국 국방성과 할리우드 영화 산업은 서로 힘을 합해서 전례가 없는 새로운 합작품을 만들기로 했다. 이 일을 위해서 미국 군대는 남 캘리포니아 대학에 중요한 연구소를 배치할 계획이라고 발표했다. 이 연구소는 군대와 오락산업 모두에게 중요한 핵심적인 기술을 계발할 계획이라고 한다.

새로 생긴 이 '창조적인 기술을 위한 연구소'의 제일 중요한 목표는, 미국 군대가 고도의 가상현실 훈련 시뮬레이션을 만들도록 허락하려는 데 있다. 이것은 컴퓨터 시스템의 가상현실, 인공 지능, 최첨단기술의 진보에 의해서 만들어질 것이다. 이 오락산업은 움직이는 영상들에다 보다 향상된 특수효과를 줄 수 있는 첨단기술을 사용할 것으로 기대되고 있다. 또 게임을 훨씬 진짜 같이 만들어서, 고해상도 화면의 가상현실에다가 새롭고 자극적인 매력을 부여할 것이라고 기대되고 있다.

제인 힐리는 자신의 연구에서, 컴퓨터나 비디오게임은 게임을 하는 플레이어를 강렬하게 사로잡기 때문에, TV 시청보다 훨씬 심각한 영향(좋거나 나쁘거나)을 미친다는 사실을 발견했습니다. 이 게임들은 또한 아이와 미디어 사이에 있어야 하는 "심리적인 거리를 없애 버릴 것이다."라고 경고하고 있습니다. 특히 비디오게임이 점점 정교해지고 실제상황처럼 되면서 더욱 그러하다고 합니다. 또 그런 게임들을 통해서 어떤 행동들과 세계관이 전달되는지를 우리가 염려해봐야 한다고 말합니다. (가령, "이곳은 내가 어느 누구도 믿을 수 없는 폭력에 가득 찬 곳이야") 심지어 "교육용"일지라도 대부분의 비디오 게임과 컴퓨터 게임을 하게 되면, 아드레날린adrenaline[42])을 극도로 활성화시키고, 계속 반복하다보면 이런 현상이 신체적 습관이 될 수도 있음을 발견했습니다. 즉, 가상현실을 경험하고 있는 동안인데도, 실제상황 때처럼 혈압, 심장 박동 수, 심지어 뇌파까지도 변하는 것입니다. 이 모든 일은 의식으로는 통제할 수가 없고, 때로 행동으로 분출되어 나올 수도 있다고 합니다.

아직 감각들의 영역이 활짝 열려 있는 7살 이전의 아이들인 경우, 게임은 분명히 건강에 좋은 영향을 미치지 못할 것입니다. 비록 게임과 관련된 발작이 드물기는 해도, 최근의 연구는 예전에 발작을 앓은 적이 없는 아주 어린 아이한테도 그런 발작이 일어날 수 있음을 지적하고 있습니다. 유명한 비디오게임 닌텐도Nintendo는 시각상의 자극에 의해 유발된 간질 같은 증상이 일어날 수 있음을 경고 받고 있습니다. 몇 년 동안 닌텐도 게임을 해왔던 소수의 10대 아이들에게서 그러한 증상이 일어났기 때문입니다. 이 증상으로 경직, 쇼크, 심지어 몇 초 동안 의식을 잃은 경우도 있습니다. 이보다 덜 극적이고

---

42) 부신수질로부터 분비되는 호르몬입니다. 혈당치와 혈압을 상승시키고 심장박동수를 증가시킵니다. 흥분, 분노, 공포 등을 느낄 때 생체 내에 생성됩니다.

단지 몇 초간 응시할 뿐일지라도, 어쨌든 이러한 과도한 자극 때문에 크고 작은 증상들이 일어날지도 모릅니다. 루트거스Rutgers대학의 로버트 큐비Robert Kubey 교수는 이렇게 이야기합니다. "많은 부모들이 내게 말하길, 비디오게임을 하고 있는 동안이나 끝낸 후에 아이가 구역질이나 피곤함을 느낀다고 했고, 노곤하고 머리가 아픈 증상을 경험했다고 한다."

여러분이 게임의 세계를 아이를 위해서 늦추면 늦출수록, 아이한테는 더욱 더 좋을 것입니다. 이미 그것들이 집에 있거나 들여놓을 생각이라면, 부모는 아이들의 사용에 관한 가이드라인들을 마련하라고 제인 힐러는『관계 맺는 일의 실패』에서 말하고 있습니다.

Q 예방접종은 어떤가요? 저는 어린 시절의 병들은 이로울 수 있다는 이야기를 들은 적이 있어요. 이 문제는 어떻게 해야 할까요?

A 아무도 자기 아이가 아프기를 바라지 않을 것입니다. 그렇긴 해도 오늘날 많은 부모들은 과연 표준 예방 접종표에 따라 자기 아이들한테 접종을 시킬 필요가 있는 것인지, 또 어느 나이에 예방 접종을 해야 하는지 의문을 갖고 있습니다. 이 주제에 관해서는 서로 다른 많은 의견이 존재하고 있기 때문에, 부모들은 스스로 잘 찾아보고서 책임 있는 결정을 내릴 필요가 있습니다.

루돌프 슈타이너의 가르침을 지키며 일하는 독일의 의사들은, 아이가 1살이 될 때까지는 예방 접종을 하지 않으며, 그 후에 소아마비, 디프테리아, 파상풍처럼 심각한 병에 대해서만 예방 접종을 합니다. 그 의사들은 홍역, 유행성 이하선염耳下腺炎, 수두, 심지어 백일해 같은 어린 시절의 병은 아이에게 유리한 영향을 미칠 수도 있다고 생각합니다. 그리고 어린 시절의 질병들은 자연스러운 방법으로 면역체계를 활성화시키기 때문에, 면역체계가 강해져서 나중의 삶에서 다른 병들도 덜 걸리게 해줄 수 있는 여지가 있다고 합니다. 대부분의 어린이 질병에는 열이 특징적으로 나타나는데, 이 열은 면역체계를 활성화시킬 뿐만 아니라 발달상으로 유리한 점 역시 가지고 있을 수 있습니다. 소아과 의사인 우웨 스테이브Uwe Stave는 이렇게 말하고 있습니다.

열이 나는 것은 아이에게 대단히 긍정적인 방식으로 영향을 미칠 수 있다. 비록 아이의 신체적인 힘은 약화될지라도, 아프고 난 아이는 새로운 것에 대한 흥미와 숙달을 많이 보여준다. 아이는 새롭고 더 발전적으로 이야기하고, 생각하고, 상황을 다루며, 움직이는 능력도 한층 치밀해지는 것을 보여줄 때도 있다. 간단히 말해서, 열이 난 후에 아이는 마치 뭔가가 분출하듯이 한층 발달하고 성숙한 모습을 보여준다. 이 모습에 놀란 부모들은 흔히 의사에게 자신들이 관찰한 그 발달 상황을 잘 설명하지 못하는 경우도 있다.

스테이브 박사는 자신의 이 관찰을 육화 과정에서 나타나는 따뜻함의 효과라고 설명하고 있습니다.

열은 육체를 뒤흔들고 몸의 긴장을 완화시키는 일을 한다. 열에 의해 활성화된 힘은 어린아이의 자아를 형성하게 하고, 신체기관을 새롭게 만드는 일을 도와준다. 거기에 더해서, 신체기관의 생리학적이고 생화학적인 기능은 열이 나는 병을 거치면서 한층 성숙해진다. 그리고 내적인 힘도 더 강화되어서 아이는 훨씬 달라진 모습을 보인다. 흔히 소아과 의사와 부모들은 전염성 열병이 어린아이의 허약한 기관에 과도한 긴장을 준다고 걱정한다. 그럼에도 불구하고 대부분의 열은 아이의 발달과 개성화를 지원해 주는 역할을 한다. 비록 이따금씩은 자기 환경에 대한 아이의 방어력이 약화되었음을 나타내는 경고 표시도 되지만 말이다. 자라면서 의지를 조절하는 법을 배움에 따라, 아이의 "내적인 불꽃"이 서서히 "발달상 나타나는 열"로 대체되는 것이다.

홍역, 수두, 유행성 이하선염처럼 열이 나는 많은 어린이 질병들은, 유아에게 일상화된 예방 접종 덕분에 이제는 거의 나타나지 않고 있습니다. 자기 아이들에게 어떤 병이나 모든 병에 예방 접종을 시키고 싶지 않은 부모들은, 병의 중대함이나 심각함의 정도를 잘 판단해야 합니다. 그리고 아이가 그러한 병들을 극복할 수 있는 힘을 갖도록, 집에서 엄격한 가정 요법을 적용하거나 때로 의학적인 도움이 필요한지를 올바르게 판단해야 합니다. 홍역은 일반적인 감기나 독감처럼 다룰 수 없습니다. 감기나 독감은 자칫 폐렴으로 발전할 수도 있고, 더 나빠질 수도 있습니다. 백일해는 몇 주 정도의 회복기가 필요하고, 아이가 병을 성공적으로 극복할 수 있도록 약이나 다른 치료가 필요할지도 모릅니다.

이와 달리, 아이에게 예방 접종을 시킨다면, 예방 접종 백신을 통해서 아이 몸에 병을 소개하는 것이 강한 충격을 줄 수도 있음을 깨달을 필요가 있습니다. 빌헬름 린덴Wilhelm zur Linden 박사는 말하길, 예방 접종을 아주 어린 아기나 유아에게 하는 주된 이유는, 큰 아이한테 접종하면 경련, 열, 구토와 착란을 일으킬 수 있기 때문이라고 합니다. 그는 "어린 아이들이 접종에 그렇게 온화한 반응을 하는 이유는, 아직 예방 접종에 대항할 충분한 힘이 없기 때문이라는 사실은 잘 알려져 있다."라고 말합니다. 린덴 박사는 예방 접종을 한 날 아침과 저녁에 '동종요법 Thuja 30X'를 투여하면 아이를 보호해 줄 수 있다고 말하고 있습니다. 아이에게 예방 접종을 시켜야 할지, 만약 접종을 한다면 어떤 병에 대해서 혹은 어떤 시기에 접종할지에 관련해서, 부모는 예방 접종에 관한 찬반양론을 잘 살펴보고 결정해야 합니다.

아이를 위한 최선의 결정을 내리기 위해서, 여러분은 그 주제에 관한 모든 방면의 정보들을 모아야 합니다. 접종을 "찬성"하는 쪽의 정보는 쉽사리 소아과 의사들이나 보건소 등을 통해 얻을 수 있습니다. 하지만 공공 보건 정책에는 개별적인 아이의 건강을 최우선으로 하기보다는 다른 의도들이 있을 수 있다는 사실도 깨달을 필요가 있습니다.

여러분은 여러분 아이의 건강과 행복에 최종적인 책임을 지닌 사람입니다. 의사나 국가나 지역보건소가 아니라 바로 여러분이 아이와 살아야 할 사람이고, 여러분의 결정에 책임을 져야 할 사람입니다. 여러분이 살고 있는 곳의 법적인 예방 접종 기준표를 잘 살펴보고, 예방 접종과 관련하여 여러분의 권리와 법적인 면제 대상에 대해서도 살펴보는 것이 좋을 것입니다. 개별적인 여러분의 아이를 위해서 가장 좋은 것이 무엇인지를 평가하기 위해서, 여러분 가족의 건강관리를 도와주는 사람과 협력하세요. 자신의 결정에 편안함을 느끼기 전에는 예방 접종 문제를 강제로 결정하지 말고, 보건소 직원들에 대해서도 두려움을 갖지 마세요. 다른 한편으로, 아이가 계속 기침을 하게 놔두지는 말아야 합니다. 그럴 때 예방 접종을 하지 않아서 그런지 예방 접종을 해서 그런지를 알아낸다고 여기저기 기웃거려서는 안 됩니다! 여러분 아이의 탄생, 건강, 교육에 책임을 진다는 것은 대단히 엄청난 일이지만, 당연히 해야 할 일이고 그럴 가치는 충분히 있습니다.

Q 우리 아이가 아플 때는 제가 어떻게 돌봐야 할까요?

A 아픈 아이를 어떻게 돌봐야 하는지 이야기하기 전에, 여러분이 아픈 아이를 돌보는 일을 하는 것이 얼마나 중요한지를 강조하고 싶습니다. 아이는 병과 싸우기 위해서 그리고 앞으로 일어날지도 모르는 신체적 변화와 발달상의 변화를 위해서 시간과 휴식이 필요합니다. 만약 회복을 위한 충분한 시간이 제공되지 않으면, 아이 몸의 체계가 점점 약해질 것이고, 합병증이나 다른 전염병에 걸리기 쉬울 것입니다. 아이가 아프면 많은 부모들이 너무 괴로워하기 때문에, 모든 일을 잠시 중지하고 도움을 받을 생각을 제대로 못할 것입니다(가령, 다른 아이를 학교에 보내거나 장보기를 하는 일 등). 그렇지만 잠시 그렇게 할 수 있다면, 부모는 아픈 아이를 집에 있게 하면서 아이한테 필요한 것들에 성심껏 주의를 기울일 수 있을 것입니다. 일을 나가야 하는 부모들은 아이가 24시간 안에 유치원에 다시 나갈 수 있게 하려고, 아픈 아이에게 즉시 항생제를 주고 싶은 유혹을 느끼는 경우가 흔히 있습니다. 이것은 아픈 아이가 자신의 내적인 힘을 재편성하고 치유하기 위한 고요한 시간이 필요하다는 사실을 깨닫지 못해서입니다. 그리고 일하는 어떤 부모들은 아이와 집에 있기 위한 휴가를 내지 못해서, 안타깝게도 아픈 아이들을 돌봐주는 낯선 곳에 자기 아이를 맡겨야 할지도 모릅니다. 분명히 우리 문화는 아이들과 일하는 부모들의 필요를 충족시켜 줄 수 있는 기초가 되어 있지 않습니다!

어떤 병이든 아이가 아프면, 몇 가지 원칙들을 기억할 필요가 있습니다. 가장 중요한 원칙은 아이에게 가능한 자극을 적게 주는 일입니다. 그래야 아이의 신체적인 힘과 자아가 병과 잘 싸우면서 필요한 변화를 잘 통과할 수 있기 때문입니다. 이 일은 조용한 놀이, 필요한 경우 침대에 누워 있기, 소화하기 쉬운 가벼운 음식을 먹이는 일 등을 의미합니다. (보통 고기나 계란은 되도록 먹이지 않습니다. 아픈 아이들은 대개 이 사실을 자연스럽게 알고 있습니다.) 아이가 아플 때는 특히 텔레비전을 보는 일을 피해야 합니다. 많은 병원들이 어떻게 그다지도 주변 환경에 무관심한지 놀랍기만 합니다. 그뿐만 아니라 병원에서 '제네랄 호스피탈General Hospital' 같은 텔레비전 프로그램을 시청하고 있는데, 어떻게 환자들이 빨리 회복되기를 기대할 수 있는지도 참 놀랍습니다!

일단 아픈 아이를 집에서 돌보는 일의 중요성을 깨달았다면, 이제 여러분은 무엇을 해야 할까요? 한 가지 중요한 일은, 여러분이 아이를 신체적으로나 직관적으로 잘 관찰하는 일입니다. 아직 어린 아기라면, 울 때 어떤 자세로 우는 지를 잘 주목해야 합니다. 즉, 숨 쉬는 방식과 기침의 특성 등을 잘 관찰하고, 눈이나 얼굴 표정을 잘 주목해야 합니다. 상태가 어떤지 그리고 점점 좋아지고 있는지 아니면 나빠지고 있는지를 직관적으로 느껴보도록 하세요. 훌륭한 소아과 의사라면, 어머니가 관찰하고 직관적으로 느낀 아이의 상태를 물어 볼 것이고, 병을 진단하는 데 진지하게 참고할 것입니다. 여러분이 신뢰할 수 있는 관계를 계속 맺을 만한 의사를 찾아보는 일이 중요합니다. 그리고 둘이 협력해서 아이라는 존재 전체를 치유하는 일을 하고 있다는 느낌을 가질 수 있으면 좋을 것입니다.

여러분 아이들의 건강과 생명력을 유지시키는 일은, 아이들이 아플 때 여러분과 아이들이 공동으로 협력해서 책임을 지는 일이기도 합니다. 우리 미국인들은 어떤 상황에 대단히 "빠른 결정"을 내려버리곤 하는 사람들입니다. 하지만 만일 아이들이 아플 때 진정한 치유에 필요한 시간을 낼 수 있다면, 우리는 아주 많은 것들을 얻을 수 있을 것입니다. 아이들이 아플 때 부모인 우리가 그들을 도와줄 수 있는 방법들은 많이 있습니다. 압박 붕대나 습포로 찜질을 해주고, 약초 차를 타 주고, 부드럽게 어루만져주는 일 등은 모두 집에서 할 수 있는 방법들입니다. 이런 일들은 아픈 사람을 편안하게 해줄 수 있고 치료를 도와줄 것입니다.

Q 우리 아이들은 서로 너무나 달라서, 마치 거의 관계가 없는 아이들처럼 보입니다. 어떻게 그럴 수가 있나요?

A 키우기 "쉬운" 아이가 있는 부모들은 흔히 다른 부모들을 속으로 비판하면서 "만약 그들이 내가 했던 대로 하기만 한다면," 이렇게 생각하곤 합니다. 그런데 그들의 다음 아이가 태어났는데, 완전히 다른 아이이고 정말로 다루기 힘든 아이라면, 그들은 같은 부모한테서 어떻게 그리도 다른 아이들이 나올 수 있는지 놀라워할 것입니다. 우리를 겸손하게 해주는 데 아이들만큼 좋은 존재는 없습니다! 마찬가지로, 다루기 "어려운" 아이가 있는 부모들은 사랑스럽고 밝은 아이가 태어날 때까지 좌절감 비슷한 감정을 느낄 지도 모릅니다.

우리에게 필요한 것은 아이들이 얼마나 서로 다를 수 있는지 그리고 왜 그런지에 대한 관점입니다. 한 가지 관점은, 아이들은 각자 독특한 개인들이라는 사실입니다. 비록 그들이 동일한 유전자 풀에서 태어났다고 해도 말입니다. 거기에다가 모든 개인은 각각 특징적인 존재 방식을 지니고 있고, 세상과 상호작용을 하는 특징적인 방식도 갖고 있습니다. 소아과 의사 베리 브라질튼은 『유아들과 엄마들: 발달에서의 차이들』이란 책에서 이렇게 말합니다. "어른들이 서로 다른 개성들을 갖고 있는 것처럼, 아기들도 마찬가지이다. 그리고 이 개성들은 거의 태어났을 때부터 구별할 수 있다." 그는 유아들에게는 세 가지 기본적인 개성들이 있다는 아이디어를 전개하고 있습니다. 조용한 개성, 평범한 개성, 활달한 개성이 그것들인데, 이 각각은 모두 지극히 정상적인 상태라고 합니다.

루돌프 슈타이너는 네 가지 기본적인 "기질들" 혹은 특질들을 가진 그룹들이 있다고 인식했습니다. 비록 모든 사람들이 몇 가지 기질들을 섞어서 가지고 있을지라도, 한 기질이 주도적인 경향을 보입니다. 아이의 기질과 여러분 자신의 기질에 대한 통찰을 얻게 되면, 여러분은 사람들이 어떻게 서로 다를 수 있는지를 이해할 수 있을 것입니다. 그리고 서로 다른 기질들을 가진 아이들의 부모노릇과 선생님노릇을 할 때 다른 방식으로 대할 수 있을 것입니다.

첫 번째 타입의 사람은, 슈타이너가 설명한 바에 따르면, 넘치는 에너지를 갖고 있어서 뭔가 하는 것을 좋아하는 사람입니다. 어른인 경우 그들은 미래를 재빨리 내다보고, 일들을 분명히 처리하길 원합니다. 이런 기질의 아이들은 엄청난 의지와 행동의 힘을 지닌 강력한 사람입니다. 이 아이들은 놀이를 주도하는 경향이 있고, 놀이에서도 독수리, 토네이도, 곰 같은 힘을 상징하는 이미지들을 사용합니다. 그들의 감정들은 통제하기 어려운 경향이 있습니다. 특히 분노, 공격성, 짜증은 통제가 어려울 수 있습니다. 그리고 자기들의 능력을 발휘할 기회가 충분히 주어지지 않으면 좌절할 수가 있습니다. 이 아이들은 건방진 태도를 보일 수 있지만, 또한 긍정적인 리더십 능력들도 갖고 있습니다. 그리고 어떤 일들이 일어나게 하는 "실력자나 유력자"의 특성을 가질 수 있습니다. 그들의 몸은 꽉 채워지고 힘찬 느낌의 체격이고, 발뒤꿈치로 땅을 파듯이 걷는 경향이 있습니다. 이 담즙질 기질 혹은 격렬한 기질을 지닌 잘 알려진 역사적 인물로는 나폴레옹과 루스벨트 대통령이 있습니다.

이와 뚜렷이 대비되는 아이는 꿈꾸는 것 같고 앉아 있길 좋아하는 아이입니다. 이런 타입의 아이한테는 때로 움직이는 일이 굉장히 힘든 것처럼 보입니다. 이러한 아이들은 자기 몸의 편안함에 대해 아주 마음을 많이 씁니다. 그래서 하루 중 가장 좋아하는 시간은 간식 시간과 식사 시간입니다. 다른 아이들과 상호작용할 때, 이 아이들은 보통 분위기를 조화롭게 하는 역할을 합니다. 그들은 종종 그냥 앉아서 바라보는 일로 만족할 때가 많습니다. 이 아이들은 규칙적인 일상과 리듬에 아주 만족해합니다. 뭔가 시작하게 하는 것도 어렵지만, 마찬가지로 변화시키는 일도 어렵습니다. 그래서 충성심은 그들이 가진 미덕들 중의 하나입니다. 전환하는 시간과 어떤 종류의 변화도 이 아이들에게는 힘이 듭니다. 그래서 담즙질 아이처럼 그들도 불끈 화를 내는 성질을 많이 갖고 있습니다.

이러한 아이는 시작한 일이면 뭐든지 몰두하고, 꾸준히 계속 해낼 것입니다. 가령, 색칠하기를 하면 종이에 구멍이 날 때까지 할 것입니다! 이러한 점액질 기질은 물이란 요소와 관계가 있고, 지치지 않고 왔다 갔다 하는 리드미컬한 파도의 성질을 갖고 있습니다.

세 번째 타입의 기질은 거의 항상 밝고 행복한 아이한테서 나타납니다. 아이는 보통 매우 명랑하고, 눈물은 나타날 때만큼이나 재빨리 웃음으로 바뀝니다. 이런 아이는 거의 땅을 딛지 않고 다니는 것처럼 보입니다. 실제로 이 아이들은 많은 경우 발끝으로 걷는다는 것을 관찰할 수 있습니다. 이 아이들은 부모로서는 아주 키우기 쉬운 아이들일 수 있습니다. 어려움이라면, 초등학교에 들어가서 자기 과제를 끝내게 하는 일에서 나타날 것입니다. 이 아이들의 관심은 너무나 짧게 머물러서 마치 나비들이 이 꽃 저 꽃 날아다니는 것처럼 보일 수 있습니다. 그들은 재빠르고, 눈을 떼지 않고 지켜보고, 열정적으로 어떤 일에 돌진합니다. 하지만 계속 지속하는 힘이 부족한 경향이 있습니다. 그들은 감각적인 인상들을 너무나 잘 알아차리기 때문에, 새로운 일이 생길 때마다 쉽게 주의가 분산됩니다. 이 다혈질 기질은 공기의 특성과 관계가 있는데, 공기는 가볍고 항상 변화합니다.

네 번째 기질에 관한 우리의 설명을 완수하려면, 종종 아주 내적이고, 외적인 활동보다는 자신의 감정적 세계에 열중해 있는 아이를 머릿속에 떠올려보세요. 이런 종류의 아이는 어린 시절에는 그 존재를 알아차리기가 그다지 쉽지는 않습니다. 왜냐하면 대다수의 아이들이 많은 시간 행복해보이기 때문입니다. 하지만 점점 자라면서 이런 아이들은 모든 것을 개인적으로 받아들이고, 아주 많은 개인적인 고통을 겪는 것처럼 보입니다(가령, 누군가 자기를 안 좋아하기 때문에, 혹은 어떤 아이가 자기한테 발렌타인 선물을 안주었기 때문에). 자기의 생일 파티에서 울음을 터트리는 아이는 흔히 이 기질을 가진 아이입니다. 이런 기질의 긍정적인 면은 아주 연민이 많아서 자연을 잘 돌봅니다. 하지만 부정적인 면은 지나치게 예민하다는 점입니다. 그래서 실제로 일어난 일보다 훨씬 심하게 반응하고 따져 묻습니다. 그들은 과거 속에 사는 경향이 있고, 자기의 생각, 기억, 감정적인 반응들을 곰곰 생각하는 경향이 많습니다. 그리고 어떤 것들을 절대 잊지 않거나 떠나보내지 않습니다. 이 우울질 기질은 땅이란 원소와 관련이 있습니다. 땅은 무슨 일이 일어나든 저항력을 제공합니다. 하지만 안에 반짝이는 수정을 품고 있는 바위들처럼 이런 사람은 사고와 감정들에서 아주 풍요로운 내적인 삶을 지니고 있고, 아주 마음을 많이 쓸 수 있습니다.

이러한 기질들을 알게 되면, 부모와 선생님들에게 대단히 귀중한 도구가 될 것입니다. 왜냐하면 이 앎은 우리와 전혀 다른 사람에 대한 이해와 연민을 증가시킬 수 있기 때문입니다. 한 사람의 기질은 어린 시절부터 어른의 삶을 사는 동안에도 특징적인 방식으로 변화해갑니다. 이 매력적인 분야에 관심이 있는 사람은 슈타이너의 『네 가지 기질』이란 책을 읽기를 권유합니다.

Q 남편과 저는 교회에 가지 않지만, 우리는 종교적인 교육 혹은 가르침과 관련해서 우리 아이와 뭔가를 하고 싶습니다. 그렇다고 일요일에 여는 교회에 아이를 그냥 보내고 싶지는 않습니다. 그렇다면 우리가 의미 있고 알맞은 방식으로 이와 관련해서 무엇을 할 수 있을까요?

A 아이들이 있는 부모들은 일반적으로 자신의 어린 시절의 종교적 경험에 관한 물음들이 떠오를 것입니다. 그리고 자신의 영적인 방향은 어떤지, 또 아이들을 위해서 무얼 하고 싶은지에 대한 물음들이 떠오를 것입니다. 많은 경우 아이들은 자기 부모들로 하여금 어린 시절의 종교적 경험을 되돌아보게 하고, 거기에서 새로운 깊이와 의미를 다시 발견할 수 있게 해줍니다. 영적이고 종교적인 믿음들은 대단히 개인적이기 때문에, 저는 여러분이 배우자와 함께 이 문제를 토의해보길 바랍니다. 그리고 자라나고 있는 아이들한테 맞도록 여러분의 믿음들을 적절하게 표현할 수 있는 방법을 찾아보라고 권하고 싶습니다.

부모인 우리가 해야 할 일은 아이가 새로운 땅, 이 지상의 새로운 삶의 조건에 적응할 수 있도록 해주는 일입니다. 그렇지만 아이가 자신의 진정한 근원과 궁극적인 목표를 강제로 잊게 만들어서는 안 되겠지요. 우리는 어떻게 아이들의 영적인 갈망을 채워 줄 수 있을까요? 아이들의 영적인 본성을 계발시킬 수 있도록 어떻게 도와줄 수 있을까요? 이러한 물음들은 『현대 아이의 영적인 열망The Spiritual Hunger of the Modern Child』이란 책에 소개되어 있습니다. 이 책은 유대교, 기독교, 수부드Subud[43], 불교 등 다양한 종교적 세계관을 대표하는 유명한 분들이 강연한 10개의 연설을 편집한 책입니다. 이 책의 필자들은 아이들의 본성, 가정환경이 아이에게 미치는 영향, 기도의 효용성, 종교의 매혹적인 힘, 부모로부터 물려받은 신앙, 양심의 문제 등을 아주 깊이 있게 논의하고 있습니다. 그들은 종교적인 교리나 교화보다는 여러분이 누구인지 그리고 여러분이 아이들 주변에서 무엇을 하는지가 훨씬 중요하다는 것에 모두 동의하고 있습니다. 평론가로 활동하고 있는 르네 나이트 와일러Rene Knight-Weiler는 이 책이 지닌 공통의 주제를 이렇게 요약하고 있습니다. "종교는 인간이 자연스럽게 파악하고 붙잡아야 하는 것이지, 가르쳐지는 것은 아니다. 또한 진심으로 믿지 않는 사람으로부터는 어떤 종교도 전수 받을 수 없는 노릇이다. 종교는 가정에서의 실천, 느낌, 상징적 표현, 이미지와 정신을 통해서 파악되고 이해될 수 있다."

기독교 목사인 아담 비텔스톤Adam Bittelston은 어떤 글에서 루돌프 슈타이너의 사상을 언급하며, 어린아이에 관한 진정한 연구란 자기 스스로를 연구하는 일이라고 되풀이해 말하고 있습니다. 그는 "아이의 영적인 열망을 만족시켜주는 일은 정말로 중요하고 근본적인 일이다. 어른들 또한 단 하루도 스스로에 대한 연구를 멈추어서는 안 된다."고 말하고 있습니다.

조셉 칠튼 퍼어스는 『마법과 같은 아이』에서 이 주제를 특히 강조하고 있습니다. 그에 따르면, 온전한 사람이 되기 위해서 아이는 온전한 사람의 본보기를 볼 수 있어야 한다고 합니다. 하지만 우리들 중 어느 누구도 완전히 깨달은 인간 존재라고 할 수는 없기 때문에 (우리 아이들도 이 사실을 알아야만 합니다!), 아이한테는 우리의 노력과 애쓰는 모습,

---

43) 이슬람교 계통의 운동으로 latihan이라는 수련을 행합니다. 이것은 정화를 경험하고 자신의 의지를 포기하는 것을 통해서 신을 경배하는 것을 목적으로 합니다.

우리의 자각과 동경어린 태도가 전달 될 수 있을 것입니다. 그리고 아이가 거짓임을 금방 간파해서 거부하게 될 신앙, 전적인 유물론, 독실한 신자인 척 하는 태도보다는 우리의 노력하는 모습이 훨씬 더 중요하게 전해질 것입니다.

『어린 시절의 성스러운 장소들Sanctuaries of Childhood』과『온 가족을 위한 살아있는 통과의례Living Passages for the Whole Family』를 쓴 쉐아 다리안Shea Darian 은 가정생활에서 영적인 것들을 존중하고 축하할 수 있는 다양한 방법들에 관한 풍부한 자료를 제공해 주고 있습니다. 부모들이 기억해야 할 원리들은, 아이에게 지적인 가르침이나 도덕적인 훈계를 하기보다는, 오히려 축제들에 대한 느낌이나 그것들이 전달하고자 하는 특성들을 생생히 보여줄 수 있는 이야기들과 이미지들을 제공하는 것이라고 합니다.

어린 아이는 모방하는 본성이 있기 때문에, 일요일에 가는 주일학교 같은 곳에서 들은 말들이 평상시보다 훨씬 깊은 영향을 미칠 수 있습니다. 그렇기 때문에 아이가 교회, 절, 모스크 등에서 경험하는 것들의 특성들이 어떠한지에 주의를 기울이는 것이 중요합니다. 그런 곳들에 있는 어린이 반들은 안정되고 따뜻한 분위기인가요? 그곳에서 하는 활동들이나 방법들은 어린 아이의 본성에 맞는 것인가요? 어쩌면 여러분 자신이 선생님이 되어야 한다고 생각하게 될지도 모릅니다!

슈타이너에 따르면, 어린 아이의 모방하는 본성에는 영적인 근거가 있다고 합니다. 어린 아이에 관해서 슈타이너는 이렇게 말하고 있습니다.

아이는 영적인 세계에서 계발한 헌신의 마음으로 여전히 가득 차 있다. 아이가 자기 주위에 있는 사람들을 모방하면서 주위 환경에 자기를 전적으로 내맡기는 이유가 바로 이것 때문이다. 그렇다면 이갈이를 하기 전 아이의 완전히 무의식적인 심정과 근본적인 충동은 무엇일까? 이 근본적인 심정은 매우 아름다운 것으로 어린 시절에 키워주어야 하는 심정이다. 이것은 바로 이 세계가 도덕적인 본성을 지니고 있다는 마음, 다시 말해 온 세계가 도덕적이라는 무의식적인 가정에서 유래하는 마음이다.

아이는 사람들과 세상이 선하다고 가정하고서 자신을 내맡기고 그들을 모방합니다. 슈타이너는 또 이렇게 말하고 있습니다.

> 아이는 환경에 자신을 완전히 내맡긴다. 어른의 삶에서 아이의 이런 헌신의 마음과 대응할 수 있는 것은, 인간의 영혼과 정신을 표현해 주는 종교라고 할 수 있다…… [어른의] 영혼과 정신은 진정한 종교를 통해서 세상의 신성하고 숭고한 정신에 자신을 내맡기기 때문이다. 그리고 아이는 주위환경에 자신의 모든 존재를 내맡긴다. 어른에게 호흡, 소화, 순환기의 활동은 외부 세계와 분리되어 자신의 내부에서 일어나는 활동이다. 반면에 아이한테 이러한 활동들 모두는 외부 환경과 밀접히 연관되어 있고, 그렇기 때문에 경건한 본성으로 환경에 자신을 내맡기는 것이다. 이것은 태어나서 이갈이를 하기 전에 어린 아이들의 지닌 본질적인 모습이다. 즉, 아이의 전 존재는 일종의 "자연스럽고 경건한"요소로 가득 차 있으며, 심지어 물리적인 몸조차도 경건한 분위기를 띠고 있다.

다른 강의에서 슈타이너는 보다 명확하게 설명하고 있습니다.

> 환경에 자신을 내맡기는 것은 아이의 영혼이 아니라, 오히려 아이의 혈액 순환, 호흡 활동, 음식물의 소화 흡수 과정이라고 할 수 있다. 이런 모든 일들이 환경과 깊은 관련을 맺고 있다. 혈액 순환, 호흡, 영양분 섭취 과정들이 환경에 기도를 드리듯이 기원하고 있는 것이다. 분명 이런 표현들이 역설적으로 보이겠지만, 바로 그러한 역설 안에서 진실이 드러난다.

만약 그러한 일을 이론적인 지성이 아니라 우리의 전 존재로 관찰한다면, 우리는 어린 아이들과 함께 있을 때의 태도와 마음을 계발시킬 수 있을 것입니다. 슈타이너는 이런 태도와 심정을 "성직자다운 마음"이라고 부릅니다. 그렇다면 부모들, 아이 돌보는 이들, 유치원 선생님들은 "신성한 존재를 돌보는 사람들"인 셈입니다. 그럴 때 그들은 아이들

안에 존재하는 신성함을 깨닫고서, 리듬, 아름다움, 사랑이라는 성스러운 특성들을 가지고 이 지상의 삶을 아이들에게 소개할 것입니다. 어린 아이들에게 우리의 역할이 얼마나 중요한지를 깨닫는 일은 참으로 소중하다고 느낍니다. 그럼에도 불구하고, 우리 아이들을 키우면서 제가 한 행동이나 태도에는 결점이 많았습니다. 또 유치원에서 어린 아이들과 함께 지낸 시간 동안 저한테 단점이 많이 있었음을 인정합니다. 하지만 우리는 할 수 있는 최선을 다해야만 합니다. 뿐만 아니라 우리가 더 나은 행동을 하도록 열심히 노력해야 합니다. 왜냐하면 어린 아이들을 키우면서 우리가 해야 할 가장 중요한 일은, 자기 스스로를 탐구하는 내적인 작업이기 때문입니다. 아직 어린 아이는 우리를 완전하고 훌륭한 인간으로 믿어 의심치 않으면서 받아들입니다. 점차 자람에 따라서 우리의 불완전한 면들을 보게 되겠지만, 중요한 것은 우리가 더 나아지려고 노력하는 모습을 아이가 보는 것입니다. 내적으로 성장하려고 애쓰는 우리의 욕구(아니면 우리의 자기만족)를 아이는 예민하게 알아차릴 것이고, 이것은 아이에게 매우 깊은 영향을 끼칠 것입니다.

어떻게 아이의 경건한 감정이 자연스럽게 발달하도록 도울 수 있을까요? 아이는 환경에 자신을 전적으로 내맡기기 때문에, 우리 내면에서 모든 것들에 한층 더 감사하는 마음을 깊게 가지는 것이 아이를 도울 것입니다. 그러면 아이도 세상이 우리에게 준 모든 것들을 감사히 여길 테니까요. 슈타이너는 이렇게 설명하고 있습니다.

외부 세계에서 아이와 어떤 식으로든 관계를 맺고 있는 모든 사람들이, 이 세상으로 부터 받는 모든 것들에 감사하는 마음을 보여준다면, 아이에게 큰 도움이 될 것이다. 즉, 외부 세계를 만나고 모방하고 싶어 하는 아이가 이런 종류의 감사의 제스처와 표현을 보게 된다면, 아이 속에 올바르고 도덕적인 인간의 태도를 형성시키는데 커다란 역할을 할 것이다. 감사하는 마음은 태어나서 7년 동안 아이한테 본래부터 있는 마음이다.

어린 시절에 키워주어야 할 다른 중요한 태도는 공경하는 마음입니다. 슈타이너는 이 특성이 어떻게 변형되는 지를 이렇게 설명하고 있습니다.

만일 올바른 양육에 의해서 주변 어른들을 자연스럽게 공경하는 아이들을 관찰한다면, 그리고 그 아이들이 자라면서 거치는 다양한 삶의 단계들을 따라가 본다면, 어린 시절에 느꼈던 공경과 헌신의 감정이 세월이 가면서 서서히 원숙하게 변하는 것을 볼 수 있을 것이다. 이런 사람들이 어른이 되면 자기 주변 사람들을 치유할 수 있는 영향력을 갖게 될지도 모른다. 그리하여 이런 사람이 그곳에 있는 것만으로, 혹은 목소리, 어쩌면 단 한 번의 눈길로도 이들은 다른 사람들에게 내적인 평화를 가져다 줄 수 있을 것이다. 어린 시절에 이들은 올바른 방식으로 깊이 존중하고 공경하는 마음을 배웠기 때문에, 이들의 존재는 그 자체로 하나의 축복이다. 만약 어린 시절에 그러한 공경과 기도의 마음으로 감싸이지 못했다면, 나이 들어서는 그러한 보살핌의 축복을 받지 못할 수도 있다.

그렇지만 공경과 기도 같은 특성들은 어떤 교리나 훈계를 통해서 어린 아이에게 가르칠 수 있는 특성들이 아닙니다. 그러한 특성들이 부모의 내면에 살아 있어야만 합니다. 만약 부모에게 기도가 살아있는 현실처럼 진실하다면, 그런 부모는 아이와 소통할 수 있을 것이고, 스스로 본보기가 되어서 기도에 대해 가르쳐줄 수 있을 것입니다. 여러분 자신의 어린 시절을 한번 생각해 보세요. 어떤 경험이 여러분을 신성한 존재와 보다 가까이 이끌어주었나요? 어떤 사람이 이 특별한 특성을 지닌 것처럼 보였나요? 이렇게 영적인 물음들을 살펴보는 일은, 여러분의 아이들이 여러분에게 가져다준 아주 커다란 선물일 수 있습니다.

13

• • • • • • •

부모노릇이라는
여행을 위한 도움

의식적인 부모노릇은 하나의 과정이다

의식을 하면서 부모노릇을 하는 일은 전망을 계속 지니는 것을 필요로 합니다. 그리고 아이들을 키우면서 부모가 큰 그림에 초점을 맞추지 못하고, 나날의 일상 속에 빠져버려서도 안 됩니다. 우리가 해야 할 일 하나는, 이 속세의 삶에서 영적인 것을 보고, 아이 안에 있는 내적인 빛을 깨닫고, 서서히 나타나고 있는 아이의 의식이 어떤 방식으로 출현하는지를 보는 일입니다. 가령, 아이가 그리고 있는 그림에서 그 방식들이 보이곤 합니다. 다른 할 일로는, 이 세상을 살아가며 매일 하는 경험들이나 사건들을 통해서 신성한 것에 대해 물음을 던지고 그것을 경험하는 일입니다. 아주 작은 우주와 커다란 우주와의 관계를 보게 될 때, "모래 한 알 속에서 세상을 보고...... 순간 속에서 영원을 보게 된다면", 우리는 이 과정 속에서 우리 스스로가 변형되는 모습을 발견할 수 있을 것입니다.

의식적인 부모노릇은 또한 나날의 삶의 사건들을(그것들에 대한 우리의 반응들을 포함해서) 맷돌에 쓰이는 곡식들처럼 내적인 변형의 재료로 활용하는 것을 의미합니다. 이런 의미에서 우리의 아이들은 우리의 가장 훌륭한 선생님들입니다. 왜냐하면 아이들은 우리가 성장할 수 있는 끝없는 기회를 제공해주기 때문입니다. 우리는 모두 단점과 약점을 가지고 있습니다. 그렇지 않다면 우리에게는 어떤 성장도 없을 것입니다. 하지만 우리는 우리 스스로의 발전에 인내심과 친절함을 가져야 하고, 자기를 비판하지 말아야 합니다. 자신의 단점을 상냥하게 대하는 일은 다른 사람들에 대해 인내심을 계발하는 일만큼이나 중요합니다.

아이를 키우는 일은 엄청난 에너지가 드는 일입니다. 만약 필요한 에너지를 다시 채우지 못하면, 여러분은 몹시 지치고, 괴롭고, 화를 잘 내고, 때로는 활동하기도 어려울 것입니다. 특별히 아이들이 어릴 경우라면, 여러분은 충분히 잠을 자야 한다는 사실을 명심해야 합니다. 하루에 단 5분만이라도 명상이나 기도를 하면, 집중할 수 있는 힘을 얻는데 많은 도움이 될 것입니다. 미술, 음악, 조각, 춤 같은 창조적인 활동들 또한 아이들이 요구하는 에너지를 다시 충전시키는 데 특별한 도움이 될 것입니다. 자연 속에서 지내는 일 역시 그러합니다. 아기를 데리고 산책하거나 2살짜리 아이와 공원에 갈 때, 이 시간이 여러분의 에너지도 다시 새롭게 해주는 시간임을 알고 소중히 여기세요.

부모노릇을 진지하게 받아들인다면, 여러분이 지금 하고 있는 일이 중요하고 가치가 있다는 사실을 깨닫게 해 줄 것입니다. 우리 사회에서 여성의 일은 흔히 가치가 낮게 평가되고 임금도 낮은 경우가 많습니다. 그렇기 때문에 의식적으로 우리가 하는 일을 소중히 여기지 않으면, 우리 여성들조차 부모노릇을 하찮게 여기는 함정에 빠질 수 있습니다. 『어머니 노릇Mothering』의 편집자인 페기 오마라 맥머혼Peggy O'Mara Mcmahon은 이 사실을 아주 분명하게 말하고 있습니다.

하지만, 나는 여성들이 남성의 삶을 경제적으로 모방한다고 해서 그 삶을 결코 만족스러워 하지는 못할 것이라고 믿는다. 여성들은 새로운 방식, 정신spirit의 방식을 찾아야 하고, 마음heart의 중요성을 인정하는 경제적인 현실을 주장해야만 한다. 만약 여성들이 단지 남성들이 찾고 있는 성공만을 추구한다면, 즉 가정과 분리된 전통적인 시장 경제 구조 속에서의 성공만을 추구한다면, 우리는 결코 더 나은 세상을 만들 수 없을 것이다. 여성들이 탁아소에 아이를 보내는 엄마와 집에 있는 엄마를 서로 분리시켜

버린다면, 그들은 일과 가족을 분리시켰던 남성의 모델에 따라서 그렇게 분리시키는 것이다. 그렇게 되면 예전에 남성의 일이 아니었던 가족의 일이 이제는 여성의 일도 아니게 되어버릴 것이다. 이런 일은 결코 잘 되지가 않을 것이다. 왜냐하면 더 많은 탁아시설이 필요하기 때문이 아니라, 우리가 힘써서 이루려고 하는 이 사회적 현실에는 마음이란 게 전혀 없기 때문이다.

　　우리는 가정생활의 경제 문제에 관련해서 보다 폭넓은 해결책을 찾아야 한다. 그리고 전환기의 사회적 가치들만 가지고서 우리 스스로를 규정지으려는 함정에 빠지지 않도록 매우 주의를 기울여야 한다.

　부모노릇을 사랑과 봉사의 길로 바라보게 보면, 어려운 순간들을 극복해 나가는 데 도움이 될 것입니다. 아이들이 있으면 분명히 여러분의 마음이 열릴 것입니다. 더 나아가서 여러분에게 의존하고 있는 아이의 욕구들을 항상 배려하는 일을 통해서 여러분도 충분히 넓어질 것입니다. 물론 여러분은 아이를 서서히 자유롭게 놓아주어야 합니다. 만약 여러분이 자기에게 주어진 일을 자기 인식이나 자기 변형의 기회로 활용 할 수 있다면, 부모노릇은 한 인간 존재가 발전해 가는 과정에서 경험하는 삶의 풍요로운 원천이 될 것입니다. 오마라 맥머혼은 "부모노릇의 윤리An Ethic of Parenting"이란 기사에서 부모노릇의 내적인 의미를 이렇게 이야기하고 있습니다.

　　이 사회에서, 우리는 어린 인간에 의해 요청받는 봉사와 복종에 익숙하지 않다. 복종과 봉사의 필요성에 경의를 표하는 부모노릇의 윤리를 계속 유지하기 위해서, 우리는 우리의 한계들을 극복하게 해줄 정보와 지원으로 우리를 둘러싸야만 한다......
　　당신의 아이에게 봉사하라. 다시 말해서 아이에게 봉사하고, 아이를 신뢰하게 되면, 당신은 스스로에게도 봉사하는 셈이 되고, 스스로도 다시 양육을 받고 다시 사랑을 받는 기회를 주는 일이 된다. 가장 위대하게 간직된 세상의 비밀은, 부모노릇의 윤리를 계발하는 일 안에 본래 갖추어져 있는 부모의 개인적인 변형이다. 이 윤리는 아이의 본성을 참되게 지켜주고 있는 윤리이다. 이런 유형의 윤리를 가지고서 부모노릇을 하게 되면, 인간 존재의 완전한 잠재성을 드러내줄 것이고, 이 지구에서 우리가 지금 보고 있는 어떤 것보다 훨씬 위대한 힘을 드러내 줄 것이다.

결론

모든 부모들은 자기 아이에게 가장 좋은 것을 해주고 싶어 합니다. 하지만 처음 부모가 된 사람들 대부분은 아이들이나 부모 노릇에 대해 거의 아는 바가 없습니다(저는 완전히 몰랐습니다!). 뭔가를 배워가는 일이 때로는 불편하겠지만, 이 일은 아이들뿐만 아니라 부모를 성장시키는 많은 기회를 제공할 수 있습니다. 아이들의 첫 번째 선생님인 우리는 아이들의 성장에 너무나도 중요한 사랑과 따스함, 안정과 리듬, 흥미와 열정을 제공할 수 있고, 제공해야만 합니다. 아이들도 또한 우리에게 새로운 연구 영역들, 해야 할 일들, 자기 탐구를 제공할 것입니다. 이럴 때 우리는 자기의 단점들과 아이들이 선물해주는 새로운 딜레마들을 직면하게 될 테니까 말입니다.

오늘날 부모노릇에 필요한 것은 또 다른 전문가 혹은 따르거나 거부할 새로운 권위자가 아닙니다. 오히려 인간 존재를 보는 새로운 방식입니다. 이 방식은 인간 발달의 육체적, 정서적, 지적, 정신적 면들을 모두 고려하기 때문에, 우리와 우리 아이들은 변화해가는 이 세계의 도전거리들에 당당히 맞설 수 있을 것이고, 이 지상에서 우리 시대가 가진 목적들을 이룰 수 있을 것입니다.

우리는 전환기에 살고 있습니다. 이 전환하는 시기는 오래된 사회 패턴들이 더 이상 우리를 지탱해 주지 못하는 시기를 뜻합니다. 그렇기 때문에 새로운 인식을 가지고서 우리 삶의 모든 측면들에 접근하기를 요구받고 있습니다. 우리의 가정, 도시, 교회, 학교에서의 삶들은 너무나 빠른 속도로 변화해가고 있는 중입니다. 그렇기 때문에 우리는 애써서 균형을 찾아내야 하고, 뭔가 새로운 것을 만들어내야 하는 것입니다.

우리는 현재 다가온 변화들을 부정하며 안이하게 생각해버리는 정신 상태로 되돌아갈 수는 없습니다. 오히려, 오늘 날 어린 아이의 세계가 심각하게 위험에 처해 있다는 것을 깨달아야 합니다. 왜냐하면 점점 더 많은 아이들이 아주 어린 나이부터 종일반 탁아시설에서 지내고 있는 실정이고, 공부를 강요하는 분위기도 아주 어릴 때부터 시작되기 때문입니다. 그래서 아이들은 결코 꼬마 어른들이 아니라는 사실을 이해하는 일이 훨씬 긴급한 일이 되어가고 있습니다. 아이들은 어른이 하는 것처럼 생각하고, 추론하고, 느끼고, 세상을 경험하지 않습니다. 그 대신에 아이들은 자기의 몸과 의지 안에 모든 중심이 모여 있습니다. 이것은 태어나서 7년 동안의 시기에 강력한 성장의 힘과 활동의 욕구를 통해서 드러납니다. 아이들은 제일 먼저 본보기를 따라 모방을 하면서, 보다 적절하게 배워나갑니다. 반복과 리듬 역시 어린아이의 건강한 세계를 이루는 너무나 중요한 요소입니다. 이것들은 부모나 다른 사람들이 어린 아이들을 돌볼 때 꼭 실천에 옮겨야 하는 요소입니다.

어린 아이는 가리개나 차단막 없이 모든 것들을 받아들입니다. 바로 이런 이유 때문에 우리는 아이의 주변 환경과 경험들의 특성이 어떤지에 특별한 주의를 기울여야 합니다. 아기나 어린아이의 감각을 보호하고 자극하는 것 사이에도 균형을 맞출 필요가 있습니다. 인공적인 것들(영화, 녹음된 것들, 합성 섬유들 등)은 여러분의 목소리나 자연에서 온 것들이 주는 자극과는 다른 영향을 어린 아이에게 끼칩니다. 어린 아이는 그 자체가 하나의 감각 기관이기 때문에, 우리는 아이가 경험하는 것들을 선택할 필요가 있습니다. 그리고 어린아이의 꿈꾸는 것 같은 자연스러운 상태를 난폭하게 방해하는 일들로부터 아이를 보호해야 합니다.

어린 아이는 삶의 모든 것을 아주 깊이 받아들이고, 그것을 변형시켜서 나중에 창조적인 놀이로 표현합니다. 이런 종류의 놀이를 위한 충분한 시간과 알맞은 재료들을 제공하게 되면, 아이는 자신이 경험하는 모든 것들을 놀이로 모방하고, 그러면서 이 지상의 삶으로 천천히 들어 올 것입니다. 이 자연스러운 충동인 창조적인 상상력이 활짝 피어나게 해주는 일은, 태어나서부터 초등 1학년 사이의 아이에게 부모가 해줄 수 있는 가장 훌륭한 선물들 중 하나입니다.

또한 어린 아이는 선천적으로 미술적이고 음악적인 능력을 지니고 있습니다. 그러므로 특정한 방식으로 뭔가를 성취하라는 압력을 가하거나 레슨들을 시키지 말고, 자유롭게 이 능력들을 표현하게 허락해주어야 합니다. 그래야 이 능력들이 더 커질 수 있기 때문입니다. 노래들, 리드미컬한 활동들, 원을 만들어서 하는 놀이들은 모두 아주 어린 시절의 마법과 같은 세계에 말을 거는 일과 같습니다.

걷기 전에 충분히 기어 다니는 일(다른 발달 단계들도 건너뛰지 말아야 합니다)이 신체 발달상 중요한 것과 마찬가지로, 6살이나 7살 이전에 아이들의 꿈꾸는 듯하고 상상력이 풍부한 세계를 너무 일찍 깨우지 않는 일도 똑같이 중요합니다. 레슨들, 학습용 문제집들, 공부와 관련된 일들은 아이한테서 활동하고 놀이할 수 있는 소중한 시간을 뺏는 일입니다. 뿐만 아니라 아이가 지나치게 빨리 의식의 변화를 겪도록 해서, 결과적으로 어린 시절이라는 너무나도 소중한 시간들을 강제로 빼앗아 버리게 됩니다. 이 시기는 나중의 신체적인 건강뿐만 아니라 지적이고 창조적인 면의 발달에도 말할 수 없이 소중한 시기입니다. 그러므로 어린 아이들의 발달을 가속화하려는 시도는 아이들을 위험에 빠트릴 수도 있기 때문에, 그런 위험들을 정당화할 수 있는 이득이란 결코 없을 것입니다.

우리 아이들의 첫 번째 선생님으로서 우리가 할 수 있는 일은 많이 있습니다. 마찬가지로 우리가 하지 말아야만 더 좋은 일들도 많이 있습니다! 저는 이 책이 어린 아이의 특별한 본성과 독특한 필요들을 부모가 이해하는 데 기여할 수 있기를 희망합니다. 만약 이 지식과 실제적인 경험 모두를 우리 마음에 깊이 새길 수 있다면, 우리는 부모노릇에서 스스로의 윤리를 발전시키고, 아이들을 위해서 최선의 선택들을 하고 있다는 확신이 점점 더 커지게 될 것입니다. 맞서야 할 도전들은 아주 크지만, 우리가 받을 수 있는 보상들 역시 아주 대단할 것입니다!